Kohlhammer

ReligionsKulturen

Herausgegeben von

Christian Strecker
Gregor Maria Hoff
Andreas Nehring
Wolfgang Stegemann
Joachim Valentin

Band 10

Die Neuorientierung der Geisteswissenschaften als Kulturwissenschaften *(cultural turn)* setzt ein hohes Potenzial innovativer Forschungsorientierungen frei *(cultural studies, gender studies, postcolonial theory, ritual studies* u.Ä.). Kultur erscheint dabei als komplexes Konstruktions-, Erinnerungs- bzw. Aneignungsgeschehen und als Handlungsfeld im Rahmen globaler Kämpfe um Bedeutungen und Werte. Vor diesem Hintergrund ergeben sich vielfältige neue Perspektiven für die Wahrnehmung und Deutung religiöser Phänomene und Entwicklungen.

Im Bereich der deutschsprachigen Theologie und Religionswissenschaft ist die wissenschaftliche Auseinandersetzung mit diesen Auf- und Umbrüchen ein dringendes Desiderat. Die Reihe „ReligionsKulturen" will dafür Forum sein.

Die Reihe umfasst

- systematisch und methodologisch orientierte Monographien
- Aufsatzbände, die die Zusammenhänge wie auch Wechselwirkungen von veränderten religiösen und kulturellen Diskursen und Wissensformen reflektieren
- Übersetzungen wegweisender Werke aus dem angloamerikanischen und romanischen Sprachraum

Christian Strecker
Joachim Valentin (Hrsg.)

Paulus unter den Philosophen

Mit Beiträgen von
Micha Brumlik, Markus Buntfuß, Michael Großheim,
Daniel Havemann, Alexander Heit, Karl Lehmann,
Henning Nörenberg, Christoph Schulte,
Ekkehard W. Stegemann, Wolfgang Stegemann,
Christian Strecker, Martin G. Weiß, Holger Zaborowski

Verlag W. Kohlhammer

Alle Rechte vorbehalten
© 2013 W. Kohlhammer GmbH Stuttgart
Reproduktionsvorlage: Andrea Siebert, Neuendettelsau
Umschlag: Gestaltungskonzept Peter Horlacher
Gesamtherstellung:
W. Kohlhammer Druckerei GmbH + Co. KG, Stuttgart
Printed in Germany

ISBN 978-3-17-022069-0

Inhalt

Einleitung 7

Karl Kardinal Lehmann
Paulus, Apostolischer Zeuge des christlichen Glaubens
und mutiger Lehrer der Völker.
Sein vorbildliches Wirken als exemplarischer Theologe und
großer Missionar 13

Ekkehard W. Stegemann
Paulus, die antike Philosophie und Immanuel Kant 31

Micha Brumlik
Paulus der Jude und seine postmodernen Deuter 48

Daniel Havemann
Der Anti-Philosoph.
Nietzsches Paulusdeutung 59

Holger Zaborowski
Mit dem Wort des Apostels Ernst machen?
Martin Heideggers „Hermeneutik der Faktizität" als
Zwiegespräch mit Paulus 78

Michael Großheim / Henning Nörenberg
Die paulinische Anthropologie aus Sicht der Leibphänomenologie
von Hermann Schmitz 103

Christoph Schulte
Woher wissen Sie das?
Die Paulusdeutungen von Jacob Taubes 120

Wolfgang Stegemann
Paulus – ein Champion jüdischer Selbstkritik?
Eine kritische Auseinandersetzung mit Daniel Boyarins
Paulusdeutung 132

Martin G. Weiß
Kenosis und Caritas. Die Postmoderne als Einlösung der
christlichen Botschaft.
Gianni Vattimo und Paulus 155

Alexander Heit
Unendliche Unendlichkeit als das Prinzip allen Seins.
Alain Badious Paulusinterpretation vor dem Hintergrund seiner
Ontologie und Ethik 178

Markus Buntfuß
Der produktive Verrat des Außenseiters.
Slavoj Žižeks radikale Pauluslektüre 199

Christian Strecker
Schwellendenken.
Zur liminalen Philosophie und Pauluslektüre Giorgio Agambens 207

Autoren 279

Einleitung

Im Februar 1987, nur wenige Wochen vor seinem Tod, hielt der bereits von seiner schweren Krankheit gezeichnete Jacob Taubes vier Paulusvorlesungen an der Forschungsstätte der Evangelischen Studiengemeinschaft in Heidelberg. In seiner Einführung zu den Vorlesungen beklagte er mit Emphase die Abschottung der Theologie und die Marginalisierung der Bibel.

„Ich halte die Abgeschlossenheit der theologischen Fakultäten für ein Verhängnis. Meiner Ansicht nach liegt eine dringende Aufgabe bei diesen Fakultäten, einige Fenster in ihre Monaden einzubauen ... Ich halte das für eine Katastrophe des deutschen Bildungssystems ... Ich habe Freunde wie Henrich, die deshalb zum Schluß kommen, die Theologische Fakultät abzuschaffen an der Universität. Ich habe dem immer widerstanden, weil ich gesagt habe: ohne dieses ABC könnte ich ja keine Philosophie unterrichten. Er kann, weil er ja mit dem Selbstbewusstsein beginnt, verstehen Sie, er braucht das also alles nicht, aber ich armer Job kann auf die Geschichte nicht verzichten. Und deshalb bin ich der Ansicht, daß hier in den Institutionen Durchlässigkeiten geschaffen werden müssen. Ich halte es für eine Katastrophe, daß meine Studenten aufwachsen in purer Ignoranz der Bibel. Ich habe eine Dissertation über Benjamin bekommen, wo zwanzig Prozent der Assoziationen falsch waren. Er kommt also mit der fertigen Arbeit an, ich lese darin und sage: Hören Sie mal, Sie müssen mal in die Sonntags-Schule gehen und die Bibel lesen! Und in der Feinheit der Benjaminiten sagt er mir: In welcher Übersetzung? Sag ich: Für Sie ist jede gut genug. Das ist der Zustand in der philosophischen Fakultät, wie ich ihn erlebe."[1]

Inzwischen ist eine merklich größere Durchlässigkeit unübersehbar. Die allgemeine „Wiederkehr der Religion" in den westlichen Kulturen hat im Raum der Geistes-, Sozial- bzw. Kulturwissenschaften ein neues Interesse an religiösen, theologischen wie auch biblischen Themen und Fragestellungen entfacht.[2] In diesem Umfeld ist zumal auch die Aufmerksamkeit zu verorten, die die Briefe des Apostels Paulus gegenwärtig in den intellektuellen Diskursen erfahren. Neben den genannten Paulusvorträgen von Jacob Taubes sind es v.a. die philosophischen Pauluslektüren von Alain Badiou, Giorgio Agamben und Slavoj Žižek, die für Aufsehen sorgen – bis in das Feuilleton hinein.[3] Akzentuierungen des philosophischen Gehalts der Paulusbriefe und umfänglichere philosophische Auslegungen der Gedanken des Apostels sind

---

[1] Jacob Taubes, Die Politische Theologie des Paulus, hg. v. Aleida und Jan Assmann, München 1993, 12f.

[2] Vgl. zum Thema nur Andreas Nehring / Joachim Valentin (Hg.), Religious Turns – Turning Religions. Veränderte kulturelle Diskurse, neue religiöse Wissensformen (ReligionsKulturen 1), Stuttgart 2008; Daniel Weidner, Einleitung, Walter Benjamin, die Religion und die Gegenwart, in: ders. (Hg.), Profanes Leben. Walter Benjamins Dialektik der Säkularisierung, Berlin 2010, 7–35, bes. 13ff.

[3] Vgl. nur Rolf Spinnler, Ein Sieg über das Siegen, in: Die Zeit vom 17.12.2008. Der Untertitel lautet: „Radikal im Denken, extrem in der Hoffnung: Warum der Apostel Paulus aktueller ist denn je – und sich selbst die wichtigsten Philosophen der Gegenwart für ihn begeistern."

allerdings kein Novum. Bereits Baruch de Spinoza notierte in seinem „Tractatus theologico-philosophicus", keiner von den Aposteln habe mehr philosophiert als Paulus.[4] Namentlich Friedrich Nietzsche setzte sich dann in seinem Werk intensiv mit Paulus auseinander, und Martin Heidegger widmete sich zu Beginn der 1920er Jahre in seinen Vorlesungen zur „Einleitung in die Phänomenologie der Religion" eingehend den Briefen des Apostels an die Thessalonicher und die Galater. Die Einzeichnung des Apostels in die Philosophie geht freilich bis in die frühen Anfänge des Christentums zurück. Bereits die Apostelgeschichte lässt Paulus auf dem Areopag in der Manier eines Philosophen auftreten (Apg 17,16–34). Dazu fügt sich, dass in der exegetischen Forschung immer wieder der Versuch unternommen wurde, den Apostel und seine Gedankenwelt mit bestimmten antiken philosophischen Schulen zu korrelieren, sei es, dass man ihn und seine Theologie mit den Epikureern,[5] mit den Kynikern,[6] mit den Stoikern[7] oder auch der sog. zweiten Sophistik[8] ins Verhältnis setzte. Alle diese Versuche stießen freilich auf berechtigte Kritik. Jenseits konkreter Schulzuweisungen lassen sich die Paulusbriefe jedoch durchaus allgemein im philosophischen Diskurs der damaligen Zeit verorten, überschneiden sich doch zentrale Charakteristika des paulinischen Wirkens mit dem allgemeinen Auftreten und Agieren antiker Philosophen. Hier wie dort spielten Lehre, Ermahnung und die konzentrierte Auseinandersetzung mit Texten der Tradition eine Schlüsselrolle. So schreibt Loveday Alexander: „Teaching or preaching, moral exhortation, and the exegesis of canonical texts are activities associated in the ancient world with philosophy, not religion."[9] Aber auch die Belehrung bzw. die *meditatio* in Briefform, Gemeinschaftsmähler, das Ringen um die eigene Identität gegenüber der Außenwelt u.a.m. bestimmten die philosophischen Schulen und die paulinischen Gemeinden gleichermaßen.[10] Wichtiger noch ist, dass das die antiken Philosophien prägende Thema der Menschenformung, der Bildung

---

[4] Vgl. Baruch de Spinoza, Opera · Werke I, hg. v. Günter Gawlick / Friedrich Niewöhner, Darmstadt 2008, 388: „et ideo nemo Apostolorum magis philosophatus est quam Paulus."

[5] Vgl. Norman W. de Witt, St. Paul and Epicurus, Toronto 1954; Clarence E. Glad, Paul and Philodemus. Adaptability in Epicurean and Early Christian Psychagogy (NT.S 81), Leiden 1995; Peter Eckstein, Gemeinde, Brief und Heilsbotschaft. Ein phänomenologischer Vergleich zwischen Paulus und Epikur (HBS 42), Freiburg u.a. 2004.

[6] Vgl. Abraham Malherbe, Paul and the Popular Philosophers, Minneapolis 1989, bes. 11–24.35–48.

[7] Vgl. Troels Engberg-Pedersen, Paul and the Stoics, Louisville 2000; ders., Cosmology and Self in the Apostle Paul. The Material Spirit, Oxford 2010; Runar M. Thorsteinsson, Roman Christianity and Roman Stoicism, Oxford 2010.

[8] Edwin Judge, Die frühen Christen als scholastische Gemeinschaft, in: Wayne A. Meeks (Hg.), Zur Soziologie des Urchristentums, München 1979, 131–164.

[9] Loveday Alexander, Paul and the Hellenistic Schools. The Evidence of Galen, in: Troels Engberg-Pedersen (Hg.), Paul in His Hellenistic Context, Minneapolis 1995, 60–83, hier 60; vgl. allgemein zum Thema auch Hansjürgen Verweyen, Philosophie und Theologie. Vom Mythos zum Logos zum Mythos, Darmstadt 2005, 109ff.

[10] Vgl. Klaus Scholtissek, Paulus als Lehrer. Eine Skizze zu den Anfängen der Paulus-Schule, in: ders. (Hg.), Christologie in der Paulus-Schule. Zur Rezeptionsgeschichte des paulinischen Evangeliums (SBS 181), Stuttgart 2000, 11–36, hier 27f.

eines neuen Selbst, getragen durch Seelenführung (Psychagogik),[11] auch in den Paulusbriefen begegnet. Dies gilt insofern, als die Paulinen grundsätzlich ebenfalls einer Transformation des Selbst – wie auch des sozialen Miteinanders – das Wort reden, hier freilich auf der Basis der in Christus angestoßenen umfassenden Transformation der Welt im Ganzen.

Der vorliegende Band geht vor diesem Hintergrund wichtigen philosophischen Pauluslportraits der Vergangenheit und Gegenwart nach. Die ersten drei Beiträge bieten zunächst einige grundsätzliche Orientierungen und Überblicke. Es folgen neun Einzelportraits einschlägiger philosophischer Pauluslektüren, vom 19. Jh. an bis in die jüngste Gegenwart hinein.

Karl Kardinal Lehmann eröffnet den Band mit einer persönlich gehaltenen Einführung in das Leben und Werk des Apostels Paulus aus theologischer Perspektive. *Ekkehard W. Stegemann* führt im Anschluss daran Verortungen des Paulus in der antiken Philosophie vor Augen und schlägt von da aus eine Brücke in die Philosophie der Aufklärung. Er bespricht das philosophische Paulusportrait in Apg 17, erörtert die philosophisch-rhetorische Profilierung des Paulus bei den christlichen Apologeten und im spätantiken apokryphen Briefwechsel zwischen Seneca und Paulus, er durchleuchtet kritisch die These vermeintlicher stoischer Einflüsse in der paulinischen Theologie und geht schließlich paulinischen Anschlüssen in Immanuel Kants These vom radikal Bösen nach. *Micha Brumlik* bietet einen Überblick über die von ihm als „postmodern" klassifizierten Paulusdeutungen von Daniel Boyarin, Alain Badiou, Giorgio Agamben und Slavoj Žižek. Er beleuchtet sie konsequent vom Gedanken der Messianität her und stellt bei den drei Letztgenannten antijudaistische Implikationen heraus. *Daniel Havemann* zeigt die eminente Bedeutung auf, die Paulus in Friedrich Nietzsche Moralphilosophie trotz bzw. gerade aufgrund dessen kritischer Auseinandersetzung mit dem Apostel zukommt. Er tut dies, indem er die philosophische Bedeutung der Polemik in Nietzsches Spätwerk erhellt, die zentralen Konturen und Quellen der Paulusdeutung des Philosophen darlegt und schließlich – orientiert an den Stichworten Gerechtigkeit, Freiheit und Liebe – eine Auslegung der paulinischen Theologie auf der Basis der Moralkritik Nietzsches vorträgt. *Holger Zaborowski* erörtert das Paulusbild in Martin Heideggers frühen Freiburger Vorlesungen zur Phänomenologie des religiösen Lebens. Er erhellt zunächst die situativen und philosophischen Hintergründe der Vorlesungen, zeigt dann die Bedeutung der paulinischen Aussagen für Heideggers Verständnis des faktischen Lebens in seiner Zeitlichkeit auf und spürt schließlich einigen impliziten Nachwirkungen des Paulinismus in der späteren Philosophie Heideggers nach. Dass sich auch Hermann Schmitz in seiner Leibphänomenologie eingehend mit Paulus beschäftigte, wurde bislang nur wenig beachtet. Umso erfreulicher ist es, dass *Michael Großheim* und *Henning Nörenberg*

---

[11] Vgl. dazu Pierre Hadot, Philosophie als Lebensform. Geistige Übungen in der Antike, Berlin 1991, 45, der ebd., 45 betont, die antike Philosophie sei nicht als „theoretische Konstruktion" zu verstehen, sondern als „Methode der Menschenformung, die auf eine neue Lebensweise und ein neues Weltverständnis abzielt, ... eine Bemühung, den Menschen zu verändern."

hier eine Einführung in die Paulusinterpretation der „Neuen Phänomenologie" bieten. *Christoph Schulte* deckt die überragende Bedeutung auf, die Paulus im Werk und Leben Jacob Taubes' einnimmt, und zwar über die eingangs erwähnten Heidelberger Vorträge hinaus. *Wolfgang Stegemann* setzt sich kritisch mit Daniel Boyarins Portrait des Apostels als Kritiker des Judentums auseinander. Er kontrastiert es mit den Paulusdeutungen von Lloyd Gaston, Stanley K. Stowers und Caroline Johnson Hodge, die Paulus jenseits jeglicher Herabminderung des Judentums auslegen. Der Apostel sei nicht als „Champion der jüdischen Selbstkritik", sondern als Diskursbegründer einer jüdisch-christlichen Kultur zu begreifen. *Martin G. Weiß* entfaltet Gianni Vattimos Philosophie des „Schwachen Denkens" als „Ontologie der Aktualität", geht der Verankerung dieser Philosophie in den christlichen Konzepten der *kenosis* und *caritas* nach und zeigt auf, dass sich Vattimos Zeitbegriff an der paulinischen Beschreibung der urchristlichen faktischen Lebenserfahrung orientiere und Vattimos methodischer Skeptizismus auf das paulinische „Als-ob-nicht" (ὡς μή) zurückführbar sei. Schließlich stellen *Alexander Heit, Markus Buntfuß* und *Christian Strecker* die derzeit viel beachteten Pauluslektüren von Alain Badiou, Slavoj Žižek und Giorgio Agamben vor, indem sie sie in deren Philosophien verankern und in einigen Zügen kritisch hinterfragen.

Selbstredend ließen sich noch weitere philosophische Pauluslektüren anführen, die hier nicht mehr berücksichtigt werden konnten. Sie sollen wenigstens kurz erwähnt werden, um die Breite der jüngeren philosophischen Rezeption des Apostels anzuzeigen. Zu verweisen ist diesbezüglich namentlich auf die Pauluslektüre Jean-François Lyotards, die im Dialog mit Eberhard Gruber entstand und unter dem Titel „Ein Bindestrich" erschien.[12] Zu nennen ist ferner John D. Caputos dekonstruktivistische Paulusdeutung, der Rebekka Klein unlängst eine genauere Besprechung widmete.[13] Einer breiteren Rezeption harren aber auch noch die philosophischen Paulusdeutungen von Jean-Claude Milner und Jean Michel Rey aus den Jahren 2006 und 2008.[14] Ähnliches gilt für die philosophisch geprägte, bereits 1988 unter dem Titel „Saint Paul" veröffentlichte Studie von Stanislas Breton, die unlängst in englischer Übersetzung mit einer ausführlichen Einleitung von Ward Blanton erschien.[15] Hierzulande legte unlängst der Freiburger Philosoph Rainer Mar-

---

[12] Jean-François Lyotard / Eberhard Gruber, Ein Bindestrich – Zwischen ‚Jüdischem' und ‚Christlichem', Düsseldorf 1995; vgl. dazu Christina Pfestroff, Der Name des Anderen. Das ‚jüdische' Grundmotiv bei Jean-François Lyotard, Paderborn 2004.

[13] Vgl. John D. Caputo, The Weakness of God. A Theology of the Event, Bloomington 2006. Rebekka Klein, Macht der Ohnmacht. Die Paulus-Lektüre von John D. Caputo und seine Dekonstruktion der Souveränität Gottes, in: Eckart Reinmuth (Hg.), Neues Testament und Politische Theologie (ReligionsKulturen 9), 198–214.

[14] Jean-Claude Milner, Le Juif de savoir, Paris 2006; Jean-Michel Rey, Paul ou les ambiguïtés, Paris 2008.

[15] Stanislas Breton, Saint Paul, Paris 1988; engl.: A Radical Philosophy of Saint Paul, New York 2011.

ten eine philosophische Paulusinterpretation vor,[16] und der Schriftsteller und Theologe Christian Lehnert publizierte kürzlich eine originelle poetisch-philosophische Lektüre des ersten Korintherbriefes.[17]

All die voranstehend genannten Paulusdeutungen dokumentieren auf je ihre Weise das außerordentliche philosophische Potenzial der Paulusbriefe. Der von Jacob Taubes eingeklagte Austausch zwischen der Philosophie und der biblischen Theologie steckt freilich noch insofern in den Anfängen, als sich die exegetische Zunft allenfalls bedingt auf die Philosophen einlässt und die Philosophen die Forschung der jüngeren Paulusexegese[18] weitgehend ignorieren. Der vorliegende Band mag vielleicht den Weg zu einem noch intensiveren Dialog ebnen.

Die publizierten Beiträge gehen auf Tagungen am 16. Mai 2009 im Haus am Dom in Frankfurt[19] „Paulus aus jüdischer und philosophischer Sicht" und vom 26.–28. März 2010 an der Evangelischen Akademie Tutzing „Paulus unter den Philosophen" zurück. Sie wurden um einige weitere Originalbeiträge ergänzt. Für die Erstellung des Layouts und die Mühen des Korrekturlesens geht unser Dank an Frau Andrea Siebert, für die Unterstützung bei den Korrekturen danken wir Frau stud. theol. Nathalie Altnöder.

Christian Strecker / Joachim Valentin

---

[16] Rainer Marten, Radikalität des Geistes. Heidegger – Paulus – Proust, Freiburg/München 2012.
[17] Christian Lehnert, Korinthische Brocken. Ein Essay über Paulus, Berlin 2013.
[18] Vgl. dazu nur Christian Strecker, Einblicke in die neuere Paulusforschung, in: Kathrin Oxen / Dietrich Sagert (Hg.), Mitteilungen, Leipzig 2013, 129–151.
[19] Dazu liegt ein ausführlicher Bericht vor: Rainer Dausner, Messianisches Denken und Politische Theologie. Philosophische und jüdische Annäherungen an Paulus, in: Herder Korrespondenz 63 (2009), 371–374.

Karl Kardinal Lehmann

Paulus, Apostolischer Zeuge des christlichen Glaubens und mutiger Lehrer der Völker

Sein vorbildliches Wirken als exemplarischer Theologe und großer Missionar

Die Ausrufung eines Paulusjahres in der katholischen Kirche 2008/2009 hat große Aufmerksamkeit erzielt. Freilich gab es schon vor einiger Zeit immer wieder Epochen einer intensiveren Zuwendung zum Leben und zum Werk des Hl. Paulus.[1] Dies hat sich auch in einigen Publikationen niedergeschlagen.[2]

In der Zwischenzeit ist es immer schwieriger geworden, die reiche internationale Forschungstätigkeit und ihre Publikationen zu überblicken und auszuweiten. Dies gilt erst recht für die Zeit des Paulusjahrs.

So muss sich gerade ein zusammenfassender Versuch dessen bewusst bleiben, dass er selektiv, ergänzungsbedürftig und darum vorläufig ist. So ist es „mein" Paulus geworden. Das muss nicht schlecht sein, wenn man offen für Ergänzungen bleibt. Die Gründe für meine Optionen habe ich in der Nennung der Literatur und ein wenig im letzten Abschnitt dargelegt.[3] Dabei gibt es natürlich viele Themen, die ich auch für wichtig halte, die aber im Rahmen des Textes nicht zur Sprache kommen können, so z.B. das Paulusbild im heutigen Judentum, neuere Anstöße der Theologie des Paulus auf das philosophische Denken, neue Akzente im Verständnis der Rechtfertigungsbotschaft.

1. Der urchristliche Apostolat und Paulus

Das Verständnis von Apostel ist schon im Neuen Testament schwierig. Über die dreifache Bedeutung des Apostelbegriffs – die Zwölf, Paulus und eine noch weiter gefasste Gruppe – besteht in den Grundlinien heute wohl eine Übereinstimmung bei der Mehrzahl von Exegeten. Dabei lässt sich beobachten, dass der anfänglich betonte Unterschied zwischen den Zwölfen, die Jesus in seinem irdischen Leben begleitet haben und die nicht zuletzt deshalb die privilegierten Zeugen sind, weil Jesus selbst sie in die Nachfolge berufen

---

[1] Vgl. Markus Barth, Paulus – Apostat oder Apostel?, Regensburg 1977.
[2] Vgl. z.B. Josef Blank, Paulus. Von Jesus zum Christentum, München 1982.
[3] Viele Themen, die auch wichtig sind, können in diesem Rahmen nicht erörtert werden, z.B. die Stellung des Paulus zur Frau. Vgl. Norbert Baumert, Antifeminismus bei Paulus? (fzb 68), Würzburg 1992 (Lit.).

hat und die in ihrer Zwölfzahl die Stämme Israels repräsentieren, und jenen anderen Aposteln, die erst durch Erscheinungen des Auferstandenen zu Aposteln berufen worden sind, besonders bei Lukas mehr und mehr zurücktritt. Jedenfalls gibt es keinen einheitlichen Apostelbegriff. Das Wort hat verschiedene inhaltliche Ausprägungen. Auch die Anwendung auf Paulus ist im Neuen Testament recht verschieden: Für Lukas gilt Paulus sowohl im Evangelium als auch in der Apostelgeschichte nicht als Apostel, sondern als herausragender Zeuge. Der Epheserbrief und die Pastoralbriefe hingegen sehen in Paulus das Vorbild eines Apostels.[4]

Weitere Unterscheidungen und Bestimmungen erscheinen eher hinderlich. Darum bedarf der Begriff des außerordentlichen Apostels der Erläuterung. Paulus erinnert uns daran, dass Jesus Christus nach seiner Auferstehung „Kephas und den Zwölf erschienen" sei (1Kor 15,5). Das Ganze dieser österlichen Erscheinungen mit Kephas ist für Paulus offenbar ein wichtiges Element der Kirchengründung.[5] Diese Erscheinungen betreffen das Fundament der Kirche, aber auch die Sendung der Apostel. Simon wird von Paulus bei seinem Berufungsnamen genannt: er ist der „Fels" der Kirche. Er gehört gerade auch durch die Begegnung mit dem auferstandenen Herrn zum Grund des Kircheseins. Die „Zwölf" dehnen dieses Fundament aus und weisen hin auf Jesu Botschaft für die zwölf Stämme Israels, also ganz Israel. Es folgt eine Liste von Auferstehungszeugen: „Danach erschien er mehr als fünfhundert Brüdern zugleich; die meisten von ihnen sind noch am Leben, einige sind entschlafen. Danach erschien er dem Jakobus, dann allen Aposteln" (1Kor 15,6f.). Neben Petrus wird die Bedeutung des Jakobus als dem Haupt der Jerusalemer Urgemeinde hervorgehoben, aber dann wird – offenbar im Unterschied zu den Zwölf – erwähnt, dass Jesus auch noch „allen Aposteln" erschienen ist. Dies lässt auf eine Bedeutungsdifferenz zwischen den „Zwölf" und „allen Aposteln" schließen, auch wenn sich in späteren Zeiten dieser Unterschied verringert. In der Reihenfolge der Erscheinungen, die Paulus aufführt, entsteht so zunächst der Eindruck, die Kirchengründung wäre dadurch abgeschlossen; eine weitere Erscheinung des Auferstandenen von der Bedeutung, dass die Existenz der Kirche damit in Verbindung gebracht werden kann, scheint danach geradezu ausgeschlossen zu sein.

Aber unmittelbar danach schreibt Paulus: „Als letztem von allen erschien er auch mir, dem Unerwarteten, der ‚Missgeburt'. Denn ich bin der Geringste von den Aposteln; ich bin nicht wert, Apostel genannt zu werden, weil ich die Kirche Gottes verfolgt habe. Doch durch Gottes Gnade bin ich, was ich bin, und sein gnädiges Handeln an mir ist nicht ohne Wirkung geblieben" (1Kor 15,8–10a).[6] Diese Aussagen sind nicht einfach. Besonders der Rück-

---

[4] Vgl. dazu die Einleitung von Hans-Ulrich Weidemann zu Erik Peterson, Der erste Brief an die Korinther und Paulusstudien (Ausgewählte Schriften 7), Würzburg 2006, XXXII–XXXVI (Lit.).

[5] Vgl. Karl Lehmann, Die Erscheinungen des Herrn. Thesen zur hermeneutischen Struktur der Ostererzählungen, in: H. Feld / J. Nolte (Hg.), Wort Gottes in der Zeit. Festschrift K.H. Schelkle zum 65. Geburtstag, Düsseldorf 1973, 361–377.

[6] Die Übersetzung der Paulustexte folgt in diesem Beitrag der Einheitsübersetzung.

griff auf das Wort ἔκτρωμα bleibt etwas offen. Es kann mit Früh- oder Fehlbzw. Missgeburt übersetzt werden. „Ob überhaupt eines der oft genannten Motive des Plötzlichen, Unnatürlichen, Unzeitigen, Gewaltsamen, Missratenen, Lebensunfähigen, Irregulären usw. bei dieser Metapher im Vordergrund steht, ist seit langem umstritten und unsicher."[7] Das Defizit oder Manko, das mit diesem Begriff verbunden ist, wird meist damit erklärt, dass Paulus als Gegner und Verfolger der Gemeinde Jesu Christi keine Voraussetzungen mitbringt für einen tauglichen Apostel. Auch nach dem Damaskuserlebnis empfindet er sich als unwürdig. Umso mehr ist er der göttlichen Gnade bedürftig.

Gerade deshalb ist es erstaunlich, dass Paulus in 1Kor 15,10f. nach diesen Aussagen vor allem die Gleichwertigkeit der ihm zuteil gewordenen Erscheinung mit den Erscheinungen vor den anderen Zeugen zum Ausdruck bringt. Hier schwingt einerseits ein Element der Verteidigung mit, andererseits ist sich Paulus aber auch seiner eigenen Autorität bewusst. Die Gleichrangigkeit und Ebenbürtigkeit der Zeugen ergibt sich aus der Gleichwertigkeit der Erscheinungen. Weil Paulus sich so als den Geringsten und Letzten der Apostel sieht, ist die Überwindung seiner fehlerhaften Eignung nur möglich durch einen eigenen und besonderen Selbsterweis des Gottes, der Jesus Christus von den Toten erweckt hat. Nur der machtvolle Eingriff Gottes konnte aus einem feindseligen Verfolger einen Apostel machen, der die Auferweckung bezeugt. So erhält seine Aussage ihr volles Gewicht: „Mehr als sie alle habe ich mich abgemüht – nicht ich, sondern die Gnade Gottes zusammen mit mir. Ob nun ich verkündige oder die anderen: das ist unsere Botschaft, und das ist der Glaube, den ihr angenommen habt" (1Kor 15,10bf.). Es ist also eine sehr dialektische Struktur, die sich hier zeigt. Sie führt aber schließlich auch wieder zum Gemeinsamen der verschiedenen Apostel, ja der Botschaft selbst.

Dies belegt, in welchem Sinne der Apostel Paulus ein außerordentlicher Apostel ist. Er hebt bei aller Ebenbürtigkeit mit den anderen Aposteln, besonders den Zwölf, seine eigene Stellung hervor. Mit ihm und der ihm zuteil gewordenen Erscheinung Jesu Christi wird die Zeit nach Ostern abgeschlossen, in der die Kirche entsteht.[8] Damit wird auch der Begriff des Apostels erweitert. Zunächst deckte sich dieser Begriff weitgehend mit den Zwölf; er reicht damit in die vorösterliche Zeit zurück, als Jesus die Jünger namentlich in die Nachfolge rief, selbst wenn er den Titel „Apostel" nicht gebraucht haben sollte. Paulus erhebt nun denselben Anspruch wie die zwölf Apostel und unterscheidet sich selbst dadurch zugleich von einem weiteren Verständnis von „Apostel", wie das Wort in seinen eigenen Schriften für eine noch

---

[7] Wolfgang Schrage, Der erste Brief an die Korinther (EKK VII/4), Düsseldorf 2001, 62. Vgl. auch Jacob Kremer, Der erste Brief an die Korinther (RNT), Regensburg 1997, 318ff.; vgl. auch die bekannten Kommentare von H. Conzelmann (1981), H.J. Klauck (1984), H. Merklein (1992).

[8] Zur schon länger immer wieder betonten kirchengründenden Bedeutung von 1Kor 3ff. vgl. schon Karl Lehmann, Auferweckt am dritten Tag nach der Schrift. Früheste Christologie, Bekenntnisbildung und Schriftauslegung im Lichte von 1Kor 15,3–5 (QD 38), Freiburg i.Br. 1968 u.ö., 29f.138f.149.165.171.342.352 (Lit.).

größere Gruppe von Männern und Frauen verwendet wird (vgl. z.B. 1Kor 9,5f., Gal 2,1; Apg 15,2 sowie 14,4.14; Röm 16,7).[9]

2. „Apostel der Ausnahme" (E. Peterson)

Dieser Befund bedarf noch einer vertieften Reflexion. Dabei lassen sich zwei Dinge beobachten. Bei allem Gefälle, das von Petrus zu Paulus geht, so besteht doch zwischen dem ersten und dem letzten der Apostel eine hohe Ebenbürtigkeit. Von daher verfolgt Paulus auch das Ziel, mit Petrus ein Einvernehmen herbeizuführen, wenn es Auseinandersetzungen gibt (vgl. z.B. Gal 1,18; 2,1–21; 1Kor 1,22; 3,22; 9,5; 15,5).[10] Paulus wollte sicher sein, dass er mit seinem Evangelium „nicht vergeblich läuft oder gelaufen ist" (vgl. Gal 2,2).

Freilich hat diese Rücksicht auf die Stellung des Petrus auch eine hohe Rückwirkung auf die Position des Paulus. „Die Kehrseite ist allerdings eine enorme Aufwertung des Paulus' als Ausnahme von der Regel, als Wunder der Gnade Gottes, als ‚letzter' Apostel, nach dem es definitiv keinen weiteren Apostel im strengen Sinn des Wortes mehr geben wird. Dieser letzte ist einerseits der ‚geringste' Apostel, der es ‚nicht wert ist, Apostel zu heißen', weil er ‚die Kirche Gottes' verfolgt hat (1Kor 15,9); tatsächlich ist er als Apostel zu seiner Zeit von vielen nicht akzeptiert worden; der Galaterbrief und der Zweite Korintherbrief sind deshalb geschrieben worden. Aber andererseits ist er als ‚der letzte der Apostel' – fast – so privilegiert wie der erste; er bleibt Apostel allein durch Gottes Gnade, die ‚mit' ihm so wirkt, dass er der erfolgreichste aller Glaubensboten der Frühzeit ist, wie er selbst weiß und schreibt."[11]

Das hier vorkommende Wort „Ausnahme" zur Kennzeichnung der Stellung des Paulus in seinem Apostolat hat eine längere Geschichte. Ernst Käsemann gebraucht diese Kategorie in einem Aufsatz aus dem Jahr 1961 über „Das Interpretationsproblem des Epheserbriefes" und nennt Erik Peter-

---

[9] Vgl. die fast uferlose Literatur zu Herkunft und Struktur des Apostolats, z.B. Ferdinand Hahn, Der Apostolat im Urchristentum. Seine Eigenart und seine Voraussetzungen, in: ders., Studien zum Neuen Testament II (WUNT 192), Tübingen 2006, 425–448; Jörg Frey, Paulus und die Apostel. Zur Entwicklung des paulinischen Apostelbegriffs und dem Verhältnis des Heidenapostels zu seinen Kollegen, in: E.-M. Becker / P. Pilhofer (Hg.), Biographie und Persönlichkeit des Paulus (WUNT 187), Tübingen 2005, 192–227; Oda Wischmeyer (Hg.), Paulus. Leben – Umwelt – Werk – Briefe, Tübingen 2006, s. v.a. den Beitrag von Eve-Marie Becker, Die Person des Paulus, ebd. 107–119, bes. 112ff.; Klaus Haacker, Paulus. Der Werdegang eines Apostels (SBS 171), Stuttgart 1997, 115ff.; Friedrich Wilhelm Graf / Klaus Wiegandt (Hg.), Die Anfänge des Christentums, Frankfurt a.M. 2009, darin die Beiträge von Oda Wischmeyer (90ff.), Thomas Söding (122ff.) usw.; vgl. auch Jürgen Roloff, Apostolat – Verkündigung – Kirche, Gütersloh 1965; ders., Die Kirche im Neuen Testament (GNT 10), Göttingen 1993, 139ff.212ff.233.261ff. (vgl. auch Reg.: 341). Die Diskussion ist nach dem neuesten Stand referiert bei Robert Vorholt, Der Dienst der Versöhnung. Studien zur Apostolatstheologie bei Paulus (WMANT 118), Neukirchen 2008, 1ff.52ff. u.ö.
[10] Vgl. dazu Martin Hengel, Der unterschätzte Petrus, Tübingen 2006, 145ff.158ff.180ff.
[11] Thomas Söding, „Ich lebe, aber nicht ich ..." (Gal 2,20). Die theologische Physiognomie des Paulus, in: Internationale Katholische Zeitschrift Communio 38 (2009), 119–134, hier 121.

son als Urheber dieses Begriffs.¹² In der Tat hat Peterson das Wort „Apostel der Ausnahme" bereits in der Römerbriefvorlesung der Jahre 1925–1928 geprägt, in der Käsemann als Student war, die aber erst vor wenigen Jahren veröffentlicht wurde.¹³ Damit hat Peterson einen Begriff aufgenommen, der seine Ursprünge im Denken Søren Kierkegaards nicht verleugnen kann.¹⁴ In der Zwischenzeit ist mit der Edition der Auslegung des Ersten Korintherbriefes von Erik Peterson und der dazugehörigen Einführung von Hans-Ulrich Weidemann die Bedeutung der Bezeichnung „Apostel der Ausnahme" im Werk Petersons noch deutlicher geworden.¹⁵ Peterson sieht dabei im Apostolat der Zwölf die „Regel" und den Apostolat des Paulus als Ausnahme, wobei er auch die „Ausnahme" zum Verständnis der „Regel" für fundamental wichtig hält.¹⁶ Peterson betont die stärker repräsentative, strukturelle und kollektive Sicht des Apostolates der Zwölf gegenüber einer von Paulus mehr personhaft vollzogenen Darstellung und Interpretation des Evangeliums. Damit ist Paulus auf andere Weise in der Kirche präsent als Petrus.

Hier liegt also auch begründet, warum die frühe Kirche die beiden Apostel Petrus und Paulus auf weite Strecken hin zusammen gesehen und so abgebildet hat, aber auf eine charakteristische Weise: Sie gehören zusammen, nicht zuletzt im Martyrium, sie stehen aber immer auch – in der Mitte Jesus Christus – jeweils an ihrem Platz.¹⁷ Die Kirche lebt aus der Einheit und Verschiedenheit, aus der Spannung zwischen beiden Aposteln. Daran ändern auch Konflikte nichts, im Gegenteil (vgl. Gal 2,11f.).

---

[12] Vgl. Ernst Käsemann, Exegetische Versuche und Besinnungen II, Göttingen 1964, 253–264, bes. 254.

[13] Vgl. Erik Peterson, Der Brief an die Römer. Aus dem Nachlass hg. v. Barbara Nichtweiß unter Mitarbeit von Ferdinand Hahn (Ausgewählte Schriften 6), Würzburg 1997; auf die Wichtigkeit der Kategorie hat zuerst Barbara Nichtweiß in ihrer großen Monografie „Erik Peterson. Neue Sicht auf Leben und Werk", Freiburg i.Br. 1992, in einem eigenen Exkurs aufmerksam gemacht, 631–637; vgl. auch ebd., 14.229.303.394f.759. Hier wird auch der Hintergrund dieses Begriffs erläutert, nicht zuletzt im Blick auf einige Beziehungselemente zu Carl Schmitt (ebd., 632).

[14] Zur Begriffsgeschichte von „Ausnahme" vgl. den gleichnamigen Artikel von Michael Theunissen und H. Hofmann, in: Historisches Wörterbuch der Philosophie, hg. von J. Ritter, Band 1, Basel 1971, 667–669 (Lit.). Vgl. auch Ernst Forsthoff, Ausnahmezustand, in: ebd., 669–670 (Lit.); Giorgio Agamben, Ausnahmezustand, Frankfurt a.M. 2004; ursprünglich Carl Schmitt, Politische Theologie, Berlin 1922; Berlin ⁷1996; zur Interpretation vgl. Heinrich Meier, Die Lehre Carl Schmitts, Stuttgart ²2004; Volker Gerhardt, Politik als Ausnahme, in: R. Mehring / C. Schmitt, Der Begriff des Politischen, Berlin 2003, 205–218, bes. 210f.216f.

[15] Vgl. Weidemann in: Peterson, Der erste Brief an die Korinther und Paulusstudien, XXV–XXXVII.

[16] Zu einigen Interpretationsschwierigkeiten vgl. ebd., XXXVIf.

[17] Zur Dokumentation vgl. Rolf Quednau, Petrus und Paulus in der Kunst – Von den Anfängen bis zur Moderne, in: zur debatte. Themen der Katholischen Akademie in Bayern (5/2009), 45 (vgl. auch den gleichnamigen Vortrag am 7. Mai 2009 innerhalb der Vorträge zum Paulusjahr im Bistum Mainz). Gesonderter Aufmerksamkeit bedarf die Tatsache, dass schon in den ersten Jahren der Reformation diese Doppelapostolizität zumindest in der Kunst evangelischerseits kaum mehr aufrechterhalten wird, weshalb sich natürlich auch das Paulusbild verändert. Vgl. zum Thema Andreas Tacke (Hg.), Kunst und Konfession. Katholische Auftragswerke im Zeitalter der Glaubensspaltung 1517–1563, Regensburg 2008.

Wenn wir die Worte „Apostel" und „Apostolizität" sowie „apostolisch" hören, sind diese für uns oft zu etwas blassen und oberflächlich gebrauchten Begriffen geworden. Jetzt verstehen wir, wie lebendig der Ursprung des Apostelamtes ist und wie fruchtbar der apostolische Dienst gerade in seiner Polarität zwischen Petrus und Paulus ist. Dies können wir auch an den offenbar notwendigen Auseinandersetzungen zwischen beiden erkennen, die im Blick auf die Voraussetzungen der Mission bei den Heiden wirklich die Fundamente von Kirche betrafen. Dies muss nun noch nach einigen Dimensionen hin genauer entfaltet werden.

3. Paulus und die urchristliche Tradition

Paulus kommt es in allem, was er tut, auf die „Wahrheit des Evangeliums" an (vgl. Gal 2,5.14.16). Wenn man die Schriften des hl. Paulus liest, dann wird der Satz, dass er stets die Wahrheit sucht, offenkundig, was hier nicht näher dargelegt werden kann.[18] Wie heftig Paulus sich auch im Streit für die „Wahrheit des Evangeliums" einsetzt, erweist er besonders in dem kämpferischen Brief an die Galater.[19]

Wenn Paulus in der Folgezeit immer wieder als Lehrer der Kirche dargestellt und verstanden wird, dann müssen mehrere grundlegende Aspekte beachtet werden. Wie wir noch sehen werden, ist Paulus gerade im Blick auf die Verkündigung der Wahrheit Gottes und des Evangeliums tollkühn, scheut keine Auseinandersetzung, versucht aber immer auf das Denken seiner Adressaten, auch seiner Gegner, zu achten, um die Wahrheit im Evangelium zu vermitteln. Das immer wieder angeführte 15. Kapitel des ersten Korintherbriefes ist dafür ein besonderes Beispiel, auch in seiner Struktur.[20]

Die oft gewagten Reflexionen des hl. Paulus können nicht verbergen, wie sehr Paulus nach zwei Seiten hin denkt. So wenig sich Paulus von Petrus und dem Jerusalemer Kreis der Apostel in der theologischen Entfaltung des Glaubens abhängig zeigt, so sehr kommt es ihm auf die Gemeinschaft im Glauben an. Dies wird sehr deutlich, wenn Paulus im ersten Kapitel des Galaterbriefes seine Berufung zum Apostel schildert: „Als aber Gott, der mich schon im Mutterleib auserwählt und durch seine Gnade berufen hat, mir in

---

[18] Vgl. Heinrich Schlier, Wort Gottes. Eine neutestamentliche Besinnung, Würzburg 1958; ders., Grundzüge einer paulinischen Theologie, Freiburg i.Br. 1978, 200ff.; Otfried Hofius, Paulusstudien (WUNT 51), Tübingen 1988, 148–174.

[19] Vgl. nur Heinrich Schlier, Der Brief an die Galater (KEK VII), 5. Aufl. der Neubearbeitung, Göttingen 1971, 37ff.43ff.; Udo Borse, Der Brief an die Galater, Regensburg 1984, 104f. 153.213; Franz Mußner, Der Galaterbrief (HThK IX), Freiburg i.Br. 1974, 111.144; Dieter Lührmann, Der Brief an die Galater (ZBK.NT 7), Zürich 1978, 40ff.104ff.; Hans Dieter Betz, Der Galaterbrief (Hermeneia), München 1988; Susanne Schewe, Die Galater zurückgewinnen (FRLANT 208), Göttingen 2005, 185ff.; in stärker systematischer Hinsicht Gerhard Ebeling, Die Wahrheit des Evangeliums, Tübingen 1981, 133ff.160f.163ff.189; Otfried Hofius, Paulusstudien II (WUNT 143), Tübingen 2002, 17–37.

[20] Vgl. Lehmann, Auferweckt, 24ff., und die oben genannten Kommentare zu 1Kor. Dazu auch Otfried Hofius, Exegetische Studien (WUNT 223), Tübingen 2008, 102–114.

seiner Güte seinen Sohn offenbarte, damit ich ihn unter den Heiden verkündige, da zog ich keinen Menschen zu Rate; ich ging auch nicht sogleich nach Jerusalem hinauf, zu denen, die vor mir Apostel waren, sondern zog nach Arabien und kehrte dann wieder nach Damaskus zurück. Drei Jahre später ging ich nach Jerusalem hinauf, um Kephas kennenzulernen und blieb 15 Tage bei ihm" (Gal 1,15–18).

Die Forschung der letzten Jahrzehnte hat ausführlich dargestellt, wie Paulus sich immer wieder auf die Traditionen des Glaubens stützt. Man kann auch die sehr persönlich geprägten theologischen Reflexionen, z.B. im Römerbrief, nicht richtig würdigen, wenn man nicht das Netzwerk von Traditionsgut erkennt, das Paulus immer wieder seinen eigenen Ausführungen zu Grunde legt. Dabei sind es recht verschiedene Formen und Gattungen, die von katechetischen Zusammenfassungen über Glaubensformeln bis zu liturgischen Zeugnissen und Hymnen reichen.[21] Ja, man gewinnt gelegentlich den Eindruck, je kühner das theologische Denken des Paulus wird, um so mehr stützt er sich, was die Fundamente betrifft, auf die Traditionen der frühen Kirche.

Ein gutes Beispiel dafür ist wiederum 1Kor 15, wo Paulus ganz bewusst mit einer solchen Bekenntnistradition einsetzt, um dann im Verlauf des Kapitels tief und weit auszuholen, wie man die Auferstehung Jesu Christi in sich und in ihren Wirkungen zu verstehen hat, besonders in der Bedeutung für uns. Diese Bekenntnistraditionen und die liturgischen Überlieferungen sind dabei für ihn nicht bloß eine äußere Begründung, sondern sie geben auch Halt und Stütze, von denen aus die Reflexion wiederum Verlässlichkeit gewinnt. Die Bekenntnisüberlieferung ihrerseits bedarf allerdings der theologischen Entfaltung, wie nicht nur die Auseinandersetzung mit den Korinthern beweist. So muss man die bekannte Einleitung des Apostels zu 1Kor 15 verstehen: „Ich erinnere euch, Brüder, an das Evangelium, das ich euch verkündet habe. Ihr habt es angenommen; es ist der Grund, auf dem ihr steht. Durch dieses Evangelium werdet ihr gerettet, wenn ihr an dem Wortlaut festhaltet, den ich euch verkündet habe. Oder habt ihr den Glauben vielleicht unüberlegt angenommen? Denn vor allem habe ich euch überliefert, was auch ich empfangen habe … Wenn aber verkündigt wird, dass Christus von den Toten auferweckt worden ist, wie können dann einige von euch sagen: Eine Auferstehung der Toten gibt es nicht. Wenn es keine Auferstehung der Toten gibt, ist auch Christus nicht auferweckt worden. Ist aber Christus nicht auferweckt worden, dann ist unsere Verkündigung leer und euer Glaube sinnlos" (1Kor 15,1–3.11–14).

Also kommt es Paulus auch z.B. auf das Festhalten des Bekenntnisses an – wie immer man das griechische Wort λόγος (15,2) übersetzt –, auf das Wort in seiner verbindlichen Aussagekraft, ja sogar auf den „Wortlaut", wie z.B. die Einheitsübersetzung wiedergibt. Er ist jedoch nicht in der Gefahr, die so genannten Glaubensformeln geradezu einzufrieren. Wir können beim Entste-

---

[21] Vgl. Lehmann, Auferweckt, 31ff.36ff.43ff.; vgl. dazu Detlef Häußer, Christusbekenntnis und Jesusüberlieferung bei Paulus (WUNT 210), Tübingen 2006.

hen des christlichen Credo förmlich zusehen, wie sich aus einfachen Aussagen wachsende Zusammenfassungen des Glaubens der Kirche entwickeln. Paulus greift in manche Traditionsstücke ein, wenn er in ihrem Verständnis Gefahren sieht. Dies kann man z.B. gut im bekannten Hymnus des Briefes an die Philipper (2,6ff.) erkennen, wo Paulus die Schändlichkeit und das Ärgernis des Todes Jesu am Kreuz nachhaltig unterstreicht: „Er erniedrigte sich und war gehorsam bis zum Tod, *bis zum Tod am Kreuz*" (2,8).[22] Ähnlich steht es mit der Einfügung eines Interpretaments in den Christus-Hymnus des Kolosserbriefes (Kol 1,12–20), auch wenn dieser aus der Paulusschule stammte: „... zu Christus führen, der Frieden gestiftet hat *am Kreuz durch sein Blut*" (20).[23] Man darf deswegen nicht die Verbindlichkeit des Überlieferten unterbewerten. So gibt es teilweise fließende Übergänge, wenn Paulus vom „Evangelium" und von der „Überlieferung" spricht. Die lebendige Spannung zwischen „Verkündigung" und „Überlieferung" darf nicht in unfruchtbare Antithesen verfestigt werden. Man darf nicht einfach ein Moment in dieser Polarität – stetige Aktualisierung in der Auslegung bzw. Festhalten am bloßen Buchstaben – einseitig fixieren. So schließt der Begriff „Evangelium" die Auslegung des Christusbekenntnisses ein und ist nicht nur die Übermittlung wörtlich fixierter Traditionen. In dieser Hinsicht hat man in der Exegese der letzten Jahrzehnte eine isolierte Behandlung der Bekenntnisüberlieferungen im Neuen Testament überwunden und sieht die verbindlichen Glaubenszeugnisse nicht mehr in einem abschätzigen Sinne als bloße „Formeln".[24]

4. Die beiden Dimensionen des Apostolischen

Wenn man Paulus als Apostel und in seinem theologischen Selbstverständnis begreifen will, muss man deutlicher erkennen, wie sehr das Apostolische sich immer in zwei verschiedenen, ja manchmal gegenläufig erscheinenden Bewegungen vollzieht. Auf der einen Seite gibt es den verlässlichen Rückgriff auf die gemeinsame Bekenntnisgrundlage, die eben zum apostolischen Charakter der Kirche gehört. Auf der anderen Seite darf man den Sinn des Apostolischen nicht auf das konstitutive Erbe, so unaufgebbar und unersetzlich es ist, reduzieren. Man muss zugleich im Apostolischen stets das Wort Sendung im Sinne eines missionarischen Auftrags – und Apostel heißt ja Bote – mitdenken. Dieser Auftrag zur Auslegung und zur gegenwartsbezogenen Verkündigung beruht zwar auf dem überkommenen Fundament, ge-

---

[22] Vgl. Ernst Käsemann, Exegetische Versuche und Besinnungen I, Göttingen 1960, 51–95; ders., Paulinische Perspektiven, Tübingen 1969, 61–107; Otfried Hofius, Der Christushymnus Philipper 2,6–11 (WUNT 17), Tübingen 1976, 2. erw. Aufl. 1991.

[23] Vgl. Eduard Lohse, Der Brief an die Kolosser und an Philemon (KEK IX/2), Göttingen 1968, 80.102ff.

[24] Vgl. dazu Hans Conzelmann, Konsequente Traditionsgeschichte?, in: Zeitschrift für Theologie und Kirche 62 (1965), 137–152; ders., Grundriss der Theologie des Neuen Testaments, München 1967, 175ff.192ff.325ff.; vgl. auch ders., Theologie als Schriftauslegung, München 1974, 106ff.131ff.; Lehmann, Auferweckt, 31ff.60ff.

hört aber auf dieser normativen Grundlage gleichursprünglich zur wahren Überlieferung des Glaubens. Wenn man dies nicht ausreichend erkennt und annimmt, gerät man in die Gefahr, das lebendige Wort Gottes „fundamentalistisch" misszuverstehen.[25] Man darf wohl ohne Übertreibung feststellen, dass der hl. Paulus diesen beiden grundlegenden Dimensionen eines Apostels und des Apostolischen in der Kirche in herausragender Weise gerecht geworden ist. Und genau in diesem Sinne ist er wirklich ein „Lehrer der Kirche", vor allem aber auch der „erste Theologe".

Von da aus ist es leichter, die konkrete Verhältnisbestimmung in der Verkündigung und Theologie des Paulus zwischen Evangelium und Tradition, schließlich aber auch dem geschichtlich-gesellschaftlichen Kontext noch genauer zu fassen. Man kann dies schon an der Struktur z.B. von 1Kor 15 sehen, wo es eine differenzierte Mischung von Tradition und Reflexion, Reflexion und Erfahrung, Reflexion und Paränese gibt (vgl. 1Kor 15,20.30–32.50). „Der Apostel erweist sich als ein Mann, der einerseits bewusst an die Apostolische Tradition anknüpft, seine eigene christliche Erfahrung mit ihr in einen organischen Zusammenhang bringt und durch die Kraft eines spekulativen Geistes die Tradition und die eigene geistliche Erfahrung für die theologische Existenz der Gemeinde fruchtbar zu machen weiß."[26]

Diese Grundhaltung hat Auswirkungen auf die Aufgabe der Theologie im Verständnis des Glaubens. Vernunft und Glaube stehen bei Paulus nicht, wie oft behauptet wird, im Verhältnis eines hoffnungslosen Widerspruchs. Vielmehr macht Paulus kräftigen Gebrauch von Vernunft, Verstehen und Gewissen.[27] Eine Aufforderung, wie Paulus sie im Blick auf die Ethik formuliert, ist hier deutlich genug: „Prüft alles, und behaltet das Gute!" (1Thess 5,21). Die Forschung hat gerade in den letzten Jahrzehnten den Gang der Argumentation und die bewusst eingesetzten rhetorischen Elemente bei Paulus untersucht.[28] Paulus setzt diese rhetorischen Mittel und Argumentationsweisen ein, um durch Überzeugung bei seinen Adressaten, Hörern und Lesern Einsicht und Annahme zu stärken. Obwohl er Autorität kennt, verzichtet er auf die in der Umwelt übliche apodiktische Offenbarungsrede.[29] Der Hinweis auf die paulinische Rede vom Kreuz ist hier kein durchschlagender Einwand.

---

[25] Vgl. Karl Lehmann, Der Fundamentalismus als Herausforderung für Theologie und Kirche, in: Fundamentalismus als Herausforderung an Staat, Kirche und Gesellschaft, Münster 1999 (Essener Gespräche zum Thema Staat und Kirche, Bd. 33), 63–85 (Lit.).

[26] Franz Mußner, „Schichten" in der paulinischen Theologie, dargetan an 1Kor 15, in: ders., Praesentia salutis, Düsseldorf 1967, 69f.

[27] Vgl. dazu ausführlicher Günther Bornkamm, Glaube und Vernunft bei Paulus, in: Studien zu Antike und Urchristentum. Gesammelte Aufsätze II (BEvTh 28), München 1963, 119–137; ders., Paulus, Stuttgart ^{7}1993 (mit Literaturnachträgen), 130f.

[28] Vgl. dazu Folker Siegert, Argumentation bei Paulus, gezeigt an Röm 9–11 (WUNT 34), Tübingen 1985; Reinhold Reck, Kommunikation und Gemeindeaufbau. Eine Studie zu Entstehung, Leben und Wachstum paulinischer Gemeinden in den Kommunikationsstrukturen der Antike (SBB 22), Stuttgart 1991; David Trobisch, Die Paulusbriefe und die Anfänge der christlichen Publizistik, Gütersloh 1994; Peter Eckstein, Gemeinde, Brief und Heilsbotschaft (HBS 42), Freiburg 2004.

[29] Vgl. dazu Dieter Lührmann, Das Offenbarungsverständnis bei Paulus und in paulinischen Gemeinden (WMANT 16), Neukirchen 1965.

„Allerdings steht für Paulus das ‚Wort vom Kreuz' in schroffem Gegensatz zur ‚Weisheit dieser Welt' (1Kor 1,18ff.; 2,6ff.). Doch ist damit eine sehr bestimmte, inhaltlich qualifizierte Weise menschlichen Denkens und Verstehens gemeint, die an Gottes Weisheit gescheitert ist und den Menschen in die Verlorenheit gestürzt hat. Das ändert jedoch nicht, sondern bestätigt nur, dass eben dieser Mensch, dem jetzt die Botschaft von der befreienden Gnade gilt, auch die Paradoxie des göttlichen Handelns im Kreuze Christi verstehen soll."[30]

Dies macht verständlich, warum Paulus, von dem die ersten schriftlichen Zeugnisse um das Jahr 50 n.Chr. vorliegen, zu den Schöpfern der christlichen Theologie überhaupt gehört und wie er besonders in der Forschung der neueren Zeit lange als *der* Theologe der Frühzeit gelten konnte, was wir heute freilich durch eine tiefere Erkenntnis auch der anderen Autoren des Neuen Testaments ergänzen und in gewisser Weise auch relativieren müssen.

5. Paulus als Jude und seine Heimat

Es ist immer wieder gut, von den Höhen solcher Ausblicke zurückzukehren in die Situation des Ursprungs und von dort erneut die Wege zu ermessen, die das Leben des hl. Paulus und seine Wirkung bis heute kennzeichnen. Dies gilt besonders, wenn wir nun den letzten Themenkomplex behandeln, nämlich Paulus als „Lehrer der Völker im Welthorizont".

Paulus ist in Tarsus (Kilikien/Cilicien) in Kleinasien geboren. Nach eigenen Angaben kam er aus dem Stamm Benjamin und wurde dem Gesetz gemäß am achten Tag beschnitten (Phil 3,5). Nach Angaben der Apostelgeschichte wurde er in Jerusalem von dem bekannten Lehrer Gamaliel in der Kenntnis der Tora ausgebildet (Apg 22,3). Er schloss sich der pharisäischen Richtung an (vgl. Phil 3,5f.). Dabei dürfen wir kein polemisch verengtes Bild der Pharisäer vor Augen haben. Sie waren eine religiöse Laienbewegung, die neben der Bibel auch die mündliche Überlieferung hoch anerkannte und eine besondere persönliche Heiligkeit anstrebte. So haben die Pharisäer die Vorschriften für die Priester auch auf sich als Laien angewandt. Dafür erhofften sie in der Auferstehung der Toten, die sie im Unterschied zu anderen religiösen Gruppierungen innerhalb des Judentums annahmen, das ewige Leben zu finden, mit den Engeln vor Gottes Thron zu stehen und Gott loben zu dürfen.

Wir dürfen uns auch kein zu enges Bild machen von den so genannten Diaspora-Juden, die nicht in Jerusalem und in Palästina lebten. Viele mussten schon aus Gründen der Lebenserhaltung auswandern. Sehr viele bewahrten ihren angestammten Glauben, passten sich nicht der „heidnischen" Umwelt an, waren aber für die Mitwelt, in der sie lebten, offen. Sie gehörten, auch wenn sie die hebräische Sprache verstanden, zur griechischen Kultur. Paulus war sogar römischer Bürger, was ihm zeitlebens einige wichtige Rechte verbürgte. Heute wissen wir, dass auch in Jerusalem, in Judäa und Galiläa die

---

[30] Bornkamm, Paulus, 130f.

griechische Sprache verbreitet war, wie viele Ausgrabungen bis zum heutigen Tag belegen.[31] Tarsus war in diesem Kontext so etwas wie eine „geistige Metropole".[32]

Schon aus diesen wenigen Strichen wird erkennbar, dass auch das Diaspora-Judentum Gefahren von innen und außen abwehren musste und warum Paulus schon früh christliche Gemeinden in Palästina heftig verfolgte. Auch war er nach der Apostelgeschichte bei der Steinigung des Stephanus, des ersten christlichen Märtyrers, zugegen (Apg 7,58). Es ist freilich nicht leicht, die genauen Gründe dafür anzugeben, warum er besonders die hellenistischen Judenchristen verfolgte (nicht nur wegen deren Ablehnung des Tempels und blutiger Opfer in ihm, sondern wohl auch wegen des Anspruchs der Christen, sie seien vom Hl. Geist Gottes erfüllt). So gibt er selbst an, dass er auf fremdem Territorium, nämlich in Damaskus, Christen bedrängt habe (vgl. Apg 9,1ff.). Auf dem Weg nach Damaskus erschien ihm Jesus Christus.[33] Paulus beschreibt dies so, dass Gott ihm seinen Sohn offenbart habe (vgl. Gal 1,16). An vier Stellen geht Paulus auf sein Bekehrungserlebnis ein: Er spricht vom Sehen des Herrn (1Kor 9,1; 15,9), von der Offenbarung des Sohnes (Gal 1,12ff.), vom Kontrast zwischen dem früheren Leben und heute (Phil 3,4ff.). Alles, was bisher war, hält er für „Dreck" um Jesu Christi willen (Phil 3,8; vgl. auch 1Tim 1,12ff.). Man vermutet heute, dass die Bekehrung in die Zeit zwischen 34 und 36 n.Chr. fiel. Andere setzen sie freilich schon um das Jahr 30 an (Kreuzigung Jesu im Jahr 27). In der Darstellung der Apostelgeschichte sagt der Herr über Paulus: „Denn dieser Mann ist mein auserwähltes Werkzeug. Er soll meinen Namen vor Völker und Könige und die Söhne Israels tragen. Ich werde ihm auch zeigen, wieviel er für meinen Namen leiden muss" (Apg 9,15f.). Als er wenige Tage nach diesem Ereignis in der Synagoge von Damaskus schon Jesus als den Sohn Gottes verkündigte, erschraken viele, weil er die Christen bisher heftig verfolgt hatte und nun „brachte er auch die Juden in Damaskus in Verwirrung, weil er ihnen bewies, dass Jesus der Messias ist" (Apg 9,22).[34]

Wir wollen diese frühe Geschichte des Paulus hier nicht weiterverfolgen, zumal in den letzten Jahren vieles darüber veröffentlicht wurde und manches noch unsicher ist.[35] Dies alles hängt auch eng zusammen mit einer tief grei-

---

[31] Vgl. das Standardwerk von Martin Hengel, Judentum und Hellenismus (WUNT 10), Tübingen ³1988; vgl. zusätzlich Werner Eck, Rom und Judaea (Tria Corda 2), Tübingen 2007.

[32] Zu diesen Fragen ganz besonders Martin Hengel / Ulrich Heckel (Hg.), Paulus und das antike Judentum (WUNT 58), Tübingen 1991, 177–291, bes. 180ff.; Martin Hengel / Anna M. Schwemer, Paulus zwischen Damaskus und Antiochien (WUNT 108), Tübingen 1998.

[33] Dazu und zu allen Fragen um Damaskus vgl. ausführlich Hengel/Schwemer, Paulus zwischen Damaskus und Antiochien, 43ff.; außerdem Gerd Lüdemann, Paulus der Heidenapostel, Band I–II (FRLANT 123.130), Göttingen 1980/83.

[34] Vgl. zur Auslegung Rudolf Pesch, Die Apostelgeschichte, I. Teilband (EKK V/1), Zürich 1986, 296ff.310ff.

[35] Vgl. dazu Hengel/Heckel (Hg.), Paulus und das antike Judentum (darin: Der vorchristliche Paulus, 177–291); Hengel, Judentum und Hellenismus; Jörg Frey, Das Judentum des Paulus, in: Wischmeyer (Hg.), Paulus, 5–43; Johann Maier, Geschichte des Judentums im Altertum, Darmstadt ²1989; ders., Zwischen den Testamenten. Geschichte und Religion in der Zeit des zweiten Tempels (NEB.AT.E 3), Würzburg 1990; Günter Stemberger, Pharisäer, Sadduzäer,

fenden Neubewertung des Frühjudentums in der biblischen Exegese. Das lange Zeit herrschende Vorurteil, das Judentum der damaligen Zeit sei nichts anderes als eine so genannte „Leistungsreligion", lässt sich heute nicht mehr aufrecht halten. Davon wird auch das Verständnis der Rechtfertigungsaussagen des Paulus berührt.[36] Mit der Rechtfertigung „aus Werken des Gesetzes" war nach einer früher weit verbreiteten Interpretation die jüdische Religion umfassend charakterisiert. Jüdische Paulusforscher und christliche Bibelwissenschaftler haben mit Erfolg dagegen protestiert. In der Zwischenzeit ist durch die Quellen die positive Rolle der Tora im Judentum zur Zeit Jesu herausgestellt worden. Diese neue Sicht und Wertung des frühjüdischen Verständnisses von „Gesetz" hat auch Konsequenzen für das Verständnis der Gesetzeskritik bei Paulus. Wir stehen mitten in dieser umfassenden Diskussion. Dabei spielen die Ergebnisse und die Auseinandersetzung mit der skandinavischen Paulusforschung eine große Rolle.[37] In gewisser Weise kann man sagen, dass das Ringen um diese Fragen ein „Schlüsselproblem der gegenwärtigen exegetischen Diskussion" ist.[38] Paulus darf nicht billig gegen das Judentum ausgespielt werden. In diesen Kontext gehört auch eine „Entlutherisierung" des Paulus.[39]

6. Der schwierige Übergang in seinen Konflikten

An dieser Stelle ist es üblich, das Thema „Mission" bei Paulus durch die Behandlung der Missionsreisen darzustellen.[40] Dies kann hier nicht gesche-

---

Essener (SBS 144), Stuttgart 1991; in aller Kürze: Karl-Wilhelm Niebuhr, Paulus im Judentum seiner Zeit, in: Communio 38 (2009), 108–118; ders., Heidenapostel aus Israel. Die jüdische Identität des Paulus nach ihrer Darstellung in seinen Briefen (WUNT 63), Tübingen 1992; Hofius, Exegetische Studien, 49–101.

[36] Vgl. dazu Udo Schnelle / Thomas Söding (Hg.), Paulinische Christologie, Göttingen 2000, 220ff.; dazu auch J. Schröter, Der versöhnte Versöhner. Paulus als unentbehrlicher Mittler im Heilsvorgang zwischen Gott und Gemeinde nach 2Kor 2,14–7,4 (TANZ 10), Tübingen 1993.

[37] Vgl. die bisher schon genannte Literatur, vor allem die Arbeiten von Martin Hengel und Otfried Hofius und mit zahlreichen Literaturverweisen zusammenfassend Christoph Landmesser, Umstrittener Paulus. Die gegenwärtige Diskussion um die paulinische Theologie, in: Zeitschrift für Theologie und Kirche 105 (2008), 387–410; E.P. Sanders, Paulus, Stuttgart 1995; Michael Bachmann, Lutherische und Neue Pauluspektive (WUNT 182), Tübingen 2005; James D.G. Dunn, The New Perspective on Paul (WUNT 185), Tübingen 2005 (Gesammelte Aufsätze mit weiterer Literatur); Alexander J.M. Wedderburn, Eine neue Pauluspektive?, in: Becker/ Pilhofer (Hg.), Biographie und Persönlichkeit des Paulus, 46–64; Klaus Wengst, Jesus zwischen Juden und Christen, Stuttgart 1999.

[38] Vgl. den Untertitel des in Anm. 37 genannten Buches „Lutherische und Neue Pauluspektive: Beiträge zu einem Schlüsselproblem der gegenwärtigen exegetischen Diskussion".

[39] Dazu Krister Stendahl, Der Jude Paulus und wir Heiden, München 1978 und Anm. 37.

[40] Vgl. z.B. Eduard Lohse, Paulus. Eine Biographie, München 1996; Bornkamm, Paulus, 48ff. u.ö. In leicht verständlicher Form vgl. Claus-Peter März, Paulus. Sein Leben. Sein Wirken. Seine Zeit, Leipzig 2008. Die erste Missionsreise mit Barnabas ist im Datum schwierig zu bestimmen, die zweite Missionsreise nach Korinth wird um 50 bis 52, die dritte nach Ephesus zwischen 52 und 55 angesetzt; vgl. auch Klaus Berger, Paulus, München 2002; Marius Reiser, Paulus – ein Lebensbild, in: Barbara Nichtweiß (Hg.), Paulus, Apostel der Völker, in

hen. Ich muss auf die Fachliteratur und die Pauluseinführungen verweisen.[41] Wenigstens kurz soll jedoch an ein Kernproblem bei der Ausbildung des Missionsverständnisses erinnert werden. Damit hängt der Begriff der Heidenmission und auch des Heidenapostels eng zusammen. Eine Grundfrage betraf das Problem, ob die so genannten Heidenchristen, die also keine Juden waren und sich aus den heidnischen Umweltreligionen heraus dem Christentum zuwandten, zuerst Juden werden sollten. Im Diasporajudentum gab es ja zahlreiche Heiden, die aus vielerlei Gründen eine große Sympathie für den jüdischen Glauben hegten. Vor allem aber wegen der Notwendigkeit der Beschneidung und des Einhaltens nicht weniger Speise- und Reinigungsvorschriften schreckten sie vor dem endgültigen Eintritt ins Judentum zurück. Man nannte sie die „Gottesfürchtigen", die eine Sympathie hatten für das nach ihrer Ansicht überlegene Judentum, aber wegen der genannten Hindernisse doch nicht den vollen Eintritt in das Judentum wagen wollten (zum Begriff der „Gottesfürchtigen" vgl. vor allem die zahlreichen Aussagen in der Apg 2,5; 8,2; 10,22; 16,14; 17,4.17; 18,7).

Für diese und andere Sympathisanten gab es nun im Blick auf das Christentum die ähnliche Frage, ob sie, um eben im vollen Sinne Christen zu sein, zuerst im Sinne der erwähnten Forderungen Juden werden müssten. Obwohl Paulus selbst beschnitten war, hat er bekanntlich mit großer Intensität und Selbstständigkeit die Überzeugung vertreten, dass die Heidenchristen nicht den „Umweg" machen müssten über den Durchgang durch das vor allem rituell und gesetzlich verstandene Judentum. Deswegen wird Paulus von Anfang an von jüdischer Seite aus heftig kritisiert, was sich bereits in der ersten Missionsreise des Paulus zeigt. Man kann sich auch gut vorstellen, dass die frühen christlichen Gemeinden, besonders in der Diaspora, viele neue Mitglieder fanden, weil diese sich nicht der Beschneidung und der Gesetzespraxis unterwerfen mussten. Die offenbar rasch wachsende Gemeinde aus Juden und Heiden, die gleichberechtigt miteinander das Heil in Jesus Christus feierten, war für jüdische Kreise und auch für viele Judenchristen ein Problem. Der Konflikt zwischen Antiochien und der strengeren Sicht der Gemeinde in Jerusalem ist bekannt (vgl. Apg 15 und Gal 2). Die Vereinbarung, die getroffen worden ist, bedeutet bei allen pragmatischen Elementen im Kern die Anerkennung zweier unterschiedlicher Arten von Mission bzw. die Aufteilung der Mission zwischen Jerusalem und Antiochien. Man ließ aber offen, wie in gemischten Gemeinden beim Herrenmahl zu verfahren

---

Buchillustrationen aus sechs Jahrhunderten (Aus der Martinus-Bibliothek Mainz 6), Mainz 2009, 4–16; Horatio E. Lona, Kleine Hinführung zu Paulus, Freiburg i.Br. 2006; Gunther Wenz, Der Völkerapostel Paulus und seine Briefe, in: Una Sancta 63 (2008), 338–349; Joachim Gnilka, Paulus von Tarsus. Apostel und Zeuge, Freiburg i.Br. 1996; Hans Hübner, Paulus, in: TRE 26, Berlin 1996, 133–153 (Lit.).

[41] Vgl. dazu neben der schon genannten Literatur auch Rainer Riesner, Die Frühzeit des Apostels Paulus (WUNT 71), Tübingen 1994, 204ff.; Udo Schnelle, Paulus. Leben und Denken, Berlin / New York 2003, 117ff.129ff.

sei.[42] Bekannt ist der „Antiochenische Zwischenfall", der zu der Konfrontation von Petrus und Paulus führte (vgl. Gal 2,11–14).[43]

In jedem Fall war die Entscheidung des so genannten Apostelkonvents in Jerusalem das wichtigste Ereignis in der Geschichte der Urkirche: Die Heidenchristen brauchen zum Eintritt in die Kirche nicht im rituellen Sinne Juden zu werden.[44] Paulus zufolge gab es ein hartes Ringen, das zu uneingeschränkter Anerkennung seines gesetzesfreien Evangeliums führte. Nach der Darstellung der Apostelgeschichte standen die Apostel ganz auf der Seite des Paulus. Wegen der Bedeutung dieses Konventes wird die Versammlung oft als „Apostelkonzil" bezeichnet, also als erstes Konzil in der Geschichte der Kirche gezählt.[45]

7. „Lehrer der Völker"

Von da aus eröffnet sich der Weg der jungen Kirche hinein in die Vielfalt der Religionen, Sprachen und Kulturen. Vermutlich wäre der Kirche ohne diese befreiende Entscheidung der Weg in die Weltgeschichte hinein nicht möglich gewesen. Paulus selbst spannt dadurch den Horizont seines Wirkens in große, das gesamte Imperium umfassende und damit weltweite Dimensionen. Das Christentum wuchs aus seinen provinziellen Anfängen innerhalb weniger Jahrzehnte in einen Welthorizont hinein. In seiner judenchristlichen Grundgestalt wäre das Christentum in den Grenzen der jüdischen Glaubensform geblieben; in der davon befreiten Gestalt war es bei aller notwendigen Unterscheidung der Geister mit allen Kulturen kompatibel und konnte so zu einer Weltwirksamkeit gelangen. Dies brachte Paulus selbst in einen ungeheuren Konflikt, der bis zur Selbstverfluchung reicht, und dieser Konflikt bestand in der Frage, wie er bei dieser Konzeption seine Identität als Angehöriger des Volkes Israel erhalten konnte. Die gesetzesfreie Fassung des Evangeliums schien ein Identitätsbruch zu sein; Paulus freilich verstand sie vielmehr als einen Identitätsgewinn, was sich besonders in der dramatischen Darstellung von Röm 9–11 zeigt. Der Text ist von diesem großen Ringen ge-

---

[42] Die wichtige, aber schwierige Frage der Struktur der damaligen christlichen Gemeinden kann hier nicht weiter verfolgt werden. Vgl. dazu jedoch Gerd Theißen, Studien zur Soziologie des Urchristentums (WUNT 19), Tübingen 1979, 231ff.272ff.; ders., Die Religion der ersten Christen, Gütersloh 2000, 227ff.286ff.; Wayne A. Meeks, Urchristentum und Stadtkultur. Die soziale Welt der paulinischen Gemeinden, Gütersloh 1993; Hans Conzelmann, Heiden – Juden – Christen, Tübingen 1981; speziell in archäologischer Hinsicht Michael Hesemann, Paulus von Tarsus. Archäologen auf den Spuren des Völkerapostels, Augsburg 2008.

[43] Vgl. Traugott Holtz, Geschichte und Theologie des Urchristentums (WUNT 57), Tübingen 1991, 140ff.171ff.; Ferdinand Hahn, Exegetische Beiträge zum ökumenischen Gespräch, Göttingen 1986, 95ff.

[44] Vgl. Jürgen Becker, Paulus. Der Apostel der Völker, Tübingen 1989, 87ff.; Udo Schnelle, Paulus, 117–135.

[45] Vgl. Christoph Burchard, Der dreizehnte Apostel (FRLANT 103), Göttingen 1970; vgl. in aller Kürze Jens Schröter, Paulus in der Apostelgeschichte, in: Communio 38 (2009), 135–148.

prägt, sodass auch von daher Sprache und Logik verstanden werden müssen. Das Christentum fand in Paulus mit dieser Innovation den bahnbrechenden Protagonisten. Manche nennen ihn deshalb den „zweiten Stifter des Christentums". Er wurde so zum Apostel der Völker, wie ihn bereits der frühchristliche Clemensbrief[46] sieht: „Siebenmal in Ketten, vertrieben, gesteinigt, Herold im Osten wie im Westen, empfing er den echten Ruhm für seinen Glauben. Er lehrte die ganze Welt Gerechtigkeit, kam bis an die Grenze des Westens und legte vor den Machthabern Zeugnis ab. Schließlich schied er aus der Welt und gelangte an den heiligen Ort, das größte Beispiel der Geduld."[47] Auch wenn Paulus in vieler Hinsicht als Sieger erscheint, so hat er doch für diesen Weg viel leiden müssen, da ihm immer wieder derselbe Vorwurf gemacht worden ist: „Du lehrst alle unter den Heiden lebenden Juden, von Mose abzufallen, und forderst sie auf, ihre Kinder nicht zu beschneiden und sich nicht an die Bräuche zu halten" (Apg 21,21). So erscheint Paulus manchmal, menschlich gesehen, als Verlierer.[48] In diesem Sinne wird die von ihm so herausgestellte „Theologie des Kreuzes" in seinem eigenen Leben und am eigenen Leib verwirklicht.

Es besteht kein Zweifel, dass die paulinischen Schriften viele Elemente für das missionarische Wirken der Kirche enthalten. Diese können hier nicht entfaltet werden, denn sie sind identisch mit einer Darstellung seiner ganzen Theologie. Ich möchte aber einen wichtigen Grundzug hervorheben, der sich aus dem Ansatz ergibt. Den Kern der Sendung der Kirche zu allen Völkern, das durch den Geist erwirkte Durchbrechen der sprachlichen und kulturellen Grenzen und das Hineingehen in den Horizont der ganzen Welt ist für Paulus zuletzt begründet im universalen Heilswillen Gottes, wie er sich im Wort, Leben und Wirken Jesu Christi bekundet. Die Hingabe seines Lebens „für alle" öffnet alle Türen und Tore zur Welt. Damit ist selbstverständlich keine Allversöhnung oder ein naturalistisches oder gnostisches Verständnis von Erlösung gemeint. Es gibt keinen Automatismus des Heils. Alle sind eingeladen, alle werden gerufen, aber soweit wir Menschen erkennen können, hängt es auch von der Antwort ab, ob diese Einladung realisiert wird. Ich brauche hier nicht darüber zu handeln.[49]

---

[46] Der erste Clemensbrief kann in die späteren 90er Jahre datiert werden, vgl. dazu Hermut Löhr, Zur Paulus-Notiz in 1Clem 5,5–7, in: Friedrich-Wilhelm Horn (Hg.), Das Ende des Paulus (BZNW 106), Berlin 2001, 197–213.
[47] 1. Clemensbrief 5,6.
[48] Diese Züge sind in dem wichtigen Paulusbuch von Eugen Biser eindrucksvoll dargestellt: Paulus, Darmstadt 2003, 103ff. u.ö; vgl. auch Uwe Jochum, Die Sendung des Paulus, Paderborn u.a. 2008, 50ff.; zum „Missverständnis" des Paulus vgl. Carsten Peter Thiede, Paulus, Augsburg 2004, 100ff.; Martin Hengel, Paulus und Jakobus (WUNT 141), Tübingen 2002; Andreas Lindemann, Paulus im ältesten Urchristentum (BHTh 58), Tübingen 1979.
[49] Vgl. mein ausführliches Referat „Das Heil der Anderen". Interpretation der Texte des Zweiten Vatikanischen Konzils zu den Heilsmöglichkeiten der Nichtchristen. Ökumenischer Arbeitskreis evangelischer und katholischer Theologen, Vollversammlung 30.3.–2.4.2009 in Mainz (wird gedruckt).

8. Missionarisches Grundprinzip

Aus dieser Grundüberzeugung heraus kann Paulus eine Grundnorm seiner Theologie und seines seelsorglichen Dienstes formulieren. Man hat dieses Prinzip den „missionarischen Kanon" des hl. Paulus genannt. Ich will bewusst den ganzen wichtigen Text anführen: „Da ich also von niemand abhängig war, habe ich mich für alle zum Sklaven gemacht, um möglichst viele zu gewinnen. Den Juden bin ich ein Jude geworden, um Juden zu gewinnen; denen, die unter dem Gesetz stehen, bin ich, obgleich ich nicht unter dem Gesetz stehe, einer unter dem Gesetz geworden, um die zu gewinnen, die unter dem Gesetz stehen. Den Gesetzlosen war ich sozusagen ein Gesetzloser – nicht als ein Gesetzloser vor Gott, sondern gebunden an das Gesetz Jesu Christi –, um die Gesetzlosen zu gewinnen. Den Schwachen wurde ich ein Schwacher, um die Schwachen zu gewinnen. Allen bin ich alles geworden, um auf jeden Fall einige zu retten. Alles aber tue ich um des Evangeliums willen, um an seiner Verheißung teilzuhaben" (1Kor 9,19–23).[50]

Paulus sagt am Schluss dieses Kanons mit letzter Klarheit, dass er dies alles „um des Evangeliums willen" tut. Zum Evangelium gehört sein Verkündigungsdienst. Indem er das Evangelium verkündigt, bekommt er selbst Anteil an ihm (vgl. 9,23). „Sein Anteil am Evangelium hängt mit seinem Dienst zusammen. Seine missionarische Existenz ist nicht eine zusätzliche Bestimmung seines Lebens, die auch fehlen könnte. Sie folgt für ihn daraus, dass das Evangelium ihm zufiel, worin er immer nur die unbegreifliche Gnade seines Lebens zu sehen vermochte."[51] Es wäre also ein groteskes Missverständnis, wollte man in dem „missionarischen Kanon" des hl. Paulus einen Freibrief zur opportunistischen Anpassung sehen. Leider ist der Satz immer wieder als eine Phrase in dieser Richtung missbraucht worden.[52]

9. Der Ertrag für heute

Am 29. Juni 2009 ging das Paulusjahr zu Ende, das Papst Benedikt XVI. am Fest Peter und Paul des vergangenen Jahres für die ganze Kirche ausgerufen hatte. Gab es zunächst weithin ein gewisses Zögern, so ist – dies kann man

---

[50] Vgl. dazu Georg Eichholz, Der missionarische Kanon des Paulus, in: ders., Tradition und Interpretation. Studien zum Neuen Testament und zur Hermeneutik (ThB 29), München 1965, 114–120; Wolfgang Schrage, Der erste Brief an die Korinther, Zweiter Teilband (EKK VII/2), Düsseldorf 1995, 333–360, zahlreiche Literatur ebd., 333; vgl. auch die Überschrift zu diesem Passus: Die Freiheit von allen für alle. Aus der weiteren Literatur nenne ich zu 1Kor 9 Günther Bornkamm, Das missionarische Verhalten des Paulus nach 1Kor 9,19–23 und in der Apostelgeschichte, in: ders., Geschichte und Glaube II (Gesammelte Aufsätze IV), München 1971, 149–161; Jacob Kremer, Allen bin ich alles geworden, um jedenfalls einige zu retten (1Kor 9,22), in: ders., Die Bibel beim Wort genommen, hg. von R. Kühlschelm / M. Stowasser, Freiburg i.Br. 1995, 223–245 (Lit.).

[51] Eichholz, Tradition und Interpretation, 120.

[52] Vgl. dazu meinen Beitrag „Die missionarische Grundregel des Paulus: Allen alles werden, in: K. Lehmann / E. Lohse, Paulus, Lehrer der Kirche (Mainzer Perspektiven: Orientierungen 7), Mainz 2009, 48–56 (Lit.).

wohl sagen – das Paulusjahr in unserer Kirche zu einem großen Erfolg geworden. Dabei gab es auch eine eindrucksvolle Zusammenarbeit mit der evangelischen Theologie. Dies war von vornherein nicht abzusehen. Um so dankbarer sind wir dafür.

Nicht selten hat man geglaubt, Petrus wäre gleichsam der vornehmste Apostel für die katholische Kirche, während Paulus einen großen Vorrang für die Kirchen der Reformation habe. Wir haben auf vielfache Weise wieder gelernt, wie beide von der christlichen Frühzeit an in ihrer Einheit und Verschiedenheit zusammengehören. Dies ist auch ein wichtiges Zeichen für die gemeinsame ökumenische Sicht auf die beiden Apostelfürsten. Vielleicht können wir dies heute fruchtbarer machen als bisher. Die Kirchenspaltung hat uns hier auf beiden Seiten jeweils einseitig werden lassen. Heute können wir unbefangener fragen, ob wir in gleicher Weise Petrus und Paulus gerecht werden. Man kann manche Pauschalurteile getrost verabschieden. Es gibt in der katholischen Tradition der Schriftauslegung gewiss auch eine beständige und kontinuierliche Beschäftigung mit Paulus.[53] Ich bin mir gewiss, dass wir gerade in inhaltlicher Hinsicht diesen Reichtum freilich noch längst nicht genügend entdeckt haben. Ferner kann man heute unbefangener fragen, ob Luther immer ein getreuer Ausleger des ganzen Paulus gewesen ist, ebenso kann man das Verständnis der Rechtfertigungsbotschaft bei Paulus und bei Luther neu auf den Prüfstand stellen. Wir dürfen dabei unseren deutschen Standort, den wir im Land der Reformation nicht zu verleugnen brauchen, nicht absolut setzen. Andere Länder und Kulturen lesen Luther und Paulus auf ihre Weise.

Wenn man sich heute intensiver mit Paulus beschäftigt, so ist man überwältigt von der Fülle bibelwissenschaftlicher Forschung. Es ist gewiss nicht immer leicht, das große Dickicht einer immer zahlreicher werdenden Literatur zu überblicken. Das theologische Interesse an Paulus in den verschiedenen theologischen Bemühungen ist ungebrochen. Dies zeigt sich, wie eingangs schon bemerkt worden ist, auch an einem neuen Interesse der Philosophie und einiger Humanwissenschaften an Paulus[54] sowie am gewandelten Bild des Judentums im Blick auf Paulus.[55]

---

[53] Für die Anfänge vgl. Ernst Dassmann, Der Stachel im Fleisch. Paulus in der frühchristlichen Literatur, Münster 1979; Andreas Lindemann, Apostel und Lehrer der Kirche, Tübingen 1999, 252ff.280ff.294ff. (Zusammenfassung ebd., 321f.); Andreas Lindemann, Die Rezeption des Paulus im 2. Jahrhundert, in: O. Wischmeyer (Hg.), Paulus, 341–357; Wolfgang Wischmeyer, Die Rezeption des Paulus in der Geschichte der Kirche, in: O. Wischmeyer (Hg.), Paulus, 358–368.

[54] Eine Hilfe zur Übersicht ist Dominik Finkelde, Politische Eschatologie nach Paulus. Badiou – Agamben – Žižek – Santner, Wien 2007. Nach meinem Empfinden wird die Bedeutung einiger der genannten Denker im Blick auf die Paulusrezeption überschätzt. Ein größeres Gewicht besitzen die früheren Veröffentlichungen von Jacob Taubes, z.B. Die politische Theologie des Paulus, hg. von Aleida Assmann und Jan Assmann u.a., München 1993. Fast völlig unbeachtet geblieben ist die Bedeutung des paulinischen Denkens für den frühen Heidegger, vgl. Martin Heidegger, Phänomenologie des religiösen Lebens (Gesamtausgabe 60), Frankfurt a.M. 1995. Die wichtigsten Aussagen waren schon vor dieser Erstveröffentlichung des gesamten Textes bekannt, vgl. dazu Karl Lehmann, Christliche Geschichtserfahrung und ontologische Frage beim jungen Heidegger, in: Philosophisches Jahrbuch 74 (1966), 126–

Dabei gibt es nicht nur die subtilen Forschungsleistungen, sondern auch viele verständliche Hilfen und Kommentare zum Leben, Wirken und zu den einzelnen Schriften des heiligen Paulus und seiner Schule. Dabei muss man aber immer wieder auf den ganzen Paulus schauen. Dies gilt gerade auch für das Thema einer „missionarischen Theologie", die heute besonderes Interesse weckt. Man kann die tiefsten Wurzeln und Motive der „Sendung" nur verstehen, wenn man auf die entscheidenden Fundamente des paulinischen Denkens zurückgeht.[56]

Vor 50 Jahren habe ich ein intensiveres Studium des hl. Paulus begonnen. Dabei gab es schon damals große Lehrmeister, die ich hören durfte, wie den anerkannten französischen Paulusexperten Prof. P. Stanislas Lyonnet SJ vom Päpstlichen Bibelinstitut in Rom. Aber ich habe natürlich immer wieder von vielen anderen Paulusauslegern gelernt, nicht zuletzt von Rudolf Bultmann und Ernst Käsemann, von Martin Hengel und Günther Bornkamm, Otfried Hofius und Eduard Lohse, Heinrich Schlier und Erik Peterson. Viele kommen aus jüngster Zeit hinzu, wie z.B. Thomas Söding und Michael Theobald, Udo Schnelle und Jörg Frey. Was ich hier darlegen konnte, hat mich seit Beginn meines Studiums und besonders in meiner theologischen Doktorarbeit „Auferweckt am dritten Tag nach der Schrift" bewegt und immer eine heilige Unruhe hinterlassen. Mit diesem Beitrag wollte ich für die vielen Einsichten dieser langen Zeit wie auch des Paulusjahres[57] herzlich danken und den Mitchristen zugleich Mut machen, nun selber zu den Schriften des heiligen Paulus zu greifen und nach bald 2000 Jahren auf sein Wort zu hören, das uns Kunde gibt vom Evangelium Jesu Christi. Die Aufmerksamkeit darf nicht nur auf ein Jubiläumsjahr beschränkt bleiben, so sehr es uns mit Erkenntnissen beschenkt hat, sondern wir sollten uns kontinuierlich mit diesem großen Zeugen Paulus beschäftigen, der uns auch heute ein unersetzlicher Wegweiser ist.[58]

---

153. Dies ist ein Exkurs aus meiner 1962 abgeschlossenen philosophischen Dissertation „Vom Ursprung und Sinn der Seinsfrage im Denken Martin Heideggers. Versuch einer Ortsbestimmung", Mainz / Freiburg i.Br. 2003, ²2006, zwei Bände, Bd. 2: 817–841 (auch sonst öfter abgedruckt). Zur neueren Entwicklung vgl. Aniceto Molinaro (Hg.), Heidegger e San Paolo. Interpretazione fenomenologica dell'Epistolario paolino, Vaticano 2008.

[55] Der Wandel ist gut erkennbar bei David Flusser, Paulus (aus jüdischer Sicht), in: TRE 26, Berlin 1996, 153–160 (Lit.). Nach Erscheinen dieses Artikels ist bemerkenswert Schalom Ben-Chorin, Paulus. Der Völkerapostel in jüdischer Sicht (Werke 5), Gütersloh 2006. Die Erstauflage dieses Paulusbuches erschien 1968 und wurde später sehr oft als Taschenbuchausgabe vorgelegt, z.B. 8. Aufl. 1990. Für den Wandel des jüdischen Paulusbildes ist dieses Buch nach wie vor sehr wichtig und ist zu Unrecht auch im Paulusjahr zu sehr in den Hintergrund getreten, vgl. VIIff. 153ff.165ff.173ff.

[56] Zum Thema der Mission vgl. K. Lehmann, Zuversicht aus dem Glauben, Freiburg i.Br. 2006, 472–498 (472–475 zu 1Kor 9,16ff.).

[57] Vgl. dazu auch verschiedene Texte von Benedetto XVI / Joseph Ratzinger, Paolo. L'Apostolo delle Genti, Vatican/Milano 2008; Benedetto XVI, Paolo e i primi discepoli di Cristo, Vaticano 2008.

[58] Eine schöne kleine Zusammenfassung findet sich bei Ekkehard W. Stegemann, Paulus und die Welt, Zürich 2005, 303–308 (Apostel der Völker. Was interessiert die christliche Theologie an Paulus?).

Ekkehard W. Stegemann

Paulus, die antike Philosophie und Immanuel Kant

1. Paulus unter den Philosophen in frühchristlicher Rezeption

Der erste, der Paulus unter Philosophen auftreten lässt, ist Lukas. Seine „Sokratesmimesis"[1] des Paulus in Apg 17,16–34 ist spätestens vom Apologeten Justin intertextuell aufgenommen worden. In der lateinischen Apologetik spielt Sokrates zwar auch eine Rolle, doch bedeutender ist hier der Stoiker Seneca gewesen; freilich wird er erst spät zu Paulus in Beziehung gesetzt.

Lukas zeichnet Paulus in der Apostelgeschichte überhaupt auch mit Zügen einer antiken Philosophenbiographie.[2] Doch stellt der Bericht von seinem Auftreten in Athen einen schriftstellerischen Höhepunkt in der Darstellung des Apostels als Missionar und Lehrer dar. Gemessen an seiner Mission in kleinasiatischen oder anderen griechischen Städten ist dem Wirken in Athen kein großer Erfolg beschieden. Hier ergreift Lukas jedoch die Gelegenheit des Aufenthalts des Paulus in dieser berühmten kultur- und philosophiegeschichtlichen Metropole, um die Lehre der Christusanhänger in ein Verhältnis zumal zu der wohl bedeutendsten intellektuellen und zugleich um eine philosophische Lebenspraxis konkurrierenden Bewegung, nämlich zur stoischen Philosophie, zu setzen. Wie Sokrates spricht Paulus auf der Agora zu denen, die gerade anwesend sind (V. 17). Die Athener meinen, Paulus sei ein Verkünder von „fremden Gottheiten" (δαιμόνια) (V. 18; vgl. V. 20), was zusammen mit anderen Zügen an die Apologie des Sokrates erinnert. Und dazu gehört auch die Anrede „Männer von Athen" (V. 22). Es ist aber überhaupt die sokratische Manier von Anknüpfung und Widerspruch bzw. von Elenchtik und Protreptik[3], welche die Rhetorik von Apg 17 mitprägt. Inhaltlich wird diese Anknüpfung mit der von Lukas im Singular gebotenen Altarinschrift für einen „unbekannten Gott" und ein – meistens auf Arat zurückgeführtes – Zitat ausgedrückt.[4] Deswegen sind nicht nur die Anspielungen

---

[1] Vgl. Bernhard Heininger, Das Paulusbild der Apostelgeschichte und die Antike Biographie, jetzt in: ders., Die Inkulturation des Christentums. Aufsätze und Studien zum Neuen Testament und seiner Umwelt (WUNT 225), Tübingen 2010, 157–178, hier 164.

[2] So Heininger mit guten Argumenten in dem in der vorhergehenden Fußnote genannten Beitrag.

[3] Vgl. David M. Reis, Mimesis and Intertextuality, in: Journal of Heigher Criticism 9 (2002), 259–277, bes. 269.

[4] Vgl. dazu Karl Olav Sandnes, Paul and Socrates. The Aim of Paul's Areopagus Speech, in: JSNT 50 (1993), 13–26; Ekkehard W. Stegemann, Paulus, Sokrates und Seneca. Zu den Anfängen christlicher Literatur- und Philosophiegeschichte, in: R. Faber / B. Naumann (Hg.), Literarische Philosophie – Philosophische Literatur, Würzburg 1999, 77–96.

auf Sokrates, also die Darstellung des Paulus „im Nimbus des Sokrates"[5], zu beachten. Vielmehr verdient Interesse, dass Paulus auf die sokratische Tradition und eben nicht zuletzt ihre stoische Version eingeht, um einerseits die große Nähe dieser lebenspraktischen Philosophie zu seiner Lehre herauszustellen und andererseits die unbezweifelbare Überlegenheit der Lehre der Christusanhänger aufzuzeigen.[6] Vor allem seit Eduard Nordens Buch „Agnostos Theos"[7] hat man den Anspielungen auf Sokrates in diesem Text Aufmerksamkeit gewidmet. Deutlich ist aber eben auch in der Tat, dass Lukas die Predigt bzw. Lehre des Paulus in Athen als eine zwischen Apologie vor Gericht und philosophisch-monotheistischem „Propädeutikum für Polytheisten"[8] schillernde Rede konzipiert, die schließlich mit einer Gerichtsdrohung und dem Aufruf zur Umkehr endet.

Die Allusionen in der Paulusrede der Apostelgeschichte an stoische Philosopheme sind zahlreich und oft bezeichnet worden. Auch, dass Paulus ihnen sozusagen eine *interpretatio christiana* oder *judaica* angedeihen lässt, am Ende aber eine klare jüdisch-christliche Position hinsichtlich der apokalyptischen Konzeption vom Weltgericht einnimmt. Lukas knüpft in der Tat, wie erwähnt, zwar an eine (fiktive) Altarinschrift für einen „unbekannten Gott" (Apg 17,23) an; doch endet er mit dem Aufruf zur Umkehr angesichts des kommenden eschatologischen Weltgerichts durch den „Mann", den Gott dazu „bestimmt hat" und mit dessen Auferstehung er jedem einen Beweis[9] dafür geliefert hat (Apg 17,30–31). Ist das nicht doch gewissermaßen im apokalyptischen Geist vollendet, was im stoischen begonnen wurde? Im mittleren Teil verbindet der Redner Paulus das als ahnungsvolles Suchen interpretierte Verehren eines „unbekannten Gottes" allerdings mit Anspielungen auf stoische Tempelkritik und die Vorstellung von der Bedürfnislosigkeit der Gottheit (Apg 17,24.25.29). Dabei spielt er die jüdische Vorstellung ein, nach der Gott der Schöpfer der Welt und Herr über Himmel und Erde ist (V. 24a). Doch das ist durchaus auch platonisch-stoisch verständlich. Nur dem jüdischen Narrativ entspricht eher der Satz, dass Gott „aus einem Einzigen jegliches Volk schuf, ... damit sie Gott suchen sollten" (Apg 17,25.27). Doch bietet das Gelegenheit zur Anknüpfung an den stoischen

---

[5] Eckart Plümacher, Lukas als hellenistischer Schriftsteller. Studien zur Apostelgeschichte (StUNT 9), Göttingen 1972, 19.

[6] Die Literatur zu diesem Text ist nahezu unüberschaubar. Ich verweise nur auf neuere Kommentare zur Apostelgeschichte: Ernst Haenchen, Die Apostelgeschichte (KEK 3), Göttingen [7]1977; Hans Conzelmann, Die Apostelgeschichte (HNT 7), Tübingen 1963; Gerhard Schneider, Die Apostelgeschichte, 2. Tb.: Apg 9,1–28,31 (HThK 5,2), Freiburg 1982; Alfons Weiser, Die Apostelgeschichte, 2. Tb.: Apg 13–28 (ÖTK 5,2), Gütersloh/Würzburg 1985; Rudolf Pesch, Die Apostelgeschichte, 2. Tb.: Apg 13–28 (EKK 5,2), Zürich/Neukirchen 1986; Jacob Jervell, Die Apostelgeschichte (KEK 3), Göttingen 1998; Joseph A. Fitzmyer, The Acts of the Apostles (AB 31), New York 1998.

[7] Eduard Norden, Agnostos Theos. Untersuchungen zur Formengeschichte religiöser Rede, Leipzig/Berlin 1913, 37–55.

[8] Christoph Burchard, Der dreizehnte Zeuge. Traditions- und kompositionsgeschichtliche Untersuchung zu Lukas' Darstellung der Frühzeit des Paulus (FRLANT 103), Göttingen 1970, 141.

[9] Man beachte die „griechische" Bedeutung von πίστις hier.

Gedanken der Verwandtschaftsbeziehung zwischen der Menschheit und der Gottheit (Apg 17,28.29). Das berühmte „in ihm (sc. Gott) leben wir, bewegen wir uns und sind wir" (Apg 17,28) klingt nahezu stoisch-pantheistisch. Doch erst das ausdrücklich als Zitat „eurer Poeten" eingeführte „Wir sind ja seines Geschlechts" ist für uns aus der erhaltenen stoischen Überlieferung belegbar. Es kommt einem Text des wie Paulus aus Kilikien stammenden Dichters Arat (Phaenomena 5) am nächsten. Nur spricht Lukas' Paulus von „Dichtern", also nicht zufällig im Plural. Und auch Kleanthes formuliert ähnlich in seinem Zeushymnus („von deinem Geschlecht sind wir ja"); und bei ihm findet sich auch im selben Zusammenhang der Gedanke, dass unter allem Sterblichen allein der Mensch eine „Nachahmung" Gottes ist. Max Pohlenz hat wie manche vor ihm zwar gemeint, dass die Formulierung „von deinem Geschlecht sind wir ja" nicht ursprünglich sei, sondern sich dem Einfluss von Apg 17,28 verdanke![10] Doch es könnte ja auch umgekehrt sein, nämlich so, dass der lukanische Paulus (auch) auf den Hymnus des Kleanthes anspielt. Wenn der nämlich den Gedanken der Abstammung des Menschengeschlechts von Gott in V. 29 aufnimmt, so erscheint die Kritik der Götterbilder durchaus logisch im Sinne der Theorie von der „Gottebenbildlichkeit" des Menschen, wie sie auch Kleanthes' Gedicht enthält. Zwar ist für Jervell „die Schlussfolgerung ... überraschend"[11], aber die Kritik der Abbildung des Göttlichen, der Götterbilder aus Gold, Silber oder Stein, knüpft philosophisch durchaus an stoische Kosmologie und Anthropologie an. Alles Seiende ist qualitativ gestuft: „Auf der untersten Stufe stehen die anorganischen Körper, wie Stein und Holz"[12], auf der obersten Stufe die vernunftbegabten Wesen wie Gott und der von ihm stammende Mensch. Das Göttliche also kann darum kaum dem Anorganischen gleichen. Für die Nähe zum Kleantes-Hymnus spricht auch, dass der lukanische Paulus den Appell zur Umkehr im jetzigen kritischen Abschnitt der Zeit so begründet, „dass Gott die Zeiten der *Unwissenheit* bisher übersehen hat" (Apg 17,30). Kleanthes hat in seinem Zeus-Hymnus eben dieses von Zeus erbeten: „Zeus, Allgebender, wolkenumdüsterter Werfer der Blitze, schütze die Menschen vor *Unwissenheit*, dem heillosen Übel! Scheuche das Übel, Vater, von dannen, lehre die Menschen jene Einsicht, kraft deren gerecht du den Weltenlauf lenkest."

Die christlichen Apologeten bemühten schon früh anerkannte heidnische Zeugen für die Wahrheit ihres Glaubens, die griechischen namentlich Sokrates, die lateinischen vor allem Seneca, wobei jener, weil durch stoische Rezeption wahrgenommen, keinesfalls eine merklich andere philosophische Position als dieser für sie repräsentierte. Nicht zuletzt versuchten sie dabei, sich literarisch der antiken Rhetorik anzugleichen.[13] Die Bezugnahme auf

---

[10] Vgl. Max Pohlenz, Kleanthes' Zeushymnus, in: Hermes 75 (1940), 117–123, bes. 118.
[11] Jervell, Apostelgeschichte, 449.
[12] Malte Hossenfelder, Die Philosophie der Antike, Bd. III: Stoa, Epikureismus und Skepsis, München ²1995, 83.
[13] Vgl. Niels Hydahl, Philosophie und Christentum. Eine Interpretation der Einleitung zum Dialog Justins, Kopenhagen 1966; Ernst Benz, Christus und Sokrates in der alten Kirche, in: ZNW 43 (1950/51), 195–224; Oskar Skarsaune, Judaism and Hellenism in Justin Martyr.

Sokrates in der Apologetik ist in der Reaktion des Christentums auf römische Kriminalisierung begründet. Dementsprechend fungiert Sokrates etwa bei Justin als Märtyrer der Wahrheitssuche, dem wie Christus und den Christen der Prozess gemacht und die Todesstrafe auferlegt wurde. In der 2. Apologie (10,4–6) spielt Justin dabei auch auf Paulus' Rede in Athen nach Apg 17 an: Auch Sokrates wurde vorgeworfen, „neue Gottheiten (δαιμόνια) einzuführen"; und er hat die Athener aufgefordert, sich „mittels der Vernunft (λόγος) auf die Suche nach dem ihnen *unbekannten Gott* zu machen", „dem Vater und Demiurgen von allem (oder: allen sc. Menschen)". Freilich ist der Unterschied deutlich: Tritt Paulus in der Apostelgeschichte in „Sokratesmimesis" auf, so Sokrates bei Justin eher umgekehrt in einer Paulusmimesis.[14]

Ein bemerkenswertes anderes Zeugnis ist der – wohl im vierten Jahrhundert in lateinischer Sprache fingierte – apokryphe Briefwechsel zwischen Seneca und Paulus.[15] Unterscheidet man mit Malte Hossenfelder drei Disziplinen in der antiken und insbesondere der stoischen Philosophie, nämlich „Logik, Physik und Ethik"[16], so dreht sich der Briefwechsel im Wesentlichen nur um die Logik, zu der eben auch Rhetorik, Grammatik usw. gezählt wurden. Ethische oder (meta)physische Probleme treten demgegenüber fast ganz zurück. „La preoccupazione stilistica é il Leitmotiv di tutta la corrispondenza."[17] Die große Achtung, der sich Seneca seit Tertullian in der lateinischen Apologetik erfreute, ist sicher für die Entstehung dieses Briefwechsels entscheidend. Doch bemerkenswerterweise lobt Seneca den Paulus zwar wegen der „Erhabenheit" der Dinge, über die er schreibt bzw. in anderen Briefen geschrieben hat. Und er anerkennt auch, dass Gott bzw. der göttliche Geist ihm dies eingegeben hat. Insofern rückt Seneca seinen Briefpartner in die Nähe eines Theologen im antiken Sinn. Doch inhaltlich bleibt der Briefwechsel dürftig. Die Apologeten haben deutlich mehr über Senecas Philosophie, seine Kritik des Götterkultes und seine Ethik ausgebreitet. Auch Seneca kommt über Komplimente für Paulus nicht viel hinaus. Fürst sagt denn auch im Blick auf die oft nur eine bloße Kontaktnahme persönlicher Art repräsentierende antike Epistolographie: „In diese Tradition der Briefe ohne Inhalt gehört der Briefwechsel zwischen Paulus und Seneca."[18] Scharfsinnig hatte schon Erasmus von Rotterdam den Briefwechsel als fingiert erkannt und geurteilt: „Mir fällt nichts ein, was man sich Steiferes oder Alberneres als diese Briefe ausdenken kann. Und doch hat ihr Verfasser, wer immer es

---

Elucidated from his Portrait of Socrates, in: H. Cancik / H. Lichtenberger / P. Schäfer (Hg.), Geschichte – Tradition – Reflexion. Festschrift für Martin Hengel zum 70. Geburtstag, Bd. III: Frühes Christentum, Tübingen 1996, 585–611.

[14] Vgl. Reis, Mimesis, 273–276.

[15] Vgl. Der apokryphe Briefwechsel zwischen Seneca und Paulus. Zusammen mit den Briefen des Mordechai an Alexander und dem Brief des Annaeus Seneca über Hochmut und Götterbilder. Eingeleitet, übersetzt und mit interpretierenden Essays versehen von Alfons Fürst / Therese Fuhrer / Folkert Siegert / Peter Walter (SAPERE 11), Tübingen 2006; Monica Natali, Anonimo Epistolario tra Seneca e San Paolo, Milano 1995.

[16] Hossenfelder, Die Philosophie der Antike, Bd. III, 19.

[17] Laura Bocciolini Palagi, Il carteggio apocrifo di Seneca e San Paolo, Firenze 1978, 131.

[18] Der apokryphe Briefwechsel, 12.

gewesen sein mag, dies getan, um uns zu überzeugen, Seneca sei Christ gewesen."[19] Freilich wird Seneca im Briefwechsel von Paulus einmal als jemand bezeichnet, dem die Gottheit Offenbarungen vermittelt hat, weswegen er die christliche Weisheit beinahe (*propemodum*) schon erreicht habe (Brief XIV). Deshalb fordert er Seneca auf, sich zu einem „neuen Autor" zu machen, also zu einem Verkündiger Christi zu werden. „Es handelt sich um einen Appell zur Bekehrung, von dessen Vollzug, mag dieser auch suggeriert werden, nicht die Rede ist."[20] Gleichwohl ist natürlich die christliche „Vereinnahmung" Senecas auffällig. Und sie spiegelt offenbar die große Verehrung wider, die er schon vorher bei Tertullian (De anima 20,1: *Seneca saepe noster*) und Laktanz genoss.[21] Doch die Unterstellung der Affinität des Christentums und nicht zuletzt auch des Paulus zu Seneca und der Stoa überhaupt[22] bekommt hier inhaltlich keine Bedeutung.

2.   Paulus und die stoische Philosophie

Von diesen ausdrücklichen Inbeziehungsetzungen zur antiken Philosophie oder zu antiken Philosophen ist die Frage zu unterscheiden, ob Paulus über den Zusammenhang mit der rhetorischen Tradition hinaus von der Philosophie und näherhin der Stoa beeinflusst wurde. Dieses Thema ist älter als die berühmte und auch über ihre Zeit hinaus als glänzend geltende Untersuchung von Max Pohlenz.[23] Seit geraumer Zeit ist die Fragestellung wiederum von größerer Bedeutung in der Forschung geworden. Umstritten ist jedoch, welcher Art die Beziehungen sind. Insbesondere Abraham J. Malherbe[24] hat nicht viel mehr als Berührungen zu philosophischer Ethik ausgemacht. Stanley K. Stowers[25], Emma Wassermann[26] und zumal Troels Engberg-Pedersen[27] sehen aber Paulus durch philosophische Ethik, durch stoische Kosmologie und Anthropologie nicht nur zufällig geprägt. Und die Literatur dazu wächst. Engberg-Pedersen wurde von J. Louis Martyn vorgehalten, dass er Paulus mit seiner stoischen Interpretation „de-apokalyptisiere".[28] In seinem mir bekannten neuesten Artikel hat Engberg-Pedersen aber mit guten Gründen dargelegt, warum Apokalyptik und Philosophie bei Paulus nicht gegen-

---

[19]   Erasmus von Rotterdam, Brief 2092, zitiert nach Alfons Fürst in: Der apokryphe Briefwechsel, 75.
[20]   Alfons Fürst, Einleitung, in: Der apokryphe Briefwechsel, 3–22, hier 20.
[21]   Vgl. Winfried Trillitzsch, Seneca im literarischen Urteil der Antike, Bd. I, Amsterdam 1971, 120ff.; Alfons Fürst, Seneca ein Monotheist? Ein neuer Blick auf eine alte Debatte, in: Der apokryphe Briefwechsel, 85–107.
[22]   Vgl. Therese Fuhrer, Stoa und Christentum, in: Der apokryphe Briefwechsel, 108–125.
[23]   Max Pohlenz, Paulus und die Stoa, in: ZNW 42 (1949), 69–104.
[24]   Vgl. Abraham J. Malherbe, Paul and the Popular Philosophers, Minneapolis 1989.
[25]   Stanley K. Stowers, A Rereading of Romans. Justice, Jews and Gentiles, New Haven 1994.
[26]   Emma Wassermann, The Death of the Soul in Romans 7. Sin, Death, and the Law in Light of Hellenistic Moral Psychology (WUNT II/256), Tübingen 2008.
[27]   Vgl. Troels Engberg-Petersen, Paul and the Stoics, Edinburgh 2000.
[28]   Vgl. J. Louis Martyn, De-apocalypticising Paul. An Essay Focussed on „Paul and the Stoics" by Troels Engberg-Pedersen, in: JSNT 86 (2002), 61–102.

einander ausgespielt werden sollten.²⁹ Doch heißt das natürlich nicht, dass Paulus sich nicht auch von stoischen Annahmen über die Welt und den Menschen deutlich unterscheidet. Denn gerade wenn es um die Ethik in kosmologisch-anthropologischer Perspektive geht, kann man feststellen, dass Paulus das, was die Stoa für gegeben hält, nicht übernimmt. Er sah das durchaus vernunftbegabte Wesen „Mensch" konstituiert durch einen „Stoff", das „Fleisch", der durch Vernunft nicht kontrolliert werden kann, sondern nur durch die Ausstattung mit göttlichem Geist. Auch die Stoa hat durchaus eine differenzierte Pneumalehre entwickelt.³⁰ Der Geist durchzieht in unterschiedlichen Graden den ganzen Kosmos und errichtet seine höchste Verdichtung im Logos des Menschen. Das jedoch reicht nach Paulus nicht. Es bedarf der (erneuten) Gabe des göttlichen Geistes. Diese ist jedoch erst eine Möglichkeit unter den in der endzeitlichen Gegenwart erfüllten Bedingungen der messianischen Erlösung der Menschheit, der Ausgießung des Geistes. Die Stoa hat das nicht zu übersehende Faktum der Untugend, der Verfehlung eines tugendhaften Handelns, zwar keineswegs bestritten, aber anders als Paulus nicht als unüberwindliches Verhängnis des natürlichen Menschen angesehen. Verfehlung des tugendhaften Handelns, Sünde, ist unvermeidbar unter den Bedingungen des „Stoffes", aus dem der Mensch besteht – jedenfalls vor der und ohne die Ausgießung des göttlichen Geistes. Mit anderen Worten: dass der Mensch verantwortlich ist für seine Taten, weil er ein vernunftbegabtes Wesen ist, ist zwar unstrittig, der springende Punkt ist aber, welche „Macht" diese Vernunft hat angesichts der durch das Fleisch und damit durch die Affekte gegebenen Verfasstheit des Menschen. Die Affekte, die Begierden, also das, was den Menschen dem Tierreich zuordnen lässt, sind für Paulus letztlich durch Vernunft unbeherrschbar. Das „Hegemonikon", der nach stoischer Lehre führende oder eben zur Führung befähigte Teil in der menschlichen Ausstattung, ist ohne (erneute oder endzeitliche) Ausgießung göttlichen Geistes, ohne „neue Schöpfung", nutzlos oder ineffektiv. Auch der oben zitierte Kleanthes rechnet mit der unheilvollen Unwissenheit/Torheit des Menschen und bittet Zeus, da einzugreifen. Was Paulus davon unterscheidet, ist, dass für ihn selbst die, „die sich für weise hielten, zu Toren geworden sind" (Röm 1,22). Insofern bestreitet er grundsätzlich, was die stoische Philosophie für möglich hält. Es ist eine unmögliche Möglichkeit, der schöpfungsmäßig vorhandenen Ohnmacht oder „Torheit" zu entkommen, ohne dass ein solches Eingreifen Gottes fundamental stattfindet und eine „neue Schöpfung", eine durch die Auferstehung Christi und die Geistausgießung eröffnete Möglichkeit der Verwandlung der *conditio humana,* durch die göttliche Intervention kommt. Das Charakteristische

---

[29] Vgl. Troels Engberg-Pedersen, The Material Spirit. Cosmology and Ethics in Paul, in: NTS 55 (2009), 179–197; jetzt redigiert in: ders., Cosmology & Self in the Apostle Paul. The Material Spirit, Oxford 2010, 39–74.

[30] Vgl. Engberg-Pedersen, Material Spirit; Maximilian Forschner, Die Stoische Ethik. Über den Zusammenhang von Natur-, Sprach- und Moralphilosophie im altstoischen System, Darmstadt ²1995 (Nachdruck der 1981 im Klett-Cotta-Verlag Stuttgart erschienenen 1. Auflage), 54–57.

des paulinischen Konzepts ist, dass die Erlösung des Menschen von seiner sarkischen und damit sterblichen Verfasstheit oder seine Verwandlung zu einer neuen, von göttlichem Geist angetriebenen und zum ewigen, unverweslichen, himmlischen Leben führenden Existenz nicht möglich ist ohne eine dem göttlichen Handeln entsprechende Wahrnehmung, nicht ohne eine (auch kognitive) Erkenntnis und Anerkennung der göttlichen Offenbarung, des Inerscheinungtretens des Gottessohnes als Retter und die Performanz der Erlösung im Evangelium. Die Kraft Gottes zur Erlösung, wie sie das Evangelium vermittelt (Röm 1,16), ist eben nicht an sich, ist eben nicht der menschlichen Weisheit/Philosophie einsehbar, sondern nur dem „Glauben", der πίστις, dem Organ, das nicht das als evident Geltende, sondern das Verborgene, aber zugleich durch Offenbarung Wahrnehmbare für überzeugend hält. Denn die Philosophie, die Weisheit der Welt, ist gescheitert, und zwar gerade an dem ureigenen Ort der Menschheit, der von der göttlichen Weisheit umfangen ist (1Kor 1,21).[31] Zwar ist der Mensch mit Vernunft ausgestattet, die Vernunftbegabung und damit die innerliche Einstellung kann am Ende aber kein Machtwort über die primitive – animalische – oder eben sarkische Verfasstheit des Menschen und damit über seine konstitutionelle „Torheit" sprechen.

Hier ist noch ein anderer Punkt bezüglich der anthropologischen Unterschiede zu nennen. In der jüngeren Stoa wird die Differenz des Menschen vom Tier in seiner Würde (*maiestas*), seinem Glanz oder Schmuck (*decus, decorum*) oder – mit Cicero zu reden – in seiner *excellentia* und *dignitas* gesehen.[32] Cicero spricht in seiner Schrift über das pflichtgemäße Handeln (*De Officiis* I, 105–107) in stoischer Tradition nicht nur allen Menschen als vernünftigen Lebewesen Würde zu, beschränkt also die *dignitas* nicht nur auf die Aristokratie. Und er sieht darin die Natur des Menschen, dass er eben aufgrund der Vernunft die Natur der Tiere übertrifft. Doch *dignitas* ist durch Vernunft und Moral, durch die Freiheit zur moralischen Zähmung der primitiveren Seiten des Menschen, der Begierden oder der Leidenschaften, immer erst herzustellen. Sie ist nicht – wie im modernen Konzept der Menschenwürde – eine dem Menschen als unverlierbare Eigenschaft zugeschrieben. Sie muss täglich auf der Basis der Vernunft und der Selbstkontrolle gewissermaßen bewahrt bzw. erworben werden. Der Maßstab dessen ist das kosmische Gesetz, das mit der am kosmischen Logos partizipierenden Vernunft einsehbar ist. Wo das geschieht und danach gehandelt wird, ist die menschliche Würde aber auch als Schmuck (*decus, decorum*) des Menschen sichtbar: sie glänzt.[33]

---

[31] Zu dieser Exegese vgl. Wolfgang Schrage, Der erste Brief an die Korinther, 1. Tb.: 1Kor 1,1–6,11 (EKK 7,1), Zürich/Braunschweig/Neukirchen-Vluyn 1991, 180.
[32] Vgl. zum Folgenden Hubert Cancik, „Dignity of Man" and „Persona" in Stoic Anthropology. Some Remarks on Cicero, De Officiis I 105–107, in: D. Kretzmer / E. Klein (Hg.), The Concept of Human Dignity in Human Right Discourse, Den Haag / London / New York 2002, 19–40.
[33] Vgl. Cancik, „Dignity of Man", 23.

Ein Begriff wie Menschenwürde findet sich vor Cicero nicht. Er findet sich auch nicht bei Paulus. Doch geht es auch ihm um den „Glanz" des Menschen. Freilich ist dieser näher bestimmt als Glanz oder Herrlichkeit *Gottes* (δόξα τοῦ θεοῦ). Der Genitiv ist umstritten. Er könnte allerdings die „göttliche Herrlichkeit" oder den Glanz meinen, der von Gott aus- und auf alles übergeht, was in seiner Nähe sich befindet und befinden darf. Darauf weist etwa 1Thess 2,12 hin: Die Christusgläubigen in Thessalonich sind von Paulus und seinen Mitarbeitern ermutigt und ermahnt worden, „damit ihr Gottes würdig (!) euer Leben führt", denn Gott „hat euch berufen in sein Reich und (seine) Herrlichkeit (δόξα)". Die „Würde" der Lebensführung ist demnach in der Beziehung zu Gott zu erweisen, der die Christusgläubigen berufen hat, Teilhaber seines Reiches und seines – das heißt Gottes – Glanzes zu sein. Es ist allerdings nach Röm 3,23 für Paulus so, dass gerade dieses gotteswürdige Handeln und damit die göttliche δόξα den Menschen fehlt, dass sie alle Mangel an Gottes Herrlichkeit haben; denn sie haben alle gesündigt. Und der Prototyp dessen ist Adam, der erste Mensch, durch den „die Sünde in den Kosmos gekommen ist" und damit auch der Tod (Röm 5,12). Er wurde aus der Nähe Gottes wegen seiner Verfehlung gegen Gottes Gebot vertrieben. Doch charakteristisch für Paulus ist, dass auch das göttliche Gesetz nur vermochte, das Verhängnis der adamitischen Menschheit aufzudecken, das gleichsam seine Natur bestimmt, nämlich das „Fleisch" (σάρξ) und seine Affekte. Denn wider diese Konstitution vermag der natürliche, sarkische Mensch nichts, selbst dann nicht, wenn Gott sein Gesetz durch Mose offenbart. Das Gesetz Gottes brachte der Menschheit (nur) „die Erkenntnis der Sünde" (Röm 3,20), das heißt die Anerkennung oder Feststellung, dass alle gesündigt haben und von der Sünde abhängig, ihr verhaftet sind (Röm 3,9). Zu bedenken ist, dass Paulus im Kontext vom Inerscheinungtreten des endzeitlichen Zorngerichts über jegliche Täter der Ungerechtigkeit und der Gottlosigkeit (Röm 1,18) spricht und programmatisch Anklage erhoben und das Urteil gefällt hat, dass „keiner gerecht ist, auch nicht einer" (Röm 3,10) und dass „keine Furcht Gottes ihnen vor Augen ist" (Röm 3,18). Dann dürfte ἐπίγνωσις ἁμαρτίας (Röm 3,20) mehr als nur die Erkenntnis und Feststellung der Sünde an sich, sondern die forensische Bedeutung des richterlichen Erkennens auf ein Urteil über die Sünder bedeuten.[34] Das Gesetz – was immer der Referent dieses Wortes sein mag: die Tora oder das Naturgesetz – ist angesichts des Ausgeliefertseins der Menschen an die Sünde aufgrund ihrer fleischlich-affektiven Verfasstheit und damit an die in jüdisch-hellenistischer Tradition als Grundübel geltende Begierde,[35] eine Instanz, die ein Gerichtsurteil bedeutet. Dem Gesetz eignet andererseits eine „Ohnmacht (oder: Unmöglichkeit), weil es wegen des Fleisches schwach war" (Röm 8,3). Das „Fleisch" muss still gestellt, überwunden werden, und der Geist muss als

---

[34] Vgl. Friedrich Preisigke / Emil Kießling, Wörterbuch der griechischen Papyrusurkunden, 1. Bd., Berlin 1925, 545–546.

[35] Vgl. Herrmann Lichtenberger, Das Ich Adams und das Ich der Menschheit (WUNT 164), Tübingen 2004, 242–251.

verwandelnde Kraft ausgegossen werden, damit eine Lebensführung in Erfüllung der göttlichen Rechtsforderung gelingt (Röm 8,4). Insofern kann Paulus zuvor auch von einer Befreiung des Glaubenden vom „Gesetz der Sünde und des Todes" durch „das Gesetz des Geistes des Lebens in Christus Jesus" (Röm 8,2) sprechen. Denn unter den Bedingungen des Fleisches ist das Gesetz nur in der Lage, die Sünde fest- und damit das Todesurteil auszustellen.[36]

Das Natürliche, das Fleischliche, das ist das Problem. Mit ihm sich auszusöhnen, widerrät die Vernunft oder „der innere Mensch" zwar (Röm 7,22; vgl. Eph 3,16)[37] – der hat nämlich am göttlichen Gesetz Freude und stimmt mit seinen Forderungen überein –, doch er muss feststellen, dass er ihm nicht zu genügen vermag. Man könnte auch sagen: Wenn Paulus eines nicht ist, dann Stoiker. Denn einen Trieb (neben anderen und primitiveren), der zum sittlich Guten und zur Einhaltung des göttlichen Gesetzes drängt, gibt es nicht im sarkischen Menschen. Deswegen *hält* er die göttliche Herrlichkeit, die eigentliche Würde des Menschen, für ein zukünftiges, aber bereits wirksames Heilsgut, das nur durch eine Verwandlung gemäß dem Vorbild und dem Prototyp einer neuen Menschheit, dem Gottessohn Jesus Christus, ermöglicht wird (Röm 8,29–30).

Seit einigen Jahren nehmen Analysen zu, die Paulus und nicht zuletzt Römer 7 mit antiken moralphilosophischen und moralpsychologischen Diskursen kontextualisieren. Diese finden sich vergleichbar auch bei anderen jüdischen Diasporaautoren wie etwa bei Philo von Alexandrien, stellen also ganz offensichtlich ein Phänomen der Inkulturation des Judentums in hellenistisch-römische Diskurse dar. Die platonische und die stoische Tradition ethischer Debatten über das Thema „Selbstkontrolle" versus Willensschwäche oder „Unbeherrschtheit" (ἀκρασία) angesichts der dichotomischen Verfasstheit des Menschen zwischen Trieb und Vernunft, zwischen Leidenschaften und vernünftiger Kognition stehen jedoch im Blick auf Römer 7 im Vordergrund.[38] Es geht also um das Thema des Vermögens, die vernünftige Handlungswahl bezüglich des sittlich Schönen zu realisieren. Für Paulus sind die

---

[36] Die Diskussion, ob in Röm 8,2 in beiden Fällen die Tora, das göttliche Gesetz also, gemeint ist, oder aber von einem „Gesetz" im Sinne von „Prinzip", „Regel" oder „Norm" die Rede ist, kann hier nicht eingehend geführt werden. M.E. ist ein übertragener Sinn nicht naheliegend. Denn Paulus nimmt seine programmatische Abweisung der in Frageform eingeführten Behauptung, dass das Gesetz / die Tora Sünde sei (Röm 7,7), nicht etwa in Röm 8,2 wieder zurück.

[37] Vgl. dazu Theo K. Heckel, Der Innere Mensch. Die paulinische Verarbeitung eines platonischen Motivs (WUNT II/153), Tübingen 1993.

[38] Vgl. vor allem Stowers, Rereading; Lichtenberger, Das Ich Adams; Reinhard von Bendemann, Die kritische Diastase von Wollen, Wissen und Handeln. Traditionsgeschichtliche Spurensuche eines hellenistischen Topos in Römer 7, in: ZNW 95 (2004), 35–63; Hermut Löhr, Paulus und der Wille zur Tat. Beobachtungen zu einer frühchristlichen Theologie als Anweisung zur Lebenskunst, in: ZNW 98 (2007), 165–188; Wasserman, The Death of the Soul; Angelika Reichert, Literarische Analyse von Römer 7,7–25a, in: U. Schnelle (Hg.), The Letter to the Romans (BEThL 226), Leuven/Paris/Walpole 2009, 297–325; Jörn Müller, Willensschwäche und innerer Mensch in Röm 7 und bei Origenes. Zur christlichen Tradition des Handelns wider besseres Wissen, in: ZNW 100 (2009), 223–246.

Menschen allerdings vor dem und ohne den Christusglauben und vor der und ohne die Ausgießung des Geistes „schwach" (Röm 5,6).

In Römer 7 spielt bei Paulus – nach Auffassung mancher – nicht zuletzt eine griechisch-römische, schon durch Euripides repräsentierte und vor allem durch Ovid wieder aufgenommene Position eine Rolle, nach der die Pressionen, die von den Leidenschaften/Affekten ausgehen, von der Vernunft im Zweifelsfall nicht kontrolliert werden können. Man kann wider bessere Einsicht das Böse tun. Nicht nur gibt es lasterhafte Menschen; nicht nur verfehlen viele, wenn nicht die meisten Menschen das ideale moralisch gute und vernünftige Handel. Es gibt eben auch eine menschliche Ohnmacht im Vollzug des Guten, weswegen die vernünftige und als gut erkannte Handlung behindert und oft auch verhindert wird und der auf das Gute zielende Trieb vernunftwidrig überwältigt wird. Das Beispiel dafür ist Medea, die, um an Jasons Untreue sich zu rächen, die gemeinsamen Kinder tötet – obwohl sie weiß, dass das böse ist. Der Affekt, der auf Rache zielt, ist jedoch stärker:

„Nicht vermag ich, euch länger ins Auge zu schauen, sondern ich werde besiegt durch das Böse. Und ich begreife, welches Schlimme ich im Begriff bin zu tun, meine Leidenschaft aber ist stärker als meine Überlegungen, die Leidenschaft, die für die Menschen Ursache der größten Übel ist" (Euripides, Medea, 1074ff.).

Ovid „reinterpretiert" Medeas dramatischen Konflikt: „Wider Willen (*invitam*) reißt mich eine fremdartige Macht hin (*nova vis*). Und etwas anderes begehre ich (*cupido*), etwas anderes rät mir der Verstand (*mens*). Ich sehe das Bessere und anerkenne es, aber ich folge dem Schlimmeren (*video meliora proboque, deteriora sequor*)" (Ovid, Metamorphosen VII,19ff.).

Der Medea-Topos repräsentiert ein moralphilosophisches Problem, zu dem nun Paulus vor allem wegen Röm 7,15.18.19 in Beziehung gesetzt worden ist. Denn wenn das „Ich" in Röm 7,15 sagt: „Was ich ausführe, begreife[39] ich nicht (oder vielleicht auch: kann ich nicht anerkennen)", und in 7,18: „Ich weiß, dass in mir, das heißt: in meinem Fleisch, Gutes nicht wohnt. Denn das Wollen des Gehörigen liegt mir durchaus nahe, aber nicht, es auszuführen", und in 7,19: „Denn nicht das Gute, das ich will, tue ich, sondern das, was ich nicht will, das Böse, führe ich aus", und schließlich 7,23: „Ich finde aber ein *anderes Gesetz* in meinen Gliedern vor, das dem *Gesetz meiner Vernunft* widerstreitet und mich in Kriegsgefangenschaft hält im Gesetz der Sünde, das in meinen Gliedern ist", dann könnte man sagen, dass hier ein ähnlicher anthropologischer Pessimismus sich ausdrückt. Paulus redet im engeren Kontext auch sehr platonisch vom „Verstand" und vor allem vom *„inneren Menschen"*, und in 7,5 redet er von den „Leidenschaften der (oder: zu den) Sünden". Dies dürfte darauf hinweisen, dass er sich hier in einen durchaus nicht nur innerjüdischen Diskurs einschaltet. So sehr Paulus im Kontext der Großen Erzählung des Judentums von Adam und dem Sündenfall steht, so deutlich ist sein „Text insgesamt durchlässig und kommunikabel für grie-

---

[39] Vgl. Müller, Willensschwäche, 229.

chisch-römische Vorstellungen"[40]. Doch zugleich gilt es, den Unterschied zu beachten: „Das Ich wird nicht temporär von der Begierde überwältigt, sondern es ist komplett an die Sünde verkauft."[41] Es kann wegen der sarkischen Verfasstheit des Menschen deshalb auch gar nicht zu einer existenziellen Entsprechung zum „geistlichen Gesetz" (Röm 7,14) kommen.

Bemerkenswert ist, dass Paulus in Röm 7 der vorherrschenden „stoischen These von einem ‚ungehinderten Menschen' ... der sein Wissen, Wollen und Handeln souverän in Einklang bringen kann"[42], nachdrücklich widerspricht. Es ist etwas vorhanden, das nicht die Einsicht in das moralisch Gute bzw. das Böse, also die Fähigkeit zur Erkenntnis des Guten in Unterscheidung vom Bösen vernebelt, sondern den Vollzug des richtig erkannten Guten durch das Tun behindert, ja geradezu verkehrt. Das ist das unter der Herrschaft der Sünde stehende Fleisch und seine Begierde. Und sogar dann, wenn der Wille auf das Tun des Guten zielt, und zwar in der Erkenntnis dessen und in freudiger Zustimmung zu dem, was das Gesetz fordert, gilt nach Röm 7,18: „Wollen habe ich wohl, aber vollbringen das Gute finde ich nicht" (Übersetzung Luthers von 1545). „Die so breitenwirksame späte Stoa", die versucht hat, „unter den Bedingungen der römischen Kaiserzeit die sokratische These von der Macht und Ordnungsfähigkeit menschlicher Vernunft gegenüber den verschiedenen um sich greifenden Ansätzen zu behaupten, mit denen der Mensch sich aus den Zusammenhängen einer unübersichtlicher und bedrohlicher werdenden Welt herauszukatapultieren suchte"[43], ist Paulus' Sache nicht. Ein Epiktet hätte Paulus' Text als tragische Anthropologie, aber zugleich an Euripides orientierten Irrtum hinsichtlich der Herrschaftsmöglichkeit der Vernunft charakterisiert. Und Paulus steht auch etwa im Kontrast zu Philo von Alexandrien und anderen griechisch-römischen jüdischen Autoren. Eher zugestimmt hätten aber wohl jüdisch-apokalyptische Kreise. Aber es ist jedenfalls bei Paulus nicht wie bei Euripides von einem „Affektensturm" die Rede.[44] Eher vergleichbar ist Ovids Rede von der Entfremdung des Ich. Aber letztlich formuliert Paulus anders: Die Sünde wohnt im Fleisch und hat das Ich bzw. den *Verstand* gefangen gesetzt. Das heißt: Das Ich als fleischliches ist immer schon unterlegen. Gottes Gebot hat nicht nur keine Chance, sondern bringt gewissermaßen das verkehrte und gestörte Verhältnis zum Tun des Guten, das Sündige am Menschen, ans Licht, zur Wahrnehmung und damit Erfahrung – und so zur Verurteilung. Angelika Reichert sagt deshalb trefflich: „Diese (sc. die Sündenmacht) hat kein ‚Niemandsland' unter ihre Herrschaft gebracht, als sie vom Ich Besitz ergriff und seine Wirklichkeit so prägte, dass darin das eigentliche Wollen des Ich und dessen positives Angesprochensein durch Gottes Willenskundgabe grundsätzlich nicht zum Zuge kommen."[45]

---

[40] Bendemann, Diastase, 62.
[41] Müller, Willensschwäche, 230; vgl. auch Reichert, Literarische Analyse, 231.
[42] Bendemann, Diastase, 60.
[43] Ebd.
[44] Vgl. Müller, Willensschwäche, 230.
[45] Reichert, Literarische Analyse, 321.

Was nun allerdings einem tragischen Verständnis des Menschen zugleich widerrät, ist, dass Paulus um eine Rettung weiß.[46] So heillos das Ich aufgrund seiner sarkischen Konstitution, seines Verkauftwordenseins an die Sklavenhalterin „Sünde", erscheint, so sehr sein Wille, der vernunft- und gesetzesgemäß auf die gute Tat aus ist, von seiner primitiven Natur, seinem durch Begierde bestimmten und von der Sünde unterjochten Fleisch, behindert wird, sich im Einklang mit dem Gesetz zu vollziehen, so wenig ist das das letzte Wort. Der in der Prosopoiie, in der Rollenprosa, gesprochene Text, kulminiert im Verzweiflungsschrei des Ich: *Oh, ich elender Mensch, wer wird mich herausreißen aus dem Körper dieses Todes*. Aber die Antwort, die folgt, zeigt, dass das Ich in der Retrospektive geredet hat: Denn nach Röm 8,1 gilt jedenfalls „für die, die in Christus Jesus sind", dass „es jetzt keine Verurteilung mehr gibt". Sie sind befreit durch Christi Sühnetod und haben einen himmlischen Geist erhalten, der ihrem Willen zum Tun des Guten und Gesetzesgemäßen, also dem, was ihrer Vernunfteinsicht entspricht, zum Vollzug verhilft. Sie können ein Leben im Geist und in der Heiligkeit führen. Und das Ziel dieses Wandels ist der Glanz, der von Gott ausgeht und alle, die in seiner Nähe leben können, überstrahlt. Der Geist ist nicht die normierende Kraft, wie man manchmal sagt, sondern die Instanz, die dem Menschen hinzugefügt wird und die die Bedingung der Möglichkeit der Gesetzeserfüllung ist. Was das sittlich Schöne und das Böse ist, weiß der Mensch auch ohne Geistausstattung im Herzen, ja, eigentlich auch ohne das in Buchstaben geschriebene Gesetz. Aber ohne Christus und ohne Geistausgießung führt die sarkische Konstitution und damit die Begierde unüberwindbar in das Böse.

Und in der Tat knüpft Paulus auch im Römerbrief (2,15) an die Vorstellung von der Tora an, die aufs Herz geschrieben wird, und damit an den eschatologischen Zustand der Autonomie im Tun des Guten, den die Propheten verheißen haben. Dies kann er in Römer 7,6 mit dem Wechsel vom Dienst im alten Wesen des Buchstabens zum Dienst im neuen Wesen des Geistes aufnehmen. Vergleichbares findet sich bekanntlich bei Ovid als Vorstellung vom Tun des Guten *sponte sua* im Goldenen Zeitalter, in dem die Gerechtigkeit ohne Gesetz herrscht (Metamorphosen I,89ff.). Aber natürlich ist das hier wie dort nicht antinomistisch gemeint. Die Idee, die hier leitend ist, ist, dass unter den katastrophischen Bedingungen – im Rom des Bürgerkriegs – gilt, was Seneca bekennt: *peccavimus omnes* (De Clementia I,6,3). Doch für Paulus, für den ja auch „alle gesündigt haben" (Röm 3,23), geht es um die Feindschaft der Sünder gegen Gott (Röm 8,7; vgl. 5,10). Dieser Feindschaft ist Paulus durch Gottes Intervention in seinem Sohn Jesus Christus eine „Versöhnung" und der Zugang zu einem Zustand des Friedens an die Seite getreten, die vom Evangelium vermittelt wird. Aber sie kann nur vom Glauben wahrgenommen werden.[47]

---

[46] Vgl. ebd., 323–325.
[47] Zum politischen Aspekt vgl. Ekkehard W. Stegemann, Coexistence and Transformation. Reading the Politics of Identity in Romans in an Imperial Context, in: K. Ehrensperger / J.B. Tucker (Hg.), Reading Paul in Context. Explorations in Identity Formation. Essays in Honour of William S. Campbell (LNT 428), London 2010, 3–23.

3. Kant über Paulus, die Stoa und „den faulen Fleck unserer Gattung"

In seiner Religionsschrift hat sich Kant auf Paulus öfter und ausdrücklich bezogen, auch auf Römer 7. Zitate aus diesem Kapitel finden sich im Ersten Stück: „Von der *Einwohnung des bösen Prinzips* neben dem guten: oder *über das radikal Böse* in der menschlichen Natur."[48] Das ist allerdings schon eine Anspielung auf Röm 7, wo Paulus von der *Einwohnung* der Sünde spricht (Röm 7,17). Die Zitate aus dem Römerbrief finden sich im zweiten Abschnitt des Ersten Stücks unter dem Titel: „Vom Hang zum Bösen in der menschlichen Natur."[49] Das ist allerdings sprechend. Die Überschriften weisen auch aus, was Kant für erwiesen hält: Der Mensch ist von Natur aus böse. Radikal heißt ja: von der Wurzel her. Es gibt einen „Hang zum Bösen". Und dem dritten Abschnitt des Ersten Stücks stellt er als Motto einen Vers aus den Satiren des Horaz voran: *Vitiis nemo sine nascitur*.[50] Ohne Fehler wird keiner geboren. Das Zitat ist bemerkenswert. Denn es nimmt gewissermaßen einen römischen Autor frühkaiserzeitlicher Provenienz zum Kronzeugen, um eine Position zu begründen, die eigentlich gerade Paulus vertreten hat.

Wenn wir Paulus mit der Stoa kontextualisiert und ihn dabei im deutlichen Widerspruch gegen sie sahen, so gilt das auch für Kant. Ja, Kant formuliert das auch ausdrücklich. Aber es sind nicht nur Einwände, die er formuliert. Vielmehr hat Kant durchaus umstandslos wie die Stoa vom „Glück" oder der Glückseligkeit als Ziel gelungenen Lebens gesprochen. Paulus gebraucht dieses Wort (wie das ganze Neue Testament) nicht. Vor allem aber nimmt Kant positiv das stoische bzw. eigentlich Ciceros Thema der *dignitas*, der *Menschenwürde,* in der *Religionsschrift* im Zusammenhang mit der Diskussion der stoischen Moralphilosophie auf:

„Diese Philosophen nahmen ihr allgemeines moralisches Prinzip von der Würde der menschlichen Natur, der Freiheit (als Unabhängigkeit von der Macht der Neigungen) her; ein besseres und edleres konnten sie auch nicht zugrundelegen."[51]

Allerdings wird der Begriff der Menschenwürde von Kant vor allem im Begriff der „Achtung" aufgenommen, der Achtung nun freilich nicht nur vor dem moralischen Gesetz, sondern auch vor sich selbst.[52] Gerade Letzteres betont Kant auffällig. Hannah Arendt hat dieses Motiv der Selbstsorge, dieses Daraufachtens des Menschen, dass er sich nicht selbst „in eine Lage bringen (darf), in der er sich verachten müßte"[53], mit großer Zustimmung notiert.

---

[48] Immanuel Kant, Die Religion innerhalb der Grenzen der bloßen Vernunft. Mit einer Einleitung und Anmerkungen hg. v. B. Stangneth, Hamburg 2003, 21.
[49] Ebd., 34.
[50] Ebd., 39.
[51] Ebd., 74 Anm. 1.
[52] Vgl. ebd., 33 u.ö.
[53] Hannah Arendt, Über das Böse. Eine Vorlesung zu Fragen der Ethik (aus dem Nachlaß hg. v. J. Kohn), München/Zürich 2007, 34f.

Demgemäß ist es der „faule Fleck unserer Gattung"[54], wie Kant sich ausdrückte, wenn man „unredlich" ist, um „sich selbst blauen Dunst vorzumachen"[55], was die Gründung einer echten moralischen Gesinnung behindert. Kants Auseinandersetzung mit der Stoa hat die Marburger Dissertation von Ulrike Santozki[56] sehr erhellend dargestellt. Freilich sind es nur die drei Kritiken, die sie analysiert. Aber in ihnen wird grundgelegt, was die *Religionsschrift* nicht mehr zurücknimmt, sondern im Gegenteil teilweise verschärft. Schon in der *Grundlegung zur Metaphysik der Sitten* und in der *Kritik der praktischen Vernunft* hatte Kant grundsätzliche Einwände gegen die Stoa vorgetragen. Er kritisierte die elitäre Auffassung des *Weisen*, der sich vom einfachen Volk unterscheidet, während doch kein Mensch frei von Begierde ist und gerade diese Konstitution deutlich macht, dass das moralisch Gute bzw. die Achtung des sittlichen Gesetzes immer nur im Ergebnis eines Kampfes sich realisiert. Eigentlich ist das auch die Meinung Ciceros gewesen. Die moralische Gesinnung ist nach der *Religionsschrift* auch mit dem Problem konfrontiert, das Kant „das radikale Böse" bezeichnet. Tugend ist kein Besitz. Das ist allerdings auch Ciceros Meinung.

Ausdrücklich setzt sich Kant mit den Stoikern im Zweiten Stück der *Religionsschrift* auseinander. Dort bescheinigt er ihnen, „wackere Männer" zu sein, doch die Weisheit gegen den falschen Feind moralphilosophisch aufgeboten zu haben, nämlich gegen die „T o r h e i t ..., die sich von Neigungen bloß unvorsichtig täuschen lässt, anstatt sie wider die B o s h e i t (des menschlichen Herzens) aufzurufen, die mit seelenverderbenden Grundsätzen die Gesinnung insgeheim untergräbt"[57]. Und wenig später zitiert er „einen Apostel", nämlich Paulus nach Eph 6,12, der nicht verkannt hätte, welches der „eigentliche Gegner" sei, und ihn auch nennt: „Wir haben nicht mit Fleisch und Blut", nämlich nicht, erklärt Kant: mit „den natürlichen Neigungen", „sondern mit Fürsten und Gewaltigen – mit bösen Geistern zu kämpfen"[58]. Der Apostel macht damit für Kant auf „diesen u n s i c h t b a r e n , nur durch seine Wirkungen auf uns erkennbaren, die Grundsätze verderbenden Feind, als außer uns, und zwar als bösen G e i s t "[59] aufmerksam. Das radikal Böse ist keineswegs einfach zu fassen, vor allem aber in seiner Bedeutung nicht zu unterschätzen.

Wenn der Mensch radikal böse ist oder von Natur aus, so liegt es für Kant bekanntlich gerade nicht an der Natur oder der Animalitas oder Sinnlichkeit.[60] Es ist vielmehr die „Empfänglichkeit der bloßen Achtung für das moralische Gesetz"[61], wo er den Hang zum Bösen verortet. Sofern eben am Ort der Sittlichkeit selbst eine Freiheit waltet, wonach die Sittlichkeit gewahrt

---

[54] Kant, Religion, 48.
[55] Ebd., 48.
[56] Ulrike Santozki, Die Bedeutung antiker Theorien für die Genese und Systematik von Kants Philosophie. Eine Analyse der drei Kritiken, Berlin 2006.
[57] Kant, Religion, 74f.
[58] Ebd., 76.
[59] Ebd.
[60] Vgl. dazu v.a. ebd., 43ff.
[61] Ebd., 33.

oder missbraucht werden kann, weil „ein Mensch versucht ist, Ausnahmen hinsichtlich eines Gesetzes zu machen, das er im übrigen als gültig anerkennt"[62]. Er kann eine falsche Maxime in sich aufnehmen und alles verderben. Die Sündenfallgeschichte der Genesis ist für Kant der Musterfall. Im „Stand der U n s c h u l d " treten die ersten Eltern in den Stand der Schuld, weil sie die Strenge des Verbotes nicht ernst nehmen, sondern sich selbst betrügen oder täuschen lassen und anstatt nun dem Gesetz Gottes allein zu folgen, noch „andere Triebfedern" auf sich Einfluss nehmen lassen und so sündigen.[63] Die Selbstliebe wird über das moralische Gesetz gestellt. Auch die Eltern im Paradies sind übrigens schon so wie alle ihre Nachfahren: Sie sind nicht „reine Wesen", sondern von Neigungen versucht. Das zeigt Kant die Form des göttlichen Gebotes als Verbot des Begehrens an. Aber wie Adam und Eva tun wir es täglich alle, sagt Kant, und zieht Paulus in Röm 5 an: „In Adam haben alle gesündigt."[64]

Aber so deutlich sich Kant mit dieser Lokalisierung des Bösen im wahlfreien Willen und nicht in der Tierheit des Menschen von der Stoa unterscheidet, so deutlich reformuliert er hier, wie u.a Alexander Heit dargetan hat, den Gedanken der Erbsünde.[65] Natürlich setzt er sich davon ab, dass die Sünde im wörtlichen Sinne vererbt werden kann. Aber er verneint nun auch (anders als die zeitgenössisch herrschende Neologie) nicht nur, dass Sünde „auf eine Schwäche der Vernunftanlage zurückgeht, die sich nicht gegen die Sittlichkeit durchsetzt"[66], sondern er spricht auch der Menschheit eine „totale", von ihr selbst nicht aufhebbare Verderbtheit zu: „Weder dem Einzelnen noch der Menschheit als Gefüge von Handelnden wird das Potential zugesprochen, sich selbst aus der Umklammerung durch das Böse zu befreien."[67] Das *peccatum originarium*, wie Kant es auch nennt, ist, zeitenthoben gedacht, ein ebenso unableitbares Faktum wie das Böse in der Menschheit ein Faktum ist. Dass das Böse „als durch A n e r b u n g von den ersten Eltern auf uns gekommen vorzustellen"[68] sei, hält er für „die unschicklichste" Idee. Er zitiert dazu den sarkastischen Vers von Ovid, den dieser für den Dünkel edler Abstammung parat hat, allerdings in der Umdrehung: „Denn man kann vom Moralisch-Bösen eben das sagen, was der Dichter vom Guten sagt: *genus et proavos, et quae non fecimus ipsi, vix ea nostra puto.*"[69]

Die Faktizität und Universalität des faulen Flecks der Menschheit steht ihm ebenso fest wie die Faktizität und Universalität des Bösen in der Menschheit. In diesem Zusammenhang zitiert er auch den zynischen Satz eines englischen

---

[62] Arendt, Über das Böse, 28.
[63] Vgl. Kant, Religion, 53.
[64] Vgl. ebd., 54.
[65] Vgl. Alexander Heit, Versöhnte Vernunft. Eine Studie zur systematischen Bedeutung des Rechtfertigungsgedankens für Kants Religionsphilosophie (Forschung zur systematischen und ökumenischen Theologie 115), Göttingen 2006, bes. 43ff.
[66] Ebd., 83.
[67] Ebd., 82.
[68] Kant, Religion, 50.
[69] Ebd., 50f. Ovid, Met. XIII, 140–141: „Ahnen und edles Geschlecht und was nicht selbst wir erworben, Nenn ich das Unsrige kaum."

Parlamentariers: „Ein jeder Mensch hat seinen *Preis*, für den er sich weggibt", und er fügt hinzu: „so möchte wohl vom Menschen allgemein wahr sein, was der Apostel sagt: ‚Es ist hier kein Unterschied; sie sind allzumal Sünder – es ist Keiner, der Gutes tue (nach dem Geiste des Gesetzes), auch nicht einer.'"[70] Offenbar zitiert Kant hier in umgekehrter Reihenfolge Röm 3,10.23. Es scheint, dass er bei Paulus auch etwas im Sinne seiner Unterscheidung von bloßer Legalität und Moralität wiederfindet. Darauf weist die Anspielung auf Römer 7,6 hin, die sich vorher findet.[71]

Den oben besprochenen Satz aus Röm 7,18 führt Kant ein im Zusammenhang der Systematisierung dessen, was er geradezu biblisch das „böse Herz" nennt.[72] Er unterscheidet drei Stufen: Die „Gebrechlichkeit der menschlichen Natur", den „Hang ... zur Unlauterkeit" und schließlich die „Bösartigkeit der menschlichen Natur". Als Illustration der „Gebrechlichkeit" gilt ihm Röm 7,18. Sie „ist selbst in der Klage eines Apostels ausgedrückt"[73]. Offenbar deutet er auch, wie traditionell, das Ich als das biographische Ich des Paulus. Und dass „selbst" ein Apostel seine Gebrechlichkeit bekundet, reicht hin, um die natürliche und universale Disposition zum Bösen zu illustrieren.

Kant hat das Böse das *radikal* Böse genannt, weil es die Wurzel, die Disposition zum moralisch Guten betrifft. Die Korruption befällt den freien Willen und behindert die Anlage zum Guten an ihrem Vollzug. Diese Botschaft impliziert, dass es keine auf die Anthropologie verweisende Entschuldigung für das Böse gibt. So sehr es einen einwohnenden Hang dazu gibt, so sehr ist dies dem Menschen als Schuld zurechenbar. Es ist nicht einfach die Natur des Menschen, es ist die vorsätzliche (wenn auch apologetisch vernebelte) freie Tat wider das Sittengesetz, die im Hang zum Bösen wirkt. Dass diese Botschaft, wie Heit herausgestellt hat, der zeitgenössischen „optimistischen Anthropologie" nicht schmeckte, zumal auch einem Herder und Goethe nicht, ist bemerkenswert, weil sich Herder dabei auch auf Paulus berufen hat.[74]

Kant hat allerdings nicht das Gute denunziert, zu dem Menschen fähig sind, aber die Wirklichkeit des Bösen weder geleugnet noch das Böse anthropologisch wegen einer angeblichen Schwäche des Menschen entschuldigt. Hannah Arendt nahm Kants Begriff bekanntlich auf in der Analyse des Totalitarismus. Wie Michael Moxter in seinem Essay gezeigt hat, ging es Arendt dabei nicht darum, totalitäre Systeme „auf eine anthropologische Konstante (Bosheit des Menschen) zurückzuführen"; ihr Interesse galt „allein dem Phänomen, dass in der totalitären Herrschaft das Unmögliche wirklich

---

[70] Kant, Religion, 48f.
[71] Vgl. ebd., 37: Hier macht er die Unterscheidung „zwischen einem Menschen von guten Sitten (*bene moratus*) und einem sittlich guten Menschen (*moraliter bonus*)". Der erste „befolge das Gesetz dem Buchstaben nach", der zweite „beobachte es dem Geiste nach". Und er erklärt Letzteres so: „Der Geist des moralischen Gesetzes besteht darin, dass dieses allein zur Triebfeder hinreichend sei", mithin nicht der buchstäblichen Verfasstheit bedarf.
[72] Vgl. ebd., 35.
[73] Ebd.
[74] Vgl. Heit, Versöhnte Vernunft, 82ff.

wird",[75] dass das Unvorstellbare wirklich wird und darum immer möglich sein wird, dass das, was nicht hätte geschehen dürfen, geschehen ist. Hannah Arendt hat in ihren nachgelassenen Vorlesungen über das Böse mit einem Churchill-Zitat begonnen:

„Scarcely anything, material or established, which I was brought up to believe was permanent and vital, has lasted. Everything I was sure, or was taught to be sure, was impossible, has happened."[76]

Vielleicht kann man – mit etwas Wagemut – sagen, dass eine solche Desillusionierung über den Menschen auch etwas von dem hat, was sich in den abendländischen, auch Paulus und Kant inkludierenden Traditionen pessimistischer Anthropologie äußert. Hannah Arendt hielt allerdings[77] Paulus für den Erfinder des Willens, aber eben in der Weise, dass er zugleich dessen Ohnmacht erkannt habe. Den Stoiker Epiktet hat sie dagegen unter dem Rubrum der *Allmacht* des Willens verhandelt. Arendt zeigt auch Durchblick, wenn sie Röm 7,19 mit Ovid und Euripides in einen Zusammenhang bringt. Sie war ja Bultmann-Schülerin. Was Arendt allerdings aus Augustin in Paulus einträgt, ist, dass Paulus zwei Willen erfunden oder entdeckt hätte, nämlich den, das Gute zu tun bzw. das Gesetz zu erfüllen, und einen anderen Willen, der dadurch wachgerufen würde, nämlich den Willen zur Sünde.[78] Sie weiß, dass das bei Paulus nicht so steht, folgert das aber aus dem, dass Paulus von zwei Gesetzen spricht, dem in der Vernunft und dem in den Gliedern. Die Ohnmacht des Willens ist darum der Kampf zwischen diesen beiden Willen. „Der Wille ist nicht deshalb ohnmächtig, weil ihm etwas Äußeres Hindernisse in den Weg legen würde, sondern weil der Wille sich selbst behindert."[79] Das erinnert sehr an die jüdische Vorstellung von zwei Trieben, dem zum Guten und dem zum Bösen, welche bei den Rabbinen wohl unter dem Einfluss von Platon und der Stoa ausgebildet wurde. Freilich ist für die Rabbinen die Tora das Gegenmittel gegen den bösen Trieb. Für Paulus ist der Konflikt aber nicht der zweier konträrer Willen, sondern zwischen dem Wollen und dem Tun. Vielleicht ist unsere Erfahrung noch düsterer, nämlich dass wir Menschen kennengelernt haben und weiter kennenlernen, die das Böse wollen und tun, sich jedoch oft genug mit gutem Gewissen ausgestattet meinen und geradezu als Täter des Guten darstellen. Sie machen nicht, wie Kant noch dachte im Blick auf das radikale Böse, eine Ausnahme vom Guten, das sie eigentlich anerkennen. Für sie ist vielmehr das Böse das moralisch Gute. Auch darüber hat Arendt bekanntlich andernorts Treffliches geschrieben. Nur hätte sie vielleicht besser nicht von der „Banalität", sondern von der (eingebildeten) „Moralität" des Bösen gesprochen.

---

[75] Michael Moxter, Schlange, Pilz und Maulwurf. Zur Phänomenologie des bösen Geistes, in: Rechtshistorisches Journal 13 (1994), 331–350.
[76] Arendt, Über das Böse, 10.
[77] Vgl. Hannah Arendt, Vom Leben des Geistes. Bd. II: Das Wollen, München 1979, 54ff.
[78] Ebd., 66.
[79] Ebd., 69.

Micha Brumlik

Paulus der Jude und seine postmodernen Deuter

Vorbemerkung

Zumal im Bereich des jüdisch-christlichen Dialogs hat die Debatte um die Wahrheit des Glaubens spätestens seit der Denkschrift der theologischen Kammer der EKD unter dem Titel „Christlicher Glaube und nichtchristliche Religionen" sowie der von Benedikt XVI. verfügten Zulassung einer außerordentlichen Karfreitagsliturgie, in der für die Umkehr der Juden gebetet wird, eine überraschende, irritierende Renaissance erfahren. Der Diskussionsbeitrag des Philosophen Robert Spaemann, der sich ebenso wie Benedikt XVI. auf einen nicht relativistischen, metaphysisch-platonischen Wahrheitsbegriff beruft, hat diese Debatte auf den Punkt gebracht. Umso mehr – so könnte man denken – würde eine „postmoderne" Philosophie, die derlei metaphysische Wahrheitsansprüche verwunden haben will, von solchen theologischen Absolutheitsansprüchen Abschied nehmen. Doch erstaunlicherweise bewegt sich zumindest ein Teil der postmodernen Philosophie in denselben Bahnen wie die platonischen Metaphysiker Joseph Ratzinger und Robert Spaemann. Auch sie beglaubigt – freilich auf ihre Weise – den Absolutheitsanspruch des Christentums. Das wird nicht zuletzt an ihrer Paulusrezeption deutlich, bei der unweigerlich die Frage nach dem Judentum des Apostels eine wesentliche Rolle spielt. So oder so: metaphysisch und platonisch oder postmodern, eine die Wahrheit des Christentums beglaubigende Philosophie scheint ohne einen gewissen Antijudaismus nicht auszukommen. Warum bietet sich ausgerechnet der Apostel Paulus als Klassiker postmoderner Philosophie an?

1. Das Jetzt der Lesbarkeit

Nach Maßgabe der bis zu Gadamer reichenden romantischen Tradition der Hermeneutik erweist sich die Klassizität von Texten daran, dass unterschiedliche Zeiten unterschiedliche Sinngehalte freilegen und zu jeder Zeit eine neue Horizontverschmelzung von Text und Zeit erwirken. Anders eine nicht mehr historistische, sondern aktualisierende Hermeneutik: Sie kennt ein „Jetzt der Lesbarkeit" – so Agamben mit Benjamin –, einen gleichsam idealen Zeitpunkt, an dem sich der volle Gehalt eines Textes entbirgt. Für Giorgio Agamben, der vor einiger Zeit einen neuen Kommentar zum Römerbrief unter dem Titel „Die Zeit, die bleibt"[1] vorgelegt hat, scheint es die Wende

---

[1] Giorgio Agamben, Die Zeit, die bleibt. Ein Kommentar zum Römerbrief, Frankfurt a.M. 2006.

vom 20. zum 21. Jahrhundert zu sein, die dieses „Jetzt der Lesbarkeit" erfüllt: das Zeitalter der Globalisierung. Tatsächlich scheint es mehr als ein Zufall zu sein, dass sich ausgerechnet die postmoderne Philosophie einer Thematik zuwendet, die die akademische Philosophie des 20. Jahrhunderts mit einigen wenigen peripheren und einer bedeutenden Ausnahme (Heideggers *Phänomenologie des religiösen Lebens* aus dem Jahr 1921[2]) vernachlässigt hat. Für das damit verbundene Interesse der postmodernen Philosophie an der Religion sehe ich mindestens vier Gründe:

1. Als Ursache für dieses Interesse, das wir nicht nur mit den Namen von Emmanuel Levinas, Jacques Derrida und Gianni Vattimo verbinden, kann erstens der Umstand ins Feld geführt werden, dass die Philosophie der Dekonstruktion die von der klassischen philosophischen Tradition stets sorgsam eingehaltene Trennung zwischen Glauben und Wissen als haltlos zu erweisen suchte und daher ihre Aufmerksamkeit dem zuzuwenden begann, was sich zwar als gehaltvolles Wissen, Denken und Schreiben erwies, aber qua Voraussetzung strenger Argumentation und Beweisbarkeit nicht zugänglich war. Das galt zwar – spätestens nach Kants „Kritik der Urteilskraft" bzw. Schleiermachers „Reden" – auch für die Ästhetik, mit dem Unterschied, dass wir es bei einer Philosophie der Theologie von Anfang an mit der Idee einer, wenn auch nicht beweisbaren, so doch umso massiveren, soteriologischen Wahrheit zu tun haben. Diese Soteriologie tritt in der Philosophie der Kritischen Theorie in sich zurückgenommen und in Schrumpfformen – spätestens seit Walter Benjamins geschichtsphilosophischen Thesen bzw. Theodor W. Adornos Hinweisen in den „Minima Moralia" und der „Negativen Dialektik" als „Messianismus"[3] – auf und wird speziell über die Rezeption von Walter Benjamin in der postmodernen Religionsphilosophie thematisch.

2. Es ist daher nur schlüssig, dass dieser philosophische Messianismus früher oder später nicht mehr darum herum kam, sich an dem abzuarbeiten, was – jedenfalls in der westlichen Tradition – als Inbegriff einer messianischen Kultur gelten muss: dem Christentum.

3. Dass sich dieses philosophische Interesse am Christentum wie zu Zeiten des deutschen Idealismus den christlichen Urschriften, also den Evangelien und vor allem den paulinischen Briefen zuwendet, liegt nicht nur daran, dass es stets ein Gestus der Philosophie war, Gedanken und Ideen genealogisch, das heißt auf den Ort und die Umstände ihres Ursprungs hin zu überprüfen, sondern auch daran, dass Theologie- und Kirchengeschichte erst seit kurzem nachweisen können, dass das Christentum tatsächlich aus der griechischen Aneignung jüdisch-hebräischer Texte entstanden ist und dort – wo es sich systematisch artikuliert hat – als eine von Anfang an „denkende Religion" aufgetreten ist.

---

[2] Martin Heidegger, Phänomenologie des religiösen Lebens (Gesamtausgabe 60), Frankfurt a.M. 1995. Vgl. dazu den Beitrag von Holger Zaborowski in diesem Band.
[3] Micha Brumlik, Theologie und Messianismus im Denken Adornos, in: ders., Vernunft und Offenbarung, Berlin 2001, 87–114.

4. Als kontingente vierte Ursache mögen die sozialen und politischen Verhältnisse der späten Moderne – ich umschreibe sie in aller Kürze mit „Globalisierung" – hinzugetreten sein. Die christliche Religion entstand in einem Zeitraum, der von der Regierungszeit des Augustus im ersten Jahrhundert bis zum Zerfall des Römischen Reiches währte; wem an Namen gelegen ist, mag diese Epoche mit dem Apostel Paulus beginnen und mit dem Kirchenvater Augustinus enden lassen. Auf jeden Fall: Damals wie heute waren die gebildeten Bewohner der damals um das Mittelmeer herum existierenden Ökumene mit dem Phänomen eines ihre ganze Welt umfassenden politischen, ökonomischen, kulturellen und rechtlichen Raums konfrontiert, einem Phänomen, dessen sie denkend Herr zu werden versuchten und das sie in dieser Hinsicht zu unseren Zeitgenossen werden lässt. Und wiederum ist es kein Zufall, dass sich das philosophische Interesse ausgerechnet auf den hellenistischen Juden Saulus aus Tarsus richtet, der als griechischsprachiger Paulus die damalige Ökumene bereiste, um sie von der Wahrheit seiner Lesart des jüdischen Glaubens zu überzeugen, einer Lesart, die im von Gott auferweckten Moschiach Jeschua (von Nazareth) – im Griechischen Χριστός Ἰησοῦς – die Erfüllung der Tora sah. Im paulinischen Werk geht es um die Unterwerfung des politischen, ökonomischen und rechtlichen Raums der Ökumene unter den zeitlichen Einbruch des Messianischen mit dem besonderen Problem des Verhältnisses einer universalen Heilsbotschaft zu partikularen Verheißungen.

Das ist das übereinstimmende Thema von vier Denkern, deren Positionen zunächst in aller gebotenen Kürze skizziert werden sollen: 1997 legte der Mathematiker und Philosoph Alain Badiou seine Studie *Saint Paul – La fondation de l'universalisme*[4] vor. Bereits 1994 erschien das Buch *A Radical Jew. Paul and the Politics of Identity* des in Berkeley lehrenden postmodernen Talmudwissenschaftlers Daniel Boyarin.[5] Im Jahr 2000 publizierte Giorgio Agamben seine Untersuchung *Il tempo che resta. Un commento alla Lettera ai Romani*; auf Deutsch mit der üblichen Verzögerung unter dem Titel *Die Zeit, die bleibt. Ein Kommentar zum Römerbrief* 2006 erschienen.[6] Endlich verfasste Slavoj Žižek sein Buch *Die gnadenlose Liebe*, es erschien aus dem englischen Urtext übersetzt in erster Auflage 2001 auf deutsch – eine Arbeit, die das Werk von Badiou zur Kenntnis genommen hat.[7] In all diesen Arbeiten geht es um ein letztlich geschichtsphilosophisches Thema, um die Bestimmung dessen, was sinnvollerweise unter „Messianität" verstanden werden kann.

---

[4] Dt.: Alain Badiou, Paulus. Die Begründung des Universalismus, München 2002. Vgl. dazu auch den Beitrag von Alexander Heit in diesem Band.
[5] Daniel Boyarin, A Radical Jew. Paul and the Politics of Identity, Berkeley / Los Angeles 1994. Vgl. dazu auch den Beitrag von Wolfgang Stegemann in diesem Band.
[6] Vgl. dazu auch den Beitrag von Christian Strecker in diesem Band.
[7] Slavoj Žižek, Die gnadenlose Liebe, Frankfurt a.M. 2001. Vgl. dazu auch den Beitrag von Markus Buntfuß in diesem Band.

2. Koordinaten der Messianität

Messianität, das sind – auch und zumal nach Maßgabe der prophetischen Schriften der hebräischen Bibel – Zustände, die sich auf Raum und Zeit beziehen bzw. sich um die Kreuzung von Raum- und Zeitkoordinaten drehen. Die im Folgenden skizzierten Philosophien der Messianität, wie sie in Auseinandersetzung mit dem Werk des Apostel Paulus entfaltet wurden, entsprechen dem exakt. Dabei scheinen sich messianische Zustände nach Überzeugung des Paulus in erster Linie dadurch auszuzeichnen, dass in ihnen der Primat der Tora nicht mehr gilt, während das rabbinische Judentum bis zu Maimonides in dieser Frage zumindest gespalten war – auch in einer erlösten Welt würden die Menschen nicht ohne göttliche Weisung leben können.

Messianität, die es allemal mit Zuständen einer grundsätzlich erlösten Welt zu tun hat, kann sich erstens an der räumlichen Ausbreitung messianischen Glaubens oder messianischer Zustände bemessen. Von Messianität ist diesem Konzept gemäß nur sinnvoll zu sprechen, wenn entweder alle Menschen an einen Messias glauben oder die ganze Welt tatsächlich erlöst ist. Die Vorstellung einer räumlich nur teilweise, d.h. nur regional erlösten Welt widerspricht dem. In diesem Verständnis von Messianität ist es der religiöse und/oder moralische Universalismus, der die vornehmste Eigenschaft eines messianischen Denkens darstellt. Das ist die Position Daniel Boyarins in seiner kritischen Auseinandersetzung mit vor allem lutherischen Lektüren der Paulusbriefe.

Messianität kann sich aber auch auf die Zeitkoordinate beziehen: In diesem Sinn kann sie dann entweder – mit Walter Benjamin, Martin Heidegger, Alain Badiou und Giorgio Agamben – als jäher Einbruch ins zeitliche Kontinuum, als damit eng verbundener qualitativer Prozess, also als Zeitpunkt, als Ereignis, als qualitativ neuer Zeitraum oder als Ende der verbleibenden, ablaufenden Zeit vor der Erlösung, als Frist verstanden werden. Während Alain Badiou sich mit Heidegger vor allem für den einmaligen Einbruch ins Kontinuum, also für das absolut Neue, d.h. für das „Ereignis" interessiert, thematisiert Giorgio Agamben die geschichtliche Zeit vor und in dem Ereignis, also das Phänomen der Zeit als Frist, während Slavoj Žižek sich für Paulus und dessen Deutung des Christusereignisses als Zäsur im Kontinuum historischer Zeit interessiert. In jedem Fall geht es für diese Philosophen bei der paulinischen Frage um die Aus- und Verbreitung eines Lebens jenseits der Tora bzw. um Zeitpunkt und Qualität der Zeiten vor und nach dem Einbruch jenes Ereignisses, das nach paulinischem Glauben die Tora durch Erfüllung und Überbietung obsolet machte. Es geht also um unterschiedliche Stellungen zu Raum, Zeit und Bedeutung des Gesetzes. Drei der Interpreten (Badiou, Žižek und Agamben) sind selbst Christen und argumentieren vor dem Hintergrund eines wie auch immer christlichen Vorverständnisses, während allein Daniel Boyarin den Apostel Paulus und sein Christusverständnis vor dem Hintergrund der jüdisch-rabbinischen Tradition zu lesen versucht.

3. Boyarins radikaler Jude

Boyarin sieht in Paulus weniger den Propheten eines einbrechenden Neuen als den Vollender einer Denkbewegung, die das hellenistische Judentum – und es gab seit dem 3. Jahrhundert vor unserer Zeitrechnung kein nichthellenistisches Judentum mehr, gleichgültig, ob es in Judäa existierte und Aramäisch oder in Alexandria lebte und Griechisch sprach. Dieses hellenistische Judentum zeichnete sich – beispielhaft, aber nicht allein im Werk Philos – dadurch aus, dass es mit dem populär gewordenen Platonismus eine strikte Trennung von Geist und Körper behauptete und mit dieser Trennung zugleich zwischen einem wörtlichen Verständnis der biblischen Schriften und einer geistigen, also allegorischen Lektüre unterschied und letztere für das Eigentliche hielt. Der allegorischen Vergeistigung bzw. der auf Geistigkeit zielenden Allegorisierung entsprach endlich ein anthropologischer Universalismus: Boyarin kann mit Martin Hengel[8] darauf hinweisen, dass das griechischsprachige hellenistische Judentum gleichzeitig oder noch erheblich vor Paulus an der Frage laborierte, wie die universale Botschaft der Bibel mit dem auf die Juden bezogenen Erwählungspartikularismus systematisch vereinbar sei: Derlei Überlegungen und Argumente findet Boyarin in den Sibyllinen, der „Weisheit Salomos", dem Aristeasbrief und eben vor allem in den Schriften des Philo von Alexandrien.[9]

In dieser Genealogie vollendete Paulus nach Boyarins fester Überzeugung lediglich eine seit langem wirkende Tradition. Um diese abschließen und den universalistischen Grundgehalt des Judentums entfalten zu können, bedurfte Paulus indes eines messianischen, katalysatorischen Ereignisses, ohne das es nicht zum Ende, zum Abschluss des seit Langem währenden Universalisierungsprozesses der jüdischen Ethik gekommen wäre. In seiner strikt auf den Gedanken der Universalisierung bezogenen Deutung gerät ihm Paulus zum „radikalen Juden", jenem ersten auch im modernen Sinn „radical jew", den er vor allem im Galaterbrief, in den Versen 3,28–29 erkennt: „Denn da ist weder Jude noch Grieche, weder Sklave noch Freier, weder Weib noch Mann, seid ihr doch alle eins in Christus Jesus." Ein strikter, auch sozialer und somit politischer Universalismus, da er programmatisch die drei für das östliche Mittelmeerbecken bedeutsamsten sozialen, klassenbildenden Kategorien für die menschliche Erlösung für überflüssig erklärt.

Bis heute geht die Forschung davon aus, dass Paulus die Wiederkunft Christi in kürzester Zeit erwartete und daher doch auch als Eschatologe und Apokalyptiker zu gelten hat;[10] als Künder eines Äons, in dem radikale Politik schon allein deshalb unmöglich ist, da sie durch göttliche Verklärung unnö-

---

[8] Martin Hengel, Judentum und Hellenismus (WUNT 10), Tübingen 1973.
[9] Vgl. dazu auch Harry Austryn Wolfson, Philo, Vols. 1 & 2, Cambridge 1947; Benny Levy, Le Logos et la lettre, Paris 1988.
[10] Vgl. Andrew Chester, Jewish Messianic Expectations and Mediatorial Figures, in: M. Hengel / U. Heckel (Hg.), Paulus und das antike Judentum (WUNT 58), Tübingen 1991, 17–90; Alan F. Segal, Paul the Convert. The Apostolate and Apostasy of Saul the Pharisee, New Haven u.a. 1990), 158–166.

tig, überflüssig sein würde. Nimmt man Boyarins Beschreibung des Paulus als „radical jew" zum Nennwert der heutigen US-amerikanischen Umgangssprache, so wird man aufgrund der spiritualistischen und in diesem Sinne eben nicht politisch-revolutionären Deutung der Aufhebung der sozialen Kategorien allenfalls von einem halbierten, einem spiritualistisch domestizierten Radikalismus sprechen können. Im Übrigen schwankt Boyarin selbst, wenn er in immer neuen Anläufen mal Paulus' hellenistische und jüdischbiblischen Wurzeln sorgfältig voneinander trennt und ihn andererseits dafür lobt, dass er beides innovativ miteinander fusioniert hat.

4. Punkt und Raum: Badious Geometrie des Universalismus

Boyarin geht es jedenfalls nicht um jene Debatte, die Alain Badiou mit seiner Arbeit über Paulus als den Begründer des Universalismus eröffnet hat. Im Unterschied zu Boyarin, der in Paulus und seiner Verkündigung letzten Endes nichts anderes sieht als die konsequente Fortführung und zugleich Beendigung – oder womöglich „Erfüllung" – einer bereits im hellenistischen Judentum einsetzenden Synthese von biblischem und platonischem Monotheismus, will Badiou, der Paulus in durchaus traditioneller christlicher Perspektive als einen Gegner des Judentums ansieht, ihn zugleich als den Künder eines unvordenklichen Ereignisses verstehen, das seinen Anspruch und seine Durchsetzungskraft gerade dem Umstand verdankt, dass es als „nichtableitbar" gilt. Badiou, der einen „Materialismus der Gnade" entwerfen will, tut das in zwei mathematisch anmutenden Theoremen, deren erstes so lautet:

„Eines gibt es nur für alle, und es beruht nicht auf dem Gesetz, sondern auf dem Ereignis."[11] Es ist offensichtlich, dass Badiou hier einen Begriff des Gesetzes bemüht, der sowohl naturwissenschaftliche, menschliche, aber auch mathematische Gesetzesaussagen abdecken soll. Die angefügte Erklärung erläutert das erste Theorem folgendermaßen: „Die Universalität einer Wahrheit konstituiert sich in der Rückwirkung des Ereignisses. Das Gesetz ist dem ‚Für alle' nicht angemessen, weil es immer etatistisches Gesetz, Gesetz der Kontrolle über die Teile, partikulares Gesetz ist. Ein Eines gibt es nur auf Kosten des Gesetzes. Die Universalität ist organisch an die Kontingenz dessen gebunden, was uns geschieht, nämlich das sinnlose Überfließen der Gnade."[12] Gesetze – auch die der Tora – regeln demnach immer einen begrenzten Bereich; genauer: Nach Badiou ist schon der Gedanke eines unbegrenzt geltenden Gesetzes in sich widersprüchlich – die Kraft eines Universalismus der Gnade resultiert daraus, dass das eine heilbringende Ereignis sinnlos, unableitbar, zufällig und damit eben auch „emergent" und „kontingent" ist. Dabei ist nicht zu übersehen, dass Badiou auf Gedankengänge anspielt, die Heidegger 1936 in seinen *Beiträgen zur Philosophie* mit dem

---

[11] Badiou, Paulus, 153.
[12] Ebd.

Untertitel *Vom Ereignis* vorgetragen hat. Mit seiner neuen Ontotheologie des Ereignisses wollte Heidegger aber nichts anderes, als die Verchristlichung des Gottesbegriffs, der in seiner behaupteten Transzendenz bestand, rückgängig machen.[13] Das Ereignis, so Heidegger, erscheint als „das sichere Licht der Wesung des Seyns im äußersten Gesichtskreis der innersten Not des geschichtlichen Menschen"[14]. Dem entspricht Badious zweites Theorem, wonach nur das Ereignis, „als illegale Kontingenz, eine sich selbst übersteigende Mannigfaltigkeit geschehen (lässt) und damit die Möglichkeit, die Endlichkeit zu überschreiten"[15]. Anders als Heidegger spricht Badiou keiner Haltung des Wartens auf das Ereignis das Wort, gehöre es doch zum Wesen des Ereignisses, von keinem Zeichen angekündigt zu werden und die Menschen mit seiner Gnade zu überraschen. Tatsächlich ist Badious messianisch-paulinische Philosophie keine christliche Philosophie, die zumindest vom einmal bereits eingetretenen Ereignis zu sprechen hätte. Vielmehr spricht Badiou gleichsam einem entgrenzten Messianismus des Harrens vor dem Eintreten des Ereignisses das Wort. Bei alledem gilt: Die philosophische Apotheose des Ereignisses, die dieser maoistische Philosoph beschwört, ist zutiefst antijudaistisch geprägt: die von ihm erstrebte „neue Universalität steht mit der jüdischen Gemeinschaft in keiner privilegierten Beziehung"[16].

5. Die Travestie der paulinischen Differenz: Slavoj Žižek

Slavoj Žižek folgt Badious Argumenten zunächst weitgehend: Indem er gegen die Sündentheologie etwa des Hebräerbriefes das Christusereignis, zumal Jesu Tod am Kreuz, nicht als Preis menschlicher Sünden begreift, sondern als jenen Tod, der überhaupt den Teufelskreis von Sünde und Vergeltung durchbricht, versteht auch er Paulus als den Urheber einer fundamentalen Gesetzeskritik. Zwar argumentiert Žižek zunächst ähnlich wie Boyarin in seinem Essay *Gnadenlose Liebe* genealogisch: Demnach wartet das Judentum, warten die Juden auf den Messias – die Haltung der Juden sei die einer „suspendierten, auf die Zukunft gerichteten Aufmerksamkeit", während für ein gläubiges Christentum die „Ankunft bereits stattgefunden hat". Damit schreibt Žižek dem Judentum eine „‚Abkoppelung' vom Eingelassensein in die ‚kosmische Ordnung', in die Kette des Seins" zu, d.h. jenen unmittelbaren Zugang zur Allgemeinheit im Gegensatz zur globalen Ordnung, die der Grundzug des Christentums sei. Das auch ist der Sinn der biblischen Exodusgeschichte: „der Rückzug aus der hierarchisierten (ägyptischen) Ordnung als Reaktion auf den unmittelbaren göttlichen Ruf."[17]

---

[13] Vgl. Martin Heidegger, Beiträge zur Philosophie (Vom Ereignis) (Gesamtausgabe 65), Frankfurt a.M. 1989, 25.
[14] Ebd., 31.
[15] Badiou, Paulus, 153.
[16] Ebd., 45
[17] Žižek, Liebe, 159.

Am Ende dieser Überlegungen versucht Žižek mit Schelling das Judentum als Kraft des Ausharrens im Status des Rests, als Ausharren im Reich äußerlich befolgter Regeln, als Motiv und Anlass für die Expansion christlicher Liebe zu verstehen: „Christus fungiert", so Žižek mit Paulus, „im Hinblick auf das Gesetz nicht mehr als Vollstrecker, sondern im Gegenteil, er setzt die Dimension des Gesetzes außer Kraft und signalisiert damit dessen Ende."[18] Und damit kommt auch der postmoderne, an Lacan orientierte Žižek zu keinem anderen Schluss als zu dem, zu welchem schon Hegel und Schelling gekommen sind, dass nämlich das Christentum die absolute und damit letzte Religion ist, jene, die – weil sie sich im Grundsatz von allen Über-Ich-Spannungen gelöst hat – keiner Obszönität, keines Schattens als Ausweg aus der extremen moralischen Forderung des Glaubens mehr bedarf. Dann aber offenbart sich der aktuelle Sinn des christlichen, paulinischen Universalismus: „Das, worauf der christliche Begriff der Außerkraftsetzung des Gesetzes abzielt, ist diese Lücke zwischen dem Bereich moralischer Normen und dem Glauben, dem bedingungslosen *Engagement*."[19]

Am Ende erscheint Erlösung als die Befreiung von jeder Norm und als Freigabe zu einem situativ existenziellen Handeln. Von Universalismus kann unter diesen Bedingungen im Sinne eines moralischen Universalismus keine Rede mehr sein – allenfalls davon, dass durch die Behauptung von des „Gesetzes Ende" alle Menschen dazu befreit sind, situativ handeln zu dürfen. Paulus wird so – in Wiederaufnahme von Teilen der protestantischen, dialektischen Theologie des frühen 20. Jahrhunderts – zum Existenzialisten.

6. Die Erlösung von der Festlegung und die Zweideutigkeit des Moments: Giorgio Agamben

Das ist auch die Perspektive Giorgio Agambens, der freilich mit Walter Benjamin geschichtsphilosophisch einsetzt. So hat Giorgio Agamben in seinem Kommentar zur ersten Zeile des Römerbriefs die ursprüngliche, jüdische Bedeutung des Moschiach wieder einzuholen versucht. Agamben sieht klar, dass das Thema des Paulus die messianische Zeit und – so seine Lesart des Römerbriefs – eine Theorie jener Menschen ist, die das Eintreten der messianischen Zeit noch nicht akzeptiert haben: der Juden. Indem Agamben konsequent überall Χριστός mit *Messias* übersetzt, gewinnt er den jüdisch-biblischen Bedeutungshorizont der paulinischen Schriften zurück. Mit 1Kor 7,31 erläutert Agamben das Messianische: Indem das Messianische im „Als-ob" eben nicht alles auf sich selbst bezieht, löscht es dieses Selbst zwar nicht einfach aus, lässt es jedoch vorübergehen, bereitet sein Ende vor. Als Beleg dafür bietet Agamben Gal 2,20 auf, wo es heißt: „nicht mehr lebe ich, sondern der Messias lebt in mir." Zeit und Subjektivität sind im Zeitraum des Messianischen ihrer Eindeutigkeit beraubt und existieren nur noch in Un-

---

[18] Ebd., 173.
[19] Ebd., 187 (Kursivierung im Original).

schärfe und unter Vorbehalt. Mit Paulus will Agamben die neuzeitliche Gestalt des vermeintlich souveränen Subjekts dementieren. Die späte Moderne, die Postmoderne, in der sich nicht mehr bruchlos von Subjekt oder Subjektivität sprechen lässt, kündigt damit das messianische Zeitalter an.

Die Zeit des Moschiach ist demnach für Agamben im Grundsatz bereits eingetreten – an die Stelle einer materiellen Erlösung tritt freilich eine Erlösung von jenen Existenzweisen, die mit der Schöpfung gegeben wurden. Das ist spätestens seit Kierkegaard eine mögliche Lesart der paulinischen Briefe und auch der philologische Hinweis paulinischer Einflüsse im Werk Benjamins, wie sie Agamben unter Berufung auf Benjamins geschichtsphilosophische Thesen sowie den Aufsatz über Goethes Wahlverwandtschaften behauptet, überzeugt. Ob Agamben jedoch recht hat, wenn er den letzten Satz der Thesen, in denen Benjamin den gegenwärtigen Generationen eine „schwache messianische Kraft" zuspricht, auf eine Kenntnis des zweiten Korintherbriefes (2Kor 12,9f.), wo von der Stärke der Schwäche die Rede ist, zurückführt, erweist sich als höchst zweifelhaft. Mehr als eine unbegründete Vermutung von Jacob Taubes[20] kann Agamben zur Stützung dieser Vermutung nicht aufbieten.

Die neuen, postmodernen christlichen Interpreten des Paulus lesen Paulus nicht zu Unrecht mit den Augen Kierkegaards; die These allerdings, dass man Walter Benjamin, der doch mit Gründen einem wenn auch paradoxen Materialismus das Wort sprach, als einen Kryptopaulinisten verstehen könne, wird man bestreiten müssen. Benjamin glaubt, wenn auch wider alle Hoffnung, an die politische Revolution.

Und so bleibt der Apostel Paulus auch heute, in dieser „Jetztzeit" zweideutig: Mit der anfangs erwähnten Arbeit Daniel Boyarins liegt freilich ein Vorschlag vor, ihn ganz und gar jüdisch zu denken und das heißt: auch unter postmodernen Bedingungen am moralischen Universalismus individueller Verantwortung und umfassender Gerechtigkeit festzuhalten. Dieser Sichtweise hat sich kürzlich mit überzeugenden Argumenten und höchster philologischer Akribie der protestantische Neutestamentler Klaus Wengst in seinem monumentalen, 2008 erschienenen Werk unter dem Titel *Freut euch, ihr Völker, mit Gottes Volk!* angeschlossen – eine Arbeit, die – wie ich meine – endgültig und abschließend gezeigt hat, dass jede antijudaistische Deutung des Paulus weder vom exegetischen Befund noch vom systematischen Gehalt vertretbar ist. Aber auch Wengst widerspricht Boyarin in einer Hinsicht deutlich: „Paulus", so Klaus Wengst, „intendiert nicht eine differenzlose Universalität, sondern kritisiert die Selbstgenügsamkeit der je eigenen Identität. Identität wird erst gewonnen im Eingeständnis der eigenen Begrenztheit und in der Anerkenntnis durch die anderen"[21]

---

[20] Vgl. Jacob Taubes, Die politische Theologie des Paulus, hg. von Aleida und Jan Assmann, München 1993.

[21] Klaus Wengst, „Freut euch ihr Völker, mit Gottes Volk". Israel und die Völker als Thema des Paulus – ein Gang durch den Römerbrief, Stuttgart 2008, 447.

7. Wer war Paulus?

Gleichwohl lässt sich einzig mit Boyarin eine nicht antijudaistische, auf jeden Fall historisch angemessene Antwort auf die Frage nach Leben, Werk und Wirken des Paulus geben: Sowenig Jesus von Nazareth der Stifter des Christentums war, sowenig war – eine schon eher begründete Annahme – Saul von Tarsus, römischer Bürger aus Kilikien, der Begründer der christlichen Religion. Vielmehr war der sich später gelegentlich, ohne jede tiefere Bekenntnisabsicht auch Paulus nennende Intellektuelle Höhe- und Endpunkt einer sich über mindestens zweihundert Jahre und über die ganze mediterrane kumene erstreckenden jüdischen Missionstätigkeit. Diese Missionstätigkeit war wesentlich an dem sprunghaften Anwachsen der jüdischen Bevölkerung des Mittelmeerraums, die im augusteischen Zeitalter immerhin beinahe 13% der gesamten Bevölkerung des römischen Reiches ausmachte. Alleine in Alexandrien lebten etwa eine Million Juden. Jüdische Mission im Zeitalter des Hellenismus kannte zwei Formen: Zum einen die durch griechische Schriften wie die Septuaginta, den Pseudoaristeas, die Weisheit Salomonis, die sibyllinischen Bücher oder auch das vierte Makkabäerbuch sowie die Lehren Philos verbreitete literarische Werbung für den jüdischen Glauben, zum anderen die durch sozialen Druck bewirkte innerhäusliche Mission vor allem gegenüber dem Dienstpersonal, gegenüber der Klientel oder auch gegenüber Sklaven und Sklavinnen, die auf diese Weise zu Jüdinnen und Juden wurden. Das war umstandslos möglich, da es in vorrabbinischer Zeit mit Ausnahme der Beschneidung für Männer kein förmliches Konversionsverfahren gab. Das lässt sich zumal an jener Gemeinde zeigen, die als Adressatin des Römerbriefes gilt – es ist durchaus nicht ausgemacht, dass es sich dabei um eine Gemeinde sog. Heidenchristen handelte.

Rom war eine der ältesten jüdischen Gemeinden der mediterranen Ökumene. Nach ersten Ansiedlungen in der Makkabäerzeit waren es freigelassene, von Pompeius nach Rom verschleppte kriegsgefangene judäische Sklaven, die vor allem in Trastevere, aber auch in der Via Appia und der Subura wohnten. Zur Zeit des Herodes lebten mindestens 8000 Juden in Rom; zwei jüdische und eine samaritanische Synagoge sind aus der augusteischen Zeit bezeugt. Die Prominenz der römischen Juden ist auch durch Cicero bezeugt, der beklagte, dass so viele Juden die öffentliche Rechtsprechung behinderten, aber auch durch die zum Judentum konvertierte Fulvia, derentwegen im Jahre 19 n.Chr. Juden durch Kaiser Tiberius aus Rom und Italien ausgewiesen wurden. Im Allgemeinen entstammten die Proselyten der Schicht von Sklaven und Freigelassenen, während die mit der Synagoge sympathisierenden „Gottesfürchtigen" den höheren Schichten, vor allem dem Adel anzugehören schienen. Zur Zeit von Paulus' Brief waren gerade wieder viele Jüdinnen und Juden, die durch Claudius ausgewiesen worden waren, nach Rom zurückgekehrt.

Wenn Paulus zwischen Juden und Griechen, Sklaven und Freien, Männern und Frauen unterscheidet, so bezieht er sich auf rein ethnische, soziale oder generische Differenzen, die mit dem in der Synagoge und im Alltag durch die Mitzvoth bekannten Glauben nichts zu tun haben. Die Überwindung der Differenz zwischen Juden und Griechen, wie sie in Gal 3,28 behauptet wird, bezieht sich auf dem Glauben nach jüdische Gemeinden, in denen Griechen und Judäer ebenso gemeinsam beten (sollen) wie Männer und Frauen, Herren und Sklaven. Im Kern geht es Paulus wie schon seinem Zeitgenossen Philo von Alexandrien um die Frage nach dem Verhältnis des jüdischen Glaubens zu einer ethnisch-jüdischen Herkunft. Der Römerbrief richtet sich also gar nicht an Christen, die es damals noch nicht gab, sondern an Römer und Griechen jüdischen Glaubens, die wähnten, die ethnische Abkunft, für die Paulus selbst die Bezeichnung „israelitisch" kennt, gering schätzen zu können. In der Hochschätzung der fleischlichen Erwählung jedoch erweist sich Paulus dem hellenistischen Universalismus zum Trotz als direkter Vorläufer rabbinischer Theologie.

Paulus angebliche, so genannte „Gesetzes- und Torakritik", auf der vor allem der lutherische Protestantismus beruht, folgt ebenso wie seine Abwertung des Leibes dem geläufigen, von Philo und anderen hellenistisch-jüdischen Autoren vertretenen Weg einer Inkorporation mittelplatonischer und stoischer Philosopheme in den jüdischen Glauben. Philo jedenfalls kannte Platos *Nomoi* und benutzt dessen Begriffe. Andererseits schreibt er: „Die geborenen Juden erhalten Gottes Huld nicht, weil sie von Anfang und von Alters her Angehörige der Gott liebenden Gemeinschaft sind, sondern weil sie sich hinsichtlich ihrer vornehmen Abkunft nicht als unwürdig erwiesen – Proselyten aber erhalten Gottes Huld, weil sie bereit waren, den Übergang zur Frömmigkeit zu vollziehen" (Spec I.9.51). Entsprechend trat Philo massiv dafür ein, körperlich unbeschnittenen Proselyten kein Unrecht zu tun und sie besonders anzuerkennen. In gewisser Weise radikalisiert Paulus diesen Gedanken, achtet aber im Römerbrief darauf, dass der Sinn der fleischlichen Erwählung nicht völlig verloren geht.

Im Unterschied zu Philo jedoch, der Proselyten dem Geiste nach auch unter den Weisen aller Völker kennt und die rechte Gotteserkenntnis in philosophischer Weisheit erkennt, bedarf der pharisäisch geschulte Paulus zur Universalisierung des jüdischen Glaubens des Bekenntnisses eines Messias. Wo Philo für die Universalisierung des Judentums auf menschliche Einsicht und Vernunft setzte, blieb Paulus nur noch die Hoffnung auf ein unvordenkliches Ereignis – in dieser Hinsicht lesen ihn seine postmodernen Deuter durchaus korrekt.

Daniel Havemann

Der Anti-Philosoph

Nietzsches Paulusdeutung

War Paulus[1] ein Philosoph? Sieht man auf Nietzsches scharfe Polemik gegen den Apostel, so scheint die Antwort auf diese Frage für Nietzsche klar zu sein. Schließlich macht er diesen Apostel dafür verantwortlich, dass sich im christlichen Europa eine Philosophie, die diesen Namen verdient hätte, nie nachhaltig habe durchsetzen können. Paulus habe das Denken an die Kette einer von ihm erfundenen Moral gelegt – eine Kette, von der es sich nicht wieder habe befreien können. Das Bild, das Nietzsche von Paulus zeichnet, ist das Gegenbild eines ‚freien Geistes', eines Philosophen in seinem Sinne.

Dies muss jedoch nicht bedeuten, dass die Theologie des Paulus in Nietzsches Augen keine philosophische Qualität hätte. Im Gegenteil zeigt die exponierte Weise, in der sich Nietzsche mit Paulus kritisch auseinandersetzt, welche Bedeutung er dem Apostel für das Denken zubilligt. In „Ecce Homo" sagt Nietzsche zu seiner „Kriegs-Praxis":

„Gleichheit vor dem Feinde – erste Voraussetzung zu einem r e c h t s c h a f f - n e n Duell. Wo man verachtet, k a n n man nicht Krieg führen; wo man befiehlt, wo man Etwas u n t e r sich sieht, h a t man nicht Krieg zu führen … [A]ngreifen ist bei mir ein Beweis des Wohlwollens, unter Umständen der Dankbarkeit. Ich ehre, ich zeichne aus damit, dass ich meinen Namen mit dem einer Sache, einer Person verbinde: für oder wider – das gilt mir darin gleich."[2]

Tatsächlich hatte für Nietzsche kein Philosoph einen vergleichbaren Einfluss auf das abendländische Denken und seine Philosophie wie der Apostel Paulus. Ihm sei es in einzigartiger Weise gelungen, seine eigenen Werte einer ganzen Kultur aufzuzwingen. In diesem Sinne gehört Paulus zu den wenigen, die Nietzsche in ihrer Leistung sich selbst ebenbürtig sieht. Nur Paulus gibt

---

[1] Vgl. zu Nietzsches Paulusdeutung ausführlich: Daniel Havemann, Der ‚Apostel der Rache'. Nietzsches Paulusdeutung, Berlin / New York 2002. Vgl. außerdem ders., Evangelische Polemik. Nietzsches Paulusdeutung, in: Nietzsche-Studien 30 (2001), 175–186. Aus der älteren Literatur zum Thema vgl. besonders Jörg Salaquarda, Dionysos gegen den Gekreuzigten. Nietzsches Verständnis des Apostels Paulus, in: ZRGG 26 (1974), 97–124; abgedruckt in: ders. (Hg.), Nietzsche, Darmstadt 1980, 288–322, bes. 292ff. Salaquarda fragt hier nach einer von Nietzsche gegenüber Paulus empfundenen „Verwandtschaft" und findet sie in beider „‚Größe' im Sinne von Herausgehobensein gegenüber der Masse", die sich in ihrer Kraft zur „Umwertung" bestehender Paradigmen ausspricht. Vgl. ebd., 293.
Die in diesem Beitrag angeführten Zitate aus dem Werk Nietzsches sind folgender Ausgabe entnommen: Friedrich Nietzsche, Gesammelte Werke. Kritische Studienausgabe in 15 Bänden, hg. v. Giorgi Colli und Mazzino Montinari, München u.a. 1980 (= KSA). Es werden folgende Abkürzungen verwendet: AC = Der Antichrist; EH = Ecce Homo; GM = Zur Genealogie der Moral; JGB = Jenseits von Gut und Böse; MR = Morgenröte.

[2] EH, Warum ich so weise bin, 7; KSA 6,274.

Nietzsche den Titel, den er sonst für sich reserviert: ‚Umwerther aller Werthe' zu sein.³

Es sind die Werte des Paulus, die für Nietzsche nach wie vor in Geltung sind. Wenn Nietzsche die geltenden Werte umwerten und neue Wege für das Denken bahnen will, dann ist es Paulus, mit dem er sich auseinandersetzen muss. In Paulus sieht Nietzsche deshalb in seinen letzten Schaffensjahren seinen entscheidenden Antipoden.

Die „Gleichheit vor dem Feinde" schließt ein, dass beide auch gleiche Erfahrungen gemacht haben. Beide haben neue Formen der „Wahrheit" gesehen, die in den bisherigen Strukturen nicht aussagbar waren. Beide haben neue Formen der Schriftlichkeit erfunden, um sich überhaupt mitteilen zu können.⁴ Beide haben erlebt und reflektiert, was es bedeutet, um der erkannten Wahrheit willen notwendig als „Narr" zu gelten.⁵ In seiner polemischen Abgrenzung gegen den Apostel übergeht Nietzsche in der Regel diese Parallelen. Dennoch spielen sie eine Rolle. An mancher Stelle sieht sich Nietzsche regelrecht in Paulus hinein: Das Offenbarungserlebnis des Paulus z.B. beschreibt Nietzsche nicht entsprechend der Darstellung der neutestamentlichen Texte, sondern so, wie er selbst seine eigenen Inspirationen erlebt hat.⁶ Ein Beitrag zum Paulusbild Nietzsches wird sowohl das Verbindende als auch das Trennende beider zu bedenken haben.

Im folgenden Beitrag soll zuerst Nietzsches Deutung des Paulus im Vordergrund stehen, um dann aus dieser Perspektive noch einmal auf Paulus selbst zu blicken. Gegliedert ist er in drei Teile: Zuerst wird der polemische Stil, in der Nietzsche seine Pauluskritik vorträgt, als ein Schlüssel zu Nietzsches Paulusdeutung interpretiert. Im Hauptteil wird dann Nietzsches Paulusdeutung selbst dargestellt, ihre Entwicklung beschrieben, und es werden ihre Quellen dargelegt. Im letzten Teil schließlich wird der Frage nachgegangen, inwiefern Nietzsches Pauluskritik für die Interpretation der paulinischen Theologie selbst fruchtbar gemacht werden kann.

---

[3] Vgl. JGB 46; KSA 5,67.
[4] Für Paulus war das der Gemeindebrief, für Nietzsche besonders der Aphorismus (vgl. Havemann, ‚Apostel der Rache', 236ff.; über die vielfältigen, z.T. neu geschaffenen oder geprägten Formen der philosophischen Schriftstellerei Nietzsches vgl. bes. Werner Stegmaier, Friedrich Nietzsche zur Einführung, Hamburg 2011, 98ff.).
[5] Vgl. ebd., 215f.
[6] Nietzsche sagt z.B., bei Paulus hätte sich das Offenbarungserlebnis vor Damaskus in einem Gefühlsausbruch entladen, verbunden mit einem unbeschreiblichen Glücksgefühl. Davon ist weder in der Apostelgeschichte noch in den Paulusbriefen die Rede – aber es entspricht ganz der Weise, wie Nietzsche selbst seine großen Inspirationen erlebt hat und beschreibt. Auch dass Nietzsche das paulinische Damaskuserlebnis in einem „Gedanken" zusammenfasst, in einem „Einfall" und der „Secunde seines plötzlichen Aufleuchtens", ist vom eigenen Erleben her inspiriert (vgl. dazu Havemann, ‚Apostel der Rache', 94ff.).

1. Evangelische Polemik. Nietzsches moralische Moralkritik

Nietzsches scharfe Polemik, mit der er Paulus und das von ihm geprägte Christentum im „Antichrist" angreift, war lange ein Grund, warum man Nietzsche schon in der Zeit seiner letzten Schriften für ‚wahnsinnig' erklärte. Sie schien keinen Sinn zu machen und lediglich aus einer inneren Leere herzukommen. Die philosophische Dignität dieser späten Schriften ist in der Forschung inzwischen weitgehend unbestritten. Dazu wurde aber die Polemik selbst in der Regel als bloße ‚Form' beiseite getan.[7] Man gab ihr vor allem darin einen Sinn, dass Nietzsche sich auf diese Weise Gehör verschaffen wollte. Sie hat in seinem Spätwerk aber eine *ethische* Bedeutung. In „Ecce homo" schreibt Nietzsche:

„Man sieht, ich möchte die Grobheit nicht unterschätzt wissen, sie ist bei weitem die h u m a n s t e Form des Widerspruchs und, inmitten der modernen Verzärtelung, eine unsrer ersten Tugenden. – Wenn man reich genug dazu ist, ist es selbst ein Glück, Unrecht zu haben. Ein Gott, der auf die Erde käme, dürfte gar nichts Andres t h u n als Unrecht, – nicht die Strafe, sondern die S c h u l d auf sich zu nehmen wäre erst göttlich."[8]

Nietzsche setzt sich mit seiner Polemik gegen „Paulus" und das Christentum bewusst ins Unrecht. Ungerechtigkeit in diesem Sinne ist nach Nietzsche in der moralischen Auseinandersetzung unumgänglich. Wenn Nietzsche Wertung gegen Wertung, Moral gegen Moral stellt, *kann* er der Moral des anderen nicht gerecht werden. In der *Radikalität* der Ungerechtigkeit aber wird diese selbst *sichtbar*, sie ist nicht ‚heimlich', nicht Ressentiment – darin liegt wiederum eine Weise der Gerechtigkeit. Nietzsche nimmt in seiner polemischen Kritik die ‚Schuld' auf sich: Er schafft durch sie die Möglichkeit, seiner Moralkritik durch ‚berechtigte' Empörung zu begegnen, ohne sich in der eigenen Moral infrage stellen zu lassen. So rechtfertigt Nietzsches Polemik die moralische Verurteilung durch den Leser, dessen Ressentiment.

So abwegig es klingen mag: Hier kommt die Polemik Nietzsches dem nahe, was nach Paulus Liebe bedeutet. Die Schuld des anderen auf sich zu nehmen, ‚das Böse nicht anzurechnen' (1Kor 13,5) – das genau ist für Paulus Liebe. Es wird zu zeigen sein, dass Liebe für den Apostel in diesem Sinne als ‚Rechtfertigung des anderen' verstanden werden kann.[9] Die aggressive Polemik Nietzsches hat deshalb durchaus ein evangelisches Moment. „Ich bin ein f r o h e r B o t s c h a f t e r, wie es keinen gab"[10], sagt Nietzsche über

---

[7] So z.B. Jörg Salaquarda, Der Antichrist, in: Nietzsche-Studien 2 (1973), 91–136, hier 131: „Nietzsches ‚antichristliche Polemik' ist zum zweiten auch deswegen sekundär, weil sie überhaupt Polemik, Verneinung und Bestreitung ist. Denn die Negation ist für Nietzsche immer das Sekundäre …"
[8] EH, Warum ich so weise bin, 5; KSA 6,271.
[9] Vgl. unten im Text unter Punkt 3.1.
[10] EH, Warum ich ein Schicksal bin, 1; KSA 6,366. Zur Interpretation dieses Abschnittes und zum Verhältnis von Religionsstifter und Philosoph nach Nietzsche vgl. Werner Stegmaier, Schicksal Nietzsche? Zu Nietzsches Selbsteinschätzung als Schicksal der Philosophie und

sich selbst. Man mag dies anmaßend finden, und das sollte es sicher auch sein. Für Nietzsche aber ist es gleichzeitig Ausdruck einer Philosophie, die „Wahrheit"[11] anders versteht und damit das Denken befreien will.

Gleichzeitig gibt diese Polemik Nietzsche im Umgang mit Paulus große Freiheit: Mit dem Verzicht darauf, dem Apostel gerecht werden zu wollen, kann er aus ihm einen ‚Typus' entwerfen. In seinen extremen Überzeichnungen scheut er sich nicht, ihn dabei als seinen Gegner „bis zur C a r i k a - t u r herunterzubringen und gleichsam auszuhungern", wie es Nietzsche als Tendenz jeder Moral festgestellt hat.[12]

In seinem Spätwerk macht Nietzsche die Polemik zum moralphilosophischen Prinzip. Wie der ursprüngliche Untertitel des „Antichrist" („Umwerthung aller Werte") deutlich macht, will Nietzsche die geltenden Werte umwerten. Doch will er nicht einfach neue ‚moralische Werte' an die Stelle der alten setzen. Die Moral der Vornehmheit, die Nietzsche gegen die christliche Ressentiment-Moral setzt, ist gerade nicht in der Struktur von festen ‚Werten' zu fassen. Die Umwertung selbst ist, streng genommen, nicht positiv formulierbar. Nietzsche braucht den Angriff, um sie zu formulieren: *Der Angriff, die Polemik selbst ist die Umwertung.* Durch Nietzsches bewusst moralischen Umgang mit Moral wird die Moral sichtbar – bei Nietzsche selbst ebenso wie beim Leser, dessen Moral Nietzsche so ebenfalls in das Geschehen verwickelt. In Nietzsches moralischer Moralkritik bleibt die Moral nicht bloßer Gegenstand der Diskussion, sondern sie ereignet sich in der Auseinandersetzung mit dieser Kritik. Seine Polemik bringt die moralischen Deutungen wieder in Bewegung. Sie initiiert damit eine Umwertung der Moral, ohne diese inhaltlich zu bestimmen.

2. Das „Dysangelium".
Nietzsches Paulusdeutung

2.1 Der „Antichrist" als ‚Antipaulus'.
Paulus als „Priester" der christlichen Moral

„Umwerthung aller Werthe", so lautete ein früher geplanter Untertitel des „Antichrist" – jener späten Schrift, die Nietzsche zuletzt als sein Hauptwerk angesehen hat. Es sind die Werte des Paulus, die Nietzsche ‚umwerten' und ablösen will. Sein „Antichrist" ist deshalb eigentlich ein ‚Antipaulus', denn hier konzentriert sich seine Kritik des Christentums auf die Person dieses Apostels.

---

    der Menschheit (Ecce homo, Warum ich ein Schicksal bin 1), in: Nietzsche-Studien 37 (2008), 62–114.

[11] „Ich erst habe die Wahrheit e n t d e c k t " (EH, Warum ich ein Schicksal bin, 1; KSA 6,365f.).

[12] Nachlass aus dem Herbst 1887, 10[112]; KSA 12,521 (hier als Merkmal von Moral allgemein). Nietzsche bezieht diesen Stil ausdrücklich auch auf sich selbst: „Unter Immoralisten wird es der Moralist: Plato zum Beispiel wird bei mir zur Carikatur" (ebd.).

Dabei geht es Nietzsche nicht um die historische Gestalt des Paulus, sondern er schafft sich einen ‚Typus Paulus', mit dem er in bewussten Überzeichnungen seine Moralkritik zur Sprache bringt. Diese Typisierung ist Teil seiner Philosophie. Als dritten Satz seiner „Kriegspraxis" formuliert Nietzsche in „Ecce homo":

„[I]ch greife nie Personen an, – ich bediene mich der Person nur wie eines starken Vergrösserungsglases, mit dem man einen allgemeinen, aber schleichenden, aber wenig greifbaren Nothstand sichtbar machen kann."[13]

Dieser „Nothstand" ist für Nietzsche die christliche Moral selbst. Es sind nicht einzelne Glaubensinhalte oder moralische Dogmen, die Nietzsche in der Person des Paulus attackiert – es ist die paulinisch-christliche Moral als ganze: eine Moral, die unsichtbar ist, gerade weil sie allgegenwärtig ist.[14] Diese christliche Moral hat für Nietzsche den ‚Tod Gottes' überlebt. Den ‚Tod Gottes' stellt Nietzsche ohne Polemik fest – obwohl er ihn als einer der ersten in dieser Klarheit proklamiert hat, ist er kein eigentlicher Teil seiner Christentumskritik.[15] Über die Religionskritik seiner Zeit kann Nietzsche deshalb nur spotten, weil sie diese Moral gar nicht wahrnimmt, sondern selbst in ihren Bahnen denkt und wertet.

„Ironie gegen die, welche das Christenthum durch die modernen Naturwissenschaften ü b e r w u n d e n   glauben. Die christlichen Werthurteile sind damit absolut n i c h t   überwunden. ‚Christus am Kreuze' ist das erhabenste Symbol – immer noch. –"[16]

Moral in diesem Sinne sieht Nietzsche dadurch charakterisiert, dass ihre Werte allgemeine Geltung beanspruchen. In seiner Auseinandersetzung mit der christlichen Moral prägt Nietzsche im neunten und letzten Hauptteil von „Jenseits von Gut und Böse" die Unterscheidung von „ H e r r e n - " und „ S k l a v e n m o r a l "[17], eine Unterscheidung, die er in der ersten Ab-

---

[13] EH, Warum ich so weise bin, 7; KSA 6,274.

[14] „Was mich abgrenzt, was mich bei Seite stellt gegen den ganzen Rest der Menschheit, das ist, die christliche Moral e n t d e c k t zu haben" (EH, Warum ich ein Schicksal bin 7; KSA 6,371).

[15] Dies hat nachdrücklich schon Karl Barth herausgestellt: „‚Gott ist tot' – hier ist kein Affekt, keine Polemik mehr nötig ... Nietzsches Herz hing n i c h t an der Bestreitung der Existenz Gottes ... Es hing aber mit großer Macht an seinem Angriff auf das, was er eben die ‚ c h r i s t l i c h e   M o r a l ' nannte" (Karl Barth, Die kirchliche Dogmatik. Die Lehre von der Schöpfung, Bd. III/2, § 45–46: Das Geschöpf, 2. Teil [Studienausgabe, Bd. 15], Zürich 1992, 284f.). Zur Interpretation des 125. Aphorismus der „Fröhlichen Wissenschaft" vgl. unter anderem Werner Stegmaier, Hauptwerke der Philosophie. Von Kant bis Nietzsche (Interpretationen), unter Mitwirkung von H. Frank, Stuttgart 1997, 421f.; Ulrich Willers, Friedrich Nietzsches antichristliche Christologie. Eine theologische Rekonstruktion (Insbrucker Theologische Studien 23), Innsbruck/Wien 1988, 156ff.

[16] Nachlass Herbst 1885 – Herbst 1886, 2 [96]; KSA 12,108. Vgl. Salaquarda, Dionysos gegen den Gekreuzigten, 297.317.

[17] „Bei einer Wanderung durch die vielen feineren und gröberen Moralen, welche bisher auf Erden geherrscht haben oder noch herrschen, fand ich gewisse Züge regelmässig mit einander wiederkehrend und aneinander geknüpft: bis sich mir endlich zwei Grundtypen ver-

handlung der „Genealogie der Moral" weiter ausgeführt. Nietzsche stellt darin idealtypisch zwei Moralen gegenüber: eine vornehme Moral der Mächtigen und Herrschenden und eine unvornehme Moral der Ohnmächtigen, der „Beherrschten", der „Sklaven und Abhängigen jeden Grades".[18] Die christliche Moral seiner Zeit ist für Nietzsche d a s Beispiel dieser „Sklavenmoral", und sie greift er mit dieser Typisierung an. „Moral" im herkömmlichen Sinn fällt für ihn mit „Sklavenmoral" in eins. In „Ecce homo" fasst Nietzsche die Moral in diesem Sinne zusammen:

„ D e f i n i t i o n d e r M o r a l : Moral – die Idiosynkrasie von décadents, mit der Hinterabsicht, s i c h a m L e b e n zu rächen – u n d mit Erfolg. Ich lege Werth auf d i e s e Definition. –"[19]

Nietzsche interpretiert die jüdisch-christliche Geschichte im Ganzen als einen „Sklavenaufstand" einer unvornehmen gegen eine vornehme Moral, und von der Auseinandersetzung dieser Moral-Typen sieht er auch seine Gegenwart bestimmt:

„Das Symbol dieses Kampfes, in einer Schrift geschrieben, die über alle Menschengeschichte hinweg bisher lesbar blieb, heisst ‚Rom gegen Judäa, Judäa gegen Rom': – es gab bisher kein grösseres Ereigniss als d i e s e n Kampf, d i e s e Fragestellung, d i e s e n todfeindlichen Widerspruch."[20]

Indem Nietzsche zur Kennzeichnung der Moraltypen die Metaphern „Herren" und „Sklaven" verwendet, verbindet er das Thema „Moral" auf provokante Weise mit dem Thema „Macht" und macht damit die Macht der Moral selbst zum Thema. In diesen bewusst verletzenden Begriffen vollzieht Nietzsche einen Perspektivenwechsel: Er verlässt den Horizont der Moral und fragt aus soziologischer Perspektive nach den Menschen, für die eine solche Moral *nützlich* ist. Schon durch die Fragestellung selbst wird damit der Anspruch der christlichen Moral auf allgemeine Gültigkeit bestritten. Nietzsche will in der Moral der Uneigennützigkeit Wurzeln des Eigennutzes aufzeigen und sie damit infrage stellen: Es seien letztlich ökonomische Gründe, die sie leiten – aus diesem Beweggrund seien aber auch andere Moralen denkbar.

Im „Antichrist" wird Paulus in einem typisierten Sinn als *„Priester"* dieser christlichen Moral dargestellt. Der Typus des „Priesters"[21] wird in Nietzsches

---

riethen, und ein Grundunterschied heraussprang. Es giebt H e r r e n - M o r a l und S k l a v e n - M o r a l " (JGB 260; KSA 5,208).

[18] JGB 260; vgl. KSA 5,208ff. Nietzsche weist selbst sofort auf den idealtypischen Charakter dieser Unterscheidung hin, indem er sagt, dass diese Moralen sowohl bei Gemeinschaften als auch bei einzelnen Menschen in der Regel nicht in Reinform aufträten.

[19] EH, Warum ich ein Schicksal bin, 7; KSA 6,373.

[20] GM I/16; KSA 5,286.

[21] Nietzsches Typus des „Priesters" hat aus soziologischer Perspektive Kurt Braatz untersucht und herausgestellt, dass Nietzsche unter dem „Priester" einen „Massen-Kommunikator" versteht, der über Einflussnahme auf die öffentliche Meinung Macht ausüben will. Vgl. Kurt

Spätwerk von der „Genealogie der Moral" an zu einem zentralen Begriff. Nietzsche hat dabei nicht den Berufsstand der „Priester" im Blick. Er nimmt die Deutung der „Priester" als „Mittler" zwischen Gott und Mensch auf und interpretiert sie weiter: Als „Priester" versteht er in einem sehr allgemeinen Sinne Menschen, die die Macht haben, ihre Deutung der Wirklichkeit als eine allgemeine durchzusetzen. Sie werden in diesem Sinne zu „Mittlern", die ihre Deutung zwischen die Einzelnen und die erfahrbare Wirklichkeit stellen. In moralischer Perspektive ist es der „Priester", der seine eigene Moral auf eine außerhalb seiner selbst liegende Autorität zurückführt, um ihr so allgemeine Geltung zu verschaffen. Nietzsche sieht den „Priester" in einer eigentümlichen Spannung: Er weiß um die Begrenztheit seiner moralischen Deutungen und verlangt dennoch danach, sie allgemeinverbindlich festzuschreiben. Er braucht selbst die moralische Verurteilung, um sich in seiner Moral zu schützen. Dafür muss er eine *übergreifende moralische Macht* in Anspruch nehmen, die er jedoch nur *selbst repräsentiert*. Er wird damit zum Hüter seiner eigenen Moral, zum „ S c h a u s p i e l e r eines Gottes, den darzustellen sein B e r u f ist"[22].

Die Anregung für seinen Typus des „Priesters" erhielt Nietzsche durch eine Lektüre der „Prolegomena zur Geschichte Israels" von Julius Wellhausen.[23] Wellhausen hatte dort die These vertreten, dass das jüdische Gesetz erst in der Zeit des Exils von der jüdischen Priesterschaft verfasst worden sei. Der Priester Esra habe es dann in einer bewussten Fälschung auf Mose zurückgeführt und so durchgesetzt. Die durch dieses Gesetz festgeschriebene „Theokratie", die „Gottesherrschaft", sei in praxi eine „Hierokratie", eine ‚Priesterherrschaft' gewesen. In Wellhausens (aus heutiger Sicht stark verzeichnender) Darstellung erscheinen die jüdischen Priester als Menschen, die ein selbstgeschaffenes Moral-Gesetz als ein göttliches durchsetzten, um damit selbst an die Macht zu kommen. Nietzsche sieht darin das Ressentiment wirken, das er als Grundstruktur der Moral erkannt hatte. Wellhausens historische Darstellung der jüdischen Priester entwickelt Nietzsche weiter, indem er aus ihnen einen „Typus" abstrahiert: den Typus des „Priesters" als des Schöpfers und Verwalters von Moral.

Dieser Typus des „Priesters" ist bei Nietzsche keine historische Größe mehr, sondern eine idealtypische Konstruktion. In der Auseinandersetzung mit einer Moral, die kein ‚moralisches Gegenüber', keinen Verantwortlichen bietet, bedarf es aber einer solchen Typisierung. Um die Moral überhaupt angreifen zu können, *schafft* Nietzsche im „Priester" Paulus ein *Subjekt* für die Moral und macht ihn für die Moral moralisch verantwortlich. Nietzsche *braucht* Paulus in diesem Sinne, um seine ‚Moralkritik' zur Sprache zu bringen.

Braatz, Friedrich Nietzsche – Eine Studie zur Theorie der Öffentlichen Meinung (Monographien und Texte zur Nietzsche-Forschung 18), Berlin / New York 1988, 235ff., hier 235.

[22] Nachlass Ende 1886 – Frühjahr 1887, 7[5]; KSA 12,272.

[23] Wellhausens „Geschichte Israels" erschien 1878; von der zweiten Auflage von 1883 an, die Nietzsche besaß, trug sie den Titel „Prolegomena zur Geschichte Israels".

2.2 Die Erwählung der Schwachen im Symbol „Gott am Kreuz"

„Der ‚frohen Botschaft' [Jesu]²⁴ folgte auf dem Fuss die a l l e r s c h l i m m s t e : die des Paulus. In Paulus verkörpert sich der Gegensatz-Typus zum ‚frohen Botschafter', das Genie im Hass, in der Vision des Hasses, in der unerbittlichen Logik des Hasses. W a s hat dieser Dysangelist Alles dem Hasse zum Opfer gebracht! Vor allem den Erlöser: er schlug ihn an s e i n Kreuz. Das Leben, das Beispiel, die Lehre, der Tod, der Sinn und das Recht des ganzen Evangeliums – Nichts war mehr vorhanden, als dieser Falschmünzer aus Hass begriff, was allein er brauchen konnte."²⁵

„ S e i n Bedürfniss war die M a c h t ; mit Paulus wollte nochmals der Priester zur Macht, – er konnte nur Begriffe, Lehren, Symbole brauchen, mit denen man Massen tyrannisirt, Heerden bildet."²⁶

„Paulus war der grösste aller Apostel der Rache ..."²⁷

In der „*Rache*" sieht Nietzsche die Grundstruktur der paulinisch-christlichen Moral. Ihr bestimmendes Gefühl sei „der zurückgetretene Haß, die Rache des Ohnmächtigen"²⁸. In polemischer Weise führt Nietzsche die Moral auf nicht- bzw. unmoralische Ursachen und Bedingungen zurück. Mit dieser Behauptung verletzt Nietzsche bewusst die christlich-moralische Identität. Sie kann moralisch nicht akzeptiert werden – und ruft damit eben diese Rachegefühle hervor, die sich in moralischer Empörung äußern.

Rache ist für Nietzsche grundsätzlich keine negative oder ‚verbotene' Empfindung.²⁹ Sie ist die ‚normale' Motivation, auf einen Angriff zu reagieren, sich zu wehren und sein Selbstwertgefühl wieder herzustellen.³⁰ Wenn Nietzsche die „Rache" als prägende christliche Empfindung beschreibt, so benennt dies wiederum den Re-Aktions-Charakter der christlichen Moral. Die moralischen Urteile unterscheiden sich nach Nietzsche darin von anderen Reaktions-Handlungen, dass sie Dauer haben. Die moralische Empörung erschöpft sich nicht in der unmittelbaren Reaktion, sondern ‚konserviert' sich in moralischen Werten und bestimmt – Nietzsche sagt: „vergiftet" – auch in Zukunft die eigene moralische Identität und den Umgang mit den Moralen der anderen. Sie ‚konserviert' im moralischen Urteil auch das Leid, auf das sie moralisch reagierte: über die Zeit hinaus, in der es zu spüren war, und über die Gruppe von Menschen hinaus, die es betraf. Noch in der „Genealogie der Moral" kann Nietzsche auch die christliche „Liebe" nicht anders verstehen als einen Ausdruck „des tiefsten und sublimsten, nämlich Ideale schaffenden, Werthe umschaffenden Hasses".³¹ Erst in seinem neuen Nachdenken über Jesus, wie es sich im „Antichrist" niederschlägt, findet er eine

---

[24] Einfügung des Verfassers.
[25] AC 42; KSA 6,215f.
[26] AC 42; KSA 6,216.
[27] AC 45; KSA 6,223.
[28] GM I/10; KSA 5,271.
[29] Zur Unausweichlichkeit von Hass zwischen verschiedenen Moralen vgl. Werner Stegmaier: Nietzsches „Genealogie der Moral" (Werkinterpretationen), Darmstadt 1994, 111.
[30] Vgl. z.B. GM I/10; KSA 5,270ff.
[31] GM I/8; KSA 5,268.

gelebte Liebe, die keine Ausübung von moralischer Macht und damit keine Rache ist.

In der paulinischen Deutung des *K r e u z e s* sieht Nietzsche das prägende Symbol der christlichen Moral. Nietzsche greift dieses Symbol an, indem er es mit dem Begriff der „Schwachheit" in Verbindung bringt. Er nimmt damit zwei tragende paulinische Begriffe auf, die schon Paulus selbst, besonders in den Korintherbriefen, zueinander in Beziehung gesetzt hat,[32] und deutet sie polemisch um:

> „Nochmals erinnre ich an das unschätzbare Wort des Paulus. ‚Was s c h w a c h ist vor der Welt, was t h ö r i c h t ist vor der Welt, das U n e d l e und V e r - a c h t e t e vor der Welt hat Gott erwählet': d a s war die Formel, in h o c signo siegte die décadence. – G o t t a m K r e u z e – versteht man immer noch die furchtbare Hintergedanklichkeit dieses Symbols nicht? – Alles, was leidet, Alles, was am Kreuze hängt, ist göttlich ... Wir Alle hängen am Kreuze, folglich sind w i r göttlich ... Wir allein sind göttlich ... Das Christenthum war ein Sieg, eine v o r - n e h m e r e Gesinnung gieng an ihm zu Grunde, – das Christenthum war bisher das grösste Unglück der Menschheit. – –"[33]

Was Nietzsche kritisiert, ist eine bestimmte Deutung des Leidens. Mit dem Wort *„Leiden"* fasst Nietzsche, ähnlich wie Paulus im Begriff „Schwachheit", die ganze Breite von Ohnmachtserfahrungen zusammen. Der Mensch ist im „Leiden" in der Passivität, er steht ‚Mächten' gegenüber, die seinem eigenen „Willen zur Macht" entgegenstehen.

Es ist nicht das Leiden an sich, was die unvornehme Moral ausmacht, sondern der Umgang mit ihm. Nietzsche hat durch seine Krankheit wie wenige Philosophen leiden müssen und dies auch zum Thema seines Philosophierens gemacht. Erkenntnis ist nach Nietzsche ohne Leiden überhaupt nicht möglich, weil erst das Leiden an bestehenden (moralischen) Normen und Grenzen diese sichtbar und damit veränderbar werden lässt.[34] „[E]s bestimmt beinahe die Rangordnung, w i e tief Menschen leiden können."[35]

Nietzsche geht es jedoch vor allem um die Perspektive der Moral: Aus diesem Blickwinkel gesehen leiden die Menschen vor allem *aneinander*. Der Einzelne leidet an der Fremdheit der Moral des anderen, die ihn möglicherweise überwältigt und als Unterlegenen zurücklässt. Es bestimmt nach Nietzsche den Charakter einer Moral, wie sie mit der Fremdheit der Moral des anderen umgeht.

In der christlichen Moral sieht Nietzsche gegen die leidenmachenden Mächte die Macht der Moral gestellt: Um sich in der eigenen Schwäche zu

---

[32] Paulus entwickelt von seiner theologia crucis aus in den Korintherbriefen „eine eigenständige ‚Theologie' der Schwachheit". Vgl. Josef Zmijewski, Art. ἀσθενής κτλ., in: EWNT², 1 (1992), 408–413, bes. 412.
[33] AC 51; KSA 6,232.
[34] Vgl. z.B. MR 114; KSA 3,104ff. Hier stellt Nietzsche sein eigenes Leiden sogar in Bezug zum Leiden Jesu.
[35] JGB 270; KSA 5,225.

schützen, verbietet die Moral die Ausübung von Macht. In der Gemeinschaft, die diese Moral begründet, ist die Ausübung von Macht auch untereinander tabuisiert. Verboten ist insbesondere die Anwendung von Macht gegen die Moral selbst.

Das „Kreuz" ist für Nietzsche die Rechtfertigung einer *einzigen* Moral: die der Schwachen und Leidenden, d.h. der in der Auseinandersetzung Unterlegenen. Sie allein dürfen sich nach Nietzsche als die ‚Erwählten' fühlen, d.h., sie dürfen Gott, der am Kreuz gelitten hat, auf ihrer Seite wissen. Wer sie in ihrer Moral leiden lässt, stellt sich nicht nur gegen sie, sondern gegen Gott selbst. Die Berufung auf eine allgemein gedachte Moral ermöglicht nach Nietzsche die moralische Verurteilung. Sie ist nach Nietzsche das eigentliche Macht-Mittel der Moral – eine Macht der Schwachen, die mit der Moral selbst Macht ausüben. Nietzsche benutzt hier einen paradoxen Begriff von ‚Schwachheit'. Wenn die ‚Schwachen' sich mit ihrer Moral durchsetzen konnten, haben sie zweifellos eine große Macht. Nietzsche greift die christliche Moral gerade an, weil sie stark ist. ‚Schwachheit' und ‚Ohnmacht' bestimmen diese Moral nach Nietzsche also nur in einem bestimmten Sinne: Nietzsche sieht die ‚Schwachen' stark *durch* ihre Moral, aber schwach *gegenüber* ihrer Moral.

2.3 Nietzsches Quellen für sein Paulusbild und die Entwicklung seiner Paulusdeutung

Es ist deutlich geworden, dass Nietzsche Paulus stark typisiert darstellt. Doch ist die Frage zu klären, warum Nietzsche gerade Paulus diese Bedeutung für die christliche Moral zuschreibt. Zu ihrer Beantwortung soll in einigen Punkten nachgezeichnet werden, wie Nietzsche sich dieses Paulusbild entwickelt und welche Impulse er dabei aufgenommen und weiterinterpretiert hat.

Die Exegeten und Historiker, durch deren Lektüre Nietzsche Informationen über Paulus erhielt, vertraten in ihrer Zeit exponierte Deutungen zu Paulus, mit denen sie sich vom wissenschaftlichen Konsens ihrer Zeit unterschieden. Dies waren vor allem Ernest Renan und Hermann Lüdemann, die als exegetische Gewährsleute das Paulusbild Nietzsches prägten. Weitere Impulse erhielt Nietzsche von Franz Overbeck und Paul de Lagarde.

Durch Renans „Geschichte des Urchristentums"[36] lernte Nietzsche Paulus in einer stark antipaulinischen Darstellung kennen. Renan hat noch vor Lagarde Paulus als den eigentlichen Verfälscher Jesu angesehen, der eine „grausame Theologie"[37] an die Stelle des Evangeliums gesetzt habe. Renan ist an der paulinischen Theologie wenig interessiert, denn er hält Paulus für

---

[36] Nietzsche hat das siebenbändige Werk „Histoire des Origines du Christianisme" (1863–83) von Ernest Renan bzw. einzelne Bände davon mehrfach durchgearbeitet. Die Kenntnis dieses Werkes lässt sich für Nietzsche zuerst 1873 für den dritten Band „St. Paul" nachweisen. In seinem Brief vom 18. April 1873 an Richard Wagner lässt Nietzsche Cosima Wagner mitteilen, er werde ihr am selben Tag den „Paulus von Rénan" zusenden.

[37] Ernst Renan, Paulus, Autorisierte deutsche Ausgabe, Leipzig/Paris 1869, 475.

keinen großen Denker. Paulus hat nach Renan vor allem durch sein Auftreten und seine Persönlichkeit gewirkt. Und diesen Charakter des Apostels zeichnet Renan so negativ wie kaum ein anderer Exeget in diesem Jahrhundert:

„Was war Paulus? Er war kein Heiliger, der herrschende Zug seines Charakters war nicht die Güte, er war stolz, barsch, abstoßend, vertheidigte sich, steifte sich auf das, was er gesagt, hatte harte Worte, glaubte durchaus recht zu haben, hielt an seiner Meinung fest, gerieth mit Verschiedenen in Streit."[38]

Das Bild von Härte und Grausamkeit, das Nietzsche wie Renan auch auf die Theologie selbst bezieht, prägt Nietzsches eigenes Paulusbild schon in seinen frühesten Äußerungen zum Apostel.[39]

Der Anstoß für eine differenzierte Auseinandersetzung Nietzsches mit Paulus war jedoch die Lektüre der „Anthropologie des Apostels Paulus" von Hermann Lüdemann.[40] Im Juli 1880 hat Nietzsche sich dieses Buch von seinem Freund Franz Overbeck ausgeliehen, gelesen und ausführlich exzerpiert.[41] Nietzsche hat die „Anthropologie" zweimal hintereinander vollständig durchgelesen. Die Exzerpte umfassen bei beiden Lektüren den gesamten Umfang des Buches. Dabei lässt sich an den Exzerpten eine deutliche Verschiebung des Leseinteresses feststellen: Während Nietzsche bei der ersten Lektüre wie der Verfasser am Thema der paulinischen „Anthropologie" interessiert ist, wird bei der zweiten Lektüre ein neues Thema beherrschend: die Frage nach dem Gesetz und seiner Aufhebung durch Paulus. Hier findet er das Problem, unter das er dann als Generalthema seine Paulusdarstellung in der „Morgenröthe" stellen wird.

Anders als Renan war Lüdemann an der *Persönlichkeit* des Apostels nicht interessiert. Dennoch hat sich Nietzsche gegen die Intention des Autors viele Informationen zum Charakter des Apostels aus diesem Werk erschlossen, indem er die allgemeinen paulinischen Aussagen zur Natur des Menschen (σάρξ) auf Paulus selbst bezog. Auch die so genannten „Lasterkataloge"[42] deutet Nietzsche als Einblick in die Lebensgeschichte des Apostels. So kommt er in seinen Reflexionen im Nachlass im Anschluss an die Lüdemannlektüre zu einer krass negativen Charakterisierung des Paulus:

---

[38] Ebd., 473.
[39] Vgl. vor allem den 85. Aphorismus der Schrift „Der Wanderer und sein Schatten" von 1880, in welchem Nietzsche die Grausamkeit des Prädestinationsgedankens herausstellt.
[40] Hermann Lüdemann, Die Anthropologie des Apostels Paulus und ihre Stellung innerhalb seiner Heilslehre, nach den vier Hauptbriefen dargestellt, Kiel 1872.
[41] In seinen Schreiben vom 22. Juni und 7. Juli 1880 bittet Nietzsche Overbeck um die Übersendung dieses Buches, am 19. Juli dankt er für den Erhalt. Nietzsches Exzerpte aus diesem Buch finden sich in den nachgelassenen Fragmenten des Heftes NV 3 (Nachlass Sommer 1880, 4[157] bis 4[272]; KSA 9,141–167).
[42] Die „Lasterkataloge" stammen wie ihr Gegenstück, die „Tugendkataloge", als Gattung aus der stoischen und hellenistisch-popularphilosophischen Ethik und sind typologische Zusammenfassungen des schlechten Lebenswandels. Vgl. dazu die bis jetzt grundlegende Untersuchung von Anton Vögtle, Die Tugend- und Lasterkataloge im Neuen Testament: exegetisch, religions- und formgeschichtlich untersucht. Münster i.W. 1936.

„Der Fanatismus ein Mittel gegen den Ekel an sich. Was hat Paulus auf dem Gewissen? Die σάρξ hat ihn verleitet zu Unreinheit Bilderdienst und Zauberei (φαρμακεία) Feindschaft und Mord, Trunkenheit und Gelage (κῶμοι)."[43]

Das paulinische Charakterbild, wie es sich Nietzsche aus seiner Renan- und Lüdemannlektüre erschlossen hat, bekommt bei Nietzsche seine besondere Schärfe durch die Verbindung mit dem Thema des Gesetzes. Auch hier lernt Nietzsche die exegetische Diskussion an einer besonderen Weichenstellung kennen: Lüdemann ist der erste Exeget, der das Damaskuserlebnis des Paulus eindeutig als Folge seines Scheiterns am jüdischen Gesetz verstanden hat.[44] Der Zusammenhang zwischen dem Charakter des Paulus und seinem Scheitern am Gesetz spielt bei Lüdemann keine Rolle. Doch Nietzsche entwirft aus dieser Verbindung im 68. Aphorismus der „Morgenröthe" seine erste zusammenhängende Deutung des Apostels. Nietzsche versteht hier die Aufhebung des Gesetzes durch Paulus aus dem *Ressentiment*: Paulus hätte das Gesetz gehasst, weil er es nicht erfüllen konnte. Durch die Idee, das Gesetz unter Berufung auf Jesus außer Kraft zu setzen, habe sich Paulus aus einer Interpretation seiner Ohnmacht ein neues Gefühl der „Macht" geschaffen. Damit habe er nicht nur sich selbst, sondern auch der großen Masse der Machtlosen das Gefühl der Vollkommenheit ermöglicht.

Die Auseinandersetzung mit dem Charakter des Paulus hat für Nietzsche in der „Morgenröthe" eine eigene, bisher unbeachtet gebliebene Bedeutung. Es ist nicht nur die Freude, einen der großen ‚Heiligen' der Christenheit als so ‚menschlich, allzumenschlich' aufzeigen zu können. Nietzsche geht es um die Kritik des allgemeinen Anspruchs jeder ‚Lehre'. Deshalb befragt er die paulinische ‚Lehre' der von Gott geschenkten Gerechtigkeit konsequent nach der hinter ihr stehenden *Person*. Nietzsche hat an sich selbst erfahren und immer wieder darauf hingewiesen, dass bestimmte ‚Schwächen' *notwendig* sind, um auf anderem Gebiet über das Durchschnittliche hinauszugehen. So ist auch die Persönlichkeit des Paulus mit ihren charakterlichen ‚Schwächen', wie sie Nietzsche wahrnimmt und polemisch überzeichnet, nach Nietzsche die *notwendige* Voraussetzung für seine Leistung der Gesetzesumwertung – dies darf man bei der Polemik Nietzsches gegen Paulus nicht aus dem Blick verlieren. Im paulinischen Christentum jedoch sieht Nietzsche den Zusammenhang von allgemeiner ‚Lehre' und persönlicher Lebenssituation negiert. Gerade deshalb liegt ihm daran, diesen Zusammenhang am Beispiel des Apostels selbst polemisch aufzuzeigen.

---

[43] Nachlass Sommer 1880, 4[170]; KSA 9,144. Die Aufzählung geht auf Gal 5,19ff. zurück, vermittelt durch mehrere Hinweise Lüdemanns. Nirgends wird der „Lasterkatalog" Gal 5,19ff. jedoch von Lüdemann *zitiert*: Nietzsche muss ihn selbst im griechischen Neuen Testament nachgeschlagen haben.

[44] Lüdemann, Anthropologie, 110f. Hier findet Nietzsche auch eine autobiographische Deutung von Röm 7,7ff., der den Kampf zwischen σάρξ und πνεῦμα beschreibt. In der heutigen neutestamentlichen Forschung hat sich jedoch weitgehend die Erkenntnis Kümmels durchgesetzt, dass dieser Text nicht als Selbstaussage des Paulus, sondern als vorchristlich-generelle Schilderung der Stellung des Menschen unter dem Gesetz verstanden werden muss. Vgl. Werner Georg Kümmel, Römer 7 und die Bekehrung des Paulus, Leipzig 1929, 74ff.

In seinem Damaskuserlebnis erfährt Paulus nach Nietzsche seine Idee der Aufhebung des Gesetzes als *Offenbarung*. Hinter diesem Offenbarungserlebnis sieht Nietzsche das unbewusste Bestreben des Apostels, für seine eigene Umwertung göttliche Autorität und damit ‚Wahrheit' in Anspruch zu nehmen. Im „Antichrist" interpretiert Nietzsche diese Umwertung weiter und schreibt sie Paulus als bewusste Fälschung zu (vgl. AC 42). Die Berufung auf göttliche Autorität wird im „Antichrist" zur „heiligen Lüge" (AC 57), mit der der „Priester" Paulus die eigene moralische Umwertung unsichtbar macht.

Während Nietzsche in seinen früheren Schriften beide, Paulus und Jesus, als Stifter des Christentums versteht, ändert sich dies im „Antichrist". Hier polarisiert Nietzsche zwischen Jesus und Paulus und stellt in ihnen zwei gegensätzliche Typen des Christseins gegenüber. Der Anstoß dafür, Paulus im „Antichrist" zum allein Verantwortlichen für die christliche Moral zu machen, war keine neue exegetische Lektüre zu Paulus, sondern es war ein neues Jesusbild, das sich Nietzsche auf seine Lektüre Dostojewskijs und Tolstois hin erschlossen hat. Anders als in seinen früheren Schriften entwirft Nietzsche im „Antichrist" einen „Typus Jesus", dessen Liebe als Unfähigkeit zum Widerstand kein Ausdruck des Ressentiments mehr ist. Sein Tod am Kreuz, den Jesus ohne Widerstand, Hass und Empörung auf sich nimmt, ist nach Nietzsche höchster Ausdruck dieser wahrhaft christlichen Liebe.

Auf diesem Hintergrund überträgt Nietzsche im „Antichrist" den Typus des „Priesters", den er in der „Genealogie der Moral" entwickelt hat, auf Paulus. In der Polarisierung zwischen Jesus und Paulus wird Paulus zum „Dysangelist"[45], der den Tod Jesu umgedeutet und als Rechtfertigung für die eigene Moral in Anspruch genommen hat.

3. Die Macht der Schwachheit.
   Nietzsches Pauluskritik und die Möglichkeit
   neuer Paulusdeutungen

3.1 „Einer trage die Last des anderen". Perspektiven für ein nichtmoralisches Christentum aus der paulinischen Rechtfertigungslehre

Nietzsches Polemik gegen Paulus, in der er seine Moralkritik zusammenfasst, eröffnet neue Perspektiven auf die paulinische Theologie selbst. Sie erschließt neue Möglichkeiten, Moral im *Umgang* mit Moral[46] zu verstehen und so Paulus' eigener ethischen Botschaft gerecht werden zu können. Nietzsche hat seine Christentumskritik an Paulus festgemacht: Paulus, der „Apostel der Rache" (AC 45), gilt ihm als Urheber dieses Verständnisses von

---

[45] AC 42; KSA 6,216.
[46] Auf Nietzsches bewusst moralischen Umgang mit Moral hat zuerst Werner Stegmaier aufmerksam gemacht. Vgl. Werner Stegmaier, Nietzsches „Genealogie der Moral", Darmstadt 1994, 11ff.57ff.

‚Wahrheit' und ‚Moral'. Gerade von Paulus her sind jedoch Perspektiven für ein nichtmoralisches Verständnis der christlichen Botschaft zu gewinnen. Dabei zeigen sich (bei aller Fremdheit und Unterschiedlichkeit) wesentliche Berührungspunkte zwischen Nietzsches Moralkritik, wie sie sich in seiner Paulusdeutung ausspricht, und Paulus' eigener Botschaft. Auch Paulus stellt moralische Sicherheiten infrage, attackiert das Bedürfnis zur Selbstrechtfertigung und leitet zu einem Umgang mit der Verschiedenheit von Moralen an. In seinen ethischen Orientierungen bewegt er sich auf der Höhe von Nietzsches Moralkritik. An drei leitenden Begriffen der paulinischen Theologie (Gerechtigkeit, Freiheit, Liebe) sei dies kurz veranschaulicht.[47]

Die Theologie des Paulus ist getragen von einem neuen Verständnis der „G e r e c h t i g k e i t "[48] (δικαιοσύνη) des Menschen vor Gott, die in der Regel als die paulinische ‚Rechtfertigungslehre' zusammengefasst wird. Nietzsche versteht unter „Gerechtigkeit", um die Begrenztheit der eigenen Moral zu wissen und so der Fremdheit der Moral des anderen gerecht werden zu können.[49] „Gerechtigkeit" schließt nach Nietzsche ein, an der Fremdheit des anderen zu leiden, ohne diese moralisch zu verurteilen. Für Nietzsche ist „Gerechtigkeit" keine moralische Tugend, sondern ein ‚übermoralischer' Begriff, ein Verhältnisbegriff für den Umgang verschiedener Moralen miteinander.

Auch für Paulus ist „Gerechtigkeit" keine moralische Tugend, auch für ihn ist sie ein Verhältnisbegriff – zuerst für das Verhältnis von Gott und Mensch und dadurch auch für das zwischenmenschliche Verhältnis. Die Spitze des paulinischen Verständnisses der „Gerechtigkeit" liegt darin, dass er sie ganz zu einer Sache Gottes macht und allen Bestrebungen des Menschen, „gerecht" zu werden oder zu sein, entgegenstellt. Die „Gerechtigkeit" ist ein Geschenk Gottes, eine unverdiente Gabe, zu der der Mensch nichts beitragen kann (Röm 3,24). Es gibt für Paulus hier kein ‚Addieren', kein ‚Auffüllen', kein ‚Mitwirken'. Der Mensch kann nichts tun, als die Gerechtigkeit im Glauben anzunehmen – und auch dieser Glaube ist wiederum Geschenk und keine Leistung des Menschen. Pointiert setzt Paulus die Gerechtigkeit vor Gott gegen die „eigene Gerechtigkeit" (Röm 10,3) des Menschen, gegen sein Bemühen, durch eigene Leistung vor Gott zu bestehen. Die Rechtfertigung durch Gott, wie sie Paulus versteht, nimmt die Möglichkeit der moralischen

---

[47] Auf die aktuelle Forschung über die Ethik des Paulus und die neue Paulusperspektive kann hier nicht eingegangen werden (vgl. dazu nur Friedrich Wilhelm Horn / Ruben Zimmermann [Hg.], Jenseits von Indikativ und Imperativ. Kontexte und Normen neutestamentlicher Ehtik [WUNT 238], Tübingen 2009; Christian Strecker, Neue Brillen für die Pauluslektüre. Konturen und Kontroverspunkte der „new perspective on Paul", in: Zeitschrift für Pädagogik und Theologie 63 [2011], 18–29). Es geht hier um eine Auslegung der paulinischen Theologie auf dem Hintergrund der Moralkritik Nietzsches.

[48] Die Literatur zu Rechtfertigung und Gerechtigkeit bei Paulus ist kaum übersehbar. Vgl. bes. Jens-Christian Maschmeier, Rechtfertigung bei Paulus. Eine Kritik alter und neuer Paulusperspektiven (BWANT 189), Stuttgart 2010; vgl. auch Karl Kertelge, Art. Rechtfertigung II: Neues Testament, in: TRE 28 (1997), 286–307, hier 288ff.

[49] Vgl. Stegmaier, Genealogie der Moral, 150f.

Selbst-Rechtfertigung, weil sie die „Gerechtigkeit" der menschlichen Verfügbarkeit entzieht.

Dies gilt auch für den „Gerechtfertigten", auch für ihn wird die Gerechtigkeit kein ‚Habitus', keine Eigenschaft. Paulus entwirft ein paradox anmutendes Verständnis von Gerechtigkeit: Wer glaubt, ist gerechtfertigt, und dies kann durch nichts infrage gestellt werden. Dennoch ist er nicht „gerecht"[50]: Auch er kann sich, mit Nietzsche gesprochen, seiner Moral nicht sicher sein. Er muss dies aber auch nicht. Die Rechtfertigung durch Gott befreit den Glaubenden ja davon, seine Gerechtigkeit – also das, was ihn als glaubenden Menschen konstituiert – in sich selbst zu gründen. Von Nietzsches Moral-Begriff her betrachtet, lässt sich sagen: *Die Rechtfertigung durch Gott gibt die Sicherheit, sich seiner Moral nicht sicher sein zu müssen.*

Die Rechtfertigung durch Gott bedeutet für den Christen das „Ende des Gesetzes" (Röm 10,4), weil der Christ „im Glauben ohne Werke des Gesetzes" (Röm 3,28) durch Gott gerechtfertigt wird. Dies gilt nicht nur in soteriologischer, sondern auch in ethischer Perspektive: Das Handeln des Christen ist nicht mehr an das Gesetz gebunden. Es hat seine Rolle als eine das Miteinander auf allgemeine Weise regelnde Größe verloren.[51] Die Existenz des Christen ist für Paulus – auch in ethischer Perspektive – durch die „F r e i h e i t "[52] (ἐλευθερία) bestimmt. Gegenüber den Korinthern kann Paulus deren Parole aufnehmen: „Alles ist (mir) erlaubt" (πάντα [μοι] ἔξεστιν) (1Kor 6,12; 10,23). Es gibt für Paulus kein für alle in gleicher Weise verbindliches moralisches Gesetz mehr und deshalb auch nichts, was allgemein verboten wäre. Das heißt für Paulus aber nicht, dass es nun gleichgültig wäre, wie ein Christ handelt. Für alles, was sie tun, müssen die Korinther vor Gott Rechenschaft ablegen – darauf weist Paulus sie in aller Schärfe hin. Gerade *weil* nun alles erlaubt ist, muss der Christ für sein Handeln selbst vor Gott Verantwortung übernehmen. Durch die Rechtfertigung ist in der „Freiheit" eine völlig neue moralische Situation geschaffen. Der Christ kann sein Tun nicht mehr durch ein Gesetz rechtfertigen, dem er Genüge getan hätte, sondern muss auch für seine ethischen *Entscheidungen* vor Gott gerade stehen.

„Darum rühme sich niemand eines Menschen, denn alles ist euer. Es sei Paulus, Apollos oder Kephas, es sei Welt, Leben oder Tod, es sei Gegenwärtiges oder Zukünftiges – alles ist euer. Ihr aber seid Christi, Christus aber ist Gottes" (1Kor 3,21–23).

---

[50] Paulus bezeichnet auch den Glaubenden nur im Zitat von Hab 2,4 (LXX) in Gal 3,11 und Röm 1,17 als „Gerechten" (δίκαοις), sonst als „Gerechtfertigten" (δικαιωθείς).

[51] Es ist nicht möglich, für Paulus zwischen einem rituralen und einem ethischen Teil des Gesetzes zu unterscheiden, von welchem nur der erste außer Kraft gesetzt sei, der zweite aber in Geltung bleibe.

[52] Vgl. zum paulinischen Begriff „Freiheit" bes. F. Stanley Jones, „Freiheit" in den Briefen des Apostels Paulus. Eine historische, exegetische und religionsgeschichtliche Studie (GTA 34), Göttingen 1987.

In hymnischem Stil beschreibt Paulus, dass aus dieser Freiheit nichts ausgenommen ist. Auch ihm selbst und seiner eigenen Autorität sollen die Korinther mit dieser Freiheit gegenüberstehen, ebenso wie all den Autoritäten, in Berufung auf die es zu den Spaltungen in der Gemeinde kam. „Alles ist euer" (πάντα ὑμῶν): Man kann diese Verse als eine Kritik der Mittlerfunktion von Autoritäten verstehen. An die Stelle des Gesetzes soll keine Person treten. Der Einzelne steht als Christ selbst in Christus vor Gott, er muss sich ihm gegenüber verantworten und kann sich für sein Handeln nicht auf andere berufen. Vielleicht darf man Paulus' ethische Ermahnungen überhaupt in seinem Sinne als „fleischliche" Rede verstehen, als Notbehelf, der eigentlich überflüssig sein müsste.[53] Allein dass er in seinen ethischen Ermahnungen zumeist nicht einfach anordnet, sondern argumentiert, zeigt, dass er die Christen in den Gemeinden als Gegenüber ernst nimmt und ihnen zumutet, sich damit auseinanderzusetzen. Immer wieder appelliert Paulus an das Urteilsvermögen der Gemeindeglieder und fordert sie auf, anhand seiner Argumente über die verhandelten ethischen Probleme selbst zu urteilen.[54] Auch Paulus kann und will die ‚Leerstelle' des Gesetzes nicht ausfüllen – die Christen sind als geisterfüllte Menschen (πνευματικοί) von der Freiheit bestimmt, und sollen in Freiheit vor Gott verantwortlich leben.

Um diese ethische Freiheit vor Gott verantwortlich zu gestalten, verweist Paulus immer wieder auf die „ L i e b e "[55] (ἀγάπη). „Liebe" ist der ethische Schlüsselbegriff des Paulus. Sie ist die Weise, wie der Glaube sich ethisch konkretisiert (Gal 5,6). Der Glaube ermöglicht die ethische Freiheit – und er ist in der Liebe gleichzeitig die Weise, mit dieser Freiheit vor Gott umzugehen. Die Liebe ist für Paulus das höchste, ja das einzige ethische ‚Gebot'. Immer wieder wird sie von Paulus als Grundlage des christlichen Lebens herausgestellt, am eindrücklichsten wohl im 13. Kapitel des 1. Korintherbriefes, wo Paulus sie als höchste Weise christlicher Existenz sogar über Glaube und Hoffnung stellt (1Kor 13,13). Alles soll von der Liebe bestimmt sein (1Kor 16,14). In diesem Sinne ist auch das Gesetz in der Liebe erfüllt (Gal 5,14; Röm 13,10): Wer in der Liebe handelt, braucht kein Gesetz mehr. Er tut Gottes Willen und erreicht so das Ziel dieses Gesetzes. Besonders in konkreten Auseinandersetzungen in den Gemeinden ruft Paulus zur Liebe, um mit diesen innergemeindlichen Differenzen umzugehen. Paulus' Ausführungen über die Glossolalie in Korinth sind durch den Hymnus über die Liebe auf die Liebe ausgerichtet (1Kor 13f.). Ebenso sieht er in der Liebe den Schlüssel

---

[53] In Bezug auf die Streitigkeiten unter ihnen schreibt Paulus den Korinthern: „¹Und ich, Brüder, konnte nicht mit euch wie zu geistlichen (Menschen) reden, sondern (nur) wie mit fleischlichen, wie mit Kindern in Christus. ²Milch gab ich euch zu trinken, nicht feste Speise. Denn ihr konntet (sie) noch nicht (vertragen). Auch jetzt könnt ihr (es) noch nicht, ³weil ihr fleischlich seid" (1Kor 3,1–3a).

[54] Z.B. gegenüber den Korinthern: „Ich rede (doch) zu verständigen Leuten: Beurteilt ihr, was ich sage" (1Kor 10,14; vgl. 11,13; 14,20).

[55] Zur Liebe bei Paulus vgl. bes. Oda Wischmeyer, Der höchste Weg. Das 13. Kapitel des 1. Korintherbriefes, Gütersloh 1981; dies., Art. Liebe IV. Neues Testament, in: TRE 21 (1991), 138–146, bes. 141ff. (dort weitere Literatur).

zur Lösung des Streites um das Essen von Opferfleisch in Korinth und Rom (vgl. 1Kor 8.10 und Röm 14f.).

Liebe wird auch in der Paulusexegese im Allgemeinen im Sinne des ‚Altruismus' verstanden: Für andere zu leben, allein für sie dazusein und für sie die eigenen Interessen zurückzustellen, hieße dann die Aufgabe. Von Nietzsches Moralkritik her betrachtet, müsste sich eine so verstandene Liebe den Vorwurf gefallen lassen, lediglich eine ‚Selbstlosigkeit auf Gegenseitigkeit' zu sein. Aber für Paulus äußert sich Liebe konkret im Umgang mit Spannungen, also im Umgang mit *Moral*. Es geht Paulus darum, sich in den Auseinandersetzungen um wesentliche moralische Grundsätze nicht gegenseitig ‚aufzufressen' (Gal 5,15), sondern trotz verschiedener moralischer Überzeugungen das Miteinander so zu gestalten, dass man beieinander bleiben kann. In diesen ‚zwischenmoralischen' Spannungen verzichtet die Liebe auf das moralische Urteil, „sie rechnet das Böse nicht an" (1Kor 13,5).[56]

Paulus' Zusammenfassung der christlichen Liebe im Galaterbrief lässt sich ebenfalls in diesem Sinne verstehen: „Einer trage die Last des anderen, so werdet ihr das Gesetz Christi erfüllen."[57] Es geht Paulus im Kontext um die Spannungen, die sich aus der neuen moralischen Freiheit ergeben: Es geht ihm, in Nietzsches Sprache gesprochen, um den Umgang mit der Verschiedenheit von Moral. Die exegetische Forschung sieht wegen der Thematik des Kontextes in der „Last" deshalb fast durchweg nicht einfach die Last des Lebens allgemein, sondern die Schuld bzw. die Sünde.[58] Doch wie sollte es möglich sein, vor Gott die Schuld eines anderen zu tragen? Paulus verweist selbst darauf, dass das nicht möglich ist, wenn er in Hinsicht auf das Gericht wenige Verse später schreibt: „Jeder wird seine eigene Last tragen" (Gal 6,5). Die Schuld eines Menschen kann von einem anderen nur getragen werden, insofern sie gegen i h n begangen wurde. Paulus ermahnt in diesem Vers dazu, die Last zu tragen, die der andere *ist*. „Last" ist einer dem anderen, mit Nietzsche gesprochen, in der Fremdheit seiner Moral, mit der man einander, in gewisser Weise unumgänglich, ungerecht wird. Gal 6,2 ließe sich paraphrasieren: *Einer trage die Last des Anderen, die er in seinem Anderssein ist.*

Liebe ist folglich für Paulus keine moralische Tugend, sondern eine Weise des *Umgangs* mit Moral. *Liebe ist die Rechtfertigung des anderen*. Bleiben werden nur Glaube, Hoffnung und Liebe,[59] nur sie sind kein „Stückwerk",

---

[56] „Alles deckt sie, alles glaubt sie, alles hofft sie, alles trägt sie" (1Kor 13,7) – so schließt Paulus in 1Kor 13 in hymnischem Ton die Be- und Umschreibungen dessen, wie Liebe sich zeigt (13,4–7).

[57] Der Plural „Tragt euch wechselseitig die Lasten" lässt sich in dieser Weise wiedergeben und wird in vielen deutschen Bibelübersetzungen so übersetzt.

[58] Eine Zusammenstellung von Zitaten aus der exegetischen Literatur, die in diese Richtung votieren, bietet Konrad Wekel, Predigtmeditation zum 15. Sonntag nach Trinitatis. Galater 5,25–26; 6,1–3.7–10, in: EPM 1987/88, Bd. 2, 263–266, bes. 264. Vgl. auch Otfried Hofius, Das Gesetz des Mose und das Gesetz Christi, in: ZThK 80 (1983), 262–286, abgedruckt in: ders., Paulusstudien (WUNT 51), Tübingen 1989, 50–74, bes. 70.

[59] Zu dieser Trias vgl. bes. Thomas Söding, Die Trias Glaube, Hoffnung, Liebe bei Paulus. Eine exegetische Studie (SBS 150), Stuttgart 1992. Söding weist nach, dass es sich bei die-

weil sie sich selbst nicht vollenden wollen. Glaube, Hoffnung und Liebe stellen in Beziehung, sie stellen und halten den Menschen mit seiner Moral in verschiedener Perspektive in Beziehung zum Anderen und sind so die vermiedene Verabsolutierung der eigenen Moral. So bewahrt nach Paulus das Wissen, von Gott gerechtfertigt zu sein, vor der Verabsolutierung der eigenen Moral und befreit zu einer Liebe, die die Fremdheit der Moral des anderen trägt, ohne sie moralisch zu verurteilen.

3.2 „Erkennen" im „Erkannt-Werden". Paulus als Philosoph wider Willen

Paulus hat sich von der Philosophie in aller Form distanziert: „Gott hat die Weisheit dieser Welt zur Thorheit gemacht"[60], zitiert Nietzsche den Apostel voller Verachtung.[61] Doch durch die Art, wie sich Paulus gegen die Philosophie wendet, bekommt seine Theologie eine tiefe philosophische Dimension. Paulus lehnt die bisherigen Deutungskategorien ab – für die Moral ebenso wie für die Erkenntnis selbst. Dadurch ist er gezwungen, diese Kategorien selbst neu zu bestimmen. Alles muss vom Kreuz her neu bestimmt werden. Was das für die ethischen Begriffe bedeutet, wurde oben angedeutet. Es gilt aber auch für die Erkenntnis selbst: Auch das Denken wird von Paulus von der Unbegreiflichkeit des Kreuzesgeschehens neu gedacht: Alle Erkenntnis ist „Stückwerk" (1Kor 13,8f.) und hat vor Gott keinen Bestand – selbst die Erkenntnis Gottes und die Prophetie, die selbst als eine Weise der Erkenntnis verstanden werden kann.[62] Was bedeutet es aber für die „Erkenntnis", wenn sie in den entscheidenden Fragen nicht „erkennen", nicht ‚Herr' über das zu Erkennende werden kann?

Konkret wird Paulus' Neubestimmung der Erkenntnis in der Auseinandersetzung mit der Gemeinde in Korinth. Der Begriff der „Erkenntnis" wurde in bestimmenden Kreisen dieser Gemeinde hoch geschätzt: Sie galt als göttlich. Durch sie sollten die Angelegenheiten der Gemeinde geregelt und ihre Probleme gelöst werden. Doch die Gemeinde war gespalten – unter anderem über der Frage, ob man als Christ Götzenopferfleisch essen dürfe oder nicht. Paulus führt die Spaltung direkt auf einen falsch interpretierten Begriff der Erkenntnis zurück:

---

ser Trias um eine paulinische Bildung handelt (vgl. ebd., 38ff.) und interpretiert sie für Paulus als „prägnante und umfassende Charakterisierung authentischen Christseins" (ebd., 34, vgl. 163ff.).

[60] AC 45, vgl. 10[179]; KSA 12,562f., eine Zusammenstellung aus 1Kor 1,20.21.26–29*; im Nachlass verweise aufgeführt.

[61] Dass Gott grundsätzlich dem Verstehen entzogen ist, ist bei Paulus ein durchgehender Gedanke. Vgl. z.B. den Hymnus auf die unerforschliche Weisheit Gottes Röm 11,33–36 als Abschluss seines Nachdenkens über den Weg Israels mit Gott (Röm 9–11). So kann Paulus in der Auseinandersetzung mit den Korinthern als sein Ziel beschreiben, „alle Gedanken in den Gehorsam gegen Christus gefangen zu nehmen" (2Kor 10,5).

[62] Vgl. Christian Wolff, Der erste Brief des Paulus an die Korinther (ThHK 7), Berlin 1996, 315, der die Prophetie als „durch den Einblick in Geheimnisse und durch Erkenntnis ausgezeichnet" bestimmt.

„¹Was das Götzenopferfleisch angeht, so wissen wir: Wir haben alle die Erkenntnis. Die Erkenntnis bläht auf, aber die Liebe baut auf. ²Wenn jemand meint, er habe etwas erkannt, so hat er noch nicht erkannt, wie man erkennen muss. ³Wenn aber einer Gott liebt, der ist von ihm erkannt" (1Kor 8,1–3).

Paulus kritisiert die Erkenntnis in Korinth als eine Bestätigung der eigenen Position, der je eigenen Moral, die sie damit zu etwas Allgemeinem machen und sich selbst damit größere Macht geben will. „Erkennen" lässt sich verstehen als eine Form der Ausübung moralischer Macht. Sie bemächtigt sich des Anderen, sie lässt es nicht in seiner Fremdheit stehen, sondern unterwirft es den eigenen Begriffen und macht es so zu etwas Eigenem.

Die Kritik des Erkennens als moralische Macht war auch das Thema Nietzsches – er kritisierte sie durch die Erkenntnis der Bedingtheit alles Erkennens. Und doch ist auch *diese* Weise des Erkennens eine Art der Macht gegen das Andere und soll es sein: für Nietzsche gegen die christliche Moral mit ihrem Begriff von „Wahrheit". Mit dieser Weise des Erkennens soll etwas zerstört und auch etwas verteidigt werden und darin hat sie ihr Lebensrecht.

Es ist die Frage, ob Erkennen, ob Denken überhaupt anders möglich ist. Paulus sieht die Möglichkeit, auch das Erkennen in den Horizont der Liebe zu stellen. „Wer meint, er hat etwas erkannt, der hat noch nicht erkannt, wie man erkennen soll" (1Kor 8,2). In der Liebe bleibt der andere der Andere: Die Liebe trägt ihn in seiner Fremdheit, sie verzichtet darauf, ihn der eigenen Moral, den eigenen Kategorien, dem eigenen Verstehen zu unterwerfen. Das Erkennen kommt nach Paulus im „Erkannt-Werden"[63] zu seinem Ziel.

---

[63] Das „Erkannt-Werden" durch Gott (1Kor 8,3; 13,12) bezieht sich schon in jüdischer Tradition auf die „Erwählung" durch Gott, die selbst Akt seiner Liebe ist (vgl. Hans Conzelmann, Der erste Brief an die Korinther [KEK 5], Göttingen ²1981, 176f.; Wolff, Korinther, 324). Von Gott erkannt zu werden, bedeutet, von ihm geliebt und in seiner Liebe gerechtfertigt zu werden.

Holger Zaborowski

Mit dem Wort des Apostels Ernst machen? Martin Heideggers „Hermeneutik der Faktizität" als Zwiegespräch mit Paulus

1. Heideggers frühe Freiburger Vorlesungen zur Phänomenologie des religiösen Lebens: Unterwegs zur Hermeneutik der Faktizität

Anfang der 1920er Jahre hielt Martin Heidegger an der Universität Freiburg zwei Vorlesungen zur Phänomenologie des religiösen Lebens: Im Wintersemester 1920/21 las er „Einleitung in die Phänomenologie der Religion"; im Sommersemester 1921 über „Augustinus und der Neuplatonismus". Bereits 1918/19 hatte Heidegger eine Vorlesung über „Die Philosophischen Grundlagen der mittelalterlichen Mystik" halten wollen, diese Vorlesung allerdings nicht gehalten. Von dieser Vorlesung existieren Ausarbeitungen und Entwürfe, die zusammen mit den religionsphilosophischen Vorlesungen der Jahre 1920 und 1921 im Band 60 der Gesamtausgabe der Schriften Martin Heideggers veröffentlicht wurden.[1] Die Texte dieses Bandes waren bereits vor ihrem Erscheinen Gegenstand zahlreicher philosophischer Diskussionen und Untersuchungen und beschäftigen die Forschung bis heute.[2] Nicht nur Philoso-

---

[1] Martin Heidegger, Phänomenologie des religiösen Lebens (Gesamtausgabe 60), hg. von Matthias Jung / Thomas Regehly / Claudius Strube, Frankfurt a.M. 1995. Eine zweite, überarbeitete Auflage ist im Jahr 2011 erschienen.

[2] Vgl. u.a. Dominic Kaegi, Die Religion innerhalb der Grenzen der bloßen Existenz. Heideggers religionsphilosophische Vorlesungen von 1920/21, in: Internationale Zeitschrift für Philosophie 1/1996, 133–149; Jaromir Brejdak, Philosophia Crucis. Heideggers Beschäftigung mit dem Apostel Paulus (Daedalus. Europäisches Denken in deutscher Philosophie 8), Frankfurt a.M. 1996; Gerhard Ruff, Am Ursprung der Zeit. Studie zu Martin Heideggers phänomenologischem Zugang zur christlichen Religion in den ersten „Freiburger Vorlesungen", Berlin 1997 (Philosophische Schriften 23); Marta Zaccagnini, Christentum der Endlichkeit. Heideggers Vorlesungen. Einleitung in die Phänomenologie der Religion (Forum Religionsphilosophie 4), Münster 2003; Gabriele Fadini, Necessità del tempo. Note sull'interpretazione heideggeriana di San Paolo, Padua 2003; Günter Figal, Phänomenologie der religiösen Erfahrung, in: Markus Enders / Holger Zaborowski (Hg.), Phänomenologie der Religion. Zugänge und Grundfragen, Freiburg / München 2004, 175–180; Philippe Chapelle, „Katholizismus", „Protestantismus", „Christentum" und „Religion" im Denken Martin Heideggers, in: Alfred Denker / Hans-Helmuth Gander / Holger Zaborowski (Hg.), Heidegger und die Anfänge seines Denkens (Heidegger-Jahrbuch 1), Freiburg i.Br. / München 2004, 346–370, insb. 358–361; Benjamin D. Crowe, Heidegger's Religious Origins. Destruction and Authenticity, Bloomington, Ind. 2006; Friedrich-Wilhelm von Herrmann, Faktische Lebenserfahrung und urchristliche Religiosität. Heideggers phänomenologische Auslegung Paulinischer Briefe, in: Norbert Fischer / Friedrich-Wilhelm von Herrmann (Hg.), Heidegger und die christliche Tradition. Annäherungen an ein schwieriges Thema, Hamburg 2007, 21–31; Pierfrancesco Stagi, Der faktische Gott (Orbis Phaenomenologicus. Studien 16), Würzburg 2007, v.a. 117–243; Aniceto Molinaro (Hg.), Heidegger e San Paolo. Interpretazione fenomenologica dell'epistolario paolino, Rom 2008; Benjamin D. Crowe, Heidegger's Phenomenology of Religion. Realism and Cultural Criticism, Bloomington, Ind.

phen, sondern auch Exegeten haben sich mit diesem Band mittlerweile intensiv auseinandergesetzt und Heideggers Paulusdeutung aus der Sicht der biblischen Exegese erörtert und diese für ihre eigene Arbeit fruchtbar gemacht.[3]

Leider konnten die mit Band 60 vorliegenden Vorlesungen nur auf Grundlage von Nachschriften ediert werden, da Heideggers Vorlesungsmanuskripte zu diesen Vorlesungen verschollen sind. Trotzdem kann man bei der Lektüre dieser Vorlesungen Heidegger selbst beim Denken zusehen. Man sieht sehr deutlich, wie er versucht, tastend, in immer neuen Anläufen und doch immer auch zielstrebig den phänomenologischen Ansatz weiter zu bestimmen und für Fragen der Religionsphilosophie fruchtbar zu machen. Wer diese Vorlesungen – wie auch die anderen frühen Freiburger Vorlesungen Heideggers – lediglich als Stationen auf dem Weg Heideggers zu seinem Hauptwerk *Sein und Zeit* liest, die abgesehen von diesem Bezug keine oder nur eine sehr geringe Bedeutung hätten, wird ihnen und ihrer philosophischen (wie auch ihrer religiösen, theologischen und exegetischen) Bedeutung kaum gerecht. Denn so sehr diese Vorlesungen auch viele Einsichten und Ideen, die in *Sein und Zeit* ausführlich behandelt werden, vorwegnehmen oder zumindest erahnen lassen, so sehr sind sie auch unabhängig von einem bloß werkgenetischen Zugang von Interesse. Denn in diesen frühen Vorlesungen zur Phänomenologie des religiösen Lebens (wie etwa auch in den Vorlesungen, die Heidegger Anfang der 1920er Jahre zur Philosophie des Aristoteles als einer

---

2008; Peter Trawny, Wie Gott vertrauen? Bemerkungen zu Klaus Helds „phänomenologischer Begründung eines nachmetaphysischen Gottesverständnisses" im Rückgang auf Heideggers Paulus-Interpretation, in: Klaus Held / Thomas Söding (Hg.), Phänomenologie und Theologie (Quaestiones Disputatae 227), Freiburg i.Br. 2009, 121–132 (Trawny antwortet mit seinem Beitrag auf einen im selben Band erschienenen Aufsatz von Klaus Held). Für die Diskussion dieser Texte vor ihrem Erscheinen vgl. Otto Pöggeler, Der Denkweg Martin Heideggers, Stuttgart [4]1994, 36–38; Karl Lehmann, Christliche Geschichtserfahrung und ontologische Frage beim jungen Heidegger, jetzt in: Otto Pöggeler (Hg.), Heidegger. Perspektiven zur Deutung seines Werkes, dritte, ergänzte Auflage, Weinheim 1994, 140–168 (zuerst in: Philosophisches Jahrbuch 74 [1966], 126–153); Thomas Sheehan, Heidegger's „Introduction to the Phenomenology of Religion" (1920/21), in: The Personalist 60 (1979), 312–324; Matthias Jung, Das Denken des Seins und der Glaube an Gott. Zum Verhältnis von Philosophie und Theologie bei Martin Heidegger (Epistemata: Reihe Philosophie 83), Würzburg 1990, 41–55 (v.a. mit Bezug auf Pöggelers und Sheehans Diskussion); Theodore Kisiel, The Genesis of Heidegger's Being and Time, Berkeley 1993, 151–191. Vgl. allgemein zum Verhältnis von Heidegger zur christlichen Theologie u.a. Pero Brkic, Martin Heidegger und die Theologie. Ein Thema in dreifacher Fragestellung (Tübinger Studien zur Theologie und Philosophie 8), Mainz 1994.

[3] Vgl. hierzu u.a. Enno Edzard Popkes, „Phänomenologie frühchristlichen Lebens". Exegetische Anmerkungen zu Heideggers Auslegung paulinischer Briefe, in: Kerygma und Dogma 52 (2006), 263–286; Lars K. Bruun, Back to the Future: Reading Heidegger, Reading Paul, in: The Bible and Critical Theory 5/1 (2009), 2.1–2.14; Thomas Schumacher, Die „Verflüssigung" von Begriffen, in: Norbert Baumert (Hg.), NOMOS und andere Vorarbeiten zur Reihe „Paulus neu gelesen" (Forschung zur Bibel 122), Stuttgart 2010, 259–278; Lars K. Bruun, Epistolarität und Existenz. Einige Betrachtungen über Martin Heideggers Paulusinterpretation, in: Paulus. An die Römer (Interpretationen und Quellen 3), hg. von Stephan Loos / Thomas Schumacher / Holger Zaborowski, Freiburg / München 2012, 411–427.

„Protophänomenologie" gehalten hat[4]) zeigen sich sehr deutlich auch die Konturen eines Philosophierens, das in *Sein und Zeit* etwas in den Hintergrund geraten ist, um im Spätwerk Heideggers wieder deutlicher zutage zu treten. In einer gewissen Weise kehrt Heidegger nämlich ab Mitte der 1930er Jahre auch zu seinen Anfängen – oder sagen wir besser: zu wichtigen Momenten seiner denkerischen Anfänge – zurück.[5] Man kann – sehr stark vereinfacht – in diesem Zusammenhang darauf hinweisen, dass die frühen Freiburger Vorlesungen schon gewisse Momente des seins- oder ereignisgeschichtlichen Denkens zeigen und sich in ihnen eine Philosophie zeigt, die noch wesentlich kritischer auf das neuzeitliche Verständnis von Subjektivität Bezug nimmt als das Denken von *Sein und Zeit*, dem in dieser Hinsicht eine nicht zu leugnende Ambivalenz zu eigen ist. Es bleibt – Heidegger hat oft darauf hingewiesen – die Herkunft Zukunft.

Wie aber lassen sich Heideggers Anfänge näherhin verstehen? Heideggers frühes Philosophieren lässt sich als ein ringendes Unterwegssein zu einer Hermeneutik des faktischen Lebens oder der Faktizität deuten: Wie ein Brennspiegel sammelt und konzentriert Heideggers 1923 gehaltene Vorlesung „Hermeneutik der Faktizität" – trotz ihres in vielem auch fragmentarischen Charakters – die Bemühungen, die in seinen Lehrveranstaltungen und Schriften ab 1919 ihren Niederschlag gefunden haben.[6] Wenn hier davon gesprochen wird, dass Heidegger zu einer Hermeneutik des faktischen Lebens unterwegs sei, so ist neben dem Vollzug seines Suchens und Unterwegsseins und dem Ziel, das er anvisiert und denkend immer wieder neu umkreist, auch seine Herkunft – das Wovonher seines Unterwegsseins – zu beachten. Hierbei handelt es sich nicht um eine einzige Herkunft, die leicht zu fassen wäre, sondern um eine Vielfalt von miteinander eng verknüpften „Herkünften".

Von besonderer Bedeutung sind in diesem Zusammenhang zwei Herkünfte, die Heideggers frühen Denkweg geprägt haben und die nicht nur die

---

[4] Auch Heideggers Deutung der („entscholastisierten") Philosophie des Aristoteles (wie auch seine Kritik an der abendländischen Philosophie) muss vor dem Hintergrund seiner Beschäftigung mit den paulinischen Briefen und seinen Einsichten über die urchristliche Faktizität verstanden werden. Dies zeigen u.a. Brejdak, Philosophia Crucis, 203–212; Hans-Georg Gadamer, Die religiöse Dimension, in: ders., Neuere Philosophie I. Hegel, Husserl, Heidegger (Gesammelte Werke 3), Tübingen 1987, 308–319, hier 313. Für Heideggers Deutung der Philosophie des Aristoteles vgl. auch Martin Heidegger, Phänomenologie des religiösen Lebens, 56: „Doch meint Aristoteles wohl noch etwas anderes, als man bisher gesehen hat. Es handelt sich bei ihm nicht nur um ontologische Betrachtungen, sondern es schwebt eine ganz andere Betrachtung unabgehoben mit. Die aristotelische Metaphysik ist vielleicht schon weiter als wir selbst heute in der Philosophie sind." Vgl. zu Heideggers Verhältnis zu Aristoteles auch Alfred Denker / Günter Figal / Franco Volpi / Holger Zaborowski (Hg.), Heidegger und Aristoteles (Heidegger-Jahrbuch 3), Freiburg/München 2007.

[5] So hat zum Beispiel Hans-Georg Gadamer Heideggers frühe Formulierung „Es weltet" als „eine großartige Antizipation seines späteren und spätesten Denkens" gelesen (vgl. hierzu Gadamer, Die religiöse Dimension, 309).

[6] Martin Heidegger, Ontologie (Hermeneutik der Faktizität) (Gesamtausgabe 63), hg. von Käte Bröcker-Oltmanns, Frankfurt a.M. 1988; Otto Pöggeler deutet diese Vorlesung als Heideggers „Durchbruch zur vollen Eigenständigkeit" (Otto Pöggeler, Philosophie und hermeneutische Theologie. Heidegger, Bultmann und die Folgen, München 2009, 94).

Fragen, die er sich gestellt hat, geprägt haben, sondern auch die Art und Weise, wie er diese Fragen gestellt und verschiedenen Antworten oder Antwortmöglichkeiten zugeführt hat. Zum einen ist hier an seine biographische Herkunft zu denken, zum anderen an seine philosophische Prägung durch die damalige Philosophie, insbesondere durch die Philosophie seiner Lehrer Rickert und Husserl. Mit diesen beiden „Herkünften" setzt sich Heidegger auf seinem Lebens- und Denkweg immer wieder auseinander: manchmal explizit, ein anderes Mal eher implizit, ohne dass ihm dies selbst immer bewusst gewesen wäre, immer aber kritisch und an der „Sache", die ihm zu denken gibt, orientiert.

An dieser Stelle kann nur kurz und daher sehr skizzenhaft auf diese zwei „Herkünfte" eingegangen werden. Dies ist insofern notwendig, als damit der Horizont angezeigt ist, innerhalb dessen die frühen Freiburger Vorlesungen Heideggers – und somit auch Heideggers Zugang zu den Briefen des Apostels Paulus – verstanden werden können. Zunächst zu Heideggers biographischer Herkunft: Das Milieu, in dem der junge Heidegger aufwuchs, ist in den letzten Jahrzehnten sehr intensiv untersucht worden.[7] Nicht zuletzt erlauben Texte aus Heideggers Studienzeit, diejenigen Gedanken und Anschauungen zu rekonstruieren, die einen bedeutenden Einfluss auf ihn gehabt haben. Der junge Heidegger, so lässt sich zusammenfassend sagen, wurde von einem sehr stark antimodernistisch orientierten Katholizismus und den Auswirkungen des auch in seiner Heimatstadt Messkirch wütenden Kulturkampfs religiös geprägt. Allerdings finden sich schon früh auch kritische Aussagen Heideggers über den damaligen Katholizismus und deutliche Zeichen einer Öffnung zu Autoren und Ideen, die eine kritische Distanzierung Heideggers von der religiösen Atmosphäre seiner Kindheit und Jugend zeigen. Viel diskutiert ist Heideggers Brief an Engelbert Krebs aus dem Januar 1919, der ein Schlüsseldokument für das Verständnis des Denk- und Lebensweges Heideggers darstellt. In diesem Brief heißt es u.a.: „Erkenntnistheoretische Einsichten, übergreifend auf die Theorie geschichtlichen Erkennens haben mir das System des Katholizismus problematisch und unannehmbar gemacht – nicht aber das Christentum und die Metaphysik (diese allerdings in einem neuen Sinne)."[8] Heidegger bemüht sich in den Jahren nach dem Ersten Weltkrieg daher in kritischer Auseinandersetzung mit dem, was er das (die Ursprünge des Christentums seiner Ansicht nach verstellende) „System des Katholizismus" nennt, um einen Zugang zur ursprünglich christlichen Lebenserfahrung. Dieser dürfe, so seine Einsicht, nicht unter dem Einfluss von Vorurteilen, die dieser Lebenserfahrung fremd sind (also etwa bestimmten philosophischen oder religionswissenschaftlichen Vorentscheidungen), stehen.

---

[7] Vgl. hierzu neben Denker/Gander/Zaborowski (Hg.), Heidegger und die Anfänge seines Denkens auch Alfred Denker / Elsbeth Büchin (Hg.), Heidegger und seine Heimat, Stuttgart 2005.

[8] Brief Martin Heideggers an Engelbert Krebs vom 9. Januar 1919, in: Denker/Gander/Zaborowski (Hg.), Heidegger und die Anfänge seines Denkens, 67.

Es wundert nicht, dass in diesem Zusammenhang für Heidegger Autoren wichtig wurden, mit denen er sich in seiner kritischen Wendung gegen die denkerische Enge des neuscholastischen Systemdenkens verbünden konnte: Neben Augustinus, Luther, Schleiermacher und zeitgenössische protestantischen Theologen ist hier Kierkegaard zu nennen – und eben auch Paulus, auf den sich – stark vereinfachend gesprochen – immer wieder Autoren bezogen haben, die statt des Systems das Unberechenbare und Ereignishafte, statt der klaren Ordnung der Natur die verwirrende Geschenktheit der Gnade, statt des Wissens der Vernunft die Schwächen und Krisen der Existenz, statt des Triumphes der Selbst- und Denkgewissheiten das Skandalon und das Kreuz und statt der Allgemeinheiten der Logik die Besonderheit der geschichtlichen Situation in den Vordergrund gestellt haben.[9] In seiner Vorlesung „Einleitung in die Phänomenologie der Religion" betont Heidegger, dass die „Verkündigung" des Paulus „nicht weltlich zu ‚assimilieren'" sei,[10] und unterstreicht damit, dass die Differenzerfahrung, die er als faktische Lebenserfahrung des Christen Paulus in seinen Briefen bezeugt findet, eine Erfahrung sui generis darstelle und nicht mit den verbreiteten Maßstäben der Welt verstanden werden könne. Heidegger geht es daher in seiner Auseinandersetzung mit dem ursprünglich Christlichen nicht um Assimilierung, sondern um Bewahrung der Differenz: das, was unterschiedlich ist, soll als solches bewahrt und angezeigt werden, ohne dass es auf das ihm fremde Maß eines Anderen reduziert wird.

Dass der junge Heidegger in der Auseinandersetzung mit seiner religiösen Herkunft auch nach seinem „Bruch" mit dem System des Katholizismus weiterhin theologische Interessen hat, die wie ein Subtext unter seinen philosophischen Texten einmal mehr und einmal weniger deutlich hervorscheinen, zeigt seine Vorlesung „Einleitung in die Phänomenologie der Religion" – neben einigen anderen Texten[11] – auch sehr deutlich. In einer Aufzeichnung zu dieser Vorlesung findet man den folgenden Verweis auf die theologische Bedeutung von Heideggers Bemühungen: „Tragweite der Untersuchung für die Theologie. (Nicht als Anpreisung der Wichtigkeit, sondern positive Forderung einer neuen Problemstellung, die mich selbst eigentlich treibt!)"[12] Es geht Heidegger, wie er hier ausdrücklich betont, um die „Destruktion der

---

[9] Erwähnenswert ist hier auch, dass Heidegger schon in den Jahren vor Abfassung seines Briefes an Engelbert Krebs – u.a. auch durch den Einfluss seines Lehrers Heinrich Rickert – zu einer Einschätzung von Kant und Hegel gefunden hatte, die mit der im katholischen Bereich vorherrschenden radikalen Kritik der neuzeitlichen Philosophie (insbesondere auch Kants) nur schwer zu vereinbaren war. Vgl. zu den „‚protestantischen' Motiven" bei Heidegger auch Chapelle, „Katholizismus", 354–364; Holger Zaborowski, „Herkunft aber bleibt stets Zukunft". Anmerkungen zur religiösen und theologischen Dimension des Denkweges Martin Heideggers bis 1919, in: Denker/Gander/Zaborowski (Hg.), Heidegger und die Anfänge seines Denkens, 123–158.

[10] Heidegger, Phänomenologie des religiösen Lebens, 139.

[11] Wichtig ist hier auch der häufig zitierte Brief Heideggers an Karl Löwith vom 19. August 1921, in dem Heidegger darauf hinweist, es gehöre zu seiner Faktizität, ein „christlicher Theologe" zu sein (in: Dietrich Papenfuss / Otto Pöggeler [Hg.], Zur philosophischen Aktualität Heideggers, Bd. 2: Im Gespräch der Zeit, Frankfurt a.M. 1990, 27–32, hier 29).

[12] Heidegger, Phänomenologie des religiösen Lebens, 135.

christlichen Theologie und der abendländischen Philosophie",¹³ d.h. um die (die geschichtliche Konstruktion von Denksystemen abbauend rückgängig machende) „Destruktion" von zwei geistesgeschichtlichen Phänomenen, die sein eigenes frühes Denken maßgeblich geprägt haben. Dabei geht es nicht um zwei klar voneinander unterscheidbare, sondern zunächst noch um sehr eng aufeinander bezogene Aufgaben: eine Erneuerung des theologischen und des philosophischen Denkens im Rückgang zu jenen Ursprüngen, die im Verlaufe der Philosophie- und Theologiegeschichte verstellt wurden.¹⁴

Angesichts dieser Aufgabenbestimmung setzt sich Heidegger in den frühen 1920er Jahren auch intensiv mit der zeitgeschichtlichen Philosophie – und damit auch mit seinem eigenen philosophischen „Herkommen" – auseinander. Von besonderer Bedeutung ist dabei zunächst die Phänomenologie seines Lehrers Edmund Husserl, der sich in einem denkerischen Rückbezug auf die „Sachen selbst" um eine Neubestimmung der Philosophie bemüht hatte. In kritischer Bezugnahme auf die Transformation und den Bedeutungsverlust der Philosophie im 19. Jahrhundert und den gewachsenen Einfluss von Naturalismus, Historismus und Psychologismus hatte Husserl die Grundlagen der Phänomenologie als einer „strengen Wissenschaft" gelegt. Heidegger folgt Husserl sehr eng und steht in der von ihm begründeten phänomenologischen Tradition. Allerdings gibt es bereits in den frühen 1920er Jahren einen zentralen Unterschied im philosophischen Selbstverständnis. Heidegger lehnt Husserls Verständnis und Bestimmung der Philosophie als einer strengen Wissenschaft ab. Auch diese Ablehnung ist ein zentrales Moment der Vorlesungen der frühen 1920er Jahre.¹⁵ Für ihn ist die Philosophie auf das faktische Leben bezogen und daher keine Wissenschaft, in der der Wissenschaftler sich theoretisch-objektivierend auf eine „Sache" als seinen „Gegenstand" bezieht. Diese Einsicht führte bei Heidegger zu seiner Wende zur so genannten hermeneutischen Phänomenologie.¹⁶

Heidegger setzt sich allerdings nicht nur mit Husserls Phänomenologie oder dem neuscholastischen Systemdenken kritisch auseinander. Auch die neukantianische Philosophie – die Heidegger u.a. anhand des Werkes seines Lehrers Heinrich Rickert studieren konnte – ist Gegenstand seiner Kritik. Fraglich ist ihm u.a. die aprioristische Orientierung der Neukantianer und das Verständnis der Philosophie als einer Weltanschauung. Philosophieren als

---

[13] Ebd. Otto Pöggeler verweist zu Recht darauf, dass es Heidegger in dieser Vorlesung auch um eine „Eigendestruktion" gegangen sei (Pöggeler, Philosophie und hermeneutische Theologie, 89).

[14] Vgl. hierzu auch Heidegger, Phänomenologie des religiösen Lebens, 111: „Es ist ein tiefes Problem für die Geschichte des Geistes, das den Begriff der Philosophie selbst sehr nahe angeht, aufzuhellen, wie es kommt, daß die Dogmengeschichte (Religionsgeschichte) die eben kritisierte vorstellungsmäßige Einstellung übernommen habe." Vgl. zu diesen beiden Aufgaben auch Gadamer, Die religiöse Dimension, 310.

[15] Vgl. insbesondere Heidegger, Phänomenologie des religiösen Lebens, 3–8 und passim.

[16] Vgl. zu den Gemeinsamkeiten und Differenzen von Husserls und Heideggers Verständnis der Phänomenologie Friedrich-Wilhelm von Herrmann, Hermeneutik und Reflexion. Der Begriff der Phänomenologie bei Heidegger und Husserl, Frankfurt a.M. 2000; Hans-Helmuth Gander, Selbstverständnis und Lebenswelt. Grundzüge einer phänomenologischen Hermeneutik im Ausgang von Husserl und Heidegger, Frankfurt a.M. ²2006.

Vollzug der faktischen Existenz ist für Heidegger ein viel radikaleres (d.h. an die Wurzeln gehendes) Unterfangen. Streng sei das Philosophieren, so Heidegger, nicht aufgrund seines wissenschaftlichen oder weltanschaulichen Charakters, sondern in der Ablösung von allen vorurteilsbeladenen Blicken auf die Welt.[17] Für Heidegger steht nämlich nicht nur eine sich als Weltanschauung verstehende Philosophie, sondern auch eine Wertneutralität für sich reklamierende Wissenschaft unter der Voraussetzung eines bestimmten, näherhin theoretischen, objektivierenden und daher entlebenden Zugangs zur Welt. „Objektivität"' ist, wie er mit Bezug auf die objektgeschichtlich orientierte, d.h. das Historische auf ein in der Zeit der Geschichte vorfindbares Objekt wissenschaftlich-historischen Wissens reduzierende,[18] Exegese seiner Zeit formuliert, „im höchsten Sinn konstruiert".[19] Gefordert sei, so Heidegger, anstelle von Konstruktionen, die ihre eigene Bedingtheit und die ihnen eigenen Implikationen nicht bedenken, eine phänomenologische Sicht darauf, wie sich die „Sachen selbst" in einer bestimmten (Zugangs-)Situation von sich selbst her zeigen. Diese Sicht kann nur jene Philosophie ausbilden, die sich ihrer Differenz zu allen (die Unsicherheit des Lebens verdrängenden) Wissenschaften, wissenschaftlichen Methoden und Weltanschauungen bewusst bleibt und sich als Auslegung (sprich: Hermeneutik) des faktischen Lebens versteht. Gegen Ende der Vorlesung „Einleitung in die Phänomenologie der Religion" fasst Heidegger sein eigenes Anliegen in religionsphilosophischer Perspektive daher folgendermaßen zusammen: „Die echte Religionsphilosophie entspringt nicht vorgefaßten Begriffen von Philosophie und Religion. Sondern aus einer bestimmten Religiosität – für uns der christlichen – ergibt sich die Möglichkeit ihrer philosophischen Erfassung."[20] Von besonderer Bedeutung ist für Heidegger in diesem Zusammenhang das Problem der Geschichte, das einen wesentlichen Antrieb für Heideggers Bemühung um eine Neubestimmung der Philosophie dargestellt hat: „Warum gerade die christliche Religiosität im Blickpunkt unserer Betrachtung liegt, das ist eine schwere Frage; beantwortbar ist sie nur durch Lösung des Problems der geschichtlichen Zusammenhänge. Es ist Aufgabe, ein echtes und ursprüngliches Verständnis zur Geschichte zu gewinnen, das aus unserer eigenen geschichtlichen Situation und Faktizität zu explizieren ist ... Es gibt nur eine Geschichte aus einer Gegenwart heraus. Nur so ist die Möglichkeit einer Religionsphilosophie anzufassen."[21]

Die bereits mehrfach erwähnte Vorlesung „Einleitung in die Phänomenologie der Religion" zeigt auch sehr deutlich die (bereits angedeutete) Bedeutung von Paulus für den jungen Heidegger. Allerdings hatte Heidegger allem

---

[17] Vgl. hier Heidegger, Phänomenologie des religiösen Lebens, 10: „Der Begriff und Sinn von Strenge ist ursprünglich ein philosophischer, nicht ein wissenschaftlicher; nur die Philosophie ist ursprünglich streng; sie besitzt eine Strenge, der gegenüber alle Strenge der Wissenschaft eine bloß abgeleitete ist."
[18] Vgl. auch ebd., 53.
[19] Ebd., 110f.
[20] Ebd., 124.
[21] Ebd., 124f.

Anschein nach zunächst nicht vor, sich in dieser Vorlesung ausdrücklich mit Paulus zu befassen. Als er im Wintersemester 1920/21 diese Vorlesung hält, erwarten die Hörer wie auch Husserl selbst von ihm, dass er die Erkenntnisse der Phänomenologie – d.h. der Husserlschen Phänomenologie – auf den Bereich der Religion anwendet. Wir wissen heute, dass Heidegger dieser Erwartung nicht genügte. Es ging ihm zunächst vor allem darum, in dieser Vorlesung die (sich ihm trotz und wegen Husserl so dringlich stellende) Frage nach der Grundlegung des Philosophierens mit der Frage danach, wie denn das ursprünglich oder eigentlich Christliche zu verstehen sei, zu verknüpfen. Statt sich konkreten religiösen Phänomenen und ihrer Deutung zuzuwenden (was viele Studenten erwartet haben mögen), stellt Heidegger im ersten Teil der Vorlesung Überlegungen zur philosophischen Begriffsbildung, zur Methode des Philosophierens, zur so genannten formalen Anzeige, zum Phänomen des Historischen wie auch zu religionsphilosophischen Tendenzen der Gegenwart – d.h. vor allem zur Religionsphilosophie Ernst Troeltschs – an. Vor allem seine kurzen (und für mit der Materie noch gar nicht vertraute Hörer sehr anspruchsvollen) Überlegungen zur „formalen Anzeige" scheinen die Studenten derart überfordert zu haben (oder zumindest derart ihre Erwartungen nicht befriedigt zu haben), dass es zu Protesten kam. In der Nachschrift von Oskar Becker findet sich folgende Anmerkung zum Ende des ersten Teils der Vorlesung: „Infolge von Einwänden Unberufener abgebrochen am 30. November 1920."[22] Wer sich für Heideggers Paulusdeutung interessiert, darf diesen Unberufenen noch heute dankbar sein. Denn ihre Einwände führten dazu, dass Heidegger sich von seinen einleitenden und den eher grundsätzlich orientierten Ausführungen abwendet: Von nun steht die „Explikation konkreter religiöser Phänomene" vornehmlich anhand des Galaterbriefes sowie des ersten und des zweiten Thessalonicherbriefes im Vordergrund, ohne dass dies einen Verzicht auf eher grundsätzlich gehaltene Überlegungen bedeutet hätte.[23]

---

[22] Ebd., 340 (Nachwort des Herausgebers). Vgl. hierzu auch Theodore Kisiel, Das Entstehen des Begriffsfeldes „Faktizität" im Frühwerk Heideggers, in: Dilthey-Jahrbuch 4 (1986), 91–120, v.a. 109f.; Otto Pöggeler, Heideggers Weg von Luther zu Hölderlin, in: Fischer/ v. Herrmann (Hg.), Heidegger und die christliche Tradition, 174f.

[23] Es erstaunt ein wenig, warum Heidegger in dieser Vorlesung nur gelegentlich auf den für das Werk des Paulus und seine Rezeption so zentralen Römerbrief eingeht. Dies hätte zudem nicht nur wegen der Bedeutung des Römerbriefes für Martin Luther (mit dessen Werk sich Heidegger zu Beginn seiner akademischen Laufbahn auch sehr intensiv auseinandergesetzt hat), sondern auch angesichts des 1919 in erster (1922 in zweiter) Auflage erschienenen viel diskutierten Römerbriefkommentars Karl Barths nahegelegen. Nach einer brieflichen Mitteilung von Otto Pöggeler an Jaromi Brejdaak habe Husserl „großen Wert darauf" gelegt, „daß Heidegger auf den Galather-Brief [sic!] eingeht" (vgl. Brejdak, Philosophia Crucis, 67). Heideggers besonderes Interesse am 1. Thessalonicherbrief hängt wohl auch damit zusammen, dass dieser Text der wohl älteste Text des Neuen Testaments ist (vgl. hier auch Pöggeler, Philosophie und hermeneutische Theologie, 86ff.). Dieser Brief war daher für Heideggers philosophisches Bemühen um den Ursprung des christlichen Lebens von besonderer Bedeutung. Dieses Bemühen erklärt auch, warum Heidegger sich nicht mit den Evangelien vergleichbar intensiv beschäftigt hat (vgl. Heidegger, Phänomenologie des religiösen Lebens, 83: „Die Paulinischen Briefe sind als Quellen unmittelbarer als die später verfaßten Evangelien. Der Briefstil selbst ist Ausdruck des Schreibers und seiner Situation"). Vgl.

In einer Notiz zur Vorlesung hat Heidegger sein Anliegen folgendermaßen beschrieben: „Eine kurze methodische Anweisung. Paulus und seine apostolische Verkündigung phänomenologisch verstehen und aus ihr entscheidende Sinnzusammenhänge christlichen Lebens."[24] Dabei geht es nicht darum, das, was zunächst in allgemeiner Perspektive entwickelt wurde, nun mit Bezug auf einen konkreten (aber prinzipiell austauschbaren) Text anzuwenden. Denn bereits der erste Teil der Vorlesung zeigt deutlich die Spuren einer Auseinandersetzung mit Paulus. Die Frage, wie die urchristliche Lebenserfahrung – und damit auch die paulinischen Texte – eigentlich zu verstehen seien, hat ja die „methodische Einleitung" mitmotiviert und überlieferte Zugänge zur christlichen Lebenserfahrung fraglich werden lassen. Man kann daher – mit Matthias Jung – davon sprechen, dass Heidegger in dieser Vorlesung sein „Methodenverständnis an den Phänomenen der urchristlichen Lebenserfahrung" „entwickelt und erprobt".[25] Es geht also nicht um eine

---

auch ebd. für die Differenz zwischen dem Römer- und dem Galaterbrief auf der einen und dem 1. Thessalonicherbrief auf der anderen Seite bezüglich ihres „dogmatischen Gehalts". Dass Heidegger im Sommersemester 1927 mit Rudolf Bultmann ein „gemeinsames Seminar" über Luthers Kommentar zum Galaterbrief gehalten habe, wie Klaus Berger behauptet (vgl. Klaus Berger, Exegese und Philosophie [Stuttgarter Bibelstudien 123/124], Stuttgart 1986, 133), geht auf ein Missverständnis zurück. Berger bezieht sich hier auf den Briefwechsel zwischen Bultmann und Barth (Briefwechsel 1922–1966 [Karl Barth, Gesamtausgabe V,1], hg. von Bernd Jaspert, Zürich 1971 [²1994], 92), der allerdings dieses Urteil nicht erlaubt. Heidegger hat vermutlich an Bultmanns Seminar als „inoffizieller Teilnehmer" teilgenommen. In der Mitgliederliste oder in den Protokollen zu Bultmanns Seminar über Luthers Kommentar zum Galaterbrief ist Heidegger nicht erwähnt (vgl. hierzu Bernd Jaspert, Sachgemäße Exegese. Die Protokolle aus Rudolf Bultmanns Neutestamentlichen Seminaren 1921–1951 [Marburger Theologische Studien 43], Marburg 1996, 46–48). Auch der mittlerweile vorliegende Briefwechsel zwischen Heidegger und Bultmann (hg. von Andreas Großmann und Christof Landmesser, mit einem Geleitwort von Eberhard Jüngel, Frankfurt a.M. / Tübingen 2009) beinhaltet keinen Hinweis auf Bultmanns Luther-Seminar im Sommersemester 1927. Im (erhaltenen) Briefwechsel Heideggers mit Bultmann spielt Paulus übrigens keine nennenswerte Rolle. Vgl. hierzu auch Pöggeler, Philosophie und hermeneutische Theologie, 101f.

[24] Heidegger, Phänomenologie des religiösen Lebens, 129.
[25] Matthias Jung, Erfahrung und Religion. Grundzüge einer hermeneutisch-pragmatischen Religionsphilosophie (Alber-Reihe Thesen 2), Freiburg/München 1999, 325. Friedrich-Wilhelm von Herrmann scheint dieses Wechselverhältnis von Phänomenologie des faktischen Lebens und Auslegung der christlichen Lebenserfahrung zu übersehen (vgl. hierzu v. Herrmann, Faktische Lebenserfahrung und urchristliche Religiosität, 22–24). Allerdings ist im Hinblick auf die Bedeutung der paulinischen Briefe für Heidegger die Frage entscheidend, ob, wie von Herrmann annimmt, die paulinischen Briefe ihm der Anwendungsbereich einer zuvor schon „ausgearbeiteten hermeneutischen Phänomenologie des faktischen Lebens und der faktischen Lebenserfahrung" sind, d.h., ob diese Phänomenologie als ein „Ursprungsboden" Heidegger eine „Auslegung der urchristlichen Lebenserfahrung als eine konkrete Gestalt faktischer Lebenserfahrung" ermögliche (ebd., 22) oder ob – weit radikaler im Hinblick auf die Bedeutung der paulinischen Briefe für Heideggers Weg zur hermeneutischen Phänomenologie – die paulinischen Briefe (wie auch in einem allgemeineren Sinne die Auseinandersetzung mit der theologischen, religiösen und auch mystischen Tradition) auch Heideggers phänomenologisches Selbstverständnis und seine Hermeneutik des faktischen Lebens mitgeprägt haben. Wenn die zuletzt genannte Option korrekt ist, dann stehen der erste und der zweite Teil der Vorlesung in einem sehr engen Verhältnis zueinander: In Heideggers methodischen Überlegungen spiegelt sich dann seine Auseinandersetzung mit Paulus wie die Explikation von ausgewählten Stellen aus den paulinischen Briefen umgekehrt seine auch in

Wende zu Paulus innerhalb der Vorlesung im Anschluss an theoretische Überlegungen Heideggers zur Methode oder zum Charakter des Philosophierens – ganz abgesehen davon, dass Heidegger seinem eigenen Anspruch nach kein theoretisches Anliegen verfolgt: „Alle Theoretisierung" habe, so liest man zu Beginn der Vorlesung, „aus der Philosophie zu verschwinden."[26] Statt um Theorie oder die Anwendung einer hermeneutischen Theorie geht es Heidegger im zweiten Teil der „Einleitung in die Phänomenologie der Religion" um die Explikation der schon vorher latent stattfindenden phänomenologischen Auseinandersetzung mit Paulus, die Heidegger auf seinem Weg zur Hermeneutik der Faktizität wie auch zu einem Verstehen der ursprünglich christlichen Lebenserfahrung hilft. Dies zeigt die nun folgende Erörterung einiger (beileibe nicht aller) wichtiger Momente von Heideggers früher Beschäftigung mit Paulus.

2. Mit Paulus unterwegs zur Hermeneutik der Faktizität und zur ursprünglich christlichen Lebenserfahrung

In seinen frühen Vorlesungen bemüht Heidegger sich tastend um ein Verständnis von Philosophie, das von folgender Einsicht ausgeht: „Das Problem des Selbstverständnisses der Philosophie wurde immer zu leicht genommen. Faßt man dieses Problem radikal, so findet man, daß die Philosophie der faktischen Lebenserfahrung entspringt. Und dann springt sie in der faktischen Lebenserfahrung in diese selbst zurück."[27] Wenn Heidegger hier von „Erfahrung" spricht, dann geht es ihm sowohl um die aktive als auch die passive Bedeutung des Wortes, also sowohl um den Vollzug des Erfahrens als auch um das, was erfahren wird, ohne dass „das erfahrende Selbst und das Erfahrene ... wie Dinge auseinandergerissen werden"[28]. Es geht also um eine Einheit von Erfahrendem und Erfahrenen, die dem vor allem in der neuzeitlichen Philosophie dominanten Subjekt-Objekt-Dualismus vorausliegt (und für deren Herausarbeitung Heidegger in der Schuld von Husserls Intentionalitätsanalysen steht). Auch dem Begriff des „Faktischen" gibt Heidegger eine eigene Nuance: Dieser Begriff, so Heidegger, dürfe nicht als Hinweis

---

anderen Zusammenhängen ihn beschäftigenden Überlegungen zur Methode (d.h. zum „Wie") und zur Bestimmung der Philosophie wider. Es geht Heidegger in dieser Vorlesung daher auch nicht einfach darum, „seine grundsätzlichen Hypothesen bezüglich der methodologischen Forderungen der Phänomenologie und der faktischen Lebenserfahrung anhand eines konkreten Materials zu überprüfen", wie Philippe Chapelle annimmt („Katholizismus", 361). Klarer sieht hier schon Pöggeler, Der Denkweg Martin Heideggers, 38: „Durch die Besinnung auf die urchristliche Religiosität als das Modell der faktischen Lebenserfahrung gewinnt Heidegger die leitenden Begriffe, die die Struktur des faktischen Lebens oder, wie Heidegger später sagt, der ‚faktischen Existenz' herausstellen." Vgl. auch ebd., 42, wo Pöggeler betont, dass Heidegger die „faktische Lebenserfahrung" von Theologen wie Augustinus (trotz der neuplatonischen Elemente im augustinischen Denken) „für die eigene Arbeit fruchtbar machen" konnte.

[26] Heidegger, Phänomenologie des religiösen Lebens, 16.
[27] Ebd., 8. Vgl. hierzu auch ebd., 10–14.
[28] Ebd., 9.

auf eine Natur- oder Dingwirklichkeit verstanden werden (so wie wir ihn zumeist verwenden, wenn wir zum Beispiel sagen, etwas sei faktisch der Fall). Vielmehr gelte es, ihn „vom Begriff des ‚Historischen' her" zu verstehen.[29] Damit wird, soviel können wir hier zumindest schon anzeigen, die Lebenserfahrung als eine zeitlich sich vollziehende Erfahrung charakterisiert. Die Philosophie ist damit (ent- und zurückspringend) bezogen auf das immer schon etwas in einer vortheoretischen und vorwissenschaftlichen Erfahrungseinheit erfahrende Leben in seiner Zeitlichkeit.

Wer vor dem Hintergrund eines nicht aus der faktischen Lebenserfahrung entspringenden und in diese wieder zurückspringenden Verständnisses von Philosophie sich der Religion und dem Phänomen des religiösen Lebens nähert, so Heidegger, könne sein Ziel letztlich nur verfehlen – oder sagen wir besser: ist noch nicht einmal in der Lage, das Ziel, das er eigentlich haben sollte, überhaupt angemessen zu verstehen. Als Beispiel für dieses Unvermögen, dem Phänomen von Religion gerecht zu werden, nennt Heidegger Ernst Troeltsch. Was Heidegger an Troeltschs Religionsphilosophie bemängelt, zeigt sich in dem Satz, mit dem er seine Diskussion von Troeltschs Philosophie abschließt: „Zunächst ist es doch nötig, daß man sich die Religion in ihrer Tatsächlichkeit ansieht, bevor man eine bestimmte philosophische Betrachtung an sie heranbringt."[30] Heidegger wirft also Troeltsch (neben vielen anderen) vor, dass er von einem Vorverständnis ausgehe, welches es nicht erlaube, dass „die Religion" selbst – als sie selbst und wie sie sich von sich selbst her zeige – „angesehen" werde. Denn das religiöse Leben, wie es sich wirklich vollzieht, gerät, wenn man der Troeltschen Methode folgt, nicht in den Blick. Wenn Heidegger die Religion „in ihrer Tatsächlichkeit" ansehen möchte, verweist er – bei aller Differenz im Verständnis der Philosophie – positiv auf das, was er bei Husserl über die Phänomenologie lernen konnte: dass es sich nämlich um eine Schule des genauen Hinsehens auf die Sachen selbst handelt. Allerdings hat hier nicht nur Husserl Pate gestanden. Auch Paulus, so lässt sich argumentieren, steht hinter dem philosophischen Selbstverständnis Heideggers und seiner Kritik an anderen Bestimmungen der Philosophie.

Inwiefern hat nun auch Paulus Heidegger geholfen, diese Einsichten bezüglich der Bestimmung und der Aufgabe der Philosophie zu entwickeln? Zum einen hat Heidegger in seinem Studium der Paulusbriefe feststellen müssen, dass überlieferten wissenschaftlichen (auch exegetischen oder systematisch-theologischen) oder philosophischen Zugängen zu diesen Briefen immer auch wichtige Dimensionen dieser Texte entgehen.[31] Denn diesen

---

[29] Ebd. Vgl. zur Bestimmung der Faktizität auch Heidegger, Ontologie (Hermeneutik der Faktizität), 7 und passim. Zur faktischen Lebenserfahrung vgl. auch Ruff, Am Ursprung der Zeit, 52–71.

[30] Heidegger, Phänomenologie des religiösen Lebens, 30. Vgl. hier auch 111: „Ebenso verderben die philosophischen Methoden den Sinn der Religionsgeschichte."

[31] Vgl. hier, was Heidegger zu Beginn seiner phänomenologischen Interpretation des Galaterbriefes sagt: „Wir beabsichtigen im Folgenden nicht, eine dogmatische oder theologisch-exegetische Interpretation, auch nicht eine historische Betrachtung oder eine religiöse Me-

Zugängen ist, wie das Beispiel Ernst Troeltschs zeigt, zunächst eine unaufhebbare Perspektivität zueigen (gerade auch dort, wo sie mit einem wissenschaftlichen Anspruch auftreten), auf die die Philosophie als an den „Sachen selbst" orientierte Phänomenologie aufmerksam machen kann.[32] Über das hinaus, was schon zu Heideggers Kritik an Troeltsch gesagt wurde, können wir an dieser Stelle diesen Zusammenhang zunächst einmal vereinfacht so fassen: Der wissenschaftliche theoretische Zugang zum religiösen Leben muss den konkreten Einzelfall – also etwa das religiöse Leben des Paulus, seine faktische Lebenserfahrung – auf ein Allgemeines – also zum Beispiel das Allgemeine der religiösen oder mystischen Erfahrung – reduzieren und verliert dabei das Konkrete des Phänomens – d.h. die unhintergehbare Individualität des religiösen Lebens des Paulus – aus den Augen. Man weiß dann immer schon, wer Paulus eigentlich ist, was er eigentlich denkt und worin die Hauptmerkmale seiner Theologie (als eines Systems von theologischen Lehrinhalten) liegen. Was bei den Zugängen, die der Gefahr von „vorschnellen Verallgemeinerungen"[33] erliegen, nicht in den Blick gerät, ist das, was von zentraler Bedeutung ist: die faktische Lebenserfahrung des Paulus, das, was Heidegger seine „ursprüngliche Erfahrung" nennt.[34] Daher ergibt sich für Heidegger die folgende Bestimmung seines phänomenologischen Ziels: „Nicht das Ideal einer theoretischen Konstruktion ist angezielt, sondern die Ursprünglichkeit des Absolut-Historischen in seiner absoluten Unwiederholbarkeit."[35] Wer sich dessen nicht bewusst ist und den Weg eines wissenschaftlichen Zugangs zu den paulinischen Briefen wählt, wird dieses Ziel missverstehen oder gänzlich übersehen, was Heidegger „ein eigenartiges Kernphänomen, das Problem des Historischen" nennt.[36] Darauf wird gleich noch näher eingegangen.

Zunächst zu einem weiteren Grund, der die Bedeutung des Paulus für Heideggers Verständnis der Philosophie erklärt: Heidegger liest Paulus – ähnlich wie auch Aristoteles – als Protophänomenologen, d.h. er sieht eine Parallele zwischen dem, was er bei Paulus vorfindet, und seinem eigenen Anliegen einer philosophischen Hermeneutik der Faktizität. Ähnlich wie für Heidegger

---

ditation, sondern lediglich eine Anleitung zum phänomenologischen Verstehen zu geben" (ebd., 67).

[32] Vgl. zu den Grenzen des historischen Zugangs zu biblischen Texten Heidegger, ebd., 69: „Aus dem Zusammenhang des christlichen Bewußtseins sind alle Begriffe zu verstehen. In dieser Hinsicht hat die historische Forschung der Theologen Verdienste, so fraglich diese für die Theologie selbst sein mögen." Noch deutlicher ist Heideggers Kritik an einer historisch orientierten Theologie, als er sich zu den „Voraussetzungen in ihrem Problemansatz" der damaligen Religionsphilosophie, d.h. zu ihrer Tendenz, Religion als Einzelfall eines Allgemeinen wie auch als ein Bewusstseinsphänomen zu verstehen, äußert: „Aber jene Problemstellung verstehen von ihrem eigenen Gegenstand weg, sie bringt den Gegenstand zum Verschwinden" (ebd., 76; vgl. hierzu auch ebd., 129ff.). Heidegger hält daher eine philosophische „Destruktion" der Religionsgeschichte (die, wie er anerkennt, zumindest „wichtige Vorarbeiten" leiste) für notwendig.

[33] Vgl. hier auch ebd., 54.
[34] Vgl. ebd., 69.
[35] Ebd., 88.
[36] Ebd., 5.

die Philosophie aus der faktischen Lebenserfahrung entspringt und wieder in diese zurückspringt, sieht Heidegger bei Paulus die Verkündigung oder die Theologie – verstanden als die je eigene Hermeneutik einer Lebens-, d.h. Gottes- und Gnadenerfahrung, nicht als geschlossenes System von dogmatischen Sätzen – aus seiner faktischen Lebenserfahrung entspringen und in diese wieder zurückspringen. Die Briefe des Paulus dürfen daher – trotz ihres als „glaubendes Wissen" zu verstehenden „‚dogmatischen' Inhalts"[37] – nicht auf einen theologischen Systemansatz hin gelesen oder auf einen solchen reduziert werden, sondern bedürfen einer Hermeneutik jener faktischen Glaubenserfahrung, aus der sie entspringen und in die sie wieder zurückspringen: „Verfehlt", so Heidegger, sei „der Gedanke eines theologischen Systems des Paulus. Vielmehr muß die religiöse Grunderfahrung herausgestellt werden und in dieser Grunderfahrung verbleibend muß man den Zusammenhang aller ursprünglichen religiösen Phänomene mit ihr zu verstehen suchen."[38] Wenn dem so ist, stellen die paulinischen Briefe weniger ein mögliches Objekt einer philosophischen Texthermeneutik dar (darum ging es Heidegger nur nebensächlich, was erklärt, warum er sich der Explikation konkreter Texte erst nach den Einwänden vonseiten der Studenten zugewendet hat) als vielmehr ein Beispiel jener Hermeneutik, um die es Heidegger selbst ging: der Hermeneutik des Historischen oder des faktischen Lebens als eines historischen Phänomens, das als solches – mit seinen „Grunderfahrungen" – gerade nicht in den Blick der so genannten historischen Wissenschaften oder Methoden gerät.

Damit kommen wir zum Problem des Historischen zurück, das, insofern die „philosophische Problematik", wie Heidegger feststellt, „sich prinzipiell aus dem Historischen motiviert",[39] im Zentrum von Heideggers Interesse an der Bestimmung der Philosophie steht. Das, was Philosophen wie beispielsweise Wilhelm Dilthey oder Ernst Troeltsch zu diesem Problem gesagt haben, überzeugte Heidegger allerdings nicht und erklärt, warum er sich sowohl mit Troeltsch als auch mit Dilthey (in dessen Schuld er andererseits steht) immer wieder kritisch auseinandersetzt. Die historischen Wissenschaften können seiner Ansicht nach mit ihren objektgeschichtlichen Methoden dem Historischen nicht gerecht werden. Denn „[h]istorisches Leben als solches", so Heidegger, „läßt sich so nicht zerschlagen in eine nichteigentliche Dingmannigfaltigkeit, die man nun durchbetrachtet",[40] d.h., wie man diesen Satz paraphrasieren kann, es lässt sich nicht theoretisch („durchbetrachtend") analysieren („zerschlagen"). Auch das, was der „gesunde Menschenverstand" über dieses Problem zu wissen beansprucht, lehnt Heidegger ab.[41] Heidegger denkt bereits in seinen frühen Freiburger Vorlesungen gegen

---

[37] Vgl. hier auch ebd., 101.
[38] Ebd., 73.
[39] Ebd., 31. Vgl. auch ebd., 34: „Das Historische ist das Phänomen, das uns den Zugang zum Selbstverständnis der Philosophie eröffnen soll."
[40] Ebd., 130.
[41] Vgl. u.a. ebd., 31: „Jedenfalls ergibt sich die Notwendigkeit, das Problem des Historischen prinzipiell zu fassen und sich nicht bei den Betrachtungen des gesunden Menschenverstan-

den „gesunden Menschenverstand", weil dieser, so seine Deutung, einer Tendenz zur Verstellung der „Sache selbst" unterliege, die auch in den theoretischen Zugangsweisen der Wissenschaften ihren Ausdruck finde. Wie aber kann man sich philosophierend dem Problem des Historischen nähern? Was Heidegger angesichts dieses Befundes für erforderlich hält, ist eine vollzugsgeschichtliche Sicht des Historischen, die den je konkreten Vollzug des faktischen Lebens in ihre Sicht nimmt und die, wie er mehrfach zum Ausdruck bringt, in der Gefahr steht, missverstanden zu werden.[42] Ohnehin geht es Heidegger weniger um Aufhebung des Fremden oder Unverständlichen in etwas Vertrautes, sondern um etwas anderes: „Es ist das Eigentümliche des phänomenologischen Verstehens, daß es gerade das Nichtverstehbare verstehen kann, gerade indem es dieses in seiner Unverstehbarkeit radikal beläßt."[43] Damit soll auch vermieden werden, dass gegenwärtige Auffassungen in den Text der paulinischen Briefe hineingelesen werden.[44] In diesem Anspruch zeigt sich eine deutliche Parallele zu Paulus. Denn auch Paulus – das zeigen u.a. die Anfangskapitel des Korintherbriefes sehr deutlich – ist sich des Neuen seiner Verkündigung bewusst und weiß, dass seine Worte in ihrer Neuheit für den Heiden und seine damaligen Zeitgenossen eine leicht missverständliche Torheit darstellen und schreibt seine Briefe gegen den „gesunden Menschenverstand" (der ja – sowohl für Heidegger als auch für Paulus – nur ein vermeintlich gesunder Menschenverstand ist) wie auch jenseits von jeglicher Tendenz zur Objektivierung und Theoretisierung eines bestimmten Glaubensgehaltes.[45]

Gegen die wissenschaftliche Sicht und die Sicht des gesunden Menschenverstandes fordert Heidegger daher eine „eigentümliche Umwendung des philosophischen Verhaltens", damit die faktische Lebenserfahrung – und damit auch das von ihm für notwendig erachtete Verständnis des Historischen – nicht mehr „als selbstverständliche Nebensächlichkeit" abgetan werde.[46] Für Heidegger ist die faktische Lebenserfahrung nämlich weder selbstverständlich noch eine Nebensächlichkeit. Wir finden hier – auf unse-

---

des zu beruhigen." Vgl. auch ebd., 36: „Aber die Philosophie ist nichts als ein Kampf gegen den gesunden Menschenverstand!"

[42] Vgl. hierzu neben ebd., 14 und 65 auch ebd., 16: „Ich möchte behaupten, daß sämtliche von Ihnen, von ganz wenigen Ausnahmen abgesehen, die sämtlichen Begriffe und Bestimmungen, die ich Ihnen gebe, beständig mißverstehen, und das muß so sein, das schadet zunächst gar nichts, sondern leistet für das Weiterkommen das, daß, wenn auch mißverständlich, bestimmte Phänomenzusammenhänge angezeigt sind, die in der späteren Betrachtung so angezeigt werden, daß ihr klarer Sinn verständlich wird." Vgl. zum „eminent schwierigen" Charakter der Philosophie auch ebd., 36 oder 53.

[43] Ebd., 131. Vgl. zum phänomenologischen Verstehen auch ebd., 82.

[44] Vgl. ebd., 69: „Zu vermeiden ist ein Hineindeuten moderner Positionen" (scil. in den Text des Paulus, H.Z.).

[45] Vgl. hierzu ebd., 72–74.107–115. Prägnant ist Heideggers Deutung ebd., 112: „Es ist auffallend, wie wenig Paulus theoretisch-dogmatisch vorgibt; auch im Römerbrief. Die Situation ist keine solche des theoretischen Beweises."

[46] Ebd., 15. Vgl. für die Forderung nach einer „Umwendung" und „Umwandlung" auch ebd., 10 und 18. Dass es sich bei der „Umwendung" um ein „Husserlsches Sujet" handelt, das Heidegger allerdings mit Bezug auf die Faktizität umdeutet, betont zu Recht Kaegi, Die Religion innerhalb der Grenzen der bloßen Existenz, 139f.

rem Weg zu einem von Heideggers Hermeneutik geleiteten Verständnis des Historischen – eine weitere Parallele zwischen seiner frühen Phänomenologie und den paulinischen Briefen: Wie in diesen Briefen spielt auch bei Heidegger der Zusammenhang von Abfall und Umwendung – oder sagen wir in theologischer Diktion: Fall und Konversion – eine zentrale Rolle. Für Paulus stehe, so Heidegger, das Leben der Christen in der Anfechtung. Er schreibt in einer Aufzeichnung zur Vorlesung: „Bei der Abfallstendenz des Lebens und der Einstellung in mitweltliche Tendenzen (Weisheit der Griechen) bedarf es eines radikalen Ansichhaltens, um in dieser geforderten Einfachheit zu predigen; das Kreuz ist immer nur so zu sehen."[47] Paulus und die Christen müssen der Abfallstendenz zur Weisheit der Griechen widerstehen, da sie ansonsten die christliche Lebenserfahrung an die Weisheit der Welt angleichen würden – so wie der echte Phänomenologe nach Heidegger der „Abfallstendenz" zum theoretischen Wissen widerstehen muss, damit er überhaupt dem Historischen als einem Kernphänomen gerecht werden kann. Und wie Paulus um die Gnadenerfahrung weiß, die als „Brucherfahrung" für ein angemessenes Verständnis seiner Verkündigung notwendig ist, so muss Heidegger von seinen Hörern eine neue phänomenologische Einstellung verlangen, ohne die das, was er sagt, nur missverstanden werden kann. Heidegger schreibt über die Grundhaltung des Paulus Folgendes: „Selbstgewißheit der Stellung in seinem eigenen Leben – Bruch in seiner Existenz – Ursprüngliches historisches Verständnis seines Selbst und seines Daseins."[48] Dies lässt sich auch als eine Kennzeichnung seiner eigenen Grundhaltung – und der von ihm geforderten Grundhaltung des Phänomenologen – verstehen. Denn wenn es, wie Heidegger vermutet, eine „abfallende Tendenz der faktischen Lebenserfahrung, die stets ins Objektmäßige abzugeleiten droht",[49] gibt, so ist auch hier ein „Bruch" notwendig, damit auf den zu einer wissenschaftlich-theoretischen Haltung führenden „Abfall" überhaupt reagiert werden kann. Und ähnlich wie Paulus die Sünde, gegen die angegangen werden müsse, in der Existenz des Menschen verortet, findet Heidegger die Wurzel dessen, „was das Philosophieren selbst wesentlich behindert", in der faktischen Lebenserfahrung, die ja eigentlich der „Ausgangspunkt der Philosophie" ist.[50]

Sowohl Paulus als auch Heidegger fordern daher immer wieder eine Umwendung des Lebens und ein Standhalten gegen die Anfechtungen des Lebens. Wir können diese Parallele zwischen Heidegger und Paulus noch enger fassen, da sie Heidegger selbst zumindest implizit noch enger gefasst hat: Er verweist nämlich darauf, dass das „Ziel" des Paulus „endgültig das ‚Leben'"

---

[47] Heidegger, Phänomenologie des religiösen Lebens, 144.
[48] Ebd., 73f. Vgl. auch ebd., 132, wo Paulus von einem „Umsturz des faktischen Lebens durch Verkündigung, sofern sie angeeignet wird", spricht. Vgl. für Heideggers Verständnis des „christlichen Umbruchs" auch ebd., 135 sowie 69, wo Heidegger Gal 1,10 folgendermaßen deutet: „Bedeutsam! Voller Bruch mit der früheren Vergangenheit, mit jeder nicht-christlichen Auffassung des Lebens."
[49] Ebd., 64. Vgl. auch ebd., 9: „Zugleich aber ist die ‚faktische Lebenserfahrung' eine Gefahrzone der selbständigen Philosophie, weil sich bereits in dieser Zone die Ambition der Wissenschaften geltend machen."
[50] Ebd., 16.

sei. Sowohl Paulus als auch Heidegger, dem Phänomenologen der Faktizität, geht es also um das Leben als „Ziel" – allerdings, wie wir noch deutlicher sehen werden, unterschiedlich verstanden.

Wie versteht nun Heidegger das (faktische) Leben als Ziel? Wie nähert sich Heidegger – in anderen Worten – dem Kernproblem des Historischen? In seiner Vorlesung verweist Heidegger zunächst darauf, dass das Historische in der „heutigen faktischen Lebenserfahrung" zwei verschiedene Rollen spiele: nämlich positiv als „Erfüllung" und negativ als „Last" oder „Hemmung". In beiden Fällen erfahre sich aber das faktische Leben als beunruhigt. Darauf versuche es, so Heidegger, mit Hilfe von drei verschiedenen „Sicherungstendenzen" zu reagieren. Heidegger spricht in diesem Zusammenhang von einem „Sich-Behaupten gegen das Historische", welches „ein mehr oder minder lauter Kampf gegen die Geschichte" sei.[51] Es gebe, so Heidegger, erstens die Abkehr von der Geschichte, die er auf Platon zurückführt, zweitens das „radikale Sich-Ausliefern" an die Geschichte, die er u.a. in Oswald Spenglers Geschichtsmorphologie vorfindet und drittens den Kompromiss zwischen der ersten und der zweiten „Sicherungstendenz", den er bei Dilthey, Simmel, Rickert oder Windelband vorfindet.[52] In seiner kritischen Diskussion dieser „Sicherungstendenzen" macht Heidegger darauf aufmerksam, dass es in allen drei Formen der Absicherung und des „Kampfes" gegen das Historische – überdies, so Heidegger, allesamt letztlich von platonischen Voraussetzungen geleitet – einen blinden Fleck gebe. Nicht thematisiert werde nämlich das, was sich abzusichern suche: „Es ist das Eigentümliche der drei Wege, daß das, was die Sicherung sucht, gar nicht als Problem betrachtet wird. Das, was die Sicherung sucht und was beunruhigt wird, ist eine Selbstverständlichkeit."[53] Heidegger geht es daher um eine „Entsicherung", von der her er auch das Philosophieren neu zu verstehen sucht.[54] Daher wendet sich Heidegger sowohl gegen die verschiedenen Spielarten des Platonismus und des Kampfes gegen die Geschichte als auch gegen die damit einhergehende Ausblendung des faktischen Lebens, durch die die Beunruhigung und Unsicherheit der faktischen Existenz verdrängt würden.

Wenn Heidegger davon ausgeht, die „christliche Religiosität" sei „in der faktischen Lebenserfahrung, ... eigentlich selbst",[55] so zeigt dies, warum die Auseinandersetzung mit der christlichen Religiosität so wichtig auf seinem Weg zu einer Hermeneutik des faktischen Lebens war. Die paulinischen Briefe helfen Heidegger in exemplarischer, aber aufgrund ihrer Ursprünglichkeit auch besonderer Weise bei der Erschließung des ursprünglichen Christseins: „Wir versuchen, das aus der apostolischen Verkündigung des

---

[51] Ebd., 38.
[52] Vgl. ebd., 38–52. Vgl. hierzu auch Chapelle, „Katholizismus", 359f.
[53] Heidegger, Phänomenologie des religiösen Lebens, 49.
[54] Vgl. hierzu auch ebd., 3: „... es gehört vielmehr zum Sinn der philosophischen Begriffe selbst, daß sie immer unsicher bleiben." Dies verweist auf den Unterschied zwischen Wissenschaft und Philosophie (vgl. ebd.).
[55] Ebd., 131. Vgl. hierzu auch ebd., 112–115.

Paulus zu verstehen."⁵⁶ In diesen Briefen begegnet Heidegger dem Christsein – d.h. dem Christsein des Paulus – im faktischen Vollzug.⁵⁷ Dabei geht es Heidegger vor allem um die Differenz der paulinischen Erfahrung zu allen anderen religiösen oder philosophischen Erfahrungen: „Christentum etwas mit ganz neuem Existenzprinzip: christliche Erlösung!!"⁵⁸ Mit einer geistes- oder religionsgeschichtlichen Einordnung ist daher wenig erreicht.⁵⁹ Jeder Versuch einer solchen Einordnung bleibe unweigerlich an der Oberfläche oder – wie Heidegger zugespitzt formuliert – „prinzipiell irreführend".⁶⁰ Im Vordergrund seines Interesses steht daher das konkrete und ihm eigene „Sein des Paulus, sein Leben", nicht ein „Bild der Persönlichkeit als Typus".⁶¹ In dieser Perspektive zeigt sich Heidegger in diesen Briefen als einer „Behauptung" der „christlichen Lebenserfahrung"⁶² das, was er das konkrete „Glaubensbewußtsein" oder die „Glaubenshaltung" des Paulus nennt. Heidegger spricht in diesem Zusammenhang auch von der „religiösen Grunderfahrung" des Paulus, die es phänomenologisch herauszustellen gelte.⁶³

Diese „Grunderfahrung", so Heidegger weiter, bezeuge das, was er „endzeitliche Faktizität" nennt: „Faktisches Leben: umweltliche, mitweltliche, selbstweltliche Bezüge, bestimmt vom Vollzug der endzeitlichen Faktizität; in ihr gibt es für ihn [scil. Paulus, H.Z.] nur Verkündigung, an ihrem Gelingen oder Scheitern liegt alles."⁶⁴ Nach dem, was bereits gesagt wurde, verwundert es nicht, dass Heidegger, wo er von Eschatologie oder dem „eschatologischen Problem" als dem „Zentrum des christlichen Lebens" spricht,⁶⁵ keine dogmatische Lehre mit bestimmten Gehalten versteht.⁶⁶ Er versteht darunter – genauso wie, folgen wir seiner Deutung, Paulus – eine bestimmte Lebens- oder Seinsweise der Christen, die auf eine Zeitlichkeitserfahrung verweist, die mit der Zeiterfahrung der nicht-christlichen Umwelt nichts zu tun hat. Heidegger verweist hier darauf, wie der Ausdruck der παρουσία „seine ganze begriffliche Struktur, nicht nur seine Bedeutung, im Laufe seiner Geschichte" vor allem in seinem christlichen Gebrauch gewandelt habe.⁶⁷ Denn für den Christen verweise dieser Ausdruck auf das „‚Wiedererscheinen des schon erschienenen Messias', was zunächst im wörtlichen Ausdruck

---

[56] Ebd., 131f.
[57] Vgl. hierzu auch v. Herrmann, Faktische Lebenserfahrung und urchristliche Religiosität, 30f.
[58] Heidegger, Phänomenologie des religiösen Lebens, 128.
[59] Vgl. hierzu auch ebd., 134.
[60] Ebd., 134.
[61] Ebd., 138.
[62] Vgl. hierzu u.a. ebd., 72.
[63] Vgl. etwa ebd., 73.
[64] Ebd., 139. Vgl. auch Kaegi, Die Religion innerhalb der Grenzen der bloßen Existenz, 143f.
[65] Vgl. Heidegger, Phänomenologie des religiösen Lebens, 104; vgl. für Heideggers Verständnis von Eschatologie auch ebd., 115.
[66] Vgl. zur Bedeutung der paulinischen Eschatologie auch Gadamer, Die religiöse Dimension, 313ff.
[67] Heidegger, Phänomenologie des religiösen Lebens, 102. Vgl. auch ebd., 104: „Wie die παρουσία in meinem Leben steht, das weist zurück auf den Vollzug des Lebens selbst ... Von irgendeinem objektiven Begriff der Zeit her kann man unmöglich diese Zeitlichkeit treffen." Vgl. hier auch 195–206.

nicht liegt".[68] An diesem Begriffswandel, so urteilt Heidegger, zeige sich „die andersartige christliche Lebenserfahrung".[69] Heidegger entdeckt bei Paulus daher eine neue Zeiterfahrung: die eschatologische und kairologische Zeiterfahrung christlicher Faktizität.[70] Dies führe dazu, dass der Christ immer in der Trübsal oder Not (ἐν θλίψει) lebe.[71] „Wenn die παρουσία", so Heidegger zum 2. Thessalonicherbrief, „davon abhängt, wie ich lebe, dann bin ich außerstande, das von mir geforderte Glauben und Lieben durchzuhalten, dann komme ich in die Nähe der Verzweiflung. Die so denken ängstigen sich in einem echten Sinn, im Zeichen der wahren Bekümmerung, ob sie die Werke des Glaubens und der Liebe durchführen können und durchhalten werden bis zum entscheidenden Tag. Paulus aber hilft ihnen nicht, sondern macht ihre Not nur noch größer (II Thess 1,5 …)."[72] Daher gibt es für den Christen „keine Sicherheit".[73] Damit aber zeige sich, so Heideggers Deutung, auch ein wichtiges Moment des faktischen Lebens: „[d]ie ständige Unsicherheit ist auch das Charakteristische für die Grundbedeutendheiten des faktischen Lebens."[74] So, wie Paulus die Not der Christen nur noch größer macht, so geht es Heidegger darum, die Not und Beunruhigung des faktischen Lebens phänomenologisch zu erschließen.

Wenn sich also in den Briefen des Apostels Paulus in besonderer Weise das faktische Leben in seiner Zeitlichkeit als unberuhigt, als bekümmert und als ungesichert zeige (und zwar jenseits einer Beeinflussung des Christentums durch griechische Philosophie), so Heideggers Verständnis des Paulus, dann helfe ein phänomenologischer Zugang zu diesen Briefen dabei, das faktische Leben selbst – wider aller Beruhigungs- und Sicherungstendenzen – anzuzeigen und damit auch die hermeneutische Phänomenologie näher zu bestimmen. Denn Heideggers Bemühen um ein Verstehen des ursprünglichen christlichen Lebens ist, wie wir schon gesehen haben, immer auch ein Bemühen um die Neubestimmung des Philosophierens wider Weichenstellungen, die Heidegger in der griechischen Philosophie verortet und die vor allem die geschichtsflüchtige und lebensvergessene theoretische Reduktion von Leben auf Sein als bloße Vorhandenheit betreffen. Es zeigt sich damit in Heideggers Vorlesung aus dem Wintersemester 1920/21 eine Deutung und Kritik der abendländischen Philosophiegeschichte, die sich mutatis mutandis auch auf dem weiteren Denkweg Heideggers nachweisen lässt: Später sieht Heidegger die Geschichte der abendländischen Metaphysik als eine Geschichte der mit Platon ansetzenden Seinsvergessenheit (d.h. der Vergessenheit der Geschichte des Seins), auf die er – vereinfacht gesprochen – durch sein seinsgeschichtliches Denken zu antworten sucht. Spielt später – ab den

---

[68] Ebd., 102.
[69] Ebd., 102.
[70] Vgl. hierzu auch Lehmann, Christliche Geschichtserfahrung und ontologische Frage beim jungen Heidegger, 142ff.
[71] Vgl. hier Heidegger, Phänomenologie des religiösen Lebens, 95.100.
[72] Ebd., 107.
[73] Ebd., 105.
[74] Ebd.

1930er Jahren – Hölderlins Dichtung (neben den Vorsokratikern Parmenides, Heraklit und Anaximander) eine zentrale Rolle bei Heideggers Bemühen um ein andersanfängliches (d.h. nicht dem platonischen Anfang verschuldetes) Denken, so spielt diese Rolle zu Beginn der 1920er Jahre der Apostel Paulus.

Liegt hier aber nicht ein Widerspruch zu der Forderung vor, die Philosophie müsse aus der (je eigenen) faktischen Lebenserfahrung entspringen und in diese zurückspringen? Dieser Widerspruch liegt nicht vor, wenn man beachtet, dass Heidegger sich mit Hilfe der Protophänomenologie des Paulus als eines ihm in seiner faktischen Lebenserfahrung nahen Menschen an das Phänomen der faktischen Lebenserfahrung annähert. Denn er kann sich ja auch nicht auf seinen eigenen (und dennoch auch irgendwie universalen) „gesunden Menschenverstand" verlassen, er bedarf in seiner eigenen Faktizität gewissermaßen eines Gegenüber (so, wie er später in ein Gespräch mit Nietzsche oder Hölderlin eintritt), das ihm ein tieferes Verstehen des faktischen Lebens erlaubt als der allgemeine Menschenverstand oder die überlieferte, stark von Platon beeinflusste philosophische Tradition dies seiner Meinung nach zu leisten vermag. In Paulus, so kann man formulieren, findet Heidegger daher einen Verbündeten im Kampf für die „Entsicherung" oder – um es anderes zu formulieren – im Kampf gegen den das abendländische Denken bestimmenden Kampf gegen die Geschichte wie auch gegen die „Eindrängung" der griechischen Philosophie (insbesondere ihres Seinsverständnisses) in das Christentum.[75] Freilich kann Heidegger philosophisch nicht von jener Hoffnung sprechen, die die Briefe des Paulus durchzieht. Sein Zugang zu Paulus ist bei allem Bemühen um Vorurteilsfreiheit und ein angemessenes Verstehen gleichzeitig perspektivisch auf einzelne Momente der paulinischen Lebenserfahrung bezogen. Die Entsprechung von faktischer Lebenserfahrung, wie Heidegger sie versteht, und der christlichen Lebenserfahrung, wie Paulus sie bezeugt, ist eine immer auch begrenzte Entsprechung.

Das stellt die Bedeutung von Paulus für den jungen Heidegger nicht in Frage: Das faktische Leben, wie Heidegger es bei Paulus bezeugt findet, ist nicht einfach etwas Vergangenes oder als solches Vorhandenes, das objektgeschichtlich verstanden werden könnte; es ist aus seiner zeitlichen Bewegt-

---

[75] Vgl. hierzu auch ebd., 97. Deshalb schränkt Heidegger Versuche, Paulus in die Geschichte des Hellenismus einzuordnen, ein. Vgl. hierzu ebd., 70f. (mit Bezug auf Gal 2,20): „Entscheidend für die Paulinische ‚Mystik'. Reitzenstein macht auf den Zusammenhang der Terminologie mit dem Hellenismus aufmerksam. Doch darf man nicht isoliert philologisch interpretieren (hermetische Schriften)." Heidegger bezieht sich auf Richard Reitzenstein, Die hellenistischen Mysterienreligionen nach ihren Grundgedanken und Wirkungen, Leipzig/ Berlin ²1920. Vgl. für die Grenzen einer solchen Zugangsweise zu den paulinischen Briefen auch Heidegger, Phänomenologie des religiösen Lebens, 79: „Uns ist ein Zusammenhang entgegengetreten, der selbstverständlich zu sein scheint: daß Paulus eine Lehre gibt und Vermahnungen richtet, ganz wie die stoisch-kynischen Wanderprediger der Zeit ... Es entsteht die Frage, ob diese Selbstverständlichkeit wirklich eine solche ist und ob nicht der Zusammenhang von Berufung, Verkündigung, Lehre, Mahnung einen motivierten Sinn hat, der zum Sinn der Religiosität selbst gehört. So ist zum Beispiel die Verkündigung selbst ein religiöses Phänomen, das nach allen phänomenologischen Sinnrichtungen zu analysieren ist."

heit – aus dem Vollzug des Christseins – heraus zu verstehen. Und als solches steht es im Horizont einer Zeiterfahrung, nämlich einer eschatologischen Zeit- und Gnadenerfahrung, die sich wissenschaftlich-theoretisch nicht verstehen lässt. Denn das Verstehen der bekümmerten und „notvollen" Seinsweise der Christen und ihrer Zeiterfahrung ist, folgen wir Heidegger, nur vollzugsgeschichtlich möglich.[76] In *Sein und Zeit* leben diese Motive weiter, so etwa in dem, was Heidegger über die Zeitlichkeit und Geschichtlichkeit des Daseins, über den Rufcharakter des Gewissens oder über die Sorge als „Sein des Daseins" sagt.[77] Allerdings darf hier nicht übersehen werden, dass Heidegger auf seinem Weg zur Fundamentalontologie von *Sein und Zeit* viele Einsichten, die er in seiner Deutung paulinischer Briefe gewinnen konnte, radikal transformiert und auf die fundamentalontologische Frage nach dem Sinn von Sein bezogen hat.[78] Der paulinische und damit auch der christliche Hintergrund vieler dieser Einsichten ist nicht mehr unmittelbar deutlich. Die christliche Lebenserfahrung spielt nämlich nun für Heidegger keine insofern ausgezeichnete Rolle mehr, als der Zugang zu ihr dem Philosophen den Zugang zu einer ursprünglichen Erfahrung des faktischen Lebens erlauben könnte.

---

[76] Methodisch geschieht dies durch das, was Heidegger „formale Anzeige" nennt, durch die der „Bezug und der Vollzug des Phänomens nicht im Voraus bestimmt", sondern „in der Schwebe gehalten" werden (vgl. ebd., 63ff.). Auf Heideggers wichtige Überlegungen zur „Methode" der formalen Anzeige kann hier nur kurz eingegangen werden. Folgen wir Heidegger, so können wir bei einem Phänomen zwischen einem Gehaltssinn (also dem „Was", das in dieser Erfahrung überhaupt erfahren wird), einem Bezugssinn (also dem „Wie" der Erfahrung des Phänomens) und dem Vollzugssinn (also dem „ursprünglichen ‚Wie', in dem der Bezugssinn erfahren wird") unterscheiden. Eine wissenschaftliche Betrachtungsweise, so Heidegger, tendiere dazu, einen theoretischen Bezugssinn vorzuschreiben: Damit werde zudem der Vollzugssinn „verdeckt". Es bleibe also verborgen, dass man in einer bestimmten Weise den Bezugssinn vollzieht. Heidegger wendet sich mit der formalen Anzeige gegen das (für das Vorgehen der Wissenschaften typische) Festlegen eines Phänomens auf etwas theoretisch Objektivierbares und betont gegen das Vergessen des Vollzugssinns, dass jeder Bezugssinn noch einmal eigens in einer bestimmten Weise vollzogen wird. Damit liegt eine phänomenologische „Methode" vor, die dem, was Heidegger das „Historische" oder das „faktische Leben" nennt, gerecht werden kann.

[77] Vgl. Martin Heidegger, Sein und Zeit (Gesamtausgabe 2), hg. von Friedrich-Wilhelm von Herrmann, Frankfurt a.M. 1977, v.a. den zweiten Abschnitt, aber auch das 6. Kapitel des ersten Abschnitts. Hier sei noch kurz auf einen weiteren Gedanken aus Sein und Zeit eingegangen, in dem paulinische Motive zu resonieren scheinen. Im § 34 (222–222) heißt es: „Das Hören ist für das Reden konstitutiv ... Das Hören konstituiert sogar die primäre und eigentliche Offenheit des Daseins für sein eigenstes Seinkönnen, als Hören der Stimme des Freundes, den jedes Dasein bei sich trägt" (ebd., 217). Hier mag die paulinische Aussage, der Glaube komme vom Hören (Röm 10,17), und vielleicht auch der paulinische Gewissensbegriff nachklingen.

[78] Dies gilt u.a. auch hinsichtlich dessen, was Heidegger in Sein und Zeit über das Gewissen und seinen Ruf sagt. Hierzu merkt Dominic Kaegi zu Recht an: „Die Gewissenstheorie von ‚Sein und Zeit' verlagert, was Heidegger aus der Perspektive christlicher Lebenserfahrung als Gnadenwirkung beschreibt, in das Dasein selbst, sie ist der Versuch, die christliche Lebenserfahrung gnadenlos zu denken" (Die Religion innerhalb der Grenzen der bloßen Existenz, 135f.).

3. Heideggers „Paulinismus" – ein Moment seines gesamten Denkweges?

Es kann kein Zweifel daran bestehen, dass die christliche Lebenserfahrung, wie Heidegger sie in den paulinischen Briefen bezeugt findet, ihn in den frühen 1920er Jahren zu wesentlichen Einsichten über das Philosophieren und über das faktische Leben geführt hat. Zusammenfassend können wir Heideggers Interesse an Paulus folgendermaßen charakterisieren: In den Jahren nach dem Ersten Weltkrieg hat Heidegger mit dem „System des Katholizismus" gebrochen, aber noch nicht mit dem Christentum. Er ist vielmehr auf der Suche danach, was denn das ursprünglich Christliche sei. Dabei spielt neben den Mystikern und Augustinus auch Paulus eine wichtige Rolle. Wichtig ist hier auch, dass für Heidegger ein anderer Theologe der christlichen Tradition von großer Bedeutung war, der maßgebliche Anregungen von Paulus empfing: Martin Luther. Heidegger sprach diese theologische Tradition vor allem deshalb an, weil er hier eine Weise des Christseins vorfand, die in großem Kontrast zur Theologie und Philosophie der Neuscholastik stand. Heidegger half die Auseinandersetzung mit dieser theologischen Tradition aber nicht nur für seinen eigenen Glauben. Denn diese Auseinandersetzung hatte auch gravierende Auswirkungen auf sein philosophisches Selbstverständnis. Gerade in der Auseinandersetzung mit dieser Tradition werden Heidegger zunächst einmal die Grenzen der überlieferten Zugangsweisen zu Texten wie etwa den paulinischen Briefen und zu Erfahrungen wie der faktischen Lebenserfahrung des Christen Paulus deutlich. Deutlich wird ihm – nicht zuletzt auch aufgrund der von ihm wahrgenommenen Mängel der damaligen Philosophie – auch die Notwendigkeit einer Neubestimmung dessen, was mit Philosophie gemeint sein kann. Wir können daher von einem sehr komplexen Verhältnis ausgehen: In seinem Bemühen um eine Neubestimmung der Philosophie als einer Hermeneutik des faktischen Lebens hat sich Heidegger den paulinischen Briefen zugewendet; und diese haben ihrerseits eine Rückwirkung auf dieses Bemühen um den rechten Begriff der Philosophie und das rechte Verstehen des faktischen Lebens gehabt. Es ging Heidegger nämlich, wie sich gezeigt hat, nicht einfach um eine Exemplifizierung von Thesen über das Historische oder gar die christliche Faktizität anhand von Paulusbriefen.

Heidegger bleibt weiterhin an der Frage, was Philosophieren eigentlich sei, interessiert. Allerdings ist das Christentum für ihn vor allem ab den späten 1920er Jahren nicht mehr eine „alternative" Stimme, die angesichts der Krise des abendländischen Denkens für ihn eine zentrale Bedeutung gehabt hätte. Neben Hölderlin und den Vorsokratikern wird in diesem Zusammenhang auch die Begegnung mit asiatischen Denkern für Heidegger wichtig. In dem 1937/38 verfassten Text „Ein Rückblick auf den Weg" schreibt Heidegger zwar, „dass auf diesem ganzen bisherigen Weg verschwiegen die Auseinandersetzung mit dem Christentum mitging – eine Auseinandersetzung, die kein aufgegriffenes ‚Problem' war und ist, sondern Wahrung der eigensten Herkunft – des Elternhauses, der Heimat und der Jugend – und schmerzlicher

Ablösung davon in einem",⁷⁹ geht aber auf seine frühen Paulusstudien und -Vorlesung nicht ein (genauso wenig erwähnt er Luther, dem er doch 1923 ausdrücklich seinen Tribut gezollt hatte⁸⁰). Es ist fast so, als erlaube die nun im Vordergrund seines Denkens stehende seinsgeschichtliche Auseinandersetzung mit der abendländischen Metaphysik seit ihrem Anfang in der griechischen Philosophie und sein Versuch einer Verwindung der Metaphysik und ihrer Seinsvergessenheit nur einen sehr verkürzten Bezug auf jene Lebens- und Denktradition, die für Heideggers Denkweg von kurzer, aber entscheidender Bedeutung gewesen ist. Zusammen mit der Ablösung von seiner „eigensten Herkunft" wird ein wichtiger Schritt auf seinem Denkweg dem Vergessen anheim gegeben. Es wäre falsch, Heidegger hier ein bewusstes Verschweigen zu unterstellen. So wenig sein Vergessen bewusst sein dürfte, so sehr ist es aber doch beredt. Es verweist auf eine wichtige Verschiebung im Verhältnis zum Christentum, das auch sein Verhältnis zu Paulus betrifft.

Nach 1921 hat Heidegger sich nicht mehr in ähnlich intensiver Weise wie in seiner Vorlesung „Einleitung in die Phänomenologie der Religion" in einer Lehrveranstaltung mit den paulinischen Briefen auseinandergesetzt. Er bleibt aber durchaus noch an Paulus interessiert. So hat Heidegger in seinem ersten Marburger Semester – im Wintersemester 1923/24 – an einem Seminar von Rudolf Bultmann zur Ethik des Paulus teilgenommen.⁸¹ In diesem Seminar hat Heidegger sogar ein (auf zwei Sitzungen verteiltes) Referat gehalten, allerdings zum „Problem der Sünde bei Luther" und nicht zu Paulus.⁸² Es finden sich des Weiteren in seinen späteren Schriften gelegentlich Bemerkungen, die deutlich auf Heideggers früheres intensives Interesse an Paulus verweisen. Auf einige Aspekte der Tiefenwirkung seiner Paulusstudien auf *Sein und Zeit* sind wir schon eingegangen. Viel mehr wäre zu sagen; der zukünftigen Forschung stellen sich hier noch wichtige weitere Aufgaben. Erwähnt sei hier nur noch eine Fußnote in *Sein und Zeit*, in der Heidegger darauf aufmerksam macht, dass die „in der christlichen Theologie ausgearbeitete Anthropologie ... immer schon – von Paulus an bis zu Calvins meditatio futurae vitae – bei der Interpretation des ‚Lebens' den ‚Tod' mitgesehen"⁸³ habe – wie ja Heidegger selbst das Dasein als „Sein zum Ende des

---

[79] Martin Heidegger, Besinnung (Gesamtausgabe 66), hg. von Friedrich-Wilhelm von Herrmann, Frankfurt a.M. 1997, 415.

[80] Vgl. Heidegger, Ontologie (Hermeneutik der Faktizität), 1.

[81] Vgl. zu Heideggers Freundschaft mit Bultmann neben dem Briefwechsel zwischen Heidegger und Bultmann auch Andreas Großmann, Zwischen Phänomenologie und Theologie. Heideggers „Marburger Religionsgespräch" mit Rudolf Bultmann, in: ders., Heidegger-Lektüren. Über Kunst, Religion und Politik, Würzburg 2005, 27–49 sowie Pöggeler, Philosophie und hermeneutische Theologie, 31–136. Sehr aufschlussreich ist – vor allem auch mit Blick auf Bultmanns Schüler Heinrich Schlier – Karl Kardinal Lehmann, Heinrich Schliers Begegnung mit Martin Heidegger. Ein lehrreiches Kapitel im Verhältnis Philosophie – Theologie, in: Werner Löser / Claudia Sticher (Hg.), Gottes Wort ist Licht und Wahrheit. Eine Erinnerung an Heinrich Schlier, Würzburg 2003, 22–46.

[82] Vgl. hierzu Jaspert, Sachgemäße Exegese, 28–33; Pöggeler, Philosophie und hermeneutische Theologie, 32f.

[83] Heidegger, Sein und Zeit, 331. Ähnlich hat Martin Heidegger diese Einsicht schon 1927 in der Abhandlung „Der Begriff der Zeit" formuliert (vgl. Martin Heidegger, Der Begriff der

Daseins", d.h. zum Tod, verstand. In der 1949 verfassten Einleitung zu seiner Freiburger Antrittsvorlesung „Was ist Metaphysik?" bezieht sich Heidegger noch einmal ausdrücklich auf 1Kor 1,20, um die Philosophie (als „Weisheit der Welt") der „Erfahrung des Christseins" radikal entgegenzusetzten. Heidegger schließt mit einer Frage, die sich wie ein Echo seines frühen „Paulinismus" liest: „Ob die christliche Theologie sich noch einmal entschließt, mit dem Wort des Apostels und ihm gemäß mit der Philosophie als einer Torheit Ernst zu machen?"[84]

Dieses Zitat steht bereits im Kontext der bereits in der zweiten Hälfte der 1920er Jahren feststellbaren zunehmenden Entfremdung Heideggers von der (Glaubens-)Welt des Apostels Paulus. Er machte ja mit der Philosophie ernst und konnte daher – seinem damaligen Selbstverständnis nach – mit dem „Wort des Apostels" nicht mehr ernst machen. Allerdings kann man Heideggers späteren Denkweg auch nicht einfach als un- oder anti-paulinisch bezeichnen. Denn es gibt einen – freilich äußerst eigenwilligen und heterodoxen – Paulinismus auch nach Heideggers frühen Vorlesungen zu Paulus. Dies hat den folgenden, implizit schon genannten Grund: Bestimmte Momente der paulinischen Briefe haben Heidegger angesprochen, weil er seine eigene Denk- und Lebenserfahrung in ihnen spiegeln und so weitere (Denk-)Erfahrungen machen konnte. Hans-Georg Gadamer spricht von einer „wahren Wahlverwandtschaft", mit der Heidegger auf die „ältesten Urkunden des Neuen Testaments, die Paulusbriefe", zurückgegangen sei.[85] Diese „Wahlverwandtschaft" verschwand nicht einfach im Verlauf der 1920er Jahre, sondern wurde transformiert, sodass aufgrund dieser bleibenden „Verwandtschaft" im Verlaufe von Heideggers weiterem Denk- und Lebensweges auch bestimmte paulinische Momente wichtig blieben.[86] Dies gilt vor allem

---

Zeit [Gesamtausgabe 64], hg. von Friedrich-Wilhelm von Herrmann, Frankfurt a.M. 2004, 48; vgl. auch die Bezugnahme Heideggers auf Gal 4,4 und Eph 1,9f. ebd., 107). Vgl. zum Zusammenhang des Verständnisses des Menschen bei Paulus und bei Heidegger auch Thomas Söding, Die Trias Glaube, Hoffnung, Liebe bei Paulus. Eine exegetische Studie (Stuttgarter Bibelstudien 150), 206–208.

[84] Martin Heidegger, Einleitung zu „Was ist Metaphysik?", in: Martin Heidegger, Wegmarken (Gesamtausgabe 9), hg. von Friedrich-Wilhelm von Herrmann, Frankfurt a.M. ²1996, 365–383, hier 379.

[85] Gadamer, Die religiöse Dimension, 310. Heidegger selbst hat in seinen Überlegungen zum phänomenologischen Verstehen darauf aufmerksam gemacht, dass der Betrachter eines Phänomens „von einer Vertrautheit mit dem Phänomen getragen werden" müsse (Heidegger, Phänomenologie des religiösen Lebens, 82). Damit räumt Heidegger implizit seine Vertrautheit mit der faktischen Lebenserfahrung des Paulus ein. Dominic Kaegi spricht daher davon, dass sich in diesen Vorlesungen Heideggers eine „erstaunliche Nähe zum Christentum" zeige (Die Religion innerhalb der Grenzen der bloßen Existenz, 137). Allerdings bedeutet dies nicht, dass Heidegger Paulus aus einer religiösen Perspektive deutet. Vgl. hier auch Heidegger, Phänomenologie des religiösen Lebens, 84 und dazu Stagi, Der faktische Gott, 123.

[86] Darauf hat schon Max Scheler – in sehr polemischer, gegen sowohl Heidegger als auch Paulus gerichteter Weise – hingewiesen. In den nachgelassenen Schriften Schelers heißt es: „Ich habe immer noch die gelinde Angst, daß hinter dieser Philosophie Heideggers, die jede philosophische Idee eines ens a se ablehnt, noch eine spezifisch antiphilosophische ‚Theologie' steckt, eine Offenbarungstheologie im schroffen und höchst peinlichen Sinne eines Karl Barth, der mir zumutet, einen sogenannten ‚Gott' anzunehmen und zu ‚glauben', nicht auf-

für *Sein und Zeit*, aber auch für andere, spätere Werke Heideggers, deren Nähe zu Paulus ein wichtiger Gegenstand zukünftiger Forschung sein dürfte. Deutlich ist etwa eine Nähe von Heideggers Denken „vom Ereignis" des Seins zum paulinischen Gnaden- und Geschichtsverständnis. In beiden Fällen wird ein Zeit- und Geschichtsverständnis infrage gestellt, das von der Homogenität einer bruchlos dahinfließenden Zeit ausgeht: im einen Fall seinsgeschichtlich, im anderen kairologisch-eschatologisch. Wenn Heidegger in seinem Rückblick auf den Weg des Denkens davon spricht, der „neue Stil des Denkens ... – die Verhaltenheit in der Wahrheit des Seyns; das Sagen des Erschweigens – das Reifmachen für die Wesentlichkeit des Einfachen"[87] müsse sich in der zunächst nur möglichen Veröffentlichung der „Beiträge zur Philosophie" kundgeben, so schwingen hier und in anderen, nach *Sein und Zeit* verfassten Texten auch paulinische Töne und damit Bezüge auf die Sendungs-, Wahrheits- und Gnadenerfahrung des Paulus mit.[88] Und spricht Heidegger in den 1960er Jahren vom „Ende der Philosophie" und der „Aufgabe des Denkens",[89] so mag hier – noch einmal – die paulinische Entgegenset-

---

grund meiner Vernunft, sondern aufgrund des mir persönlich (es handelt sich ja eben um Glauben und Vertrauen) höchst unglaubwürdigen und mir gar nicht ‚Vertrauen' erweckenden hysterischen Juden Paulus und seines mir höchst mißfälligen Geredes über ‚Gott'. Sollte das der Fall sein, so muß ich freimütig erklären, daß die Tragkraft dieser Schlußweise ‚meiner' Vernunft mir unvergleichlich wesentlicher erscheint, als alle ‚Offenbarungen', die ja gläubige Gemüter vorgeben – besonders aber als das Gerede des Paulus" (Max Scheler, Späte Schriften [Gesammelte Werke 9], Studienausgabe, Bonn ³2008, 292). Wesentlich sachlicher urteilt Klaus Berger, der im Hinblick auf Rudolf Bultmanns Auseinandersetzung mit Heidegger folgendes schreibt: „Wer einwendet, der Anschluß an Heidegger sei zu schnell und blindlings erfolgt, muß sich belehren lassen, daß die Philosophie Heideggers wirkungsgeschichtlich gesehen und auch tatsächlich ... einige Analogien zu johanneischer und paulinischer Theologie aufweist" (Berger, Exegese und Philosophie, 156). In vergleichbarer Weise äußert sich gegenüber Karl Barth auch Rudolf Bultmann in einem Brief vom November 1952: „Wenn die Theologie von der Existenz-Philosophie lernt, wie Existenz begrifflich zu explizieren ist, so sehe ich nicht, wie diese Abhängigkeit die Theologie vergewaltigen sollte. Umgekehrt hat die Existenz-Philosophie von der Theologie bzw. vom NT ihrerseits gelernt, das Phänomen der Existenz in den Blick zu bekommen, wie es aus der Bedeutung, die Paulus, Augustin, Luther und Kierkegaard für Heidegger und Jaspers (auch schon für den Grafen Yorck) gehabt haben, hervorgeht" (Karl Barth / Rudolf Bultmann, Briefwechsel 1922–1966 [Karl Barth, Gesamtausgabe V,1], 2., revidierte und erweiterte Auflage, hg. von Bernd Jaspert, Zürich 1994 [1971], 184; vgl. zu diesem Zitat auch Klaus Berger, Exegese und Philosophie, 130f.). Vgl. in diesem Zusammenhang auch Karl Lehmann, Christliche Geschichtserfahrung und ontologische Frage beim jungen Heidegger, 145: „Im Durchdenken dieser (scil. von Paulus bezeugten, H. Z.) Erfahrungen sind die Begriffe Faktizität, Befindlichkeit, Entwurf, Sorge, Entschlossenheit, usf. mit-entstanden ... Ähnliches zeigt sich bei anderen Strukturen in ‚Sein und Zeit', die eine denkwürdige Verwandtschaft zur paulinischen Theologie bezeugen ... Durchzieht also nicht den ganzen Heidegger die Erinnerung an diese (scil. sich in den paulinischen Briefen zeigende, H.Z.) Erfahrung der Geschichte?" Lehmann geht auch auf wichtige Differenzen zwischen Heideggers Fundamentalontologie und den paulinischen Briefen ein (vgl. ebd., 145–150). Vgl. hierzu auch Brejdak, Philosophia Crucis, 129–196.

[87] Heidegger, Besinnung, 427.
[88] Vgl. hier auch Hans-Georg Gadamers vorsichtige Bemerkungen zur „Parallele" zwischen Heideggers seinsgeschichtlichem Denken und der urchristlichen Lebenserfahrung (Gadamer, Die religiöse Dimension, 318).
[89] Vgl. Martin Heidegger, Das Ende der Philosophie und die Aufgabe des Denkens, in: ders., Zur Sache des Denkens, Tübingen 1969, 61–80.

zung der Torheit der Welt und der Weisheit Gottes (vgl. 1Kor 1,20ff.) von Ferne nachklingen. Diese auch beim späten Heidegger noch feststellbare Nähe zu Paulus (freilich bei aller Ferne!) mag auch erklären, warum katholische und protestantische Theologen Heideggers Spätphilosophie aufgreifen und für die Theologie fruchtbar machen konnten.

Heidegger selbst sollte die Bedeutung der paulinischen Briefe für seinen Denkweg nicht nur verschweigen. Seine diesbezüglichen Äußerungen erscheinen aber sehr ambivalent. Laut Rudolf Bultmann habe er „nie einen Hehl daraus gemacht, daß er durch das Neue Testament, speziell Paulus, und durch Augustinus und besonders Luther beeinflußt ist".[90] Ein Hinweis von Otto Pöggeler scheint auf ein anderes Verhältnis des späten Heidegger zu seinem frühen „Paulinismus" zu verweisen: „Nur mit Mißtrauen", so Pöggeler, „sah Heidegger selbst schon um 1960 auf Versuche (etwa von Karl Lehmann und mir), seine frühe Orientierung am Paulusverständnis des jungen Luther von den Quellen her darzulegen."[91] Das dürfte bedeuten, dass Heidegger vermutlich auch Versuche, sein eigenes Paulusverständnis und dessen Bedeutung für sein frühes Philosophieren zu erörtern, kritisch gesehen hätte. Wenn auch der späte Heidegger selbst Paulus nicht mehr die Bedeutung zuschreibt, die der Apostel ohne Zweifel für seinen frühen Denkweg gehabt hat, so hat die Philosophie des 20. Jahrhunderts in nicht unbeträchtlicher Weise ihr Interesse an Paulus ihm – Heidegger und seinen Anregungen – zu verdanken. Denn wo Paulus philosophisch ernst genommen wird, ist Heidegger oft nicht fern (auch wenn sich gerade von Heideggers Denken her immer neu die Frage stellt, wie man Paulus philosophisch ernst nehmen kann).

---

[90] So Rudolf Bultmann in einem Brief an Gerhard Wolfgang Ittel vom 13. Mai 1955, zitiert nach: Gerhard Wolfgang Ittel, Der Einfluß der Philosophie M. Heideggers auf die Theologie R. Bultmanns, in: Kerygma und Dogma 2 (1956), 90–108, hier 92.

[91] Pöggeler, Braucht Theologie Philosophie? Von Bultmann und Heidegger bis Voegelin und Assmann (Nordrhein-Westfälische Akademie der Wissenschaften. Geisteswissenschaften. Vorträge G 410), Paderborn 2007, 18. Vgl. hier auch Pöggeler, Philosophie und hermeneutische Theologie, 305: „Demgegenüber wusste ich vor allem durch Beckers Berichte über Heideggers frühe Freiburger Vorlesungen, dass Heidegger schon 1920/21 die Paulusbriefe für seine systematischen Anliegen nutzte. (Wenigstens als Anhang sind diese Vorlesungen schließlich auch in der Gesamtausgabe zu den Vorlesungen gestellt worden, die Heidegger allein hatte gelten lassen wollen.) Für Heidegger ordneten sich wenigstens im Alter die Dinge anders." Zur Bedeutung von Heideggers Lutherstudien vgl. u.a. Otto Pöggeler, Heideggers Luther-Lektüre im Freiburger Theologenkonvikt, in: Denker/Gander/Zaborowski (Hg.), Heidegger und die Anfänge seines Denkens, 185–196; Karl Kardinal Lehmann, „Sagen, was Sache ist": der Blick auf die Wahrheit der Existenz. Heideggers Beziehung zu Luther, in: Fischer/v. Herrmann (Hg.), Heidegger und die christliche Tradition, 149–166.

Michael Großheim / Henning Nörenberg

Die paulinische Anthropologie aus Sicht der Leibphänomenologie von Hermann Schmitz

1. Der Horizont der Schmitzschen Paulusinterpretation

Eine phänomenologische Auseinandersetzung mit den paulinischen Schriften beschäftigt sich vor allem mit der Frage, wie in diesen Schriften mehr oder weniger unmittelbar erfahrene Phänomene des (religiösen) Lebens thematisiert werden. Wie Heidegger in seiner frühen Vorlesung zur *Einleitung in die Phänomenologie der Religion* betont, besteht die Aufgabe einer *phänomenologischen* Explikation religiöser Motive in der Klärung dessen, auf welche Weise das Göttliche der faktischen Lebenserfahrung – und nicht etwa dem spekulativen Denken – gegeben ist.[1] Freilich stellt die Phänomenologie eine bestimmte Art der Theorie dar, wie auch die verschiedenen ontologischen, psychologischen, theologischen, christologischen Theorien – wie jede andere Theorie ist sie ein besonderer Modus des faktischen Lebens und dessen Orientierung zur Welt. Und in der Tat fehlt es der Phänomenologie weder an einer eigenen Logik der Forschung noch an Grundbegriffen, mit denen sie sich ihrer Materie, der unmittelbaren Lebenswirklichkeit, nähert. Aber im Gegensatz zu vielen anderen Theorien operiert die phänomenologische Explikation näher am Faktisch-Empirischen, wie es sich dem unbefangenen Erfahren darstellt. Sie befindet sich daher einige Etagen unterhalb der gängigen „Logien" – seien es nun Ontologien, Psychologien, Theologien, Christologien –, denn in diesen sind spekulative oder aus der Tradition übernommene Begrifflichkeiten zumeist ausschlaggebender als die unmittelbaren (und oft auch viel problematischeren) Phänomene, mit denen es die faktische Lebenserfahrung zu tun hat.

Die hier skizzierte Interpretation der paulinischen Texte aus der Perspektive der Phänomenologie nach Hermann Schmitz beansprucht also keineswegs, eine vollständige und in jeder Hinsicht erschöpfend differenzierte Auslegung zu leisten. Wie die meisten anderen philosophischen Auseinandersetzungen mit dem Apostel konzentriert sie sich vor allem auf Stellen, die sich mit ihrem speziellen Kategorieninventar gut erfassen lassen. In diesem Fall also solche Stellen, die als Rekurs auf das faktische Erfahren zu verstehen sind – mögen sie in dogmatischer oder politiktheoretischer Hinsicht noch so nebensächlich erscheinen. Anders als etwa Alain Badiou oder Giorgio Agamben, die sich mit Paulus vor allem unter Gesichtspunkten der Konsti-

---

[1] Vgl. Martin Heidegger, Phänomenologie des religiösen Lebens (Gesamtausgabe 60), Frankfurt a.M. 1995, 97: „Für die Explikation ergibt sich die Aufgabe, den Sinn der Gegenständlichkeit Gottes zu bestimmen. Es ist ein Abfall vom eigentlichen Verstehen, wenn Gott primär als Gegenstand der Spekulation gefaßt wird."

tuierung eines ethisch-politischen Subjekts auseinandersetzen und auch ein dementsprechendes Kategorieninventar anwenden, geht es Schmitz in seiner Pauluslektüre vor allem um die Thematisierung eigenleiblichen Spürens.[2] Wie wir weiter unten sehen werden, schließt dies mitnichten aus, dass die leibphänomenologische Lesart *en passant* auch den einen oder anderen Punkt herausarbeitet, der in der Diskussion um die politischen Implikationen der paulinischen Texte berücksichtigt zu werden verdient.

Nach einer kurzen Einführung in das Projekt der Leibphänomenologie und einigen philologischen Hinweisen zu Schmitz' Pauluslektüre wenden wir uns zunächst dem exponierten Leib als einem Leitmotiv der paulinischen Anthropologie zu. Vor diesem Hintergrund rückt dann die leiblich gebundene Beziehung zum πνεῦμα in den Fokus, da sie in der Schmitzschen Lesart besonders relevant für die Konstitution des Subjekts nach Paulus ist. Die letzten beiden Abschnitte sind den ethischen und politischen Implikationen dieser Beziehung gewidmet, die von Paulus konsequent im Zusammenhang mit der Phänomenalität leiblichen Erlebens thematisiert werden.

1.1. Zur Phänomenologie des Leibes

Paulus wird für Schmitz dadurch bedeutsam, dass er von bestimmten, als problematisch eingeschätzten Prägungen der antiken griechischen Philosophie weitgehend unberührt zu sein scheint. Da nach Schmitz' Auffassung diese frühen Weichenstellungen im mainstream der europäischen Philosophie weiter verfolgt werden und auch noch das Denken der Gegenwart beherrschen, wird Paulus zu einer Chance, die Einseitigkeit der eigenen anthropologischen Orientierung zu erkennen.

Einer verbreiteten Auffassung zufolge leben wir heute in einer Zeit des „Körperkults". Gemeint ist, dass viele Menschen sich darum bemühen, ihren eigenen Körper in Richtung auf Gesundheit, Fitness und sexuelle Attraktivität zu gestalten, indem man ihm bestimmte Stoffe zuführt oder entzieht, indem man ihn trainiert oder operiert. Aber nicht nur in der Praxis der Menschen zeigt sich dieses außerordentliche Interesse am Körper, auch in der Theorie der letzten Jahrzehnte lässt sich eine immer noch ungebrochene Konjunktur des Körpers beobachten, der aus den verschiedensten Perspektiven konstruiert und dekonstruiert wird.[3] Abseits dieser Diskussionen um den

---

[2] In diesem Zusammenhang sei folgender Hinweis gestattet: Schmitz ist in seiner systematischen Religionsphilosophie kaum an der Frage nach einem individuellen oder kollektiven Heil interessiert (vgl. Hermann Schmitz, Das Göttliche und der Raum [System der Philosophie III-4, 1977], Bonn 2005 [Studienausgabe], 11f.). Das heißt, in seiner Pauluslektüre ist keine Auseinandersetzung mit dem Thema „Messianismus" zu erwarten, das bei einigen Paulusphilosophen, besonders bei Agamben, sehr prominent ist.

[3] Eine kleine, gemessen an der großen Mannigfaltigkeit kaum repräsentative Auswahl: Claudia Benthien / Christoph Wulf (Hg.), Körperteile. Eine kulturelle Anatomie, Reinbek bei Hamburg 2001; Elisabeth List / Erwin Fiala (Hg.), Leib Maschine Bild. Körperdiskurse der Moderne und Postmoderne, Wien 1997; Helmut Milz, Der wiederentdeckte Körper. Vom schöpferischen Umgang mit sich selbst, München 1994; Philipp Sarasin, Reizbare Maschi-

richtigen Zugang zum Körper hat sich seit dem letzten Jahrhundert eine Gruppe von Philosophen vor allem aus der Phänomenologie dafür eingesetzt, neben dem Körper auch den Leib anzuerkennen und zu erforschen. Wenn man die kritische Komponente dieser Bemühungen zuspitzen wollte, könnte man die These wagen: Wir leben in einer Kultur der Körperfixierung, und wir leben zugleich in einer Kultur der Leibvergessenheit. Schmitz hat die Geschichte der Verdeckung (und sporadischen Wiederentdeckung) des Leibes in der abendländischen Geistesgeschichte ausführlich rekonstruiert.[4] Zum vollen Verständnis der These müsste jedoch der Unterschied zwischen Körper und Leib näher erläutert werden. Das soll in diesem Abschnitt in geboten knapper Form geschehen.

Verantwortlich für die anthropologische Konzentration auf den Körper anstelle des Leibes ist einerseits die seit langer Zeit von Philosophen betriebene Abwertung leiblicher Phänomene unter dem Titel des „Körpers" – vor allem durch seine Stilisierung zum bloßen Instrument (z.B. Demokrit, Platon, Aristoteles).[5] Verantwortlich ist andererseits eine in unserer Kultur zu konstatierende Dominanz des Sehens, wie sie vielfach von Philosophen kritisch hervorgehoben worden ist.[6]

Die *Perspektive des Anderen*, insbesondere die des Arztes liegt uns nahe: Der Körper ist dann so etwas wie eine Maschine, die gewartet und gepflegt werden muss, die gelegentlich Schwierigkeiten macht, meist aber reibungslos

---

nen. Eine Geschichte des Körpers 1765–1914, Frankfurt a.M. 2001; Richard Sennett, Fleisch und Stein. Der Körper und die Stadt in der westlichen Zivilisation, Berlin 1995 (engl. Originalausgabe 1994); Antje Stache, Das Harte und das Weiche. Körper – Erfahrung – Konstruktion, Bielefeld 2006; Anne-Christin Stockmeyer, Identität und Körper in der (post)modernen Gesellschaft. Zum Stellenwert der Körper/Leib-Thematik in Identitätstheorien, Marburg 2004.

[4] Die wichtigsten Stationen dieser Geschichte sind: Homer (Ilias und Odyssee), Platon, Aristoteles, die Stoa, Paulus, die Herz-Jesu-Mystik des deutschen Mittelalters, die Kabbala, Jacob Böhme, Oetinger, Kant, die romantische Naturphilosophie, Schellings Tonoslehre, Schopenhauer, Maine de Biran, die Philosophie und medizinische Psychologie des 20. Jahrhunderts (Max Scheler, Helmuth Plessner, Jean-Paul Sartre, Maurice Merleau-Ponty, Herbert Plügge, Paul Christian, V.E. Freiherr v. Gebsattel, Jürg Zutt); vgl. dazu Hermann Schmitz, Der Leib (System der Philosophie II-1, 1965), Bonn 2005 (Studienausgabe), 365–601.

[5] Vgl. Demokrit, Fragment 264: „Wenn der Körper gegen sie (die Seele) einen Prozeß bekäme wegen der Schmerzen und Mißhandlungen, die er von ihr während des ganzen Lebens erfahren, und er selbst (Demokrit) Richter über die Anklage würde, so würde er gern die Seele verurteilen, auf Grund davon, daß sie den Leib teils durch Vernachlässigung zugrunde richtete und durch Betrunkenheit lockerte, teils durch Wollüste vernichtete und zerrisse, etwa wie wir einen rücksichtslosen Benutzer eines Instruments oder Geräts verantwortlich machen würde, wenn es in schlechtem Zustande wäre." – Demokrit, Fragment 270: „Diener verwende wie Glieder des Körpers, jeden zu etwas anderem." – Sophokles, Fragment 940: „Ist auch der Körper Sklave, bleibt der Geist doch frei." – Platon, Alkibiades I, 129 e: (Sokrates spricht) „Bedient sich nun der Mensch nicht auch seines ganzen Körpers? ... Das Brauchende aber und das Gebrauchte waren zweierlei? ... Also ist der Mensch etwas anderes als sein Körper? ... Er ist das sich des Körpers Bedienende." – Xenophon, Erinnerungen an Sokrates I, 4, 17: (Sokrates spricht) „Mein Bester, bedenke, daß deine Vernunft, die diesen Körper bewohnt, mit diesem umgeht, wie sie will." – Aristoteles, Protreptikos XIII: „Ferner ist der eine Teil von uns Seele, der andere Körper. Der eine herrscht, der andere wird beherrscht; der eine benützt, und der andere dient als Werkzeug."

[6] Vgl. z.B. Martin Heidegger, Sein und Zeit, Tübingen [15]1984 (Erstausgabe 1927), 147.171.358.

funktioniert und dann auch nicht der Rede wert ist. Das Entscheidende ist: Mein Körper wird so zu einem Gegenstand unter vielen anderen in der Welt. Davor hat der französische Philosoph Gabriel Marcel 1935 in seinem Buch „Sein und Haben" gewarnt: „Mein Körper ist kein und kann kein Objekt im Sinne eines außerhalb von mir liegenden Apparates sein. Es besteht die Tendenz, diesen Unterschied zwischen meinem Körper und einem mir derart gehörenden Apparat (einer Armbanduhr) so weit wie möglich zu minimalisieren. Die Amerikaner lassen sich in Kliniken *verifizieren*."[7]

Die Apparate, mit denen der Mensch sich vergleicht, wandeln sich kulturgeschichtlich. Heutzutage dürfte die Vorlage, die zur Identifizierung einlädt, nicht mehr die bei Philosophen jahrhundertelang beliebte Uhr sein, sondern das Auto oder der Computer. Wir sprechen relativ gedankenlos in einem sehr distanzierten, von der Fremdperspektive bestimmten Ton über unseren eigenen Körper, wenn wir etwa sagen, wir wollten ihn, den Körper, einmal wieder „durchchecken" lassen, der Körper müsse zum „TÜV", die „Pumpe" mache es nicht mehr, der „Kreislauf" bereite Probleme, der „Stoffwechsel" funktioniere nicht richtig, man befinde sich im „Leerlauf", müsse einmal „abschalten" oder wieder „auftanken" usw.

Die Selbstentfremdung, die hier zum Ausdruck kommt, stammt aus der traditionellen Bevorzugung bestimmter Selbst-Zugänge: Das Sehen und das Tasten führen nämlich zum eigenen Körper genauso wie zu beliebigen anderen (menschlichen oder nicht-menschlichen) Körpern. Ganz anders sieht die Sache aus, wenn man auch das Spüren als Zugang zulässt.[8] Eine solchermaßen erweiterte Anthropologie kann durch eine zweite These ausgedrückt werden: Der gespürte *Leib* lässt sich vom sicht- und tastbaren *Körper* unterscheiden.

Die hier gemeinte Unterscheidung, die sich mit den deutschen Ausdrücken „Leib" und „Körper" bequem fassen lässt, verdankt sich mitnichten einer Differenz auf der Ebene der Signifikanten, sondern bezieht sich in der Tat auf zwei der Sache nach verschiedene Phänomene, die von den Phänomenologen des 20. Jahrhunderts – zu nennen wären vor allem Husserl, Scheler, Plessner, Sartre und Merleau-Ponty – nach und nach immer deutlicher voneinander abgehoben werden. Hermann Schmitz schließlich nimmt die Unterscheidung zwischen Leib und Körper über die jeweilige Art der Örtlichkeit vor: Der Leib ist absolut-örtlich bestimmt, während der Körper relativ-örtlich bestimmt ist. Schmitz definiert diese Begriffe so: „Relativ heißt ... ein Ort, wenn er durch räumliche Orientierung bestimmt ist, d.h. durch ein System von Lage- und Abstandsbeziehungen, wodurch mehrere Orte einander wechselseitig identifizierbar werden lassen. Absolut heißt ein Ort dagegen, wenn er unabhängig von räumlicher Orientierung bestimmt oder identifizierbar ist."[9] Husserl, Plessner und Merleau-Ponty haben bereits entsprechende Be-

---

[7] Gabriel Marcel, Sein und Haben, Paderborn ²1968 (frz. Originalausgabe 1935), 118.

[8] Vgl. zum „Spüren": Ulrich Pothast, Lebendige Vernünftigkeit. Exposition eines philosophischen Konzepts (Rostocker Phänomenologische Manuskripte 4), hg. v. Michael Großheim, Rostock 2009.

[9] Schmitz, Der Leib, 6.

obachtungen gemacht. Husserl hat die Auszeichnung des Leibes darin gesehen, dass er „Träger des Orientierungspunktes Null" sei, dass er sich „immerfort im Modus des letzten zentralen Hier" befinde, nämlich „in einem Hier, das kein anderes außer sich hat, in Beziehung auf welches es ein ‚Dort' wäre." Husserl stellt in diesem Sinne fest: „Ich habe alle Dinge mir gegenüber, sie sind alle ‚dort' – mit Ausnahme eines einzigen, eben des Leibes, der immer ‚hier' ist."[10]

Die Differenz über eine besondere Form des Ortes zu markieren, hat also bereits Tradition. Schmitz pflegt nun den Unterschied zwischen Leib und Körper auch noch auf andere Weise zu verdeutlichen. Der Körper lässt sich nämlich ohne Probleme *kontinuierlich* wahrnehmen, indem wir an uns hinuntersehen oder hinuntertasten, während dies beim Leib nicht möglich ist: Der Versuch, an sich selbst aufmerksam ‚hinunterzuspüren', führt nicht zu einer entsprechenden Erfahrung von Stetigkeit, sondern präsentiert nur ein mehr oder weniger verschwommenes Gewoge von „Leibesinseln". Weitere Abgrenzungen sind möglich, können hier aber nicht im Einzelnen verfolgt werden.[11]

Entscheidend ist die Einsicht, dass es sich beim Spüren am eigenen Leibe um ein eigenes Gegenstandsgebiet handelt. Beispiele für leibliche Regungen, die wir durch eigene Namen ausgezeichnet haben, sind: Schmerz, Jucken, Kitzel, Beklommenheit, Aus- und Einatmen, Aufatmen, Seufzen, Hitze- und Kältewellen, gespürtes Herzklopfen, Leere im Kopf, Hunger, Durst, Wollust, Ekel, Müdigkeit, Frische, Behagen, Schreck (peinlicher oder freudiger), Kraftanstrengung, Druck, Zug und Gegendruck, Bestürzung, Entspannung, Erleichterung. Dies sind leibliche Erfahrungen, für die es eigene sprachliche Bezeichnungen gibt. Für hinreichend auffällige leibliche Regungen greifen wir auch auf kompliziertere sprachliche Wendungen zurück wie das bekannte „flaue Gefühl in der Magengrube" und die „schlotternden Knie", oder wir nutzen sprachliche Neuschöpfungen wie das grobe Bild von „Flugzeugen in meinem Bauch". Menschen existieren nun aber keineswegs leiblos, wenn sie gerade nicht von Schmerz, Kitzel, Erleichterung oder anderen auffälligen Regungen betroffen sind. Für viele leibliche Zustände fehlen uns bisher noch die sprachlichen Ausdrucksmöglichkeiten. Das ändert nichts an unserer grundsätzlichen leiblichen Verfasstheit als Menschen. Wir entkommen dem Leib nicht, auch nicht im Schlaf.

Allgemein ist folgende Bestimmung des Leibes die einfachste und eingängigste: Leiblich ist das, was ein Mensch in der Gegend seines Körpers von

---

[10] Edmund Husserl, Ideen zu einer reinen Phänomenologie und phänomenologischen Philosophie II, hg. v. Marly Biemel, Dordrecht u.a. 1991, 56f.158.159; vgl. ferner ebd., 127f.; Helmuth Plessner, Die Stufen des Organischen und der Mensch. Einleitung in die philosophische Anthropologie, Berlin / New York ³1975 (Erstausgabe 1928), 294f.; Maurice Merleau-Ponty, Phänomenologie der Wahrnehmung, Berlin 1966 (frz. Originalausgabe 1945), 125f.

[11] Z.B. durch die Unteilbarkeit leiblicher Phänomene, vgl. Schmitz, Der Leib, 57. Weiterhin durch die Unterscheidung des perzeptiven (körperorientierten) vom motorischen (leiborientierten) Körperschema vgl. Hermann Schmitz, Der gespürte Leib und der vorgestellte Körper, in: Michael Großheim (Hg.), Wege zu einer volleren Realität. Neue Phänomenologie in der Diskussion, Berlin 1994, 75–91.

sich spüren kann, ohne sich auf das Zeugnis der fünf Sinne (Sehen, Hören, Tasten, Riechen, Schmecken) und des perzeptiven Körperschemas zu stützen. Das perzeptive Körperschema ist das aus Erfahrungen des Sehens und Tastens abgeleitete habituelle Vorstellungsbild des eigenen Körpers.[12] Der Psychiater Wolfgang Blankenburg pflegte in seinen Vorlesungen die Aufmerksamkeit für den Leib zu wecken, indem er sein Publikum aufforderte, still zu sein, die Augen zu schließen und auf sich selbst zu achten. Spätestens nach fünf Minuten, so berichtet Blankenburg, spürte auch der Letzte etwas in der Gegend seines Körpers, nämlich seinen Leib, und sei es auch nur in Gestalt der eigenen Müdigkeit oder eines unangenehmen Druckes durch eine zu harte Sitzfläche.

Hermann Schmitz hat das Gegenstandsgebiet des Leibes mit Hilfe eines „Alphabets der Leiblichkeit" genauer zu durchdringen versucht. Er arbeitet mit folgenden Kategorien: „Enge – Weite", „leibliche Richtung", „Spannung – Schwellung", „Intensität und Rhythmus", sowie „protopathische und epikritische Tendenz". Wenigstens das erste Kategorienpaar wollen wir hier an zwei kleinen Beispielen vorstellen.

Im Keller – unter diesem Titel berichtet Jan Philipp Reemtsma über das Eingesperrtsein während seiner Entführung (zur Distanzierung nutzt er dabei die dritte Person Singular): „Diese Dunkelheit nahm ihm die Luft. Sie war körperlich zu spüren. Mir fällt kein anderes Wort ein als dick. Er bekam Atemschwierigkeiten, hatte das Gefühl zu ertrinken, das Bedürfnis, um sich zu schlagen ... Am nächsten Morgen klopfte es, und in ihm krampfte sich alles zusammen vor Angst, ..."[13] Die Wendung „er hatte das Gefühl" ist hier nicht spezifisch, sondern umgangssprachlich zu nehmen, sie bezeichnet eine bloße leibliche Regung, kein Gefühl im echten Sinn. Das von Reemtsma beschriebene Erschrecken am Morgen ist sozusagen eine leibliche Ur-Erfahrung, die der Mensch mit den Tieren teilt. Schmitz führt das Thema gelegentlich sogar auf diese Weise ein: „Leiblich sein, heißt erschrecken können."[14] „Leiblich ist das Schicksal, aus gleitendem Dahinleben und Dahinwähren in einem Kontinuum von Dauer und Weite herausgerissen, in die Enge getrieben, beengt zu werden."[15]

Was Reemtsmas Bericht in den Mittelpunkt stellt, ist das Phänomen leiblicher Enge. Für das Phänomen leiblicher Weitung soll ein entsprechendes Zeugnis angeführt werden. Maxim Gorki erzählt in seinen „Erinnerungen an Tolstoi, Tschechow und Andrejew" von der Mutprobe, sich auf die Schienen zu legen und einen bergan fahrenden Güterzug über sich hinwegrollen zu lassen. Dabei zerreißt das Band von Enge und Weite, sodass auf die radikale

---

[12] Vgl. Hermann Schmitz, Der Leib, der Raum und die Gefühle, Bielefeld/Locarno 2007, 15f.
[13] Jan Philipp Reemtsma, Im Keller, Reinbek bei Hamburg 1998, 74f., vgl. ebd., 159: „Je länger er im Keller war, desto mehr begann sein Herz weh zu tun. Manchmal war es wie ein schwerer Ring, der um seine Brust gezogen war (ganz wie im Märchen vom Froschkönig: ‚Nein, Herr, es ist der Wagen nicht, es ist ein Band von meinem Herzen, das da lag in großen Schmerzen'), manchmal waren es schmerzhafte Stiche."
[14] Hermann Schmitz, Leib und Gefühl. Materialien zu einer philosophischen Therapeutik, 3. erw. Aufl., Bielefeld 2008, 219.
[15] Hermann Schmitz, Was ist Neue Phänomenologie?, Rostock 2003, 25f.

Engung eine privative Weitung folgt (d.h. eine Weitung, der das Moment konkurrierender Engung fehlt): „Ein paar Sekunden lang erlebt man eine merkwürdige Sensation, man versucht, sich so flach und dicht als möglich auf den Boden zu pressen und mit Aufwendung des ganzen Willens den leidenschaftlichen Wunsch niederzukämpfen, sich zu bewegen, den Kopf zu heben ... Wenn dann der Zug vorüber ist, liegst du eine Minute oder länger bewegungslos, unfähig dich zu erheben, als schwämmst du hinter dem Zug her; und es ist, als dehnte sich dein Körper endlos aus, wüchse, würde leicht, zerschmölze in der Luft – und im nächsten Augenblick flögest du über die Erde."[16]

Neben dem Zerreißen des Bandes von Enge und Weite lässt sich an Maxim Gorkis Zeugnis erneut die Differenz zwischen Leib und Körper studieren: Die erfahrene ungeheure Weite ist keine Weite des Körpers, denn dann müsste der Körper messbar deutlich ausgedehnt sein, sondern eine gespürte Weite des Leibes. Weniger extreme Erfahrungen von leiblicher Engung und Weitung begleiten beständig unseren Alltag, etwa beim Betreten oder Verlassen eines Fahrstuhls.

Die bisherigen Ausführungen könnten zu der Annahme verleiten, der Leib sei gewissermaßen eine private Sache, die von der Welt isoliert: Jeder beschäftigt sich mit seinen eigenen leiblichen Regungen, d.h. vorwiegend mit sich selbst. Das wäre ein Irrtum. Die leibliche Verfasstheit der Menschen ist die Grundlage für das, was Philosophen als „Weltoffenheit" (Scheler), „In-der-Welt-sein" (Heidegger) oder „Zur-Welt-sein" (Merleau-Ponty) bezeichnet haben. Gerade weil der Leib – anders als der Körper, der durch die Haut abgeschlossen wird[17] – über keine Grenze verfügt, sind die an körperlichen Phänomenen orientierten Trennungen einer menschlichen Innenwelt von einer Außenwelt haltlose philosophische Konstrukte. Wir können uns nicht in eine Körper-Festung zurückziehen, sondern sind durch unseren Leib der Welt ausgesetzt und verletzlich, aber auch durch vieles ansprechbar. Schmitz legt auf diesen Punkt besonderen Wert. Der Leib, so erklärt er, ist „keine abgesonderte Provinz, sondern der universale Resonanzboden, wo alles Betroffensein des Menschen seinen Sitz hat und in die Initiative eigenen Verhaltens umgeformt wird; nur im Verhältnis zu seiner Leiblichkeit bestimmt sich der Mensch als Person"[18]. Vor diesem Hintergrund interessiert sich Schmitz auch für die paulinische Anthropologie.

---

[16] Hier nach: Schmitz, Das Göttliche, 664; zit. n. Erik H. Erikson, Kindheit und Gesellschaft, Stuttgart ²1965, 383.

[17] Vgl. Heinz Hartmann / Paul Schilder, Körperinneres und Körperschema, in: Zeitschrift für die gesamte Neurologie und Psychiatrie 109 (1927), 666–675, hier 672: „Konzentrieren wir uns auf den taktilen Eindruck der Hautoberfläche, so bemerken wir zu unserem Staunen, daß die Haut als solche, falls nicht besondere Kälte- oder Wärmeeindrücke mitspielen, gar nicht als festumschriebene Fläche wahrgenommen wird; vielmehr wird sie als wolkig begrenzt erlebt, wobei dieses Erlebnis erst unterhalb jener Fläche beginnt, wo die Haut als solche gewußt wird."

[18] Hermann Schmitz, Der unerschöpfliche Gegenstand. Grundzüge der Philosophie, Bonn 1990, 116.

1.2. Philologische Hinweise

Die Schmitzsche Paulusinterpretation versteht sich nicht in erster Linie als Diskursanalyse. Zwar käme Schmitz nicht auf die Idee, zu leugnen, dass sich ein Autor wie Paulus in kulturellen Codes bewegt. Dies schließt für ihn jedoch keineswegs aus, die von ihm herangezogenen Stellen letztlich als Zeugnisse konkreter Erfahrung zu lesen: Der Wortgebrauch, wie vermittelt er im Einzelnen auch sein mag, ist kein bloßer Effekt eines Spiels der Signifikanten, sondern ist motiviert durch einen ursprünglichen Erfahrungsboden.[19] Das heißt, in dieser Perspektive „zitiert" Paulus nicht einfach das kulturelle Archiv, ohne sich auf seine eigene faktische Lebenserfahrung zu beziehen. Paulus, wie Schmitz ihn sich vorstellt, ist mit dem, was er da schreibt, tatsächlich durch eigene Erfahrung vertraut.

Ein philologisches Problem seiner Paulusinterpretation, das Schmitz selbst einräumt, liegt darin, dass Paulus keine begriffliche Unterscheidung zwischen dem Körper (der Perspektive des Arztes) und dem Leib (der Perspektive eigenleiblichen Spürens) markieren kann und wohl auch nicht kennt – er schreibt stets σῶμα. Schmitz kann hier bestenfalls ein kohärentes Verstehen dessen, was Paulus jeweils meint (ob Körper oder Leib), anbieten, jedoch – wie er selbst zugibt – kein „praezises Kriterium zur Rechtfertigung der Wahl des einen oder des anderen Wortes im einzelnen Fall"[20].

2. Leibgebundenes Erleben in der paulinischen Anthropologie

2.1. Der exponierte Leib

Die wenigsten Philosophen lassen in ihrer Auseinandersetzung mit Paulus den in Röm 7 thematisierten Konflikt zwischen dem eigenen Wollen und der Sünde aus.[21] Paulus schreibt: „Wenn ich das tue, was ich nicht will, dann tue gar nicht ich das, sondern die Sünde, die in mir wohnt" (Röm 7,20). Schmitz vergleicht diese Redeweise mit der eigenartigen Selbstrechtfertigung Agamemnons, nicht er sei für die durch ihn geschehenen Übergriffe auf Achill verantwortlich, sondern die Göttin ἄτη, gegen deren Macht er sich nicht habe wehren können (Ilias 19,85–94). Anders als bei Agamemnon handelt es sich bei Paulus allerdings nicht um einen bloß vorübergehenden Zustand, sondern um eine das ganze Leben des Menschen bestimmende Situation: ἁμαρτία

---

[19] Diese These formuliert Schmitz in der Eröffnung seiner Iliasinterpretation: „Ich will aber zeigen, daß der eigentliche Erfahrungsboden, der den Wortgebrauch motiviert ..., im eigenleiblichen Spüren zu finden ist" (Schmitz, Der Leib, 398).
[20] Schmitz, Der Leib, 513, Anm. 362.
[21] Linksheideggerianer wie etwa Alain Badiou (Paulus. Die Begründung des Universalismus, München 2002 [frz. Originalausgabe 1997], 148ff.), Giorgio Agamben (Die Zeit, die bleibt, Frankfurt a.M. 2006 [ital. Originalausgabe 2000], 61f.) oder Slavoj Žižek (Die Puppe und der Zwerg. Das Christentum zwischen Perversion und Subversion, Frankfurt a.M. 2003, 106f.111ff.) interessieren sich in diesem Zusammenhang vor allem für die Problematisierung des Gesetzes und deren politiktheoretische Implikationen.

wird als *ergreifende Macht* erfahren, die in der Lage ist, den eigenen Willen des Menschen zu verdrängen.[22]

In Röm 7,23 weist Paulus auch darauf hin, dass er in seinem *Leib*, genauer in den Gliedern (μέλη), ein „Gesetz" findet, das dem Gesetz der ihm (Paulus), eigenen Vernunft widerstreitet. Da Paulus in Röm 7,25 von sich sagt, dass er diesen „Gesetzen" *diene*, meint Schmitz, das Gesetz sei hier weniger als eine abstrakte Norm, sondern eher als eine Autorität zu verstehen, die für das Subjekt die Verbindlichkeit jener Norm evident mache, d.h. „als fordernde Macht, quasi als Willenssubjekt"[23]. Wo ἁμαρτία eine den Willen des Menschen bedrängende Macht darstellt, liegt, modern gesprochen, eine „Bewusstseinsspaltung" vor, d.h. die Erfahrung, dass „zwei gegeneinander selbständige Willensträger um die Macht über die Glieder ringen"[24]. Diese Idee der Bewusstseinsspaltung setzt den Menschen jedoch erst einmal als einheitliches Subjekt des Bewusstseins voraus – das Subjekt erscheint nicht, wie etwa die ψυχή bei Platon oder bei Lacan, als ein von vornherein geteiltes, sondern die Spaltung erklärt sich erst „durch die Einwirkung einer überpersönlichen Macht, die sich gleichsam auf den Menschen gestürzt hat, wie die ἄτη auf Agamemnon"[25].

Das paulinische Subjekt kann nicht gerade viel sein eigen nennen – anders als etwa dem Subjekt der Psychoanalyse „fehlt" ihm aber auch nichts. Vieles, was durch eine konsequente Kultur der Introjektion im Interesse einer Reduktion der erfahrbaren Welt auf beherrschbare Elemente nach und nach in der subjektiven Innerlichkeit des Menschen abgeladen wurde,[26] gehört für Paulus dort einfach nicht hinein: So legt etwa die Redeweise in Röm 7,5 nahe, dass allein der Leib bzw. die Glieder mit Recht „unsere", d.h. dem paulinischen Subjekt zugehörig genannt werden können, wogegen nicht einmal die in diesen „unseren" Gliedern sich austobenden Leidenschaften die „unsrigen" sind, denn sie heißen „Leidenschaften der Sünden" und stehen dem paulinischen Menschen als mehr oder weniger fremde Mächte gegenüber.[27]

Der eigene fromme Wille des paulinischen Menschen, das „göttlich" genannte Gesetz des dem Menschen eigenen νοῦς (Röm 7,22f.), und ἁμαρτία liefern sich also einen beständigen Kampf, dessen Schauplatz anders als bei Platon nicht die ψυχή ist, sondern die Glieder, der Leib: „Die zwiespältige Situation des paulinischen Lebens, die *Römer 7* beschrieben wird, entsteht also durch ein leibliches Betroffensein von einer überpersönlichen Macht, mit der der Eigenwille des in dem Leibe einheimischen Menschen in Konflikt gerät."[28] So erscheint in der paulinischen Anthropologie – anders als in

---

[22] Vgl. Schmitz, Der Leib, 508.
[23] Ebd., 509.
[24] Ebd., 508.
[25] Ebd.
[26] Vgl. Hermann Schmitz, Epochen des menschlichen Selbstverständnisses in Europa (Rostocker Phänomenologische Manuskripte 1), hg. v. Michael Großheim, Rostock 2008, 6.
[27] Vgl. Schmitz, Der Leib, 511.
[28] Ebd., 508f.

der durch die klassische Philosophie nachhaltig geprägten – der Mensch als einer, der seiner Welt in einem gesteigerten Maße exponiert ist, und zwar in zweierlei Hinsicht: „*Einerseits* hat der Mensch für Paulus keine Eigensphäre, in die hinein er sich aus dem eigenen Leib, Abstand nehmend zurückziehen könnte, keine Seele; wenigstens wird diese nicht erwähnt und scheint keine Rolle zu spielen. *Andererseits* ist der Mensch auf diese Weise nicht nur seinem Leibe ohne Rückhalt ausgesetzt, sondern dank dem Leibe und durch diesen hindurch überpersönlichen Mächten, von denen er leiblich betroffen wird, und diese Mächte sind nicht nur solche der materiellen Außenwelt, denen wir uns auch heute noch unterworfen wissen, sondern zugleich – wie sich an der Sünde zeigt – Mächte der intimen Initiative: der Gesinnung, wie modern gesagt werden könnte."[29]

2.2. Das πνεῦμα

Neben dem Gesetz der Sünde kennt Paulus vor allem noch die σάρξ und das πνεῦμα als ergreifende Mächte. So wenig wie das „Fleisch" hier mit dem Körper und dessen Begierden identifiziert wird, sondern vielmehr die Macht darstellt, die den Leidenschaften der Sünde Gelegenheit bietet, sich in den Gliedern des Subjekts auszutoben, so wenig erscheint der „Geist" in der paulinischen Anthropologie als eine leibfremde Instanz.[30] Mit Verweis auf Röm 8,26 und Gal 4,6 stellt Schmitz die leibliche Dimension des πνεῦμα wie folgt heraus: „Der Geist betet oder redet also nicht nur im Menschen, sondern, was Paulus ihm zumutet, ist viel drastischer: Wie aus gepreßter Brust stöhnt oder röchelt das πνεῦμα, und im Herzen der Christen ächzt es: ‚Abba, Vater!' Es handelt sich also nicht bloß um Rufe oder Ansprachen, wie sie auch einem leibfremden Geist zuzutrauen wären, sondern um ganz tief ins Leibliche versenkte Expektorationen, die allein im Zustand heftiger leiblicher Spannung überhaupt möglich sind. Dieses Emporringen der Stimme aus der Tiefe des Herzens würde gewiß niemand dem Menschen als eigenen Vollzug streitig machen wollen, wenn nicht Paulus gerade dies behauptete: daß der Mensch selbst sich nicht angemessen im Gebet zu äußern vermag und eben deshalb der – also ihm offenbar nicht angehörige – Geist hilfreich mit jenen undefinierbaren Geräuschen für ihn eintritt. Daraus ergibt sich klar, daß der Geist für Paulus eine Macht ist, die so sehr vom menschlichen Leib Besitz ergreift, daß sie gerade dann besonders spürbar wirkt, wenn der Mensch, röchelnd und ächzend, die personale Distanz von seinem Leibe verliert und ganz in dessen Enge einzugehen scheint."[31]

Allgemein gesagt wird das πνεῦμα bei Paulus und in anderen neutestamentlichen Texten (z.B. in den johanneischen Schriften oder der Apostelgeschichte) auf eine Weise angesprochen, dass es sich der phänomenologischen

---

[29] Ebd., 509.
[30] Vgl. ebd., 510f.
[31] Ebd., 512f.

Interpretation darstellt als „Atmosphäre, die ein Gefühl ist oder einem Gefühl sehr nahesteht"[32]. Hier ist es wichtig, die Gefühlstheorie von Schmitz richtig zu akzentuieren: Ein Gefühl findet nicht in irgendeiner subjektiven Innenwelt der Person statt – es erscheint vielmehr als eine überpersönliche Atmosphäre, die ein oder mehrere Individuen gemeinsam ergreifen kann.[33] Anders ließe es sich wohl kaum adäquat explizieren, was doch ein Gegenstand alltäglicher Erfahrung ist, nämlich dass mehrere Individuen in einer gemeinsamen Situation (sei es nun ein Symposion, eine dienstliche Besprechung oder sonst etwas), in der eines von ihnen einen krassen *faux pas* begeht, *ein* Gefühl der Scham miteinander teilen. Ein derartig atmosphärisches Gefühl der Scham schwebt nicht für sich gesondert über den Dingen, sondern taucht die Dinge eher in ein charakteristisches „Licht", gibt der Situation eher einen bestimmten „Geschmack". Ein solches Gefühl macht überdies leiblich betroffen – Scham beispielsweise akzentuiert die leibliche Enge und suggeriert dem Betroffenen Demutsgebärden.

Analog zum Beispiel des Schamgefühls können laut der Pfingsterzählung Menschen gemeinsam von heiligem Geist erfüllt sein, dessen Kommen bezeichnenderweise an Vorstellungen wie das Brausen des Windes und das Ergießen anknüpft.[34] Paulus versucht, die Qualität dieses „Gefühls", das das πνεῦμα in dieser Lesart ist, genauer zu bestimmen, wenn er in Gal 5,22f. „Liebe, Freude, Friede, Geduld, Freundlichkeit, Gütigkeit, Vertrauen, Sanftmut, Selbstbeherrschung" als *die* charakteristische Frucht des πνεῦμα beschreibt.[35]

Wenn 1Kor 6,19 den Leib des Menschen als einen „Tempel" für darin wohnendes heiliges πνεῦμα[36] bezeichnet, bedeutet dies nach Schmitz *erstens* eine „Pluralisierung des Erlebens", in deren Zuge das πνεῦμα ein eigenes Erlebniszentrum gegenüber dem des von ihm bewohnten Menschen bilde, sodass das Subjekt sein Erleben mit dem πνεῦμα zu teilen habe.[37] Eine ähnliche Pluralisierung des Erlebens bildet auch den Hintergrund der beispielsweise heute noch gängigen Redeweise, nach der einer dieses oder jenes zwar tue, „aber mit Bauchschmerzen". Dies kann übrigens sowohl einer von sich

---

[32] Schmitz, Das Göttliche, 25.
[33] Atmosphären sind keine Substanz im Sinne der traditionellen, am Festkörpermodell orientierten Ontologie – ihre modellbildenden Anknüpfungspunkte in der Sinnenwelt sind etwa das Wetter oder das Klima (vgl. ebd., 25).
[34] Vgl. ebd., 13; s. Apg 2,2; Joel 3,1.
[35] Vgl. Schmitz, Das Göttliche, 28: „Wenn Paulus, im Kampf zwischen Fleisch und Leib leidenschaftlich Partei nehmend, nach den Werken des Fleisches die Frucht des Geistes in einem von der Liebe angeführten Katalog aufzählt, handelt es sich nicht so sehr um eine Reihung zerstreuter Wirkungen oder Akzidenzen als vielmehr um den Versuch, gleichsam durch eine Mischung von Tönen das Konkrete, Eigentümliche der Atmosphäre, die heiliger Geist ist, wie einen Akkord in der Rede aufklingen zu lassen." Paulus selbst scheint in Röm 8,15 zumindest die Möglichkeit anzudeuten, dass es auch anders geartetes πνεῦμα gibt, nämlich eines der Sklaverei, in dem Furcht das charakteristische Merkmal wäre.
[36] Paulus verzichtet bis auf wenige Ausnahmen auf den bestimmten Artikel, was Schmitz als Indiz dafür wertet, dass mit πνεῦμα eher eine ergreifende Atmosphäre, eine bestimmte Qualität im Erleben einer konkreten Situation gemeint sei.
[37] Schmitz, Der Leib, 513.

sagen, der in dem, was er tut, eher einer Neigung zu folgen und eventuell sogar wider besseres Wissen zu handeln meint, als auch einer, der eine als durch und durch vernünftig eingesehene Handlung vollzieht und dennoch das vage Bewusstsein hat, dass er dabei etwas übergeht, das sich irgendwie Gehör zu schaffen versucht. In beiden Fällen stehen die „Bauchschmerzen" für ein weiteres „Erlebniszentrum"; diese Redeweise bedeutet, dass der, der dieses oder jenes gerade tut, offenbar nicht das einzige Willenssubjekt darstellt, das an der entsprechenden Handlung beteiligt ist. Anders als in diesem Alltagsbeispiel, in dem sich eine Art zweites Erlebniszentrum mit nur geringer Autorität bildet (denn wiewohl ich dabei Bauchschmerzen habe, tue ich es doch), ist die numinose Ergriffenheit bei Paulus freilich viel tiefer – „sie bezeugt die Übergewalt der Erschütterung von einer abgründig-dämonischen, göttlichen Macht, die den Menschen aus dem Zentrum seines eigenen, selbst des leiblichen, Erlebens und Verhaltens heraus verdrängt"[38].

Zweitens betont 1Kor 6,19 mit dem Hinweis auf den *Leib* als Tempel, dass im paulinischen Selbstverständnis das menschliche Erleben auch in religiösen Zusammenhängen restlos an den Leib gebunden sei. Dem religiösen Geschehen könne hier keine „Sphäre leibfreier Souveränität" namens ψυχή eingeräumt werden – dies sei Paulus „ganz fremd": „Alles menschliche Erleben bleibt für Paulus leiblich gebunden; sogar im Bericht über seine Verzückung in den dritten Himmel ... erwägt er, ob er damals seinen Körper mitgenommen oder zurückgelassen habe."[39] Aus dieser restlosen Leibgebundenheit – und nicht etwa aus dem klassischen philosophischen Programm der Selbst-Beherrschung als der Emanzipation von unwillkürlichen Regungen, ja von Leiblichkeit überhaupt – erklärt sich für Schmitz auch des Apostels Haltung zur Sexualität:[40] Sowohl das religiöse als auch das sexuelle Geschehen sind völlig auf das Leibliche angewiesen – sie können sich *nicht* in verschiedene Provinzen des Gemüts zurückziehen. Das bedeutet: Das πνεῦμα und die sexuellen Regungen kommen sich zwangsläufig „ins Gehege", was die Bedrängtheit und das Ausgesetztsein des paulinischen Menschen freilich steigert.[41]

3. Zur paulinischen Ethik

Sowohl die Pluralisierung des Erlebens als auch die Gebundenheit dieses Erlebens an ein und denselben Leib verweisen laut Schmitz auf einen allgemeinen Grundzug der paulinischen Ethik: Der Mensch sei in seiner Ent-

---

[38] Ebd., 514.
[39] Ebd.; vgl. 2Kor 12,2.
[40] Vgl. Schmitz, Der Leib, 515.
[41] Politische Implikation: Die an den Erfahrungsbereich der Selbstbeherrschung systematisch anknüpfende Bestimmung der Gerechtigkeit, die Platon in der *Politeia* auf die Formel bringt, dass jeder Bürger wie auch jeder Seelenteil das Seine tun möge (vgl. 433 d sowie 441 d f.; vgl. auch Hannah Arendt, Vita activa oder vom tätigen Leben, München 2002 [engl. Erstausgabe 1958], 303), erscheint vor dem Hintergrund der paulinischen Anthropologie, wie Schmitz sie herausarbeitet, problematisch.

scheidung zwischen Tugend und Laster keine souveräne Person wie etwa bei Platon, sondern vielmehr „Mitspieler in einem von überpersönlichen Mächten beherrschten Kraftfeld"[42], der sich, sobald er von einer bestimmten Partei ergriffen wird, *nolens volens* bereits ein Stück weit zu deren Komplizen gemacht hat. Bei Paulus beziehe sich daher die Tugend des Menschen nicht auf dessen Seele, sondern ganz buchstäblich auf dessen Leib.[43] Sie kommt zustande durch die Art des Mitspielens in jenem Kräftefeld leiblichen Erlebens, das nicht allein von πνεῦμα, sondern auch von σάρξ, ἁμαρτία und anderen „Lebensmächten"[44] durchzogen wird. Tugend besteht für Paulus allein in der Gefolgschaft des πνεῦμα, wie Gal 5,22f. eindringlich herausstellt, daß heißt, der Mensch affiziert sich mit ihr, insofern es ihm gelingt, der Atmosphäre, die das πνεῦμα darstellt, einen möglichst großen – leiblichen – Resonanzraum zu verschaffen. Dadurch werde der Leib des Menschen geheiligt zu einer Art „Tempel", in dem das ihn heiligende πνεῦμα „wohnt".[45] Wo hingegen das Fleisch als „Ursprungssphäre aller nicht aus Gott motivierten Affekte"[46] das leibliche Betroffensein beherrscht, bahnen sich laut Gal 5,19ff. alle nur möglichen Untugenden ihren Weg, unter anderem Unzucht, Ausschweifungen, Eifersucht, Zorn, Streit und Neid (vgl. 1Kor 6,9ff.).[47]

Die paulinische Gefolgschaft des Geistes ist eine merkwürdige Form der Knechtschaft. Wie vor nicht allzu langer Zeit die Diskurstheorie (Foucault, Butler) zu dem Schluss kam, dass in der Subjektivation durch Macht nicht nur repressive Tendenzen („assujetissement") auszumachen sind, sondern auch solche, die dem „Subjekt" (als dem der Macht Unterworfenen) einen neuen Spielraum von Handlungsmöglichkeiten einräumen,[48] so scheint Paulus darauf bestehen zu wollen, dass das δουλεύειν in Bezug auf das von ihm gemeinte πνεῦμα nicht bedeute, ein πνεῦμα der Sklaverei zu empfangen, dessen charakteristischer Zug die Furcht sei (Röm 8,15), sondern dass das Gefühl heiligen Geistes auch mit einem eigentümlichen Selbstwertgefühl namens παρρησία durchstimmt sei.[49] Die παρρησία bezieht sich sowohl auf die Welt als auch auf Gott, der sich im Erlebniszusammenhang dieses Gefühls

---

[42] Schmitz, Der Leib, 516.
[43] Vgl. ebd., 517.
[44] Ebd., 515.
[45] Vgl. auch 1Kor 6,11, sowie Heidegger, Phänomenologie, 124.
[46] Heidegger, Phänomenologie, 98.
[47] Verallgemeinert gesprochen liegt hier eine Kultivierung des Gefühlslebens vor, für die sich in einem ganz anderen Kontext – aber durchaus mit einer ähnlichen Perspektive auf die Moralität des Menschen – Johann Friedrich Herbart stark macht: Der gebildete Charakter soll in der Lage sein, bestimmten Lebensmächten die Gefolgschaft lange genug zu verweigern, dass andere, der Sittlichkeit förderlichere Lebensmächte die Gelegenheit haben, den Menschen zu ergreifen (Johann Friedrich Herbart, Über die ästhetische Darstellung der Welt als das Hauptgeschäft der Erziehung [1804], in: ders., Sämtliche Werke, Bd 1, hg. v. Karl Kehrbach u. Otto Flügel [1887], Nachdruck Aalen 1989, 259–274, bes. 266).
[48] „Subjektivation ist eine Art von Macht, die nicht nur einseitig beherrschend auf ein gegebenes Individuum *einwirkt*, sondern das Subjekt auch *aktiviert* oder formt" (Judith Butler, Psyche der Macht. Das Subjekt der Unterwerfung, Frankfurt a.M. 2001 [amerik. Originalausgabe 1997], 82).
[49] Vgl. Schmitz, Das Göttliche, 30f.; vgl. auch 2Kor 3,12 im Zusammenhang mit V. 6, der sie auf den Dienst im Sinne des Geistes bezieht.

nicht als Herr seiner Knechte zeigt, sondern als der seinen Kindern wohlgesonnene Vater.[50] Mit der Ergriffenheit von πνεῦμα in den hier herausgestellten charakteristischen Zügen ist daher für Paulus die Gewissheit verbunden, „Erbe" Gottes zu sein (Röm 8,17).

Damit werde, so Schmitz, vor allem durch das Hochgefühl, als das der heilige Geist in den paulinischen wie auch in einigen anderen neutestamentlichen Schriften verstehbar sei, für den ἄνθρωπος πνευματικός die Evidenz organisiert, einer „Erwählungsaristokratie" anzugehören.[51] Dies wiederum ist sehr bedeutsam für das Verständnis der paulinischen Ethik: Wer nämlich Gal 5,22 und entsprechende Stellen ernst nimmt, welche die ἀγάπη (in jener merkwürdigen Entsprechung zur Freude, Geduld usw.) als die eine *Frucht* des πνεῦμα, sozusagen als einen „Begleitumstand" der Gefolgschaft des Geistes vorstellen, und wer das πνεῦμα in der angegebenen Weise als ein von der Gemeinde gemeinsam erfahrenes Gefühl des Erwähltseins versteht, kann die hier gemeinte Liebe wohl nicht mit einer allgemeinen Menschenliebe verwechseln. Bevor also die ἀγάπη der paulinischen Ethik zur „universalen Macht" (Badiou) deklariert werden kann, muss sie zunächst einmal als das Gewächs einer spezifischen Binnenmoral verstanden werden, in der die Glaubensgenossen vor der übrigen Menschenwelt ausgezeichnet sind.[52] „Das urchristliche Ethos ist – ganz im Gegensatz zu dem, was Nietzsche wollte und seinen Lesern beigebracht hat – eine privilegierende Herrenmoral, ja, eine Wiederaufnahme des aristokratischen Ethos, das in Griechenland bis zum peloponnesischen Krieg maßgeblich war, nur daß es sich nicht mehr um eine Geburts-, sondern um eine Erwählungsaristokratie handelt: Die Erwählten sind Kinder Gottes und damit Brüder und Miterben Christi – des primus inter pares – der Knechtschaft ledig, in der die anderen leben, und diese stolze Freiheit bezeugt jenen der (heilige) Geist, indem er über den von Gott erwählten Menschen kommt und mit dessen Geist zusammen Gott als den Vater anruft."[53]

4. Die Gemeinde als mystischer Leib

Wenn Paulus das integrative Potential der gemeinschaftlichen Erfahrung des durch ἀγάπη und παρρησία genauer bestimmten πνεῦμα betonen will, scheint er zumeist eine bemerkenswerte „Metapher" zu bemühen: „Denn gleichwie ein Leib ist und hat doch viele Glieder, alle Glieder aber des Leibes, wiewohl ihrer viel sind, doch ein Leib sind: so auch Christus. Denn wir sind durch einen Geist alle zu einem Leibe getauft, wir seien Juden oder Griechen, Un-

---

[50] Vgl. Röm 8,14ff.; Schmitz stellt fest, dass der 1. Johannesbrief die παρρησία noch spezifischer charakterisiert durch die Unverträglichkeit mit Scham (2,28) und durch das gute Gewissen (3,21; 4,17; vgl. Schmitz, Das Göttliche, 31).
[51] Schmitz, Das Göttliche, 30.
[52] Vgl. ebd., 30; vgl. auch Gal 6,10: „Lasst uns das Gute gegen alle tun, am meisten aber gegen die Hausgenossen des Glaubens."
[53] Schmitz, Das Göttliche, 30.

freie oder Freie, und sind alle mit einem Geist getränkt" (1Kor 12,12f.; vgl. auch Röm 12,4f. sowie Gal 3,28). Dass Paulus die schroffen Unterschiede der zu jener Zeit üblichen Sozialordnungen ausgerechnet mit dem Hinweis nichtig macht, die Gläubigen seien in ein und demselben Leib, dem Leib Christi vereint, ist für Schmitz aber gerade keine „Metapher". Ebenso wenig könne allerdings mit dem σῶμα Χριστοῦ der physikalische Körper des Heilands gemeint sein, der am Kreuz gestorben und am dritten Tag auferstanden sein soll.[54] Vielmehr schlägt Schmitz vor, 1Kor 12,12 und entsprechende Stellen dahingehend zu verstehen, dass Paulus hier versuche, ein charakteristisches Phänomen der so genannten *leiblichen Kommunikation*, das demnach im Gemeindeleben eine Rolle gespielt haben müsste, adäquat zu thematisieren.[55]

Das Hauptmerkmal leiblicher Kommunikation besteht technisch gesprochen darin, dass die Enge des je eigenen Leibes, in der die leibliche Gegenwart des Individuums wurzelt, auf ein anderes Subjekt oder Objekt übertragen wird, sodass der eigene Leib allein das Wohlgefühl der schwellenden Weite für sich behält. Diese Übertragung vollzieht sich eher kraft einer Faszination, die vom „Übertragungsziel" ausgeht, als durch kontrollierte Projektionsbemühungen des Individuums. Leibliche Kommunikation lässt sich bereits im Tierreich beobachten, beispielsweise im „Kommentkampf" unter Damhirschen[56] oder bei einer Katze, die mit einem Wollknäuel spielt.[57] Aber auch das faszinierte Konzentriertsein auf den Ball beim Fußballspielen und sogar beim bloßen Zuschauen sind Phänomene leiblicher Kommunikation. In all diesen Fällen findet das Individuum jeweils im anderen Hirsch, im Wollknäuel, im heranfliegenden Fußball oder auch im Gegenspieler, der einem „im Nacken sitzt", einen Partner, der in die dialogische Dynamik des eigenleiblichen Befindens integriert wird. So „bildet sich ad hoc so etwas wie ein übergreifender Leib, in dem die Rolle der Enge, die zugleich Quelle des den Leib durchziehenden Richtungsgefüges ist, jeweils von einem der Partner übernommen wird"[58]. Als Rekurs auf Phänomene leiblicher Kommunikation ließe sich mit Schmitz etwa der Hinweis in Lk 10,33 deuten, dass sich beim Anblick des Verwundeten die Eingeweide des Samariters zusammenziehen.

Zwei Beispiele leiblicher Kommunikation, die dem von Paulus angesprochenen Phänomen in einer gewissen Hinsicht nahe kommen sollen, sind der Sadismus einerseits und die Massendemagogie andererseits. So sei etwa der Gemarterte vor allem deshalb Quelle sadistischer Faszination, weil sich sein Leib in der Perspektive des Sadisten als Möglichkeit zur Distanzierung von dessen eigener leiblichen Enge anbietet. „Beide Leiber, der sadistische und der gemarterte, werden also vom Standpunkt des Sadisten aus zu *einem* Leib vereinigt, wobei je einer von ihnen die Enge und die Weite dieses neuen

---

[54] Vgl. Schmitz, Der Leib, 521.
[55] Vgl. ebd., 521f.
[56] Hermann Schmitz, Die Aufhebung der Gegenwart (System der Philosophie V, 1980), Bonn 2005 (Studienausgabe), 37.
[57] Vgl. Schmitz, Aufhebung, 24.
[58] Schmitz, Aufhebung, 24.

Leibes als seine Rolle übernimmt"[59]; der Opferleib nimmt dem Sadistenleib die Enge ab (oder dieser drängt sie jenem auf), „so daß der Sadist bloß die von der Enge triumphal sich abstoßende Weitung, als wollüstige Schwellung, für sich behält"[60].

Von etwas anderer Art ist dagegen jene Faszination, die in einer Massenversammlung vorkommt, z.B. „wenn ein Redner seine Hörer so lange aufpeitscht, bis er sie als gleichsam blinde, nur noch von *einem* Impuls beseelte, keiner Selbstkontrolle mehr fähige ‚Masse' fest in der Hand hat. In solchen Fällen bleiben die reinen Körper der Betroffenen natürlich wie eh und je gesondert, aber diese bilden in der Tat dann nur noch *einen* Leib, weil die Engen aller beteiligten Leiber in ein einziges Zentrum hineinprojiziert sind: im Beispielsfall in den Hypnotiseur und den Demagogen, die, weil sie die Engen der Leiber ihrer Opfer frei und souverän in sich zusammengefaßt haben, mit diesen nach Belieben schalten und walten können"[61]. Auch hier vereinigen sich Zuschauer und Beschauer zu einem neuen, übergreifenden Leib. Andererseits ist in diesem Fall derjenige, der die Rolle der Enge annimmt, nämlich der Demagoge, der eigentliche Herr der Situation, sozusagen das „Haupt" dieses mystischen Leibes – dies bleibt in den meisten Varianten des Sadismus dem Opfer freilich verwehrt.

Diese Beispiele, an denen Žižek wohl seine Freude hätte, scheinen von Schmitz nicht angeführt zu werden, um Paulus in die Schmuddelecke zu stellen oder etwa zu suggerieren, der mystische Leib Christi sei ein Phänomen irgendwo zwischen Sadismus und Demagogie.[62] Eine ausführlichere phänomenologische Analyse kann nämlich aufzeigen, dass, abgesehen von gewissen Ähnlichkeiten der leiblichen Dynamik im Hinblick auf Enge und Weite, alle drei Beispiele einer „participation mystique" gut voneinander unterscheidbar sind – etwa hinsichtlich ihrer jeweiligen situativen Bedeutsamkeit oder auch der jeweils involvierten charakteristischen Gefühlskomplexe, wie Paulus sie ja unter anderem in Gal 5 herauszustellen und zu unterscheiden versucht.

Der leitende Eindruck vom Handeln und Leiden Jesu, der den Gläubigen „vor Augen gemalt" sein soll (Gal 3,1), macht nicht nur Paulus selbst leiblich

---

[59] Schmitz, Der Leib, 343.
[60] Ebd. Zur Charakteristik der speziell sadistischen Form der leiblichen Kommunikation gehören u.a. eine besondere Thematisierung der leiblichen Enge selbst (vgl. ebd.: die dominierende „Lust am Einengen, Einschnüren, Zusammendrücken des Opfers"), die Vorliebe für langsame und stetige Zunahme der Engung beim Opfer (aus der sich das erstaunlich umfangreiche Repertoire an raffinierten Verzögerungstechniken erklärt; vgl. ebd., 343f.) oder die Tendenz, dem Gemarterten soweit wie nur irgend möglich die aktive Rolle in der Szene zu überlassen, auf dass der so von eigener Aktivität distanzierte Sadist die schwellende Weitung seinerseits umso reiner genießen kann (vgl. ebd., 344f. sowie 349: „Sadismus ist wesentlich Voyeursadismus").
[61] Ebd., 522.
[62] In diese Richtung tendieren allerdings nicht gerade wenige von Nietzsches Äußerungen zum Christentum im Allgemeinen und zu Paulus im Besonderen.

betroffen,[63] sondern wird von diesem überdies als Gegenstand einer komplexen leiblichen Kommunikation der Gemeinde präsentiert: Die gemeinsame Erfahrung faszinierten Konzentriertseins auf die Christusfigur ist in dieser Lesart mit einer leiblichen Dynamik verbunden, die soziale Unterschiede der Gläubigen *untereinander* offenbar überbrücken kann. Diese Dynamik mag sich etwa in der Senkung einer gewissen Hemmschwelle äußern, sodass Personen, die sich beispielsweise durch soziale Konventionen normalerweise zur Distanzierung verpflichtet fühlen, buchstäblich gelöster aufeinander zugehen können. Hier zeigt sich die enge thematische Verflechtung der leiblichen Kommunikation, wie sie durch die Christusfigur motiviert wird, und dem charakteristischen Hochgefühl, das in der Ergriffenheit vom πνεῦμα besteht.

So scheint es von Paulus gemeint zu sein – wie weit diese Erlebnisweise in den urchristlichen Gemeinden verbreitet gewesen sein mag, steht auf einem anderen Blatt. Dass sie sich jedoch in pietistisch geprägten Kreisen bis heute ohne große Abstriche gehalten hat, mag exemplarisch folgende Schilderung der Geschehnisse in Leipzig am Abend des 7. Oktober 1989 belegen, die wir als Phänomenologen nicht auf eine bloße missionarische Rhetorik reduzieren dürfen, sondern als Erfahrungszeugnis ernst nehmen müssen: „Langsam setzte sich der Zug durch die Innenstadt in Bewegung. Zwischen Angst und Hoffnung. Und das Wunder geschah. Der Geist Jesu der Gewaltlosigkeit erfasste die Massen und wurde zur friedlichen ‚Gewalt'. Die Menschen bezogen die Uniformierten, die herumstanden – Armee, Kampftruppen und Polizeikräfte – einfach ein. Verwickelten sie in Gespräche."[64] Der „Geist Jesu der Gewaltlosigkeit" ist in der Perspektive des Berichtenden offenbar das, was der geschilderten Situation ihr besonderes „Aroma" gibt, sie in ein eigentümliches „Licht" taucht und die Menschen zu einem Ad-hoc-Leib der „friedlichen Gewalt" vereinigt erscheinen lässt.

---

[63] Vgl. 2Kor 4,10f.: „Wir tragen stets das Sterben Jesu im Leib herum, damit auch Jesu Leben in unserem Leib offenbar werde. Immer nämlich werden wir, die Lebenden, um Jesu willen in den Tod gegeben, damit auch Jesu Leben in unserem sterblichen Fleisch offenbar werde."
[64] Christian Führer, Und wir sind dabei gewesen. Die Revolution, die aus der Kirche kam, Berlin 2010, 218.

Christoph Schulte

Woher wissen Sie das?

Die Paulusdeutungen von Jacob Taubes[1]

In einer Version einer seiner Anekdoten, von denen man nie genau wusste, ob sie nun wahr, geschickt pointiert oder einfach gut erfunden waren, erzählte Jacob Taubes, wie er in seinen letzten Lebensjahren, schon von verschiedenen Krankheiten geplagt und gezeichnet, eines Abends in eine Apotheke ging, um ein Medikament zu kaufen. Die Beleuchtung war schlecht und der Apotheker, der das Rezept des Arztes nicht gut entziffern konnte, holte das Medikament, reichte es über den Ladentisch und sagte in einem Anflug von Höflichkeit: „Bitte sehr, Herr Paulus." Frage Taubes': „Woher wissen Sie das?"

1. Paulus lebenslang

Es ist unübersehbar, welch überragende Rolle bis hin zu der in der oben wiedergegebenen Anekdote angedeuteten Identifikation die Figur und die Briefe des Paulus im Werk von Jacob Taubes gespielt haben. Von der *Abendländischen Eschatologie,* der philosophischen Dissertation von 1947,[2] bis hin zu seinen letzten Vorträgen über *Die politische Theologie des Paulus,*[3] hat Taubes sich vier Jahrzehnte lang immer wieder mit Paulus beschäftigt. Dessen Briefe boten Anknüpfungspunkte, mehr noch, sie waren Grund, Motiv und Motor von Arbeiten Taubes' auf den verschiedensten Themenfeldern. Sie boten Stoff der Auseinandersetzung zu eigentlich allen Taubes wichtigen Themen: Apokalyptik und Eschatologie, Gnosis und Messianismus, Ästhetik und politische Theorie, Psychoanalyse und Religionskritik, Grenzen und Wechselbeziehungen von Judentum und Christentum, Revolutionen und kopernikanische Wenden aller Art. Paulus als epochales Realereignis und als Denker prägte für Taubes maßgebliche Figuren von Religions- und Geschichtsphilosophie aus. Christliches Abendland war für Taubes, wenn man es auf seine Art zuspitzen will, paulinisches Abendland. Dabei ließ Taubes nie einen Zweifel daran, dass er Paulus als Juden sah und interpretierte.

„C'est l'œuvre de toute ma vie", das ist das Werk meines ganzen Lebens,

---

[1] Der Beitrag erscheint als geringfügig überarbeiteter Wiederabdruck. Erstveröffentlichung unter dem Titel „Paulus" in: Richard Faber / Eveline Goodmann-Thau / Thomas Macho (Hg.), Abendländische Eschatologie. Ad Jacob Taubes, Würzburg 2001, 93–103.
[2] Vgl. Jacob Taubes, Abendländische Eschatologie, München 1991 (Erstausgabe 1947).
[3] Vgl. Jacob Taubes, Die politische Theologie des Paulus, hg. v. Aleida und Jan Assmann in Verbindung mit Horst Folkers, Wolf-Daniel Hartwich und Christoph Schulte, München 1993.

hatte sich Flaubert zu seinem immer wieder neu begonnenen, abgebrochenen, umgearbeiteten und zuletzt doch nicht zur vollen Zufriedenheit geglückten Roman „La tentation de Saint Antoine" bekannt. Analog dazu haben wir es bei Jacob Taubes mit einer lebenslangen, vielgestaltigen Auseinandersetzung mit Paulus zu tun. Dennoch fehlt eine „Summa", eine umfassende, abschließende Gesamtdarstellung all derjenigen Gedanken in Paulus, die Taubes wichtig waren. Vielmehr reibt sich der „Briefsteller" Taubes, so eine andere Selbstbezeichnung, in den Irrungen und Wirrungen seiner Vita wie seiner akademischen Tätigkeit immer wieder an einzelnen Facetten der weltbewegenden Briefe des Paulus. Dabei betrachtet er diese lebenslange Anknüpfung weniger als eine Art Wahlverwandtschaft, denn diese würde schließlich die freie Wahl der Anknüpfung voraussetzen. Eher sah sich Taubes geradezu schicksalhaft „Aug' in Aug'" mit einem ganzen zugleich antiken und aktuellen Problemhorizont und den von Paulus verkörperten „Weichenstellungen" (so zwei andere von Taubes geliebte Metaphern) konfrontiert, die noch die eigene Situation im 20. Jahrhundert prägten und präfigurierten. Hier ließen sich geschichtliche und persönliche Fügung nicht systematisieren. Die Auseinandersetzung mit Paulus blieb ebenso okkassionell wie zwangsläufig und zwanghaft zugleich. So heißt es in einem Brief schon des jungen Taubes an Armin Mohler vom 14. Februar 1952, diese Konstellation treffend:

„Ich wüßte mit meinem elenden und oft krummen Leben keinen Schritt weiter (weiß auch übrigens nicht, wie einen Schritt weiter zu gehen), ohne mich an ,diese drei' [Liebe, Erbarmen, Verzeihen oder, das läßt der Brief offen, Glaube, Hoffnung und Liebe] mich zu klammern und das führt mich immer wieder – gegen meinen ,Willen' – zu – Paulus. Herzlich Jacob."[4]

2. Okkasioneller Paulinismus

Nun wäre es ganz und gar verfehlt, aus diesem lebenslangen Interesse an Paulus, einer Faszination bisweilen wider Willen, so etwas wie das „Paulus-Bild" des Jacob Taubes zu synthetisieren. Synthesen aller Art, Akkomodationen, das Einebnen von Differenzen und Widersprüchen, Harmonisierung oder Systematik, auch systematische Theologie, haben Jacob Taubes nicht interessiert. „Die" Theologie des Paulus als Grundlage aller christlichen Theologie ging Taubes nichts an. Solche für Paulus zentralen Lehren wie die paulinische *theologia crucis* aus Röm 3 mit Jesus Christus als Sühnopfer für die Sünden der Menschheit, ein Kernstück protestantischer Theologie seit Luthers Römerbrief-Vorlesung, Kernstück der Theologie Karl Barths, bei dem Taubes in Basel Lehrveranstaltungen besuchte, die Lehre von Röm 3,21 z.B., hat Taubes in keiner einzigen seiner Schriften zu Paulus ausdrücklich behandelt.

Er hat sich vielmehr, und darin war er Erbe der rabbinischen Tradition und selbstbewusster Jude, an anderer Stelle und ohne Paulus zu nennen, aus-

---

[4] Jacob Taubes, Ad Carl Schmitt. Gegenstrebige Fügung, Berlin 1987, 35.

drücklich von Röm 3 distanziert: „Die Religion war eine Illusion, weil die Hoffnung auf Versöhnung, auf Sühne der Schuld, letztlich eine Illusion ist. Schuld kann nicht überwunden, sondern nur anerkannt werden", heißt es im Aufsatz „Religion und die Zukunft der Psychoanalyse", zuerst in Englisch veröffentlicht 1957, in deutscher Sprache 1977.[5] Sühne, Erlösung oder Rechtfertigung durch Opfer – das sind christlich-theologische Gedankenfiguren, die der Jude Taubes intellektuell nachvollziehen konnte, aber persönlich nicht mitvollzogen hat. Taubes hat diese Grenze zum Christentum nie überschritten. Opfer-Theologie bleibt in seinen Paulusinterpretationen gänzlich außer Betracht. Im rabbinischen Judentum und für Taubes ersetzt, unwiderruflich, das Gebet das Opfer.[6] Diese Seite der paulinischen Lehre vom Kreuz als Opfer hat der „Pauline" (auch eine Selbstbezeichnung) Taubes ausgeblendet und dagegen Freud zustimmend zitiert, der diese christliche Lehre vom Kreuzes-Opfer als religionsgeschichtlichen Fortschritt und Wiederkehr des Verdrängten, aber gegenüber dem Judentum als kulturelle Regression gekennzeichnet hat.[7]

So ist dies jedenfalls in den Heidelberger Vorträgen über *Die Politische Theologie des Paulus* nachzulesen. Für die *Abendländische Eschatologie* hingegen spielt Freud keine Rolle, Taubes kannte 1947 weder das Werk Freuds noch das Carl Schmitts, die diese letzten Vorträge zu Paulus prägen. Auch dies ist ein weiteres Indiz dafür, dass wir Jacob Taubes' Äußerungen zu Paulus nicht als einen Block und aus einem Guss interpretieren können, sondern sie als in sich veränderliche Elemente einer lebenslangen Faszination sehen müssen, die mit der Lektüre neuer Autoren angereichert, verschränkt, gespiegelt und variiert wird. Die Briefe des Paulus sind dabei nicht Gegenstand einer systematischen Interpretation, sondern bestimmte Stellen dieser Briefe bieten ein schier unerschöpfliches Reservoir und Repoussoir, Spiegel und Gleichnis für Taubes' verschiedene intellektuelle Auseinandersetzungen. Kurzum: Paulus als Theologie für Theologen hat Taubes nicht interessiert, über Versuche der Systematisierung hat er gespottet. Sein eigener Zugang war okkasionell, so wie ja auch die Briefe des Paulus zu bestimmten Anlässen und auf bestimmte Problemlagen hin okkasionell entstanden sind, „von Fall zu Fall", wie Taubes doppeldeutig, den Sündenfall nie aus den Augen verlierend, formuliert hat.[8]

---

[5] Jacob Taubes, Religion and the Future of Psychoanalysis, in: The Psychoanalytic Review. 1957, 136–142; deutsch in: Eckart Nase / Joachim Scharfenberg (Hg.), Religion und die Zukunft der Psychoanalyse, Darmstadt 1977, 167–175; zuletzt, ohne bibliographische Angaben in: Jacob Taubes, Vom Kult zur Kultur, hg. v. Aleida und Jan Assmann / Wolf-Daniel Hartwich / Winfried Menninghaus, München 1996, 371–378.

[6] Am deutlichsten philosophisch reflektiert hat dies Hermann Cohen in seiner „Religion der Vernunft aus den Quellen des Judentums" (Leipzig, 1919), ein Werk, auf das Taubes in seinen Lehrveranstaltungen immer wieder hingewiesen hat.

[7] Vgl. Sigmund Freud, Der Mann Moses und die monotheistische Religion (Gesammelte Werke XVI), Frankfurt a.M. 1971, 195; von Taubes zustimmend zitiert in: Taubes, Die politische Theologie des Paulus, 128.

[8] Jacob Taubes, Von Fall zu Fall. Erkenntnistheoretische Reflexion zur Geschichte des Sündenfalls, in: Manfred Fuhrmann / Hans Robert Jauss / Wolfhart Pannenberg (Hg.), Text und

Sicherlich liegt hierin sogar eine gewisse Nähe und Attraktion des paulinischen Denkstils für Taubes begründet. Meine These lautet vor diesem Hintergrund, dass es bei Taubes keinen einheitlichen Zugang und auch keine einheitliche Interpretation des Paulus und seiner Briefe gibt, im Gegenteil. Daran schließe ich die Folgethese an, dass die Beschäftigung der *Abendländischen Eschatologie* nur einige Facetten aus Paulus tatsächlich berührt, hingegen andere, Taubes in späteren Jahren wichtige Elemente aus Paulus fortlässt. Vielmehr hat, zweite Folgethese, die ich zu belegen versuchen werde, Paulus für die *Abendländische Eschatologie* bei weitem noch nicht die kardinale Bedeutung, die er für spätere Arbeiten hat. Denn in der *Abendländischen Eschatologie* spielen weder Freud noch Walter Benjamin noch Nietzsche noch Erik Peterson oder Carl Schmitt irgendeine Rolle, die als Folie der späteren Texte zu Paulus bei Taubes wichtig werden.

Um diese Thesen zu stützen, werde ich im Folgenden die Äußerungen der *Abendländischen Eschatologie* zu Paulus knapp darstellen. Ich werde es dabei streng unterlassen, die Richtigkeit oder Angemessenheit dieser Paulusinterpretation an Paulus oder der „herrschenden Meinung" der überbordenden Paulusliteratur zu messen. Stattdessen werde ich das Hauptaugenmerk auf die Literatur und die Kontexte legen, die dem Kapitel zu Paulus in der *Abendländischen Eschatologie* zugrunde liegen. Mein Verfahren der Lektüre und Interpretation ist dabei eines, das Taubes selbst als palimpsestisches Lesen bezeichnet und befürwortet hat: Ein Palimpsest ist ein Pergament, von dem die Schrift, mit der dasselbe ursprünglich beschrieben war, abgekratzt, wegradiert oder sonst unsichtbar gemacht wurde, damit man Neues darauf schreiben konnte. Gleichwohl ist es mit Hilfe neuerer chemischer Verfahren möglich geworden, die Urschrift wieder sichtbar zu machen. So wird unter der Oberflächenschrift eine andere sichtbar.

Taubes hat mit dem Bild des Palimpsestes immer wieder gefordert, die Subtexte unter der Oberfläche eines Textes erneut lesbar zu machen. Die Aufmerksamkeit sollte auf die Subtexte und Kontexte, die Anspielungen und falschen Fährten, die Gegner und die verehrten Vorbilder unter und hinter der Textoberfläche gelenkt werden. Für die Pauluszitate bei Taubes gibt dieses Verfahren uns sozusagen eine Palimpsest-Hermeneutik an die Hand: Wohl wissend, dass es kaum gegensätzlicher kommentierte und stärker über- und uminterpretierte Texte als die des Neuen Testaments gibt, sodass Einigkeit über die Richtigkeit oder Berechtigung einer Interpretation ohnehin kaum zu erzielen ist, wohl wissend, dass wir zu jedem unserer Sätze und unserer Behauptungen einen Beleg und ein Zitat aus der Heiligen Schrift finden können – „alles eine Frage der Bibliothekszeit", wie Taubes zu sagen pflegte – sollen wir uns auf die Frage konzentrieren, warum in einer gegebenen Situation oder Konstellation eine bestimmte Passage ausgewählt und zitiert wird. Der Anlass und die Umstände bestimmten, auch bei Taubes selbst, welche Passage aus den Paulusbriefen angezogen wird.

Applikation. Theologie, Jurisprudenz und Literaturwissenschaft im hermeneutischen Gespräch, München 1981, 111–116.

3. Paulus geschichtsphilosophisch

Unerlässliche Voraussetzung für das Verständnis des Kapitels „Paulus und die Auflösung der antiken Welt" in der *Abendländischen Eschatologie* wie auch des vorangehenden Kapitels „Das Leben Jesu", ist die Unterscheidung zwischen historischem Jesus und dogmatischem Christus, die für die so genannte Leben-Jesu-Forschung seit Reimarus konstitutiv ist. Taubes kannte diese Unterscheidung aus Albert Schweitzers *Geschichte der Leben Jesu-Forschung*[9] und er verteidigt diese Unterscheidung und Schweitzers epochemachende Erkenntnis einer in Kirche und Theologie immer wieder übersehenen und verschwiegenen „eschatologischen Naherwartung" des Weltendes bei Jesus und in der Urgemeinde. Die Einsicht Schweitzers in den grundsätzlich und unüberwindbar eschatologischen Charakter des Neuen Testaments, die im Gegenzug Kirche (aber auch rabbinisches Judentum der Diaspora) als anti-eschatologisches „Establishment" schlechthin erscheinen lassen, ist in ihrer Wirkung auf Taubes gar nicht zu überschätzen. Zustimmend referiert er Schweitzers These von der Parusieverzögerung als der „Sackgasse" und dem Hauptproblem der Jünger Jesu und der Urgemeinde, zugleich der Ursache für das Entstehen von Kirche überhaupt: Kirche als Heilsinstitution wird nur deshalb nötig, weil die eschatologische Erwartung des unmittelbar bevorstehenden Weltendes und der Wiederkunft Christi enttäuscht wird.

Das Christentum als institutionalisierte Religion entsteht sonach aus enttäuschter Eschatologie, deren Spuren dennoch in den Schriften dieser Religion weder zu leugnen noch zu tilgen sind. Taubes' Sympathie liegt dabei eindeutig auf der Seite der Eschatologie; er optiert, religiös und politisch, gegen Institution und Establishment. Das ist grundlegend noch für seine von Schweitzer geprägte Auseinandersetzung mit dem Basler Kirchenhistoriker und Nietzschefreund Franz Overbeck in späteren Jahren.[10] Weit wichtiger ist jedoch Taubes' Bezugnahme auf Schweitzer im Titel der *Abendländischen Eschatologie*. Der seit Schweitzer in der Theologie geläufig gewordene Begriff der Eschatologie wird nämlich von Taubes zum Oberbegriff auch philosophischer und anderer Endzeitvorstellungen umgeprägt und in den Titel der *Abendländischen Eschatologie* befördert. Das hatte überdies die nützliche Folge, dass Taubes Hans Urs von Balthasars *Apokalypse der deutschen Seele* (1937–1939) nicht auch noch im Titel seiner Dissertation beleihen musste.

Noch ein anderes Buch Albert Schweitzers ist für das Pauluskapitel der *Abendländischen Eschatologie* grundlegend: Als die Mitte der paulinischen Lehre bezeichnet Taubes dort die „Christusmystik" des Paulus.[11] Das ist wiederum ein Begriff, der direkt aus Schweitzers 1930 erschienenem Werk

---

[9] Vgl. Albert Schweitzer. Von Reimarus bis Wrede. Eine Geschichte der Leben-Jesu-Forschung, Tübingen 1906; von Taubes zit. n. der Ausgabe von 1926.

[10] Vgl. Jacob Taubes, Entzauberung der Theologie. Zu einem Porträt Franz Overbecks, in: Franz Overbeck, Selbstbekenntnisse, hg. v. J. Taubes, Frankfurt a.M. 1967, 7–27.

[11] Taubes, Abendländische Eschatologie, 62.

Die Mystik des Apostels Paulus übernommen ist[12] und von Taubes modifiziert gefüllt wird.[13] Versehen mit dem kategorialen Rahmen Schweitzers bestimmt Taubes dann selbstständig und ohne Rücksicht auf die herrschende Meinung der christlichen Exegeten den historischen Jesus als Fortsetzer der israelitischen Apokalyptik, eines noch nationalen Messianismus.[14] Jesus habe aufgrund seiner davidischen Abstammung sich selbst als Messias verstanden, wenn auch nicht als siegreichen König Israels, sondern als unverstandenen, leidenden Gottesknecht (Jes 53).[15] Der Tod und die Auferstehung Jesu hatten seine Jünger und die Jerusalemer Urgemeinde in der „Sackgasse" der unerfüllten Erwartung seiner Wiederkunft zurückgelassen. Erst Paulus, das ist seine Funktion und Bedeutung im Urchristentum, überwindet diese Sackgasse der Parusieverzögerung in der Urgemeinde, indem er lehrt, dass trotz des Ausbleibens der Parusie die alte, verdorbene und feindliche Welt vergangen und der neue Äon mit Tod und Auferstehung Christi schon angebrochen sei (Eph 2,2).

Die politischen und sozialen Erwartungen der jüdischen Apokalyptik (und damit der Urgemeinde und Jesu selber) an den Messias werden, so Taubes mit Schweitzer, überwunden durch Paulus' neue, eschatologische „Christusmystik". Als wichtigste Lehre dieser Christusmystik und „Mitte der paulinischen Lehre" identifiziert Taubes, nicht Schweitzer, die geschichtstheologische Gegenüberstellung von Adam und Christus in Röm 5,12–21 als „Fixpunkte" der Weltgeschichte und Heilsgeschichte: Dem „protos Adam", dem ersten Adam der Schöpfungsgeschichte und des Sündenfalls, wird der Erlöser, der Messias-Christus als letzter Adam, „eschatos Adam" (1Kor 15,45) entgegengestellt. Der erste Adam, „protos Adam", ist der Prototyp der universalen, sündigen, gefallenen Menschheit (für Menschheit, so Taubes, gebe es im Griechischen keinen Begriff; Paulus greife deshalb auf das hebräische „Adam" zurück).[16] Der letzte Adam, „eschatos Adam", Christus, eröffnet den neuen Äon einer erlösten Menschheit. Der Sündenfall der Menschheit werde durch den leidenden Messias gesühnt,[17] dessen Wiederkunft in Kürze auch von Paulus erwartet wird: „protos Adam und eschatos Adam sind Momente, Fixpunkte der Geschichte, welche für Paulus wesentlich Eschatologie ist. Eschatologie aber ist Heilsgeschichte".[18]

Paulus, nicht Jesus, ist nach Taubes der Begründer einer universalen, christlichen Eschatologie und Geschichtsphilosophie, welche Taubes' Dissertation in der weiteren Abfolge abhandelt. Die abendländische Eschatologie bis zu Marx und Kierkegaard ist für Taubes universale, christliche oder aus dem Christentum säkularisierte Eschatologie. Aus dem partikularen,

---

[12] Vgl. Albert Schweitzer, Die Mystik des Apostels Paulus, Tübingen 1981 (Erstausgabe 1930).
[13] Kreuz und Auferstehung als Elemente dieser Christusmystik bei Schweitzer fallen z.B. bei Taubes weg.
[14] Vgl. Taubes, Abendländische Eschatologie, 48.
[15] Vgl. ebd., 56f.
[16] Vgl. ebd., 61.
[17] Vgl. ebd., 63.
[18] Ebd.

national-jüdischen Messias Jesus hat Paulus, das ist seine Leistung und Scharnierfunktion in der *Abendländischen Eschatologie,* den Christus der Menschheit gemacht. Judentum, jüdische Apokalyptik, jüdischer Messianismus, auch postpaulinischer jüdischer Messianismus von Bar Kochba bis Sabbatai Zwi, hat die Weihen solchen Universalismus' nicht und bleibt bei Taubes als vom universalistischen Weltgeist überholtes, verspätetes Relikt der Religions- und Weltgeschichte unbeachtet.

Das ist, wie die gesamte Konstruktion der *Abendländischen Eschatologie,* gut hegelianisch: Mit dem Satz „Weltgeschichte ist die Geschichte des Geistes" beginnt Taubes sein Pauluskapitel. Bei solchem Fortschritt des Geistes im Bewusstsein der Freiheit ist das Judentum bloße Vorgeschichte, nur dass es nicht, wie bei Hegel, Religion der Erhabenheit ist, sondern zur Religion der noch national verstandenen Apokalyptik umgewertet wird. Bei Paulus wird der entscheidende geistesgeschichtliche Schritt der Eschatologie zum Universalismus vollzogen. Oder wie es Oswald Spengler in *Der Untergang des Abendlandes,* einer anderen wichtigen Inspirationsquelle der *Abendländischen Eschatologie,* formuliert hatte: „Paulus war Rabbiner dem Geiste und Apokalyptiker dem Gefühl nach. Er erkannte den Judaismus an, aber als Vorgeschichte ... Die ganze Fülle der Apokalyptik aber mit ihrer Erlöserverheißung, die damals umging, zog er in der Erlösungsgewißheit zusammen, so wie sie ihm allein vor Damaskus unmittelbar offenbart worden war. ‚Jesus ist der Erlöser und Paulus ist sein Prophet': das ist der volle Inhalt der Verkündigung."[19]

Noch einmal: Die *Abendländische Eschatologie* ist ihrem Aufbau, ihrer intellektuellen Choreographie und den berücksichtigten Autoren nach so hegelianisch konzipiert, dass das Judentum nur zum partikularen Impulsgeber taugen mag, aber post Paulum – denn so funktioniert Taubes die abendländische Zeitrechnung um: ante Paulum, post Paulum – spielen das Judentum und partikulare Erscheinungen von Eschatologie im nachpaulinischen Judentum für die *Abendländische Eschatologie* keine Rolle mehr. Eschatologie findet nur als universale noch Anerkennung.

4. Paulus, die Cäsaren und die Gnosis

Neben den beiden Büchern Albert Schweitzers ist es vor allem ein heute so gut wie unbekanntes Buch Bruno Bauers, welches das Pauluskapitel der *Abendländischen Eschatologie* beeinflusst hat und auch in den Vorträgen *Die Politische Theologie des Paulus* nach 40 Jahren von Taubes wieder erwähnt wird:[20] *Christus und die Cäsaren* von 1877.[21] Taubes war vermutlich durch die Erwähnung in Schweitzers *Die Geschichte der Leben-Jesu-Forschung*

---

[19] Oswald Spengler, Der Untergang des Abendlandes. Umrisse einer Morphologie der Weltgeschichte, München 1980 (Erstausgabe 1923), 827f.
[20] Vgl. Taubes, Politische Theologie des Paulus, 27.
[21] Vgl. Bruno Bauer, Christus und die Cäsaren. Der Ursprung des Christentums aus dem römischen Christentum, Frankfurt a.M. 1981 (Erstausgabe 1877).

ebenso wie durch Karl Löwiths *Von Hegel zu Nietzsche* (1941)[22] auf Bruno Bauers Buch aufmerksam geworden (von Löwith rührt auch die Beachtung der Linkshegelianer und die Gegenüberstellung von Marx und Kierkegaard in der *Abendländischen Eschatologie* her). Mit Bauer macht Taubes den Paulus, so die Kapitelüberschrift in der *Abendländischen Eschatologie*, für die „Auflösung der antiken Welt" verantwortlich. Christus werde als Anti-Cäsar inthronisiert, das Imperium Romanum und sein Nomos erliegen einer Schar pneumatologisch gestählter Individuen mit Erlösungsgewissheit und Weltmissionsabsicht.

Hier wird das geschichtsphilosophische Schema von „protos Adam" und „eschatos Adam" und die Abfolge der Äonen, welches die christliche Geschichtstheologie und die abendländische Geschichtsphilosophie mit ihren Epochenteilungen konstituiert, realgeschichtlich als eine politische Theologie interpretiert. Die apokalyptische Wendung, dass die Zeit kurz sei und das Wesen dieser Welt vergehe (1Kor 7,29–31), wird von Taubes als Sprengsatz am Nomos des Imperium Romanum gelesen. „Christus ist des Gesetzes Ende" (Röm 10,4) wird von ihm nicht nur auf die Tora bezogen, sondern als eine religiös inspirierte, spirituelle Weltrevolution gedeutet: Das Gesetz des alten Äons wird durch Christus beendet. Die antike Sklavenhalter-Gesellschaft des Imperium Romanum wird durch Paulus und seine Mission in eine im Namen Christi agierende Gesellschaft der Gleichen transformiert, in der es weder Jud' noch Heide, nicht Herr noch Sklave, nicht Mann noch Frau gibt, sondern alle gleich und eins sind in Christo (Gal 3,28; Kol 3,10f.).

Als drittes liest Taubes in der *Abendländischen Eschatologie* die Paulusbriefe als die „Magna Charta" der christlichen Gnostiker, wie Elaine Pagels die Rolle des Paulus einmal bezeichnet hat.[23] In einer an Adolf von Harnacks Buch *Marcion. Das Evangelium vom fremden Gott* (1924)[24] und an Hans Jonas' *Gnosis und spätantiker Geist* (1934)[25] gewonnenen Perspektive konstatiert Taubes: „Paulus bezeichnet genau den Ort der Wende von der christlichen Apokalyptik zur christlichen Gnosis."[26] Die Enttäuschung der Naherwartung und die unendliche Parusieverzögerung wird kompensiert einerseits durch die tendenziell anti-eschatologische Sakramentalisierung und Institutionalisierung des Heils in der Kirche (für die Paulus, obwohl das auch sehr gut möglich wäre, von Taubes nie herangezogen wird; es passt eben nicht). Andererseits führt die Enttäuschung der Apokalyptik zur Gnosis: Die schlechte bestehende Welt kommt nicht an ihr Ende, der Gnostiker, der sich in ihr als Fremder fühlt, weist die Verantwortung für diese Welt, ihre Schöpfung und ihren Bestand von sich. Er übt Weltflucht und Weltenthaltung,

---

[22] Vgl. Karl Löwith, Von Hegel zu Nietzsche. Der revolutionäre Bruch im Denken des Neunzehnten Jahrhunderts, Hamburg ⁹1986 (Erstausgabe 1941).
[23] Elaine Pagels, The Gnostic Paul, Philadelphia 1975.
[24] Vgl. Adolf von Harnack, Marcion. Das Evangelium vom fremden Gott. Eine Monographie zur Geschichte der Grundlegung der katholischen Kirche, Darmstadt 1996 (Nachdruck der 2., verb. und verm. Auflage von 1924).
[25] Vgl. Hans Jonas, Gnosis und spätantiker Geist I: Die mythologische Gnosis (FRLANT 33), Göttingen 1988 (Erstauflage 1934).
[26] Taubes, Abendländische Eschatologie, 67.

zugleich ist er von den Gesetzen dieser Welt – Christus ist das Ende des Gesetzes (Röm 10,4) – entbunden: Die Gnosis entbirgt ein ungeheuer großes anarchisches und antinomistisches Potential, das Taubes immer fasziniert hat. Er witterte gnostisch-antinomistisches Potential nicht nur bei Sabbatai Zwi und in der Französischen Revolution, sondern auch noch in den Befreiungsbewegungen der Dritten Welt oder im LSD-Rausch.

Die Interpretation von Paulus als „Wendepunkt" zur christlichen Gnosis in der *Abendländischen Eschatologie* differiert allerdings stark von der Paulusinterpretation, die Taubes im Sommersemester 1981 in seinen Vorlesungen an der Freien Universität Berlin vorbrachte. In diesen Vorlesungen machte er gerade die Auseinandersetzung des Paulus mit den Gnostikern in den beiden Korintherbriefen zum Gegenstand, also eine Abwehr von gnostischen Bestrebungen in der Gemeinde von Korinth durch Paulus. Taubes zeigte, beeinflusst durch die nach der *Abendländischen Eschatologie* erschienenen Bücher von Walter Schmithals *Die Gnosis in Korinth* (Göttingen 1965) und von Ulrich Wilckens *Weisheit und Torheit* (Tübingen 1959), dass von Paulus die „Torheit" des Kreuzes gegen die Weisheits-Emphase der Gnostiker gesetzt wird (1Kor 1,13–31). Auch das berühmte Loblied der Liebe in 1Kor 13 wurde von Taubes als Polemik gegen die Weisheit gelesen: Es bleiben am Ende der Zeiten Glaube, Hoffnung und Liebe, nicht Weisheit.

In diesen Vorlesungen des Sommersemesters 1981, die frei gehalten und mangels Manuskript und Tonband-Mitschnitten nie gedruckt wurden, trug Taubes noch eine weitere für ihn wichtige Paulusinterpretation in weltgeschichtlicher Perspektive vor, die genauso wie die von Freud und Carl Schmitt geprägten Interpretationen der *Politischen Theologie des Paulus*,[27] in der *Abendländischen Eschatologie* noch gänzlich fehlt: Der Beginn des 1. Korintherbriefs, das Wort vom Kreuz, das den Griechen eine Torheit ist und den Juden ein Skandalon (1Kor 1,18ff.), wurde von Taubes in Konfrontation mit Nietzsches *Antichrist* (bes. Abs. 51, 53, 58, 59) als die zentrale antike Umwertung aller Werte, als die Erhebung des Schwachen und der Massen gegen alles Hohe, Erhabene, Starke und Aristokratische gedeutet. Für Nietzsche, wie für Taubes' Interpretation, ist Paulus, nicht Jesus, die Schlüsselfigur dieser weltgeschichtlichen Wende. Paulus ist der „Dysangelist", das „Genie des Hasses" (Nietzsche) gegen alles Edle und Elitäre, der geistige Zerstörer des Imperium Romanum und seiner Eliten. Spuren dieser Paulusinterpretation mit Nietzsche finden sich an keiner Stelle der *Abendländischen Eschatologie*, wohl aber in dem kleinen Aufsatz „Die Rechtfertigung des Häßlichen in urchristlicher Tradition" von 1968, wo Taubes gezeigt hat, welches Skandalon das Kreuz selbst für die frühe christliche Kunst war. Erst

---

[27] Taubes kannte vor 1947 das Werk Freuds und Carl Schmitts gar nicht; jedenfalls nicht in einer signifikanten Weise. Die Bekanntschaft und Auseinandersetzung mit dem Werk Freuds kann auf die Zeit nach 1949 datiert werden, als Taubes Susan Feldman, die Tochter eines orthodoxen Freudianers, heiratete. Die Auseinandersetzung mit Carl Schmitts Œuvre ist nachweisbar ab 1951, als Taubes in Jerusalem dessen „Verfassungslehre", „Politische Theologie" und „Der Nomos der Erde" liest und zitiert (vgl. den Brief an Armin Mohler vom 14.2.1952, zit. in: Jacob Taubes, Gegenstrebige Fügung. Berlin 1987, 31–35).

ab dem 4. Jahrhundert gibt es bildliche Darstellungen des Kreuzes. Im Imperium Romanum war die Darstellung des gekreuzigten Messias, der wie ein Sklave hingerichtet worden war, ein Unding, ein Pudendum.[28]

5. Gnosis und Shoah

Wie diese Beispiele zeigen, tun wir gut daran, die einzelnen Paulusinterpretationen von Jacob Taubes in ihrem jeweiligen zeitgeschichtlichen Kontext zu lesen – als Palimpsest aktueller Befindlichkeit. In der *Abendländischen Eschatologie* beginnt die lebenslange Auseinandersetzung von Taubes mit Paulus allererst. Sie nimmt jedoch nicht mehr Platz ein als die mit Kant oder Marx. Wichtige Einsichten in die Bedeutung des Paulus gewann Taubes erst in späteren Jahren und im Zuge neuer Lektüren und Relektüren, namentlich von Nietzsche, Freud und Carl Schmitt. Diese Lektüren warfen neues Licht auf Paulus, aber von Paulus her und in der Spiegelung an Paulus gewann Taubes ganz eigene Perspektiven auf beinahe alle ihm wichtigen Autoren. Sie wurden sozusagen einer ‚lectio Pauliniana' unterworfen. Im Licht der Paulusbriefe hatte da nur weniges Bestand.

Der Kontext der *Abendländischen Eschatologie* und ihres Entstehens, besonders auch ihrer Paulusinterpretation mit Paulus als dem Wendepunkt zur Gnosis und ihrer Weltverachtung, ist Taubes' unmittelbare Erfahrung der Shoah. Die ganze *Abendländische Eschatologie* beschreibt – durchaus fragwürdig – Eschatologie als die existenzielle Erfahrung der Fremdheit und Gottesferne dieser Welt, die in den letzten Zeiten überwunden werden soll. Wenn wir diese Auffassung von Eschatologie zeitgeschichtlich kontextualisieren wollen, müssen wir uns die Entstehungssituation des Buches vor Augen führen. Zu diesem Zweck zitiere ich eine Passage aus einem maschinenschriftlichen hebräischen Lebenslauf von Jacob Taubes aus dem Jahr 1951, den ich in den Archiven der Hebräischen Universität in Jerusalem gefunden habe und hier erstmals in Übersetzung vorlege:

„Geboren in Wien im Jahr 1923. Lernte auf dem nach dem Rabbiner Chajes benannten Realgymnasium. Im Jahre 1936 zog er mit seiner Familie nach Zürich um und beendete dort 1941 seine Schulausbildung.

Von 1941	Studierte an den Universitäten Zürich und Basel:
1941/42	Griechisch, Latein und Alte Geschichte
1942/43	Studierte und lehrte an der Jeschiva in Montreux: Studien des Judentums. Leistete im Arbeitslager den Militärdienst ab.
1943–46	Studierte in Zürich und Basel: Philosophie, Soziologie, Deutsche und Griechische Literatur
1947	Beendete das Studium an der Universität Zürich mit dem Titel Doktor der Philosophie

---

[28] Vgl. Jacob Taubes, Die Rechtfertigung des Häßlichen in urchristlicher Tradition, in: Hans Robert Jauss (Hg.), Die nicht mehr schönen Künste. Grenzphänomene des Ästhetischen (Poetik und Hermeneutik 3), München 1968, 169–185; Wiederabdruck in: Taubes, Vom Kult zur Kultur, 114–134.

1945–47	Studierte und lehrte am Polytechnicum in Zürich: Philosophie und Mathematik und war Hilfskraft am Seminar für Philosophie der Mathematik
1946	Erhielt Lehrerlaubnis von Rabbinern in der Schweiz und England
1948	Ging als Forschungsstudent nach New York zum Lehrhaus für Rabbiner und lernte bei Prof. Lieberman und in einem Privatkurs bei Prof. L. Strauss – hebräische und allgemeine Philosophie
1949	Forschungs-Fellow im Lehrhaus für Rabbiner in New York und lehrte im Lehrhaus für Tanach-Lehrer
1950	Wanderte nach Israel ein. Erhielt einen Preis vom Lehrhaus für Rabbiner für zwei Jahre
1951	Erhielt Warburg-Preis der Universität in Jerusalem"

Im Jahr 1947, beim Erscheinen der *Abendländischen Eschatologie,* hatte das europäische Judentum, das war die verzweifelte Perspektive des jungen Rabbiners Jacob Taubes, seine Endzeit hinter sich. In der Vernichtung des europäischen Judentums, der viele Mitglieder der Familie Taubes zum Opfer fielen, war ein alles Gesetz und alle Moral und alles jüdische Leben vernichtender Nihilismus Wirklichkeit geworden. Eine Apokalypse nicht der deutschen, sondern der jüdischen Seele, ohne Offenbarung, ohne Messias, ohne Parusie, als Gott in diesen letzten Tagen des europäischen Judentums von Israel am meisten benötigt wurde. Jacob Taubes hat jahrelang in einer vollkommen unwirklichen Situation in Basel studiert, als nur wenige Kilometer weiter jenseits des Rheins Menschenjagd auf Juden betrieben wurde. Er wusste auf seiner Schweizer Insel, dass die Juden rundherum in Europa deportiert und vernichtet wurden. Er hat sich in einer Situation permanenter Bedrohung und eines permanenten Bedrohungsgefühls aller Juden intensiv in seine Studien vertieft. Bedrohung und Vernichtung rundum wurden, wie wir nur vermuten können, bei dieser akademischen Höchstleistung weggeschoben, verdrängt, kompensiert, ignoriert. Taubes wurde zum Rabbiner vorbereitet und ordiniert, während die jüdischen Gemeinden Europas rundum ausgerottet wurden. Er demonstrierte seine intellektuelle Frühreife und Brillanz in seiner Doktorarbeit, als ob es dieses Draußen nicht gäbe. In der *Abendländischen Eschatologie* fällt über die Shoah kein Wort. Aber dieses Schweigen ist beredt, wenn wir dieses Buch als sein Wort zur Shoah lesen, als das Wort eines Überlebenden, der seine einzige Monographie „Aug' in Aug'" mit der Shoah ausgearbeitet hat. Es ist die Situation des Überlebenden, in der Taubes dort schreiben kann:

„Die Welt ist das Gegengöttliche, Gott das Gegenweltliche."[29] „Der gegenweltliche, in der Welt nicht seiende Gott sanktioniert die nihilistische Haltung des Menschen der Welt gegenüber."[30]

Dies ist, wenn wir Scholems scharfes Wort gegen Walter Benjamin wiederholen wollen, wie viele Sätze der *Abendländischen Eschatologie* eine Art

---

[29] Taubes, Abendländische Eschatologie, 9.
[30] Ebd., 10.

„Konstatierontologie". Ich lese diese atemlosen, oft begründungslosen Sätze jedoch als Bekenntnissätze eines Zeugen der Shoah, der als Philosoph und als Rabbiner weiß, welche theologischen Abgründe die Shoah für Juden und Christen aufwirft. Gott muss in äußerste Distanz zu dieser Welt gebracht werden, er muss das ganz Andere dieser Welt sein, das Gegenweltliche, sonst ist er nicht zu retten. Sonst trägt er als Weltschöpfer und Welterhalter Mitverantwortung für die Vernichtung des europäischen Judentums, weil er die Shoah nicht durch sein Eingreifen verhindert hat. Hier ist die *Abendländische Eschatologie* eine persönliche, philosophische und religiöse Antwort auf die Shoah. Taubes optiert für eine dem zeitgenössischen Existenzialismus anverwandelte Gnosis und deren „nihilistische Haltung" der Welt gegenüber.

Apokalyptik ist die Antwort auf enttäuschten Messianismus, Gnosis die Antwort auf enttäuschte Apokalyptik, hat Jacob Taubes noch nach Jahrzehnten gelehrt. Die *Abendländische Eschatologie* und ihre Option für die Gnosis als destruktive Weltfeindlichkeit des Wissenden, der das Vergehen dieser verhassten und gegengöttlichen Welt nur beschleunigen kann, ist eine intellektuelle Antwort auf die Shoah, ein Palimpsest der Katastrophe. Alles, was auf diesen Nullpunkt, die Endzeit ohne Erlösung folgen kann, ist aus der Sicht des Überlebenden, so Taubes in späteren Jahren immer wieder, wertlos, brav, ‚Biedermaier'. Er hat gegen dieses ‚Biedermaier' auf seiner nihilistischen Haltung dieser Welt gegenüber beharrt. Der Überlebende der Shoah mit seiner Überlebensscham, die durch übersteigerten Narzissmus nicht getilgt, sondern nur überboten wird, bleibt, wie der antike Gnostiker, in dieser ihm feindlichen Welt ein Fremder. Taubes hat – persönlich wie intellektuell – für das Gegenweltliche, das Anarchische, Unordentliche, Antinomistische, Destruktive optiert: „I have no spiritual investment in this world." Es war dies, lebenslang, eine gegenweltliche Rettung Gottes als Antwort auf die Shoah.

Wolfgang Stegemann

Paulus – ein Champion jüdischer Selbstkritik?

Eine kritische Auseinandersetzung mit
Daniel Boyarins Paulusdeutung

Der bekannte britische Neutestamentler N.T. Wright beginnt seine Rezension des Paulusbuches von Daniel Boyarin folgendermaßen:

„This is an incredible book. I can't believe the range, the skill, the *chutzpah* of it. I can't believe the learning, the easy grasp of complex ideas, the integration of exegesis and politics, of culture and philosophy. I can't believe the daring, the readiness to go out on a limb and then make it work. Unfortunately, I can't quite believe the thesis itself, either; but we shall come to that presently."[1]

Ich könnte meinen eigenen Aufsatz zu Boyarins Paulusdeutung nicht besser beginnen. Das heißt, ich war und bin wie Wright tief beeindruckt von diesem ungewöhnlichen Paulusbuch, doch zugleich hat mich seine Hauptthese nicht überzeugt. Eben dies soll hier zur Sprache kommen. Nun hat Daniel Boyarin selbst inzwischen eine interessante Berichtigung vorgenommen. In einem kürzlich publizierten Aufsatz korrigiert er seine bisherige Einordnung des paulinischen Denkens in den Kontext der *platonischen* Philosophie.[2] Am Ende des genannten Aufsatzes, dessen erster Teil sich der Paulusdeutung von Alain Badiou widmet und in dessen zweiten Teil Boyarin Paulus der „Antiphilosophie" der Sophisten zuordnet, räumt der Autor ein: „This is then a somewhat different Paul from the Paul of my own Paul book ..., in which I read him rather too definitely as a Platonist."[3] Auf diese philosophische Zuordnung lief in der Tat das Paulusbuch Boyarins hinaus, das fünfzehn Jahre vorher unter dem Titel „A Radical Jew" erschienen war und zum Teil mit großem Enthusiasmus aufgenommen wurde.[4]

Auf Boyarins Aufsatz und dessen Zuordnung des Paulus zu den Sophisten gehe ich hier nicht eigens ein. Im Mittelpunkt meiner Ausführungen soll das besagte Paulusbuch stehen. Dabei wird sich auch zeigen, dass die (inzwischen ausgewechselte) Einordnung des Paulus in eine spezifische „Schublade" philosophischer Schulrichtungen der Antike für sich allein genommen keine besondere Aussagekraft besitzt; wichtiger ist allemal, welche philoso-

---

[1] N.T. Wright, Two Radical Jews, in: Reviews in Religion and Theology 3 (1995), 15–23, hier 15. Die Rezension ist auch im Internet zu lesen: http://www.ntwrightpage.com/Wright_Two_Radical_Jews.htm.
[2] Daniel Boyarin, Paul among the Antiphilosophers; or, Saul among the Sophists, in: John D. Caputo / Linda Martín Alcoff (Hg.), St. Paul among the Philosophers, Bloomington 2009, 109–141.
[3] Boyarin, Paul, 131f.
[4] Daniel Boyarin, A Radical Jew. Paul and the Politics of Identity, Berkeley / Los Angeles / London 1994.

phischen *Inhalte* bzw. *Konzepte* damit verbunden sind und in den Briefen des Paulus wiedererkannt werden können. Selbst die viel grundsätzlichere und den (angeblichen) paulinischen Platonismus noch übergreifende Einordnung des paulinischen Denkens in den Kontext eines griechisch geprägten Judentums („Hellenized Judaism") des ersten Jahrhunderts, die auch Boyarin voraussetzt, ist ja so lange nicht aussagekräftig, so lange nicht konkrete Inhalte damit verbunden werden. Ich werde also im Folgenden mehr auf die konkreten Aussagegehalte achten als auf die Zuordnung derselben zu bestimmten philosophischen Schulrichtungen. Die Konzentration auf Inhalte relativiert selbst so einschneidende Änderungen in der Zuordnung zu philosophischen Richtungen, wie sie Boyarin in Bezug auf die „Philosophie" des Apostel Paulus inzwischen vorgenommen hat. Wichtiger noch: Ohne inhaltliche Referenzen blieben die Kennzeichnungen kaum mehr als Etiketten.

Ich habe bewusst den Begriff „Philosophie" und nicht Theologie gewählt, denn Boyarin deutet die Paulusbriefe aus der Position eines Lesers, der nicht die christlich-theologischen Voraussetzungen akzeptiert, also, wie Boyarin selbst schreibt, weder an Jesu Adoption als Gottessohn noch an seine Auferstehung glaubt.[5] Es geht ihm – mit anderen Worten – nicht um eine theologische Auswertung der paulinischen Briefe, die für die christliche Paulusexegese zentral ist, sondern um den Beitrag des Paulus zur Theorie („theory"), worin Boyarin eine Möglichkeit sieht, Paulus' Position unter den Philosophen zu verstehen.[6] Darin weiß er sich im Übrigen ganz und gar mit Alain Badious Paulusinterpretation einig, der seinerseits explizit betont, dass er die theologisch-religiösen Inhalte des paulinischen Denkens nicht teilt. Boyarin beschreibt seine Aufgabe folgendermaßen: „The task is (and I agree with Badiou that it is) somehow to make sense of Paul for those of us who do not know Christ and him crucified."[7] Dass er sich – wie Badiou – gleichwohl mit Paulus beschäftigt, hängt natürlich auch damit zusammen, dass er dessen „Philosophie" für bemerkenswert hält und als interessant einschätzt. Und wie Badiou hält auch Boyarin Paulus für einen „Radikalen" („a radical"), wobei er allerdings sofort die inhaltlichen Unterschiede zwischen *seinem* radikalen Paulus und dem *Badious* einräumt:

„For me, however, he is a radical Jew in a particular time and historical climate, the first Bolshevik indeed, but only metaphorically so. For Badiou, after his operations of subtraction, Paul is simply an instantiation of the idea of the radical, the militant per se, almost literally Lenin himself."[8]

Worauf Boyarin mit der Metapher „Bolschewist" auch immer anspielt (vielleicht darauf, dass bei den Bolschewisten auch Juden eine wichtige Rolle

---

[5] Vgl. Boyarin, Paul among the Antiphilosophers, 110.
[6] Vgl. ebd..
[7] Ebd., 132.
[8] Ebd., 110. Boyarin bezieht sich hier auf ein Zitat, das er als Leitmotiv über das letzte Kapitel seines Paulusbuches stellt. Er zitiert eine Aussage von Hillel Kempinsky, einem ehemaligen Archivar der jüdischen Arbeiterbewegung „Bund", nämlich dessen Satz: „Paul was the first Bolshevik" (Boyarin, Radical Jew, 228).

gespielt haben und eine revolutionäre Umwälzung der Verhältnisse anstrebten), er sagt es uns leider nicht, sodass wir als Leser die inhaltliche Bedeutung seiner metaphorischen Anspielung auf die Bolschewisten selbst beisteuern müssen. Paulus kann sich auch gegen diese „Ehre" nicht mehr persönlich wehren und solche Etikettierungen sind sowieso eher so etwas wie diskursive „Paukenschläge", die Aufmerksamkeit erheischen sollen. Wichtiger scheint mir auch hier, sich auf die Inhalte zu fokussieren, d.h. im Falle Boyarins: Was versteht er darunter, wenn er Paulus als einen „*radikalen Juden* in einer bestimmten Zeit und einem bestimmten historischen Klima" deutet? Ist Paulus für Boyarin ein radikaler *Jude*, weil er zentrale Identitätsmerkmale *des* Judentums in seiner Zeit und Kultur in radikaler Weise repräsentierte oder deren Repräsentation angestrebt hat? Das ist vielleicht auch gemeint, wenngleich diese Deutung eine essenzielle, über-historische Identität des Judentums voraussetzt, was so gar nicht zu den postmodernen Grundeinstellungen Boyarins passen würde. Eher scheint mir, dass Paulus für ihn ein radikaler *Kritiker* des Judentums war und somit als Jude ein Radikaler, dessen revolutionäre Vision darin bestand, im Christusglauben ließe sich die hellenistische Sehnsucht nach der Einheit der Menschheit verwirklichen, was für ihn persönlich bedeutete, eine vom jüdischen „Ethnozentrismus" oder Partikularismus losgelöste Form der Verehrung des einen Gottes für Menschen aller Völker zu propagieren: Ein Israel nach dem Geist und nicht nach dem Fleisch, das den Monotheismus und die Bibel beibehält, jedoch die „ethnozentrischen" Elemente des Israel nach dem Fleisch (wie Beschneidung und Kaschrut) aufhebt. Ähnlich wie die jüdischen Protagonisten des Bolschewismus wäre Paulus als Jude also ein Protagonist für einen gesellschaftlichen Fortschritt gewesen, der in diesem Fall die ethnischen und sozialen wie auch die gendermäßigen Grenzen der Menschheit überwinden wollte, dabei übrigens das Beste im Judentum (den Monotheismus, der Universalität impliziert) mit dem Besten im Hellenismus (das Streben nach der Einheit der Menschheit) verbindend:

„One could say with only some extravagance that if Judaism is the mother of ‚Universal Man', then Hellenism is the father, and Paul the *shadkhen* who made the match."[9]

Nach Boyarin hat Paulus die jüdischen Auffassungen von Identität vor eine große Herausforderung gestellt. Er sei getrieben gewesen von einer Vision der Einheit der Menschheit („human unity") – und zwar aufgrund zweier grundsätzlicher Überzeugungen, die einerseits seinem Judentum, andererseits dem Griechentum entstammen: dem jüdischen Monotheismus und der griechischen Sehnsucht nach Universalität. Allerdings schätzt Boyarin den Universalismus des Paulus nicht gerade als menschenfreundlich ein. Vielmehr sei er unterdrückerischen politisch-kulturellen Zwangssystemen („coercive political-cultural systems") förderlich gewesen, die sich in mehr oder weni-

---

[9] Boyarin, A Radical Jew, 59.

ger gewalttätigen Projekten der Absorption kultureller Eigenheiten in eine dominante Kultur engagieren. Doch könnten Juden gleichwohl die Kraft („force") der Kritik des Paulus gerade wegen ihrer *negativen* Effekte nicht ignorieren; denn unkritische Unterwerfung unter ethnische Partikularität habe ebenfalls negative Effekte.[10]

Boyarin bezieht sich mit der letzten Bemerkung auf den von ihm behaupteten und kritisierten „modern Jewish statist nationalism", also den „modernen jüdischen autoritären Nationalismus", der nach seiner Meinung ebenfalls „very violent and exclusionary in its practices vis-à-vis its others" sei.[11] Im Gegenüber dazu vertritt Boyarin – in seinem Sinne als moderner Wiedergänger des radikalen Juden Paulus – Vorstellungen von einem Judentum in seiner (also unserer) Zeit, die allen Juden eine „Diasporizing Identity" bzw. „Deterritorializing Jewishness" zumuten und dem Staat Israel den Vorschlag machen, sich „Toward A Diasporized (Multicultural) Israel" zu entwickeln.[12] So gesehen könnte man sagen: Boyarin sieht für sein jüdisches Volk eine negative *Sonderrolle* und *Sonderexistenz* im Kreis der Völker vor. Sie sollen – im Unterschied zu allen anderen Völkern – offenbar ohne eigenes Territorium und ohne einen eigenen Nationalstaat gewissermaßen eine ewige Diasporaexistenz führen. Und da es seit 1948 einen jüdischen Staat auf einem eigenen Territorium gibt, erwartet Boyarin offenbar, dass dieser seine nationale Souveränität aufgibt und die dort ansässigen etwa 6 Millionen Jüdinnen und Juden unter fremder Herrschaft leben sollen. Ganz abgesehen von den politischen Implikationen dieses Vorschlags, auf die ich hier nicht eingehe, ist mir schwer begreiflich, dass der Autor dieses Paulusbuches, der auf den Apostel die „Judenfrage" zurückführt und für die jüdische Differenz verantwortlich macht, genau das vorschlägt, was er dem Apostel ankreidet: eine jüdische Differenz. Boyarin selbst wird das freilich anders sehen, denn er geht auch davon aus, dass Paulus den jüdischen „Ethnozentrismus" kritisiert hat – und eben dies scheint auch *sein* Anliegen zu sein, zumindest in Bezug auf den jüdischen Nationalstaat Israel.

Das Paulusbuch Boyarins versteht sich als das Werk eines radikalen Juden unserer Gegenwart über einen radikalen Juden des 1. Jahrhunderts der Zeitrechnung. Mehr noch, es versteht sich als das Buch eines radikalen Kritikers der *jüdischen Kultur* der Gegenwart, der über einen radikalen Kritiker der jüdischen Kultur der Vergangenheit schreibt. Damit ist denn auch klar, dass das Attribut „radikal" in Bezug auf beide vor allem auch eine radikale Kritik an bestimmten aktuellen Realisationen des Judentums (für Boyarin manifestiert sich diese im Staat Israel) und darüber hinaus Visionen für die Menschheit insgesamt enthält (für Boyarin gelten diese Visionen allerdings nicht für andere Völker; er empfiehlt nur Juden eine Diasporaexistenz und den Verzicht auf einen Nationalstaat). Mir scheint also, schon der Titel des Buches („A Radical Jew") weist darauf hin, dass Boyarin Paulus' Philosophie als

---

[10] Vgl. ebd., 228.
[11] Ebd.
[12] Ebd., 241ff.251ff.259ff.

eine Mischung aus *radikaler jüdischer Selbstkritik* und der Sehnsucht nach einer *universalen Einheit der Menschheit* deutet. In diesem Paulus zugeschriebenen Konzept stehen die Juden (und auch die Frauen) für die Differenz und damit für die Gefährdung des Universalismus.

Insofern die Interpretation des Apostel Paulus betroffen ist, werde ich mit meinen kritischen Einwänden nicht hinterm Berg halten. Was Boyarins Radikalismus für das gegenwärtige Judentum und vor allem den Staat Israel betrifft, so gehe ich darauf hier nicht ein.

1. Paulus als Platoniker

Ich beginne mit einer fundamentalen Aussage Boyarins über die philosophische Ausrichtung des paulinischen Denkens:

„Paul was motivated by a Hellenistic desire for the One, which among other things produced an ideal of a universal human essence, beyond difference and hierarchy. This universal humanity, however, was predicated (and still is) on the dualism of the flesh and the spirit, such that while the body is particular, marked through practice as Jew or Greek, and through anatomy as male or female, the spirit is universal. Paul did not, however, reject the body – as did, for instance, the gnostics – but rather promoted a system whereby the body had its place, albeit subordinated to the spirit. Paul's anthropological dualism was matched by a hermeneutical dualism as well. Just as the human being is divided into a fleshy and a spiritual component, so also is language itself. It is composed of outer, material signs and inner, spiritual significations."[13]

Ginge es nur um die „Sehnsucht nach dem Einen", so würde sich zweifellos eher die Stoa als philosophische Schulrichtung nahelegen, von der Paulus beeinflusst worden ist.[14] Doch scheint Boyarin für die Kennzeichnung des paulinischen Denkens als „platonistisch" (*platonistic*) vor allem anthropologische und andere Dualismen und zumal einen hermeneutischen Dualismus in Anschlag zu bringen. Boyarin rechnet zur Weltanschauung des Paulus eine Anzahl „binärer Beziehungen" („binary relations") in den paulinischen Briefen, die er allerdings nicht explizit als Dualismen bezeichnen will:[15]

Fleisch	Geist
Körper	Seele
Menschen	Gott
Jesus (vor Ostern)	Christus auferstanden
wörtlich	übertragen

---

[13] Ebd., 7.
[14] So schon Max Pohlenz, Die Stoa. Geschichte einer geistigen Bewegung, 2 Bde., Göttingen ⁶1984.⁵1980, Bd. I, 137.315.351ff. Siehe dazu auch Christian Strecker, Die liminale Theologie des Paulus (FRLANT 185), Göttingen 1999, 353.
[15] Boyarin, A Radical Jew, 31. Stefan Meißner, Die Heimholung des Ketzers. Studien zur jüdischen Auseinandersetzung mit Paulus (WUNT II/87), Tübingen 1996, spricht ebd., 131 zu Recht von einem „gemäßigten Dualismus".

Israel	Kirche
Werke	Glaube
Beschneidung	Taufe
traditionelle Lehre	Offenbarung
Jakobus	Paulus
irdisches Jerusalem	himmlisches Jerusalem
(Jüdische Kirche)	(heidnische Kirche)
Genealogie	„Verheißung"

Dieses „Set" binärer Beziehungen ist nach Boyarin nicht nur ein herausragendes Charakteristikum pythagoreischen Denkens („Pythagorean thought"), sondern eben auch des paulinischen: „Throughout this book I will be suggesting that the homologies of these ratios provide the force for Paul's thought and argumentation."[16]

Ich halte zunächst einmal fest: Boyarins philosophische Zuordnung des Apostel Paulus zum Platonismus beruht vor allem darauf, dass er Paulus eine hellenistische Sehnsucht nach dem Einen unterstellt, die auf einem anthropologischen Dualismus von Fleisch und Geist und einem hermeneutischen Dualismus von (materiellen) Signifikanten und (spirituellen) Signifikaten gründet. Der materielle, durch Fleisch geprägte menschliche Körper repräsentiert die Partikularität, die sich etwa in der ethnischen (Grieche oder Judäer) oder geschlechtlichen (männlich oder weiblich) Differenzierung realisiert, während der Geist universal ist. Boyarin macht freilich sofort darauf aufmerksam, dass Paulus den menschlichen Körper nicht in *toto* verdammt, sondern ihm durchaus einen Ort innerhalb des dominanten Geistes zuweist. Ebenso repräsentieren im hermeneutischen Dualismus des Paulus die Signifikanten das Partikulare, während die Signifikate das Universale darstellen. Boyarin weist darauf hin, dass Paulus seine platonische Weltanschauung und Anthropologie mit den jeweiligen „hebräischen" Entsprechungen ins Gleichgewicht gebracht habe:

„Paul ..., on my reading, was balancing platonistic and ‚Hebraic' world views and anthropologies. Indeed, I would go so far as to argue that it may very well have been Paul who introduced into Christian thought this particular combination of a platonic dualism and an anthropology that does not regard the body as ‚problematic because of its sheer materiality as part of the physical world' – indeed, that 1 Corinthians 15 may be its most important source."[17]

Nach Boyarin findet sich in den paulinischen und in rabbinischen Diskursen ein Set von kulturellen und moralischen Dilemmata, das uns noch gegenwärtig Probleme bereitet. Auf den Punkt gebracht: „‚Gender Trouble' and the ‚Jewish Question'." Ja, Boyarin glaubt sogar, dass die Spannung zwischen dem Selben („the same") und der Differenz („the difference"), sowohl in Bezug auf Geschlecht („gender") und Zugehörigkeit zu einem bestimmten

---

[16] Boyarin, A Radical Jew, 31.
[17] Ebd., 64.

Volk („ethnicity") auf eine Problemlage deutet, die bis in unsere Gegenwart anhält. Die Dilemmata („dilemmas") des Multikulturalismus wie der feministischen Theorie gehen nach seiner Meinung auf kulturelle Dilemmata des ersten Jahrhunderts zurück.[18] Da Boyarin kaum den Multikulturalismus bzw. die feministische Theorie für Dilemmata hält, meint er natürlich, dass Multikulturalismus und feministische Theorie Problemlagen bearbeiten, die durch die Zugehörigkeit zu verschiedenen Völkern und ihren kulturellen Eigenheiten bzw. zu Geschlechtern und den damit verbundenen Rollenzuweisen und Hierarchien bis in die Gegenwart bestehen.

Der mit einem Buchtitel von Judith Butler (*Gender Trouble*) bezeichnete Komplex, muss hier undiskutiert bleiben. Wichtiger ist mir im Moment das Syntagma „Jewish Question"; denn es ruft (zumal) in seiner deutschen Übersetzung („Judenfrage") Konnotationen extremer historischer Erfahrungen mit der Exklusion des jüdischen Volkes aus den Mehrheitsbevölkerungen (zumal Europas und Deutschlands) bis hin zu den vielen gewaltsamen Versuchen von dessen definitiver Auslöschung hervor. Eben an diese denkt prinzipiell wohl auch Boyarin, was nicht nur durch die Schreibweise („Jewish Question" in Anführungszeichen) naheliegt. Darauf deutet auch eine weitere Verwendung dieses Syntagmas hin,[19] und zwar in einem Zusammenhang, in dem Boyarin die Frage bzw. den Vorwurf behandelt: „Was Paul an ‚Anti-Semite'?" In seiner Exegese von Gal 4,12ff. vertritt der Autor die These, wonach Paulus seine spezifische jüdische Identität aufgegeben habe und Teil der „gentile Christians" geworden sei; damit habe er auch die jüdische Toraobservanz aufgegeben.[20] Mehr noch: In dem entsprechenden Abschnitt des Galaterbriefes sei das Thema der Exklusion aus dem jüdischen Volk und der Inklusion in das jüdische Volk zentral (was zwangsläufig Paulus zur Allegorie von Ismael und Hagar geführt habe). Vor allem aber:

„For Paul, the only possibility for human equality involved human sameness. Difference was the threat. If Paul is not the origin of anti-Semitism (and I hold that he is not), it may certainly be fairly said that he is the origin of the ‚Jewish Question'."[21]

Auch an anderer Stelle macht Boyarin deutlich, dass die Juden (und die Frauen) für die Differenz stehen – und eben diese negative Zuschreibung in Bezug auf die Juden geht nach seiner Meinung auf den Apostel Paulus zurück.

Ich muss gestehen, dass ich diese weitreichende historische Behauptung einerseits für ziemlich problematisch halte und andererseits nicht glauben kann. Ich stimme durchaus darin zu, wenn Boyarin die sog. „Judenfrage" mit dem Problem der Partikularität des jüdischen Volkes in Verbindung bringt, seiner Differenz etwa zur jeweiligen christlichen Mehrheitsgesellschaft. Diese dem jüdischen Volk zugemutete Rolle ist aus der Geschichte der christlichen Mehrheitsgesellschaft sattsam bekannt. Doch dass Paulus dafür

---

[18] Ebd., 8f.
[19] Ebd., 156.
[20] Ebd., 155f.
[21] Ebd., 156.

verantwortlich sein soll, kann ich nach meiner Lektüre der Paulusbriefe nicht bestätigen. Ich sehe auch nicht, dass aus den Briefen des Apostels hervorgeht, Paulus sei der Meinung gewesen, dass die partikulare Identität, die Differenz des jüdischen Volkes zu den übrigen Völkern, die Gleichheit und Einheit der Menschheit von Juden und Griechen stört oder gar bedroht. Ebenso wenig kann ich in den Paulusbriefen als Meinung des Paulus wiedererkennen, Gleichheit („equality") sei nur durch Selbigkeit der Menschen („human sameness") zu erreichen. Kurz: Paulus setzt durchaus – auch nach meiner Meinung – eine Art jüdischer Differenz voraus, die sich schon in der nicht seltenen Phrase von „Juden und Griechen" bzw. der Unterscheidung des jüdischen Volkes von allen anderen Völkern (*ta ethne*) ausdrückt.[22] Doch reflektiert sich in diesem Syntagma nicht nur die jüdische Weltsicht des Paulus, sondern eben auch eine gewisse Priorität des jüdischen Volkes vor den anderen Völkern (vgl. dazu nur Röm 9,4–5)! Aber wo sagt Paulus eigentlich, dass er die Differenz der Juden zu den anderen Völkern als *Bedrohung* von Gleichheit und Einheit empfindet? Insofern leuchtet mir auch nicht ein, dass Paulus von Boyarin zum Ursprung „der Judenfrage" gemacht wird, deren Erfindung unendlich viel Unglück über das jüdische Volk gebracht hat. Umgekehrt wird – nach meiner Paulustlektüre – ein Schuh daraus: Jüdische Identität ist für Paulus der Entwurf einer dynamischen Identität, die gerade nicht zu überwinden wäre oder bedrohlich ist, sondern zu erreichen wäre und auch erreicht wird, nämlich von den Christusglaubenden aus den Völkern (ich komme darauf zurück).

Boyarin scheint die paulinische Sehnsucht nach dem Einen („the One") sogar als eine nach „Selbigkeit" („sameness") zu verstehen, also nach einer „universalen menschlichen Essenz", die Differenzen und Hierarchien überwindet („which among other things produced ... a universal human essence, beyond difference and hierarchy"[23]). Es ginge dem Apostel dann nicht nur darum, dass die ethnischen und geschlechtlichen Differenzen und die damit verbundenen Hierarchisierungen dadurch überwunden werden, dass sie als solche erkannt und durch eine – sagen wir einmal – neue und bessere Ideologie und Praxis menschlicher Gleichheit und Einheit überwunden werden. Vielmehr unterstellt Boyarin offenkundig dem Apostel Paulus die Erwartung einer essenziellen Veränderung des Menschen (dazu gleich mehr im zweiten Abschnitt). Und eben hier sieht Boyarin auch den Platonismus des Paulus am Werke. Denn nach seiner Meinung geht Paulus davon aus, dass die Differenzierungen der Menschheit – in Juden und Griechen, Männer und Frauen – *begründet sind durch den menschlichen Körper*: Der Körper begründet die Partikularität („the body is particular") als Grieche oder Jude, d.h. für Boyarin – in Aufnahme einer Positionierung von Judith Butler –:[24] Er ist durch spezifische ethnisch-kulturelle *Praktiken* in seiner Besonderheit gekennzeichnet („marked through practice as Jew or Greek"), oder in Bezug auf die

---

[22] Vgl. nur Röm 1,14.16; 2,9f.; 3,9 u.ö.
[23] Boyarin, A Radical Jew, 7.
[24] Dazu gleich mehr.

Geschlechtsunterschiede durch die Anatomie („and through anatomy as male or female").

An dieser Stelle ist es sinnvoll, einen weiteren, wichtigen Aspekt ins Spiel zu bringen, durch den Boyarins platonisierende Deutung des Paulus bestimmt wird. Boyarin meint, dass Paulus in derselben Weise wie etwa Philo von Alexandrien die irdischen Phänomene nur als unvollkommenes, materielles Abbild einer himmlischen Idealität aufgefasst hat:

„By platonization I mean here the adoption of a dualistic philosophy in which the phenomenal world was understood to be the representation in matter of a spiritual or ideal entity which correspond to it."[25]

Deutlichster Beleg („clearest example") für dieses Denken in den paulinischen Briefen ist für Boyarin der folgende Paulustext:

2Kor 5,1–4
[1] Denn wir wissen, dass, wenn unser irdisches Zelthaus zerstört ist, wir einen Bau von Gott haben, ein nicht mit Händen gemachtes, ewiges Haus in den Himmeln. [2] Denn in diesem freilich seufzen wir und sehnen uns danach, mit unserer Behausung aus dem Himmel überkleidet zu werden, [3] insofern wir ja bekleidet, nicht nackt befunden werden. [4] Solange wir freilich in diesem Zelt sind, seufzen wir unter schwerem Druck, weil wir nicht entkleidet, sondern überkleidet werden möchten, damit das Sterbliche verschlungen werde vom Leben.

Nun muss man allerdings diesen Text nicht unbedingt platonisierend deuten. Denn aus ihm geht zunächst einmal deutlich hervor, dass das irdische Zelthaus nicht schon während seiner Lebzeiten das unvollkommene Abbild eines wahren himmlischen Gebäudes ist. Vielmehr wird die Zerstörung dieses irdischen Zelthauses vorausgesetzt und das neue himmlische ist ein Ergebnis, das nach der Auferstehung von den Toten erreicht wird. Darüber hinaus geht es in der Auferstehungsvorstellung des Paulus ja gerade darum, dass die Seele oder das Unsterbliche am Menschen in der idealen himmlischen Welt gerade nicht *ohne einen Körper* (das ehemalige irdische Gefängnis) leben wird, sondern dass der Mensch einen neuen Körper bekommt: Nämlich einen Körper aus unvergänglichem, himmlischen Stoff (πνεῦμα/Geist). Paulus führt diesen Gedanken in extenso in 1Kor 15 aus – und er scheint in diesem Kapitel gerade eine platonisierende Vorstellung von der Auferstehung (der Seele) durch eine andere zu ersetzen: nämlich die der definitiven Verwandlung des hinfälligen irdischen *Körpers* in einen himmlischen (= pneumatischen). Boyarin sieht das eigentlich auch so:

„Paul is, however, not quite a platonist. As we have seen ..., immaterial existence of souls without any bodies seems to arouse in him a sense of horror. There is, therefore, a body, but one entirely different from the body of ,flesh and blood' in which we dwell today."[26]

---

[25] Boyarin, A Radical Jew, 59.
[26] Ebd., 61.

Er verweist dafür auf 1Kor 15,42–50 und spricht in diesem Zusammenhang von einem „special dualism" des Paulus. Er entnimmt dann der paulinischen Argumentation in 1Kor 15,44 („Wenn es einen natürlichen Leib [σῶμα ψυχικόν] gibt, so gibt es auch einen geistlichen [πνευματικόν]") folgende Konsequenz: „This argument can only be explained, I submit, if we assume that for him [Paul] everything physical has a spiritual counterpart – i.e., some version of platonism."[27] Mein Problem mit dieser Behauptung besteht vor allem darin, wie Boyarin hier die Begriffe „physical" und „spiritual" gegenüberstellt. Danach ist der Körper des irdischen Menschen, der von Paulus zumal mit der negativen, hinfälligen und sterblichen Materie „Fleisch" (σάρξ) identifiziert wird, ein „physisches" (*physical*) Phänomen, während der Körper des auferstandenen (himmlischen) Menschen, der nach Paulus aus dem himmlischen πνεῦμα (Geist) besteht, „geistig" oder „geistlich" (*spiritual*) ist. Was aber, wenn auch der pneumatische Körper ein Körper aus Stoff ist, aus himmlischer Materie, aus der etwa auch die Sterne bestehen?[28] Dann ginge es hier nicht um Materie gegen Geist, sondern um vergängliche Materie gegen unvergängliche Materie. Dann wäre eben auch der irdische Körper des Menschen nicht das unvollkommene Abbild des himmlischen, sondern eben, wie Paulus es ausdrückt: Der irdische Körper ist Abbild des Irdischen, der himmlische Abbild des Himmlischen:

1Kor 15,47–49
[47] Der erste Mensch ist von der Erde, irdisch; der zweite Mensch vom Himmel. [48] Wie der Irdische, so sind auch die Irdischen; und wie der Himmlische, so sind auch die Himmlischen. [49] Und wie wir das Bild des Irdischen getragen haben, so werden wir auch das Bild des Himmlischen tragen.

Die irdischen Menschen sind also nicht das *unvollkommene* irdische Abbild einer *idealen* himmlischen Entsprechung, sie sind von der Erde, wie Adam, sie gehören zur adamitischen Menschheit und unterliegen damit zwei grundlegenden Schwächen: Vergänglichkeit und moralische Unzulänglichkeit. Im Zuge der Auferstehung werden sie verwandelt werden in himmlische Wesen, d.h. sie entsprechen dann dem himmlischen Adam (= Christus). Auferstehung bedeutet mithin nicht *Rückkehr* in einen himmlischen Ursprung, der zuvor auf der Erde durch die Verbindung mit Materie seine Idealität verloren geben musste. Auferstehung ist bei Paulus vielmehr der definitive Abschluss eines Prozesses der *Neuschöpfung* des Menschen – und zwar nur der Christusglaubenden!

Es geht also Paulus nach meinem Verständnis nicht um eine Rückkehr des Menschen zu seiner ursprünglichen Idealität, die durch irdische Verkörperung verloren gegangen wäre, sondern um etwas Neues, um einen neuen Menschen, um eine neue Schöpfung (καινὴ κτίσις),[29] gerade auch in materieller Hinsicht. Damit ließe sich durchaus die Idee verbinden, dass in der

---

[27] Ebd., 62.
[28] 1Kor 15,40–42.
[29] Vgl. 2Kor 5,17; Gal 6,15.

neuen himmlischen Existenz (sie muss nicht unbedingt im Himmel stattfinden, sondern kann auch auf Erden himmlisch sein) die bisherigen Differenzierungen in ethnischer, sexueller und sozialer Hinsicht nicht mehr vorhanden sind: „Hier ist nicht Jude noch Grieche, nicht Sklave noch Freier, nicht männlich und weiblich" (Gal 3,28). Es ist allerdings für mich eine Frage, ob Paulus diese Differenzen auf die durch die Materialität des Fleisches geprägten menschlichen Körper zurückführt, während für ihn der Geist universal ist. Nun scheint aber Paulus diese Entdifferenzierung schon auf die irdische Gegenwart der Christusglaubenden zu projizieren:

Gal 3, 26–28
[26] denn ihr alle seid Söhne Gottes durch den Glauben an Christus Jesus. [27] Denn ihr alle, die ihr auf Christus getauft worden seid, ihr habt Christus angezogen. [28] Da ist nicht Jude noch Grieche, da ist nicht Sklave noch Freier, da ist nicht männlich und weiblich; denn ihr alle seid einer in Christus Jesus.

Ein „Kleiderwechsel" hat also schon jetzt stattgefunden, die Differenzierungen scheinen aufgehoben, obwohl zur gleichen Zeit gilt, dass die Glaubenden noch in ihren fleischlichen Körpern sind. Das wirft die Frage auf: Wie deutet Boyarin den für seine Paulusdeutung entscheidenden Vers Gal 3,28. Dazu jetzt.[30]

2. Galater 3,28

In dem erwähnten Aufsatz, in dem Boyarin sich mit Badious Paulusdeutung kritisch auseinandersetzt, vergleicht er dessen und seine eigene Auslegung von Gal 3,28. Die Auslegungen unterscheiden sich in der Tat in markanter Weise. Badiou versteht die Formulierung „hier ist nicht Jude noch Grieche" als Hinweis auf Wahrheitsdiskurse, jüdische und griechische, von denen Paulus seinen eigenen, den „christlichen" Wahrheitsdiskurs unterscheidet.[31] Ich gehe hier nicht weiter auf Badious Deutung ein, die mich – so wenig wie Boyarin auch – überzeugt hat. Boyarin glaubt m.E. zu Recht nämlich nicht, dass es um Diskurse geht, vielmehr (und dazu beruft er sich insbesondere auch auf den näheren Kontext dieses Verses) gehe es um religiöse Identität bzw. religiös-ethnische Praktiken:

„When Paul speaks about Jew and Greek there, it is ... religious identifications and religio-ethnic practices ... Greek is simply a synecdoche (from a Jewish point of view) for pagan ... Paul ... is ... speaking here ... of peoplehood ... The event in question here is as social as it is ontological. Divisions among human beings have been replaced by oneness in the maturation into Christ, from children born of woman and under the law or the equivalent pagan gods to adults adopted by the Father and free of such childish constraints."[32]

---

[30] Ich gehe hier auf die differenzierte Auslegung dieses Verses nicht näher ein. Vgl. dazu ausführlich Strecker, Die liminale Theologie, 351ff.
[31] Boyarin, Paul among the Antiphilosophers, 116.
[32] Ebd., 116f.

Und eben diese Möglichkeit, dass schon in Zeit und Geschichte und nicht erst im Zuge der Auferstehung[33] die Unterschiede zwischen Juden und Griechen, Männern und Frauen, Sklaven und Freien zu existieren aufhören, diese Möglichkeit wird denkbar, sofern man mit Boyarin davon ausgeht: „[A]ll identity is performative."[34] Dies gilt auch für geschlechtliche und ethnische Identitäten. Boyarin beruft sich für diese Deutung vor allem auf die feministische Philosophin Judith Butler (und neuerdings auch auf Blaise Pascal):[35]

„If all identity is performative, as Paul/Pascal would seem to suggest, then being in Greek drag is as good as being in under-the-law-drag; both are equally drag performances."[36]

In der Tat verdeutlicht Judith Butler diese These an den sog. „drag queens", deren weibliche Identität eine Illusion ihrer *performance* ist. Boyarin zitiert einen aussagekräftigen Abschnitt aus dem Buch von Butler:

„To understand identity as a practice, and as a signifying practice, is to understand culturally intelligible subjects as the resulting effects of a rulebound discourse that inserts itself in the pervasive and mundane signifying acts of linguistic acts. Abstractly considered, language refers to an open system of signs by which intelligibility is incessantly created and contested. As historically specific organizations of language, discourses present themselves in the plural, coexisting within temporal frames."[37]

Boyarin quittiert dieses Zitat mit der Feststellung: „This is precisely how Paul enacts being neither Greek nor Jew."[38] Dieses Deutungskonzept läuft letztlich darauf hinaus, dass auch die Identität als Jude (oder Grieche/Heide) durch Performanzen realisiert wird; im Falle eines Juden wird im nächsten Abschnitt klar, woran Boyarin denkt: Beschneidung, Speisegebote, Sabbat, Feste. Ein Jude wäre mithin nicht mehr Jude, wenn er (in Christus) nicht mehr jene dem jüdischen Volk geltenden Gebote des Mosegesetzes (= „Werke der Tora") tut bzw. performieren würde. Jüdische Identität wird nach Boyarin nämlich vor allem durch die Realisierung der entsprechenden Toravorschriften hergestellt – und eben diese repräsentieren zugleich nicht einfach nur jüdische Identität, sondern jüdischen „Ethnozentrismus". Hier setzt – so Boyarin – die Kritik des Paulus an seinem Judentum an.

---

[33] Wie z.B. E.W. Stegemann / W. Stegemann, Urchristliche Sozialgeschichte, Stuttgart ²1997, 316f., behaupten.
[34] Boyarin, Paul among the Antiphilosophers, 122.
[35] Vgl. ebd., 122f.
[36] Ebd., 122.
[37] Zitiert nach Boyarin, ebd., 122f.
[38] Ebd., 123.

3. Paulus' jüdische Selbstkritik

Es ist den (meisten) Paulusdeutungen gemeinsam, dass sie die paulinische Theologie in irgendeiner Weise und in unterschiedlicher Intensität in einen Gegensatz zum Judentum stellen. Dabei wird selten beachtet, dass Paulus damit eine zum Teil heftige Kritik an seinem *eigenen* Judentum, also jüdische *Selbstkritik*, zugeschrieben wird, da er meistens unter der Voraussetzung gelesen wird, als „Christ" zu argumentieren. Diese Auffassung von Paulus als jüdischen Selbstkritiker – so macht auch Boyarin an einem kurzen Überblick über die Paulusforschung deutlich – betrifft nicht nur die sog. alte oder lutherische Paulusperspektive, sondern auch Versionen der „new perspective on Paul". Doch es sei gleich gesagt: Auch Boyarin rechnet damit, dass Paulus sein Judentum kritisiert hat, ja sogar radikal. Allerdings hält er den Apostel keineswegs für einen „anti-jüdischen Denker", sondern versteht ihn als Kritiker der jüdischen Kultur, der an deren „radikaler Reform" interessiert war.[39] Und Boyarin möchte wissen, „*was* in der jüdischen Kultur" den Apostel dazu veranlasst hat, „einen Diskurs über eine radikale Reform dieser Kultur zu produzieren". Diese Frage impliziert zwei weitere:

„What was *wrong* with Jewish culture in Paul's eyes that necessitated a radical reform? And what in the culture provided the grounds for making the critique?"

Boyarins Antworten lassen sich kurz so zusammenfassen: Die jüdische Kultur war durch eine innere Spannung geprägt, nämlich durch die Spannung zwischen einem „engen Ethnozentrismus und einem universalistischen Monotheismus". Darüber hinaus sei Paulus selbst beeinflusst gewesen durch ein „tiefes Interesse an der Einheit der Menschheit", das sich durchaus aus „universalistischen Tendenzen in der biblischen israelitischen Religion" speiste, die allerdings durch eine „hellenistische Re-Interpretation" noch einmal verstärkt worden waren. Was Paulus – nach Boyarin – an seinem Judentum störte und kritisierte war vor allem der

„,ethnocentrism' of biblical and post-biblical religion, and particularly the way it implicitly and explicitly created hierarchies between nations, genders, social classes"[40].

Nun setzt Boyarin das moderne Wort „Ethnozentrismus" in Anführungszeichen, doch rechnet er mit einem entsprechenden Sachverhalt im jüdischen Selbstverhältnis zur Zeit des Paulus, auch wenn es das Wort selbst damals noch nicht gegeben hat. Nicht nur das Problem (*plight*) des Paulus mit seinem Judentum, sondern auch dessen Lösung (*solution*) war, so Boyarin, durch ein hellenistisches Konzept von Einheit/Universalität motiviert. Denn der Apostel hätte von der hellenistischen (platonisch geprägten) Kultur gelernt, dass die „duale Struktur der äußeren, physischen Realität", die einer

---

[39] Boyarin, A Radical Jew, 52.
[40] Ebd.

„inneren, höheren, spirituellen" korrespondierte, auch eine Antwort „auf sein soziokulturelles Problem" bereit halten würde.[41] Ich bin auf die platonisierende Deutung der paulinischen Konzeption schon eingegangen. Hier soll jetzt Boyarins Hauptthese – wonach Paulus an seinem Judentum dessen „*Ethnozentrismus*" kritisiert hat – etwas ausführlicher beleuchtet werden.

Leider bietet Boyarin, soweit ich sein Paulusbuch überschaue, keine direkte Antwort auf die Frage, *was* denn in der jüdischen Kultur (für Paulus) Grund zu einer massiven Kritik am (vermeintlichen) jüdischen „Ethnozentrismus" gegeben haben könnte: Ja, es fehlen auch direkte Hinweise darauf, wo in den Briefen des Paulus selbst diese Kritik am Judentum zur Sprache kommt. Wenn ich Boyarin richtig verstehe, so setzt er beides voraus, indem er sich auf eine entsprechende Interpretation der paulinischen Briefe durch den britischen Exegeten James D.G. Dunn bezieht, mit der er seine eigene für vergleichbar hält. Boyarin übernimmt im Grunde die zentrale These von Dunn, die er dann seinerseits auf den Begriff „Ethnozentrismus" bringt. Ich schließe dies daraus, dass er gleich im Anschluss an seine Behauptung über Paulus' Kritik am jüdischen „Ethnozentrismus" die grundlegende These der Paulusinterpretation von James Dunn zitiert: Danach habe Paulus am Judentum seiner Zeit die übermäßige Betonung der *nationalen jüdischen Identität* als Voraussetzung der Zugehörigkeit zum Bund mit dem Gott Israels, womit zugleich die Erwartung einer künftigen Rettung geknüpft gewesen sei, kritisiert.

Exegetische Grundlage der Argumentation beider Paulusinterpreten – Dunn und Boyarin – ist die Debatte um das paulinische Syntagma von den „Werken des Gesetzes" (ἔργα νόμου). Dieses Syntagma findet sich ziemlich selten in den Paulusbriefen (Röm 3,20.28; Gal 2,16; 3,2.5.10), spielt aber in den theologischen Paulusdiskursen über das *Verhältnis des Paulus zum Judentum* bzw. zum Mosegesetz (Tora) eine entscheidende Rolle. Seit und in der sog. „lutherischen Perspektive" der Paulusdeutung verbinden christlich-theologische Paulusinterpretationen mit diesem Syntagma eine scharfe paulinische Kritik am Judentum (qua Religion), dessen (vermeintlicher) „Werkgerechtigkeit" Paulus den christlichen Glauben gegenüberstelle, der sich auf die Gnade Gottes verlässt und nicht auf eigene Werke. James Dunn hat in diese Debatte markant eingegriffen und hält der traditionellen Paulusdeutung (der sog. „old perspective on Paul", die im Prinzip eine „Lutheran perspective" ist) vor, mit ihrer Auslegung des paulinischen Syntagmas von den „Werken des Gesetzes" der paulinischen Theologie eine falsche Antithese zum Judentum zu unterstellen. Das Problem des Paulus sei nicht, so Dunn, dass man im Judentum das Konzept einer Art religiösen Selbsterlösung durch das Tun der Werke (d.h. durch die Einhaltung der Vorschriften des Mosegesetzes) das Wort geredet habe. Paulus habe vielmehr den *ethnischen* und damit andere Völker *exkludierenden* Charakter des Mosegesetzes kritisiert. Die „Werke des Gesetzes" repräsentieren nach Dunn also ein Konzept „nationaler Rechtfertigung" („national righteousness") des Judentums. Nach Meinung von

---

[41] Ebd., 53.

Dunn versteht Paulus unter den ἔργα νόμου, den Werken des Gesetzes, nämlich jene Vorschriften der Tora, die ausschließlich vom jüdischen Volk gehalten werden (müssen) und die in dessen Augen wie in denen der übrigen Völker als nationale jüdische Identitätsmerkmale gelten, konkret: Beschneidung, Speisegebote, Sabbatobservanz und andere Feste des Judentums. Boyarin stimmt dieser Deutung grundsätzlich zu und zitiert beistimmend entsprechende Ausführungen von Dunn:

„The decisive corollary which Paul saw, and which he did not hesitate to draw, was that the covenant is no longer identified or characterized by such distinctively Jewish observances as circumcision, food laws and Sabbath. *Covenant* works had become too closely identified as *Jewish* observances, *covenant* righteousness as *national* righteousness ... God's purposes and God's people have now expanded beyond Israel according to the flesh, and so God's righteousness can no longer be restricted in terms of works of the law which emphasize kinship at the level of the flesh."[42]

Dunn setzt für seine Behauptung der Ausweitung des Gottesvolkes über „Israel nach dem Fleisch" hinaus das Christusereignis voraus, durch das für Paulus die heilvolle Bedeutung der „Gerechtigkeit Gottes" (δικαιοσύνη θεοῦ) keine Beschränkung auf das jüdische Volk mehr rechtfertigen würde. Aus dieser Perspektive der Offenbarung eines universalen Heilswillens Gottes habe Paulus die nationale Einschränkung der „Werke des Gesetzes" erkannt und kritisiert. Schon in der Argumentation von Dunn lässt sich also eine kritische Stellung des Paulus zu seinem Judentum erkennen, auch wenn Dunn (meines Wissens) den Begriff „Ethnozentrismus" nicht verwendet, sondern die Begriffe „national" und „nationalistisch". Und selbst dann, wenn man – wie Boyarin und andere Exegeten – die ursprüngliche Einschränkung der Bedeutung des Syntagmas „Werke des Gesetzes" (ἔργα νόμου) durch Dunn auf bestimmte, nur für das Judentum relevante Vorschriften der Tora (wie z.B. die Beschneidung) für unangemessen hält, vielmehr damit rechnet, dass sich das Syntagma auf das *gesamte* Mosegesetz bezieht, so wird gleichwohl die damit verbundene Kritik am jüdischen „Ethnozentrismus" aufrechterhalten. Nämlich hermeneutisch: Danach gibt es zwei Möglichkeiten, das Gesetz als Ganzes zu betrachten: einerseits „in terms of works", das sei die jüdische Weise, oder „in terms of faith". Wenn man die Tora in dieser letzten Hinsicht (die dann Grundlage des christlichen Glaubens geworden sei) betrachtet, dann rücke der spezifisch jüdische Charakter des Gesetzes aus dem Zentrum „and the distinctive Jewish works become subsidiary and secondary matters which cannot be required of all and which can be disregarded by Gentiles in particular"[43].

Boyarin fügt diesem Zitat von Dunn hinzu: Jene Gesetze der Tora, die über

---

[42] James D.G. Dunn, Jesus, Paul and the Law. Studies in Mark and Galatians, Louisville 1990, 197.200; das Zitat bei Boyarin, Radical Jew, 54. Vgl. zu Dunns Paulusdeutung umfassend: James D.G. Dunn, The New Perspektive on Paul. Collected Essays (WUNT 185), Tübingen 2005.

[43] So James D.G. Dunn, Romans 1–8 (WBC 38A), Dallas 1988, 186f., in seiner Deutung zu Römer 3,27; zustimmend zitiert von Boyarin, A Radical Jew, 55.

die nationale Identität, also den „Ethnozentrismus" des jüdischen Volkes, hinausgehen und von universaler Bedeutung sind, würden von Paulus als weiterhin gültig angesehen. Das heißt: Das Beschneidungsgebot zum Beispiel ist nicht universal, sondern ethnozentrisch und kann aufgegeben werden, doch die Aufforderung zum Almosengeben gehe über das jüdische Volk hinaus, gilt also auch für „Christen":

„The contrast is then not between the legalistic and the moral but between the particular and the universal, which corresponds to the flesh and the spirit."[44]

Nach Boyarins Deutung ist die für seinen Geschmack viel zu enge Verbindung zwischen dem Halten der Gebote des Mosegesetzes und der ethnischen jüdischen Partikularität der wichtigste Kritikpunkt des Paulus am Judentum seiner Zeit.[45] Er versteht die genannte Deutung der ἔργα νόμου auch nicht als eine theologische, sondern eben als Kritik an der jüdischen *Kultur* und ihrem (vermeintlichen) „Ethnozentrismus". Kurz: Boyarin beantwortet die von ihm selbst gestellt Frage, aufgrund welcher Eigenheiten der jüdischen Kultur der Apostel Paulus diese radikal kritisiert (implizit) mit dem Hinweis auf die „Werke des Gesetzes" in ihrer spezifischen Auslegung durch James Dunn (u.a.), die er nahezu komplett übernimmt. Bevor ich auf diese Hypothesen kritisch eingehe, halte ich fest:

Boyarin gewinnt seine Hauptthese bezüglich der Kritik des Paulus an seinem Judentum aus einer spezifischen Interpretation des Syntagmas ἔργα νόμου in (genau genommen) zwei Paulusbriefen. Er teilt damit grundsätzlich die traditionell negative Deutung dieses Syntagmas, d.h. die mit ihm verbundene (vermeintliche) Kritik des Paulus am Judentum. Allerdings wird von Boyarin – anders als in den meisten theologischen Diskursen bisher – mit Verweis auf dieses Syntagma nicht mehr die *Inferiorität* des Judentums qua *Religion* verbunden. Vielmehr behauptet Boyarin nun, dass Paulus ein schwerwiegendes *kulturelles* Defizit des Judentums bemängelt, eine verfehlte oder überzogene Einschätzung der eigenen kollektiven Identität, kurz gesagt: „Ethnozentrismus"!

Doch warum sollte es ein überzogenes Verhältnis des (damaligen) jüdischen Volkes zu sich selbst sein, wenn es seine eigenen Gesetze, seine *Verfassung* (die göttliche, via Mose dem Volk Israel gegebene Tora), also seine eigenen Gesetze hoch schätzt? Warum ist es „ethnozentrisch" oder ein Ausdruck von „nationaler Selbstgerechtigkeit", wenn das Judentum spezifische Vorschriften und rituelle Praktiken besitzt, die es nur für sich vorsieht (wie etwa Beschneidung und Speisegebote, Sabbat und spezifische Feste)? Warum sollte es Ausdruck eines falschen oder überzogenen kollektiven Selbstverständnisses sein, wenn das Judentum mit der Einhaltung, dem Tun der in seinem Gesetz gebotenen Vorschriften nicht nur bestimmte Vorzüge für diese, sondern auch eine Hoffnung für die *kommende* Welt verbindet? Wa-

---

[44] Boyarin, A Radical Jew, 56.
[45] Vgl. ebd., 56.

rum sollte es „ethnozentrisch" sein, wenn sich das jüdische Volk – wie alle anderen Völker auch – eine eigenständige Identität erlaubt, eine eigene Gesetzgebung, eine eigene kulturelle und religiöse Praxis, eine eigene Hoffnung, ein eigenes Narrativ von seiner eigenen Geschichte usw. usw.? Umgekehrt: Warum sollte das Judentum – anders als andere Völker oder Religionen – sich um die ganze Welt sorgen und seine Verfassungsordnung so gestalten, dass sie überall und zu allen Zeiten als Grundlage einer allgemeinen Gesetzgebung dienen kann? Warum sollte das Judentum sich um die eschatologische Rettung aller Menschen sorgen? Ich gehe hier nicht darauf ein, dass es eben diese Tendenzen auch im Judentum gibt. Schon in der Hebräischen Bibel finden wir Konzepte, die eine Hoffnung eschatologischer Rettung für alle Völker vorsehen; jüdische Philosophen (wie Philo) oder auch der Historiker Josephus reflektieren über den universalen Charakter des Mosegesetzes und verstehen die Gesetzgebung anderer Völker als Teilrepräsentationen der universalen Geltung der Tora. Doch geht es mir hier um die grundlegende Frage: Warum sollte Paulus sein Judentum wegen einer selbstbewussten Identifizierung mit der ihm von Gott gegebenen Rechtsordnung kritisieren? Und wenn er es denn getan hat: Wo kann ich dies nachlesen in seinen Briefen?

Ich will mit diesen Fragen auf ein spezifisches Problem hinweisen: Ob man nun dem damaligen Judentum *Nationalismus*, *Ethnozentrismus* oder *Partikularismus* vorwirft, in allen Fällen misst man das jüdische Volk oder die jüdische Religion offensichtlich an bestimmten Maßstäben, die man an alle anderen Völker oder Religionen nicht anlegt. Anders gesagt: Um die ethnische oder nationale Färbung des jüdischen Selbstverhältnisses *negativ* zu beurteilen, muss man immer schon ein transethnisches Konzept favorisieren, das man v.a. auf das Judentum und kaum auf ein anderes Volk oder eine andere antike Religion anwendet. Offenkundig braucht es also noch eines größeren Rahmens, eines sozusagen verborgenen Kontextes bzw. impliziter Standards, aufgrund deren die (verglichen mit anderen Völkern) ziemlich normal erscheinenden Äußerungen kollektiver jüdischer Identität *negativ* eingeschätzt werden.

Worin dieses Anforderungsprofil besteht, durch dessen Raster das Judentum gefallen ist, ist im Fall der Paulusinterpretation von James Dunn, auf die sich Boyarin stützt, nicht schwer zu erkennen. Der größere Kontext, innerhalb dessen Dunn das damalige Judentum einordnet, ist die jüdische Bundestheologie, die nach seiner Meinung in der jüdischen Tradition (seit den Makkabäern) eine nationale Verengung erfahren hat. Ja, grundlegender noch: Dunn versteht das Judentum zunächst einmal als eine *Religion* und kritisiert dementsprechend alle in jüdischen Texten enthaltenen *ethnischen* Aspekte als „nationalistische Untertöne". Ich zitiere aus Dunns Jesusbuch:[46]

---

[46] Vgl. dazu auch Wolfgang Stegemann, Jesus und seine Zeit (Biblische Enzyklopädie 10), Stuttgart 2010, 209.

„Der Term ‚Judentum' (*Judaism*) beschreibt, soweit es seinen frühesten Gebrauch betrifft, das Religionssystem und die Lebensart (*way of life*), in der die Juden der Diaspora lebten, um ihre spezifische Identität zu bewahren, ebenso die nationale und religiöse Identität, die ihren voll entwickelten Charakter durch einen energischen Widerstand gegen die assimilatorischen und synkretistischen Einflüsse des umfassenderen Hellenismus erhielt."[47]

Betreffen diese Aussagen vor allem die „Juden der Diaspora", so fügt Dunn für die im Lande Israel wohnenden Juden hinzu, dass in Bezug auf sie „mit dem Term ‚Judentum' mit großer Sorgfalt umgegangen werden" müsse, wenn dieser Begriff deren „religiöse Identität" klassifizieren soll. Denn damit sei immer schon die Beobachterperspektive verbunden. Wenn wir „Jesus ... im Kontext, d.h. im gewissen Sinn ‚im Judentum'" sehen möchten, dann „müssen wir uns der starken nationalistischen Untertöne (*strong nationalist overtones*) im frühen Gebrauch dieses Wortes bewusst sein und des Grads, in dem nationale und religiöse Identität in diesem einen Wort verschmolzen sind – einschließlich nicht nur der Abgrenzung von, sondern auch einer gewissen Feindschaft gegenüber den anderen Nationen und ihren religiösen Praktiken"[48].

Dem „Judentum" der Diaspora und dem „Judentum" im Land Israel ist demnach (im Verständnis von Dunn) gemeinsam, dass sie eine Melange aus ethnischen (Dunn: „nationalistischen"!) und religiösen Aspekten darstellen, wobei allerdings nach Dunns Meinung das „palästinische Judentum" noch etwas „nationalistischer" und anderen Völkern feindlicher gesonnen gewesen sein soll als das der Diaspora. Kurz und zugespitzt: Weil Dunn voraussetzt, dass das antike „Judentum" eine Religion ist, kritisiert er die in den Texten vorhandenen *ethnischen* Aspekte als „nationalistische Untertöne"!

Von dieser Auffassung des Judentums als Religion, die für den Geschmack von Dunn eine viel zu enge Verbindung mit nationalen Identitätskonstruktionen eingegangen ist, ist auch seine Deutung der Mosetora und des paulinischen Syntagmas ἔργα νόμου bestimmt. Insofern überrascht es mich, dass Boyarin diese Deutung nahezu komplett übernimmt. Denn seine eigene Auffassung des Judentums läuft gerade darauf hinaus, keine spezifische Kategorie für die jüdische kollektive Identität anzunehmen:

„Jewishness disrupts the very categories of identity, because it is not national, not genealogical, not religious, but all of these, in dialectical tension with each other."[49]

Was ist dann aber mit Paulus? Hat er dies nicht gewusst? Ging er wie Dunn davon aus, dass das Judentum seiner Zeit sein ursprünglich religiöses Konzept durch „nationale Untertöne" verfälscht hat? Wäre also seine radikale Kritik am Judentum falsch gewesen, weil es eben nicht unter eine bestimmte

---

[47] James D.G. Dunn, Jesus Remembered (Christianity in the Making 1), Grand Rapids / Cambridge 2003, 262 (m.Ü.).
[48] Ebd., 265 (m.Ü.).
[49] Boyarin, A Radical Jew, 244.

Kategorie zu subsumieren ist, ein Missverständnis also, oder allenfalls richtig in Bezug auf einige jüdische Gruppen, die den ethnisch-nationalen Aspekt betonten? Oder läuft alles darauf hinaus, dass Paulus die jüdische Kultur als „ethnozentrisch" kritisiert, weil sie nicht universal ist? Vergleichbar also dem, was Boyarin an E.P. Sanders' Paulusdeutung kritisiert, nach der Paulus das Judentum nur darum für falsch halte, weil es nicht Christentum ist?[50] Kurz: Ist für Boyarins Paulus am Judentum falsch, dass es *keinen transethnischen Universalismus vertreten hat*? Es ist nicht leicht, auf diese Fragen im Paulusbuch von Boyarin Antworten zu bekommen. Ein Versuch:

„The major argument of this book, then, is that what drove Paul was a passionate desire for human unification, for the erasure of differences and hierarchies between human beings, and that he saw the Christian event, as he had experienced it, as the vehicle for this transformation of humanity."[51]

Selbst wenn man diese Passion des Paulus einräumt, warum äußert sie sich dann nur in Bezug auf das Judentum kritisch? Klar, Paulus sagt: Hier ist nicht Jude noch *Grieche*, doch kritisiert er Griechen oder Römer oder Parther als ethnozentrisch, weil sie ihre eigenen Gesetze haben und von ihren Leuten erwarten, dass sie sich daran halten? Nein, wenn er schon nicht-jüdische Menschen kritisiert, dann vor allem wegen ihrer falschen Art der Gottesverehrung und den daraus seiner Meinung nach resultierenden schlechten Sitten![52] Doch hätte er entsprechende Kritik nicht gerade auch an Griechen und anderen Völkern üben müssen, nicht nur an den Juden, wenn es ihm um die Einheit der Menschheit gegangen ist, gar um Selbigkeit (*sameness*)? Ich will damit sagen: Es leuchtet mir nicht ein, dass aus der Leidenschaft des Paulus für die eine Menschheit, aus seiner Sehnsucht nach dem Einen und nach Universalität *nur eine Kritik am jüdischen Partikularismus* (Boyarin: „Ethnozentrismus") resultierte. Das würde doch bedeuten, dass Paulus unterschiedliche Standards an sein eigenes, jüdisches Volk und alle anderen Völker dieser Welt anlegen würde. Was natürlich nicht ausgeschlossen ist, doch am Ende ziemlich enttäuschend wäre.

Jedenfalls versteht *Boyarin* Paulus vor allem als einen Kritiker des Judentums. Das „Christusereignis" soll ihn zu einer völlig neuen Sicht auf das Judentum gebracht haben, die letztlich auf dessen Entwertung hinausläuft. In Aufnahme eines Zitats, das Boyarin als perfekte Zusammenfassung „of Paul's theology of Judaism and the Jews" einschätzt, schreibt er:

„They [the Jews, W.S.] and their Law had literal value at a certain point in human history, in the childhood of humanity. However, now that maturity has come in the guise if the coming of Christ, his crucifixion, and his rising from the dead, the value of the signifier has been superseded. There is no more role for Israel as such in its concrete sense – except always for the promise of Romans 9–11 that in the end it will

---

[50] Vgl. dazu E.P. Sanders, Paulus und das palästinische Judentum. Ein Vergleich zweier Religionsstrukturen (StUNT 17), Göttingen 1985 (engl. Originalausgabe 1977), 513.
[51] Boyarin, A Radical Jew, 106.
[52] Vgl. nur Röm 1,18–32.

not be abandoned but redeemed by coming to faith in Christ ... Israel has no more role to play in history."⁵³

Abgesehen davon, dass der von Boyarin hier herangezogene Text (Röm 11,25–27) nicht unbedingt so gedeutet werden muss, dass Paulus Israels eschatologische Rettung an dessen Glauben an Christus („coming to faith in Christ") bindet (viele AuslegerInnen, ich auch, sehen das anders), so könnte man Röm 9–11 gerade umgekehrt lesen, nämlich als Kritik an „heidenchristlicher" Selbstüberhebung über Israel bzw. das Judentum! Kurz: Ich befürchte, dass Boyarin sich noch zu sehr hat beeindrucken lassen von den antijüdischen Paulusdiskursen der christlichen Theologie – ob nun in Form der sog. alten oder der neuen Paulusperspektive. Am Ende kommt auch in seiner Paulusdeutung *nur ein anti-jüdischer Paulus* heraus, dieses Mal ein radikaler Kritiker der jüdischen Kultur, gewissermaßen ein *Champion jüdischer Selbstkritik* der eben sein eigenes Volk dafür kritisiert, dass es wagt, eine ethnische oder nationale Identität zu haben und diese bewahren möchte, wo doch die griechische Sehnsucht nach Universalismus und Einheit angesagt ist. Die hat freilich Griechen und Römer und alle anderen nicht davon abgehalten, sich als Griechen und Römer zu verstehen, sich an die eigenen Gesetze zu halten und die eigenen kulturellen und religiösen Werte und Praktiken hoch zu schätzen und auszuüben. Doch wen interessiert das, wenn es um Juden geht?

Ich komme zum Schluss: das Problem Boyarins mit Paulus ist, dass nach seiner Lektüre der Paulusbriefe der Apostel ein Problem mit der jüdischen Differenz gehabt hat:

„Traditionally, group identity has been constructed in two ways: as the product of either a common genealogical origin or a common geographical origin ... The negative evaluation of genealogy as a ground for identity can be traced back to Paul, the fountainhead, as I am claiming, of western universalism. In his authentic passion to find a place for the gentiles in the Thorah's scheme of things and the brilliance of the radically dualist and allegorical hermeneutic he developed to accomplish his purpose, Paul had (almost against his will) sown the seeds for a Christian discourse that would completely deprive Jewish ethnic, cultural specifity of any positive value and indeed turn it into a ‚curse' in the eyes of gentile Christians."⁵⁴

In der Tat muss man erwägen, ob Paulus' Konzept von einer durch den Christusglauben bestimmten Menschheit (aus Juden und Griechen) zu einer Relativierung des Judentums geführt hat. Ich bin allerdings nicht mehr davon überzeugt, dass damit immer schon eine Kritik am Judentum verbunden sein muss. Ich kann mir auch eine andere Interpretation der paulinischen Theologie vorstellen, die darauf hinausläuft, dass Paulus sein transethnisches Konzept ohne eine Herabminderung seines eigenen jüdischen Volkes vertreten hat. Für diese Möglichkeit gibt es inzwischen auch konkrete Beispiele nord-

---

[53] Boyarin, A Radical Jew, 151.
[54] Ebd., 229.

amerikanischer Exegeten, die sich durch den kanadischen Neutestamentler Lloyd Gaston zu einer anderen Paulusdeutung haben anregen lassen.[55]

Gaston sieht in der paulinischen Theologie keinerlei universal-menschheitliche Zielrichtung; vielmehr sei sein Thema die Rettung der (Heiden-)Völker gewesen. Der Glaube an Christus eröffnet in seiner Deutung einen Weg für die Völker, während die Tora der Heilsweg der Juden bleibt. Ausführlicher hat Stanley K. Stowers sich an Gaston angeschlossen, doch ist er vor allem einer der ersten, der das Judentum und die Tora nicht auf der interpretatorischen Grundlage eines Religionsmodells, sondern eines *Ethnizitätsmodells* deuten.[56] Sein Buch „A Rereading of Romans" ist übrigens im selben Jahr wie das Paulusbuch Boyarins publiziert worden und repräsentiert nahezu eine in allen Stücken gegenteilige Auslegung der Paulusbriefe! Ich gehe wenigstens kurz darauf ein, um zu demonstrieren, dass dieselben Texte zu diametral gegenüberstehenden Deutungen führen können.

Paulus – so Stowers – versteht wie alle Menschen seiner Zeit die Tora als die *Verfassung* (*constitution*) für die Lebensweise des jüdischen *Volkes* (*Jewish way of life*), die Lebensbereiche wie Religion, Politik, Gebräuche und Sitten umfasst, die wir modernen Menschen voneinander zu trennen gewohnt sind. Zugleich sei Paulus aber auch ein ambivalenter Erbe einer jüdischen Tradition, die die Tora als eine ideale Verfassung verstanden habe, von der auch die Völker lernen könnten, ja müssten. Stowers stößt damit einen neuen Paulusdiskurs an, der nicht nur durch die (m.E. eher schwierig zu begründende) These geprägt ist, dass der Apostel sich (etwa im Römerbrief) nicht an alle Menschen, Juden und „Heiden", sondern nur an die Christusglaubenden aus den Völkern wandte. Vielmehr ist Stowers Abwendung vom anachronistischen Religionsmodell hin zu einem Ethnizitätsmodell des Judentums gerade auch für die Einschätzung der Bedeutung der Tora entscheidend. Die Tora wird in dieser Perspektive zur „Verfassung" des judäischen Volkes, womit die von Dunn begründete und von Boyarin übernommene negativ konnotierte Einschätzung der Tora vom Kopf auf die Füße gestellt wird. Solange das Judentum als Religion verstanden wird, kann man auf die Idee kommen, dass die enge Bindung des jüdischen Volkes an das Mosegesetz als ethnozentrisch oder gar nationalistisch zu deuten ist. Wo jedoch vom antiken Judentum im Kontext von Diskursen über Ethnizität gesprochen wird, lässt sich die Kritik an einem vermeintlichen jüdischen Nationalismus und Exklusivismus so leicht nicht mehr aufrecht erhalten. Stowers schreibt mit Recht:

„The modern version of the traditional reading trades heavily on the anachronistic concept of religion. The concept of religion was created in eighteenth-century European culture. Intellectual historians have shown that religion becomes the genus of which Christianity is a species only in the seventeenth century. The modern concept of religion as an essentially private sphere of personal belief and activity separate

---

[55] Vgl. Lloyd Gaston, Paul and the Torah, Vancouver 1987.
[56] Vgl. Stanley K. Stowers, A Rereading of Romans. Justice, Jews, and Gentiles, New Haven / London 1994.

from politics, law economic activity and ethnicity is an even later development. When the high priest was the nation's ruler and the Roman emperor was the pontifex marximus and the law of the Judean people was their sacred writings it is easy to see the religion, politics, and ethnicity were inseparable. Yet exegetes of the New Testament constantly employ the anachronistic category of religion in reading Pauline texts. In fact, assuming the postindustrial organization of Western societies is one side of the universal address based on liberal individualism that modern interpreters find in Paul's letters."[57]

Caroline Johnson Hodge wendet das Ethnizitätsmodell konsequent auf Paulus an.[58] Sie greift ihrerseits einen zweiten Eckpfeiler der Paulusdeutungen an, der ebenfalls Teil der Selbstdefinition des Christentums ist, wonach Paulus der Begründer des Christentums als einer *universalen* Religion sei, die ethnische Identitäten, soziale Unterschiede und die Geschlechtszugehörigkeit transzendierte – so auch Boyarin. Johnson Hodge macht darauf aufmerksam, dass der im Christentum erhobene Anspruch kultureller oder ethnischer Neutralität die Tatsache ausblendet, dass spezifische Aspekte der jüdischen Kultur auch für das Christentum normativ sind. Historisch geurteilt haben die Christen die „Meistererzählung" der antiken Israeliten akzeptiert und weitererzählt und *nicht* die der Griechen. Sie haben die Geschichte dieses partikularen Volkes, seines Gottes, seine Mythen über Schöpfung und die Ordnung des Kosmos, die moralischen Vorstellungen, die seinen heiligen Schriften inskribiert sind, übernommen. Dennoch neigen christliche Diskurse dazu, die eigene Religion als eine anzusehen, die Ethnizität transzendiert; in Wahrheit haben sie diese partikularen Kennzeichen von Identität in eine ethnisch neutrale, all-umfassende Tradition übersetzt, die jenseits der normalen menschlichen Charakteristiken von Kultur, Diskursen und Praktiken angesiedelt wird. Johnson Hodge will in ihrer Studie *If Sons, Then Heirs* die Unterscheidung zwischen einem universalen, nicht-ethnischen Christentum und einem ethnischen, partikularen Judentum dekonstruieren. Ihre Spitzenthese ist, dass das „Sein in Christus" von Paulus nicht als eine ethnisch neutrale Existenz gemeint ist.[59] Paulus hört nicht auf, Jude/Judäer zu sein, und er interpretiert die Identität der Juden/Judäer nicht als etwas bloß Ethnisches und insofern Pejoratives, das religiös bzw. durch eine universale Religion zu überwinden wäre (so könnte man ja Dunns und Boyarins Position zuspitzen). Jüdische Identität ist vielmehr für Paulus der Entwurf einer kollektiven, dynamischen Identität, deren Ethnizität gerade nicht zu überwinden, sondern zu erreichen ist und auch erreicht wird: nämlich von den Christusglaubenden aus den Völkern. Nach Johnson Hodge konstruiert Paulus für die Christusgläubigen aus den Völkern eine „patrilineare" Abstammungslinie von Abraham. Damit gibt er denen, die im *jüdischen Ethnizitätsdiskurs* die „Anderen" sind, „religiös" und ethnisch, einen *Abstammungsmythos* und einen Anteil an der Erbschaft der

---

[57] Ebd., 26f.
[58] Vgl. Caroline Johnson Hodge, If Sons, then Heirs. A Study of Kinship and Ethnicity in the Letters of Paul, Oxford 2007.
[59] Vgl. ebd., 149.

Abrahams-Nachkommen. Unter der Voraussetzung des von den Völkern in Christus geteilten jüdischen Monotheismus (vgl. Röm 3,29f.) bzw. der Konversion der Christusnachfolge aus den Völkern zum jüdischen Monotheismus in Abkehr von der Idolatrie (vgl. 1Thess 1,9) werden sie Teil des „Familienstammbaums" Israels, des Ölbaums (Röm 11,17ff.).

Am Ende könnte also auch das Gegenteil von dem richtig sein, was Boyarin in Aufnahme der These von James Dunn in den Paulusbriefen liest. Paulus hätte nicht dem Judentum die Rolle zugewiesen, das Andere zu sein, die Differenz, hätte dessen Idiosynkrasien nicht am hellenistischen Einheitsmaßstab ausgesondert und zum Bedrohungspotential des Mainstreams gemacht. Er hätte vielmehr seinerseits die dominante hellenistische Kultur zu einer jüdisch-hellenistischen verschmolzen, aus der im Laufe der Geschichte die jüdisch-christliche Kultur des Westens wurde. Paulus ist nicht der Champion jüdischer Selbstkritik, sondern der Diskursbegründer einer jüdisch-christlichen Kultur, in der die hellenistische, griechisch dominierte Kultur aus einer jüdischen Perspektive reformuliert worden wäre. Ich würde darum – natürlich plakativ – sagen: Paulus ist der Champion der westlichen Kultur. Das dürfte wiederum anderen nicht gefallen. Mir schon.

Martin G. Weiß

Kenosis und Caritas.
Die Postmoderne als Einlösung
der christlichen Botschaft

Gianni Vattimo und Paulus

1. Vorbemerkung

Auch wenn Gianni Vattimo, der Begründer einer als „Schwaches Denken" bekannt gewordenen hermeneutischen Ontologie, im Unterschied zu anderen bedeutenden zeitgenössischen Philosophen dem „Heidenapostel" – abgesehen von einem Aufsatz zur Paulusinterpretation des frühen Heidegger –, keinen eigenständigen Text gewidmet hat, spielt die Auseinandersetzung mit paulinischen Begriffen in seinen Texten eine nicht zu unterschätzende Rolle. Mehrere der Grundgedanken des Schwachen Denkens gehen direkt auf paulinisches Gedankengut zurück – vor allem „caritas" (ἀγάπη) und „Schwäche" (κένωσις, θλῖψις), aber auch das Konzept der Geschichtlichkeit der Wahrheit.

Als von Paulus zumindest inspiriert lassen sich auch Vattimos epistemologischer Skeptizismus und seine Ausführungen zu einem nicht linearen Zeitverständnis – in dem sich paulinische, heideggerianische und nietzscheanische Ansätze kreuzen – deuten.

Im Folgenden soll daher, nach einer kurzen Einführung in die Grundkonzepte des Schwachen Denkens, zunächst auf Vattimos ausdrückliche Anleihen bei Paulus eingegangen werden, um dann in einem zweiten Teil den eher impliziten Bezügen nachzuspüren. Dabei wird versucht zu zeigen, dass sich Vattimos Zeitbegriff an der paulinischen Beschreibung der urchristlichen „faktischen Lebenserfahrung" orientiert, und sich sein methodischer Skeptizismus auf das paulinische ὡς μή zurückführen lässt, was Vattimos Ausführungen in die Nähe von Giorgio Agambens Möglichkeitsverständnis rückt, das die Möglichkeit als Zone der Unbestimmbarkeit zwischen der „Potenz zu ..." und der „Potenz nicht zu ..." begreift.

2. Gianni Vattimos Schwaches Denken.
   Eine Ontologie der Aktualität

Gianni Vattimos Philosophie, die er terminologisch als „Ontologie der Aktualität" beschreibt, ist der Versuch, seine „Zeit in Gedanken zu fassen" (Hegel), die „Zeichen der Zeit" (Mt 16,3) zu lesen bzw. der gegenwärtigen Epoche der „Seinsgeschichte" (Heidegger) zu „ent-sprechen".

Der Audruck „‚Ontologie der Aktualität' ... bezeichnet einen Diskurs, der zu klären versucht, was das Sein in der gegenwärtigen Epoche bedeutet"[1]. Vattimos Philosophie geht es also primär darum aufzuzeigen, welches vorgängige Seinsverständnis unsere Gegenwart prägt und den aktuellen Positionen in Ethik, Politik und Wissenschaft zugrunde liegt. Als Metadiskurs über diese auf bestimmte Bereiche des Seienden eingeschränkten Diskurse kommt der Philosophie eine besondere Rolle zu, da sie die einzelnen ontischen (auf das Seiende bezogenen) Positionen reflektiert und damit ihre ontologischen (auf das Sein bezogenen) Voraussetzungen beleuchtet. Dabei kommt die Ontologie der Aktualität durchaus zu relativ eindeutigen Ergebnissen: „Die heutige philosophische Debatte kennt zumindest einen Punkt, in dem alle Diskurse übereinkommen: es gibt keine einheitliche, letztgültige, normative Begründung."[2]

Was unser aktuelles Seinsverständnis – also die Art und Weise, wie wir das Sein des Seienden begreifen – ausmacht, ist also Vattimo zufolge ein immer stärker werdender Antiessentialismus, der sich im wachsenden Zweifel an der Existenz objektiver Tatsachen, letzter Gründe und universeller Normen kundtut, der unsere Epoche kennzeichnet. Was unsere gegenwärtige Zeit vor anderen Epochen auszeichnet, ist Vattimo zufolge mithin die allgemeine Auflösung des Objektivitätsmythos sowohl auf erkenntnistheoretischer als auch auf werttheoretischer Ebene. Was heute zunehmend fraglich werde, sei der metaphysische Glaube an objektiv erkennbare zeitlose Wesenheiten oder Werte.

Das Schwinden des Glaubens an „unerschütterliche Gründe" unseres Wissens und Urteilens ist nach Vattimo dabei nicht auf Ethik und Philosophie beschränkt, sondern ein Phänomen, das sich ebenso in den „harten" Naturwissenschaften niedergeschlagen hat, die – wie Thomas S. Kuhn aufgezeigt hat – schon lange nicht mehr von objektiven Fakten reden, die der interesselose Beobachter nur zu beschreiben hätte, wie sie sind. An die Stelle des Versuches, die Wahrheit der Natur im menschlichen Geist wie in einem Spiegel abzubilden, tritt in den Naturwissenschaften nun die Aufmerksamkeit für Phänomene, die ihre Bedeutung kontigenten Rahmentheorien und Paradigmen verdanken und die den Hintergrund bilden, vor dem die jeweiligen naturwissenschaftlichen „Daten" überhaupt erst Bedeutung erlangen. Vattimo schreibt: „Die moderne Wissenschaft, Erbin und Vollendung der Metaphysik, ist es, die die Welt in jenen Ort verwandelt, an dem es keine Tatsachen (mehr) gibt, sondern nur Interpretationen."[3] Nach Vattimo übernehmen die Naturwissenschaften damit den hermeneutischen Wahrheitsbegriff, denn „für die Hermeneutik ist die Wahrheit nicht die Angleichung der Aussage an die Sache, sondern jene Offenheit, innerhalb welcher sich jegliche Angleichung oder Nichtangleichung vollzieht; die Offenheit ist keine transzenden-

---

[1] Gianni Vattimo, Nichilismo ed emancipazione. Etica, politica, diritto, Milano 2003, 15. Passagen aus den ital. Originalausgaben werden im Folgenden in eigener Übersetzung wiedergegeben.
[2] Gianni Vattimo / Pier Aldo Rovatti (Hg.), Il pensiero debole, Milano [10]1995, 7.
[3] Gianni Vattimo, Oltre l'interpretazione, Roma/Bari 1994, 34.

tale stabile Struktur der Vernunft, sondern Erbe, geschichtlich-endliche Geworfenheit, Schickung, Schicksal, Herkunft von Bedingungen der Möglichkeit der Erfahrung, die Heidegger in den geschichtlich ausgewiesenen natürlichen Sprachen verkörpert sieht."[4]

Vattimo vertritt also einen geschichtlichen Immanentismus. Sein Denken ist der Versuch einer „Historisierung der apriori", die darin besteht, mit der Kontingenz unseres geschichtlich gewordenen, sprach-kulturell vermittelten Weltverständnisses Ernst zu machen. Wie für Richard Rorty ist auch für Vattimo die menschliche Vernunft und ihre Wahrheit nicht „der Spiegel der Natur", sondern das Produkt historisch kultureller Umstände. Das bedeutet Vattimo zufolge aber kein Abdriften in einen radikalen Relativismus, in dem nun alles wahr wäre, vielmehr gibt es auch in einer radikal immanentistisch verfassten Wirklichkeit, die ohne „Hinterwelt" (Nietzsche), also ohne transzendente Dinge an sich hinter den Erscheinungen, auskommen muss, relativ stabile Ausgangspunkte, die nicht unserer Willkür unterstehen und uns daher als „Tatsachen" entgegentreten. Nur rührt nach Vattimo die relative Stabilität und scheinbare Objektivität dieser „Tatsachen" nicht von irgendeiner überzeitlichen transzendenten Essenz oder objektiven Natur her, sie erklärt sich vielmehr daraus, dass es sich bei diesen angeblichen unhinterfragbaren Fakten um lang sedimentierte, und dadurch „naturalisierte"[5] Bedeutungen bzw. „Vorurteile" (im Sinne Gadamers) handelt, deren Gewordensein wir gleichsam vergessen haben.

Die Abschaffung jeglicher transzendenten Sphäre jenseits unserer geschichtlich-kulturell vermittelten „Lebenswelt" (Husserl) bedeutet also keinen Relativismus. Ist die Objektivität der Wirklichkeit ihrer geschichtlichen Genese überführt, wird sie zwar hinterfragbar und zum möglichen Gegenstand politischer Verhandlungen, verliert zunächst aber nichts von ihrer „Wirklichkeit", sprich Wirkmächtigkeit.

Ein Vergleich mit Judith Butlers Ausführungen zur Naturalisierung der Geschlechterrollen macht deutlich, was gemeint ist: Obwohl wir darum wissen, dass die Geschlechterrollen nicht auf Tatsachen (der angeblichen Natur der Frau bzw. dem Wesen des Mannes) gründen, sondern sich aus naturalisierten, habitualisierten und verinnerlichten Verhaltensweisen ergeben, deren geschichtlich-kulturelle Genese leicht einsehbar ist, stellen Geschlechterrollen dennoch soziale und psychologische Tatsachen dar, deren Wirkmächtigkeit, d.h. Wirklichkeit, durch das bloße Wissen um ihre Kontingenz nicht aufgehoben, sondern lediglich relativiert und damit geschwächt wird. Der Vorwurf des (sprachlichen) Relativismus oder sprachlichen Idealismus, der sowohl gegen Vattimo, als auch gegen Butler erhoben wurde, vergisst, dass zu behaupten, dass ein „Sachverhalt" geschichtlich konstituiert wurde, nicht bedeutet, zu sagen, dass er willkürlich verändert werden könnte. Zu wissen, dass eine angebliche Tatsache ein naturalisiertes geschichtlich konstituiertes „Vorurteil" ist, bedeutet nicht, es seiner gesellschaftlichen und psychologi-

---

[4] Ebd., 22.
[5] Vgl. Judith Butler, Das Unbehagen der Geschlechter, Frankfurt a.M. 1991.

schen Wirkmächtigkeit beraubt zu haben. Historisch-kulturell konstituierte Tatsachen bleiben zunächst Tatsachen, wenn auch geschwächte Tatsachen, da sie keine objektive überzeitliche Gültigkeit mehr beanspruchen können, wodurch sie interpretierbar und somit auch veränderbar werden. In seiner großen Nietzschestudie *Il soggetto e la maschera* schreibt Vattimo diesbezüglich:

„‚Tatsachen' sind keine Interpretationen nur in dem Sinn, dass wir, indem wir sie wahrnehmen, nicht von unseren vorgegebenen Vorurteilen absehen können. Die ‚Tatsachen' konstituieren sich als ‚Tatsachen' nur auf symbolische Weise, sie sind Interpretationen in der radikalsten Weise ... In unserer Welterfahrung tun wir also nichts anderes als Texte zu lesen. Die Texte sind ihrerseits bereits Interpretationen anderer Texte und so weiter, ohne dass die Möglichkeit bestünde, zu einer ersten Bedeutung gelangen zu können, die Wirklichkeit, Unmittelbarkeit oder vorinterpretatorische Gegebenheit wäre."[6]

Das aktuelle Sein – d.h. die Weise wie uns Seiendes gegenwärtig erscheint, die Art und Weise wie wir Sein verstehen – trägt Vattimo zufolge nicht mehr die Merkmale objektiver Gegenständlichkeit, sondern ist geschichtlich-plural verfasst und ähnelt eher einer zu interpretierenden überlieferten Botschaft, als einer zu beschreibenden objektiven Tatsache. Das Paradigma unserer immer schon medial vermittelten gegenwärtigen, postmodernen Wirklichkeit ist also das der Interpretation von Texten und nicht mehr das der Beschreibung von Sachverhalten, das die Metaphysik kennzeichnete:

„Tatsächlich führen die immer zahlreicheren Möglichkeiten, Informationen über die unterschiedlichsten Aspekte der Wirklichkeit zu erlangen, zur Unmöglichkeit, die Wirklichkeit als *eine* Wirklichkeit zu denken. Vielleicht verwirklicht sich in der Welt der Massenmedien eine ‚Prophezeiung' Nietzsches: die wahre Welt wird zur Fabel. Wenn wir in unserer spät-modernen Zeit eine Vorstellung von Wirklichkeit besitzen, so kann diese nicht mehr als eine objektive Gegebenheit verstanden werden, die sich unterhalb oder jenseits der Bilder befände, die uns die Medien liefern. Wie und wo sollten wir zu einer solchen Wirklichkeit ‚an sich' Zugang finden? Wirklichkeit ist für uns vielmehr das Ergebnis von Überschneidungen und ‚Kontaminationen' zahlreicher Bilder, Interpretationen und Re-konstruktionen, die als miteinander konkurrierende von den Medien verbreitet werden."[7]

Das aber bedeutet, dass wir es nicht mit einer Wirklichkeit zu tun haben, die es zu erkennen, in unserer Vernunft abzuspiegeln gilt, so wie sie ist, sondern immer schon mit einer (hegelianischen) Reflexionsstruktur, d.h. mit einer „Situation, die aus der Situation und ihrer Beschreibung bzw. Interpretation besteht"[8]. Diese Situation, sprich Wirklichkeit, die wesentlich perspektivisch gegeben und immer schon interpretativ vermittelt ist, insofern sie sich nicht anders gibt als in ihren Deutungen, also als An-sich für mich, lässt sich nicht

---

[6] Gianni Vattimo, Il soggetto e la maschera. Nietzsche e il problema della liberazione, Milano ²1994, 310.
[7] Gianni Vattimo, La società trasparente, Milano 1989, 39.
[8] Gianni Vattimo, Vocazione e responsabilitá del filosofo, Genova 2000, 78.

mehr adäquationstheoretisch fassen. Mit der doppelten Wortbedeutung spielend, die das Adjektiv „adequato" im Italienischen besitzt, wo es sowohl „angeglichen" als auch „angemessen" heißen kann, betont Vattimo, dass die „angemessene" Zugangsweise zu dieser „Wirklichkeit" nicht mehr in der Angleichung von Verstand und Sache bestehen kann. Was gefordert ist, ist die hermeneutische „Angemessenheit" der Interpretation:

> „‚Angemessen' bedeutet hier nicht ‚widerspiegelt', sondern höchstens zu einem bestimmten Zeitpunkt im Verlauf der Diskussion ‚zufriedenstellend', ‚überzeugend', aber immer unter grundsätzlichem Vorbehalt, unter Beibehaltung der Freiheit. Beim ‚Fallibilismus' zum Beispiel, also bei der Behauptung, dass ‚alles falsifizierbar ist', handelt es sich nicht um Beschreibungen objektiver Sachverhalte, sondern lediglich um den Hinweis darauf, dass das, was ich gerade gesagt habe auch falsch sein könnte, dass morgen jemand meine Aussage widerlegen könnte."[9]

Der Fragmentierung der Wirklichkeit in Interpretationen nach dem Ende der großen „Metaerzählungen"[10], die das einzige sind, was uns nach dem Ende des Glaubens an eine objektive Welt an sich hinter den Erscheinungen bleibt, sucht Vattimo nun aber doch noch einen einheitlichen Sinn abzugewinnen. Die Aufgabe der „Ontologie der Aktualität" sieht Vattimo nämlich auch darin, die Möglichkeit einer Rekonstruktion der menschlichen Existenz zu eröffnen, die über die typisch moderne Fragmentierung hinausgeht.[11]

> „Obwohl die Idee einer mit einem globalen Sinn ausgestatteten Geschichte zu Recht kritisiert wurde, meine ich, dass wir auf eine bestimmte Idee eines Sinnes der Geschichte nicht verzichten können, auch wenn eine solche Idee heute nur mehr als Paradoxon formuliert werden kann, in dem Sinne, dass die Bedeutung dessen, was sich ereignet, eben in der Tendenz zur Auflösung eines globalen Sinnes der Geschichte besteht. Diese Einsicht bedeutet nun aber nicht nur ... Sinnverlust, sondern enthält ebenso konkrete Sinnmöglichkeiten. Auf dem Boden der Einsicht, dass sich der Sinn, die großen dogmatischen Glaubenssysteme, die großen metaphysischen Horizonte auflösen, können wir Entscheidungen treffen und unsere Existenz dieser Tendenz gemäß einrichten."[12]

Vattimo zufolge leben wir in einer Zeit, in der wir nicht mehr an unumstößliche vorgegebene Werte und Tatsachen glauben können und in der sich das Wesen der Dinge in Interpretationen aufgelöst hat, die vom jeweiligen geschichtlichen sprachlich-kulturellen Kontext abhängig sind. Doch „die metaphysische Frage nach der Wahrheit ‚an sich' verschwindet nicht, ohne einen Nachfolger zu hinterlassen, nämlich die Frage nach der Angemessenheit konkurrierender Interpretationen"[13].

---

[9] Ebd., 79.
[10] Vgl. Jean-Francois Lyotard, Das postmoderne Wissen, Wien 1986.
[11] Vattimo, Vocazione, 23.
[12] Gianni Vattimo, Filosofia al presente, Milano 1990, 14.
[13] Richard Schröder, Dankbarkeit ist nicht nihilistisch. Antwort auf Gianni Vattimos „Christentum im Zeitalter der Interpretation", in: Gianni Vattimo / Richard Schröder / Ulrich Engel, Christentum im Zeitalter der Interpretation, Wien 2004, 33–41, hier 35.

Das einziges Kriterium zur Beurteilung konkurrierender Interpretationen nach der Auflösung der Wahrheit, stellt Vattimo zufolge die Tendenz zur Schwächung der objektiven Wahrheit selbst dar, die er als Grundzug der Geschichte (der Philosophie) auszuweisen sucht, obschon er sich bewusst ist, das auch seine Deutung der Geschichte keinen Anspruch auf Objektivität erheben kann, da sie sich sonst selbst widersprechen würde. Doch da wir nach dem Ende der großen Metaerzählungen mit ihren unumstößlichen Wahrheiten keine Anhaltspunkte mehr haben außer unserer konkreten Geschichte, bleibt uns nichts anderes übrig als uns an diese und ihre Lehre zu halten. Die Geschichte des Abendlandes ist für Vattimo nun aber am „angemessensten" als eine Geschichte des zunehmenden Verfalls des Glaubens an unanfechtbare ewige objektiv gegebene Wahrheiten beschreibbar; diesem Erbe, dieser Botschaft gelte es die Treue zu halten.

Im Kapitel „Religion" seines Buches *Jenseits der Interpretation* erklärt Vattimo dieses Konzept als Ergebnis der Verschränkung zweier Sätze der abendländischen Tradition: des Aristotelischen „*to on legethai pollachos* (das Sein wird auf vielerlei Weise ausgesagt; Metaphysik IV, 2, 1003a 33)" und des paulinischen „*multifariam multisque modis olim loquens Deus patribus in prophetis* (Nachdem Gott vorzeiten vielfach und auf vielerlei Weise geredet hat zu den Vätern durch die Propheten; Hebr 1,1–2)."[14]

Aristoteles' Satz von den vielfältigen Weisen, in denen das Sein gesagt werde, gilt Vattimo als Anfang jener hermeneutischen Philosophie, die nicht mehr nach dem An-sich der Dinge sucht, sondern erkannt hat, dass sich die Wahrheit nur in ihren Interpretationen gibt. Paulus' Hinweis auf die Geschichte der göttlichen Offenbarung wertet Vattimo als Einsicht in die unhintergehbare Geschichtlichkeit aller Interpretationen. Aus der Verbindung dieser beiden Thesen, der Aristotelischen Pluralisierung der Bedeutungen und der paulinischen Einsicht in die Geschichtlichkeit jeglicher Interpretation, ergibt sich für Vattimo das Konzept einer pluralen, d.h. schwachen Wahrheit, die ihr schwaches Kriterium in der geschichtlichen Überlieferung hat: „Den Sinn einer nihilistischen Ontologie, den wir hier der Hermeneutik zu geben bemüht sind, ist das Ergebnis einer ‚Kontamination' des Aristotelischen Pluralismus durch den Paulinischen Historismus."[15]

3. Kenosis und Caritas

In das Bedenken der eigenen geschichtlichen Herkunft, als einziges verbleibendes Kriterium in einer Epoche, in der es keine ewige Wahrheit mehr gibt, d.h. in einer Zeit, in der Wirklichkeit nur mehr als „Botschaft" gefasst wer-

---

[14] Gianni Vattimo, Jenseits der Interpretation. Die Bedeutung der Hermeneutik für die Philosophie, Frankfurt a.M. 1997. Vattimo folgt mit seiner Zuschreibung des Hebräerbriefes an Paulus der Tradition. In der neutestamentlichen Forschung besteht freilich weitgehend Einigkeit darüber, dass der Brief nicht von Paulus verfasst wurde.
[15] Vattimo, Oltre l'interpretazione, 59.

den kann, fügen sich Vattimos Ausführungen zum Christentum ein.[16] Denn das Ende der Metaphysik qua Objektivismus ist Vattimo zufolge auf doppelte Weise mit dem Christentum verschränkt:

Einerseits verdankt sich „Vattimos philosophisches Konzept des ‚schwachen Denkens' grundlegend einem im Kern kenotisch verstandenen Christentum. Zugleich aber versteht Vattimo das ‚schwache Denken' als die säkularisierte Konsequenz der tradierten christlichen Botschaft."[17] Das Ende des Glaubens an die Objektivität der Wahrheit bedeutet zunächst das Ende des metaphysischen Gottesbegriffs. Das gegenständlich gedachte „höchste Seiende (summum ens)" wird unhaltbar. Das Christentum interpretiert Vattimo dabei, ähnlich wie sein Lehrer Pareyson,[18] in erster Linie als Offenbarwerden der *Kenosis* Gottes. Bei Paulus heißt es:

„Er [Christus] war Gott gleich, hielt aber nicht daran fest, wie Gott zu sein, sondern er entäußerte sich und wurde wie ein Sklave und den Menschen gleich. Sein Leben war das eines Menschen; er erniedrigte sich und war gehorsam bis zum Tod, bis zum Kreuz. Darum hat ihn Gott über alle erhöht und ihm den Namen verliehen, der größer ist als alle Namen, damit alle im Himmel, auf der Erde und unter der Erde ihre Knie beugen vor dem Namen Jesu und jeder Mund bekennt: Jesus Christus der Herr – zur Ehre Gottes, des Vaters" (Phil 2,5–11).

Die *Kenosis*, d.h. die Erniedrigung bzw. Selbsteinschränkung Gottes in der Menschwerdung, stelle, so Vattimo, die Grundaussage des Christentums dar. Diese Selbsteinschränkung (Entleerung, Entäußerung) Gottes versteht Vattimo als erstes Sichzeigen einer „Säkularisierung", die er als Absage an eine transzendente Hinterwelt objektiver Dinge an sich begreift. Vattimo glaubt, das Christentum so als frühen Appell an die Abwendung von den „starken" ewigen Strukturen des Seins und als erste Hinwendung zu „schwachen" geschichtlichen Prinzipien deuten zu können. In *Glauben – Philosophieren* heißt es:

„Die Menschwerdung, d.h. die Erniedrigung Gottes auf die Ebene des Menschen, dasjenige, was das Neue Testament die ‚Kenosis' Gottes nennt (Brief an die Philipper 2,7), muss als Zeichen dafür verstanden werden, dass der Hauptzug des nicht gewalttätigen und nicht absoluten Gottes der post-metaphysischen Epoche in eben dieser Tendenz zur Abschwächung liegt, von der die von Heidegger inspirierte Philosophie spricht."[19]

Vattimo sucht so sein Konzept einer „Ontologie der Schwächung" mit dem als Säkularisierungsprozess begriffenen Christentum in Verbindung zu brin-

---

[16] Vgl. Branko Klun, Der schwache Gott. Zu Vattimos hermeneutischer Reduktion des Christentums, in: Zeitschrift für Katholische Theologie 129 (2007), 167–182.

[17] Ulrich Engel, Philosophie (im Licht) der Inkarnation. Zu Gianni Vattimos Religionsdiskurs im Zeitalter der Interpretation, in: Vattimo/Schröder/Engel, Christentum im Zeitalter der Interpretation, 41–79, hier 62.

[18] Vgl. dazu Martin G. Weiß, Die Hermeneutik des Unerschöpflichen. Das Denken Luigi Pareysons, Münster 2004.

[19] Gianni Vattimo, Glauben – Philosophieren, Stuttgart 1997, 34.

gen. Vattimo geht dabei vom „Nihilismus als Endpunkt der Moderne" aus, wobei er unter Nihilismus die völlige Absage an den Glauben an jegliche objektive, vergegenständlichte Wahrheit versteht, in dem das Hauptmerkmal der Metaphysik liege: „Metaphysik ... – jenes Denken, welches das Sein mit dem objektiv Gegebenen identifiziert, mit dem Ding, was ich vor mir habe und dem gegenüber ich nicht anders kann, als die Haltung der Kontemplation einzunehmen ..."[20]

Damit erweist sich das metaphysische Denken aber als grundsätzlich gewalttätig, insofern Tatsachen, und als solche präsentieren sich die Wahrheiten in Philosophie, Wissenschaft und religiöser Dogmatik, keine Widerrede dulden. Da sich über Tatsachen bekanntlich nicht streiten lässt, entzieht das metaphysische Wahrheitsmodell die Wirklichkeit der politischen Sphäre und verhindert so ihre demokratische Gestaltung:

„Im Allgemeinen benötigt eine demokratische Regierungsform ein nichtmetaphysisches Verständnis von Wahrheit, da sie sich andernfalls sofort in ein autoritäres Regime verwandelt. Würde die Kirche anerkennen, dass sich die erlösende Botschaft des Christentums gerade in der Auflösung der objektivistischen Ansprüche entfaltet, könnte sie endlich auch den Riss zwischen Wahrheit und caritas kitten, der ihr im Laufe der Geschichte immer so viel Kopfzerbrechen bereitet hat. Für den Christen kann der aus der aristotelischen Tradition stammende Satz ‚Amicus Plato, sed magis amica veritas' nicht mehr gelten ... Denn die Wahrheit, die uns nach Jesus frei machen wird, ist nicht die objektive Wahrheit der Wissenschaften, auch nicht die Wahrheit der Theologie, ebenso wenig wie es sich bei der Bibel um ein Buch über Kosmologie, ein Handbuch zur Anthropologie oder gar zur Theologie handelt. Die Offenbarung der Schrift ist nicht dazu da, uns darüber zu informieren, wie wir beschaffen sind, wie Gott beschaffen ist, worin die ‚Wesenheiten' der Dinge oder die Gesetze der Geometrie bestehen – um uns auf diese Weise durch die ‚Erkenntnis' der Wahrheit zu erlösen und zu erretten. Vielmehr besteht die einzige Wahrheit, die uns die Schrift offenbart, in der Wahrheit der Liebe und der caritas, die keiner Entmythologisierung unterzogen werden kann, da es sich bei ihr nicht um eine logische oder metaphysische Aussage, sondern um einen praktischen Appell handelt."[21]

Demgegenüber ist der Gott der Metaphysik für Vattimo ebenso wie für René Girard[22] Ausdruck der unterdrückenden Gewalt der Naturreligionen, in denen Sakralität und Gewalt in eins fallen. Wie für Vattimo die Geschichte des Abendlandes in einer ständigen Schwächung der Objektivität besteht, so ist auch für Girard die Geschichte der Religion die Geschichte einer ständig fortschreitenden Entsakralisierung, d.h. eine Entwicklung weg von der rachsüchtigen Gewalt der Naturreligion hin zur christlichen *caritas*. Im Lichte dieses Verständnisses interpretiert Vattimo die christliche Lehre der Menschwerdung Gottes als hervorragendes Moment des entsakralisierenden Säkularisierungsprozesses und das Neue Testament als Aufruf wider die

---

[20] Ebd., 21.
[21] Gianni Vattimo, Christentum im Zeitalter der Interpretation, in: Vattimo/Schröder/Engel, Christentum im Zeitalter der Interpretation, 17–33, hier 26.
[22] Vgl. René Girard, Das Heilige und die Gewalt, Frankfurt a.M. 1994.

gewalttätige Priesterreligion der Riten und Vorschriften, wider „Gesetze" und „theologische" Tatsachenbeschreibungen bezüglich des wahren Wesens Gottes, des Menschen und der Welt. Die Hauptaussage der christlichen Offenbarung besteht für Vattimo im schlichten Gebot der Nächstenliebe. Das heißt, „das Wesen der Offenbarung [wird] reduziert auf die christliche Liebe und der ganze Rest anheimgegeben der Unbestimmtheit der verschiedenen geschichtlichen Erfahrungen, auch der Mythologien, die den einzelnen geschichtlichen Menschheiten jeweils als ‚bindend' erschienen sind"[23].

Die *caritas* selbst ist Vattimo zufolge dabei nicht säkularisierbar: „Ich möchte daran erinnern, daß die Norm der Säkularisierung die christliche Liebe ist, und allgemeiner oder in der Sprache der Ethik ausgedrückt, die Reduzierung der Gewalt in allen ihren Formen."[24] Im selben Werk spricht Vattimo auch von der Nächstenliebe als Grenze der Säkularisation und von der „christlichen Liebe" als dem „allgemeinen Prinzip, das der Säkularisierung eine Grenze setzen kann"[25].

Zur eigentümlichen „normativen" Rolle befragt, die das Konzept der *caritas* in seinem Denken spielt, antwortet Vattimo in einem Gespräch:

„Zunächst möchte ich betonen, dass es sich bei der Caritas nicht um einen Inhalt, sondern um eine Verhaltensweise, um ein Ethos handelt. Unter diesem scheinbaren Widerspruch, dass es keine absoluten Werte gibt, die Caritas bei mir aber wie ein absoluter Wert funktioniert, verbirgt sich das Problem der Beziehung zwischen Theorie und Praxis. Es wäre, wie zu sagen: Ist die Freiheit ein absoluter Wert? Meiner Meinung nach ja. Aber ist sie ein absoluter Wert im Sinne eines endgültigen Inhalts des Bewusstseins? Nein. Niemand hat je die Freiheit der anderen anerkannt, weil diese ihm theoretisch bewiesen wurde. Bei der Caritas verhält es sich ähnlich. Es stimmt: die Caritas ist von der Säkularisierung ausgenommen, aber es gibt eine ganze Reihe von Gründen hierfür. Zum Beispiel handelt es sich bei der Caritas um eine Kraft, die mich zu allererst zur Säkularisierung führt, so dass es seltsam wäre, zu fordern, die Caritas zu säkularisieren. In wessen Namen sollte ich dies tun? Also säkularisiere ich alles im Namen der Caritas? Und ist die Caritas also ein Wert? Ja, aber bei der Caritas handelt es sich nicht um einen theoretisch begründeten Wert, nicht um einen Inhalt."[26]

Die Gewaltlosigkeit und die *pietas* vor dem Endlichen, vor unserer „Lebenswelt" – also vor allem, was uns gegeben ist –, bleibt auch in Vattimos Konzeption der (Seins-)Geschichte als Auflösungsprozess ewiger Werte, als letzter „ewiger Wert" bestehen.

Als Absage an das vergegenständlichende Denken der Metaphysik steht die Postmoderne Vattimo zufolge in direkter Nachfolge des Christentums. In *Wirklichkeit, wo ist deine Wahrheit?* bezeichnet Vattimo seine Position bzw.

---

[23] Vattimo, Glauben, 86.
[24] Ebd., 101.
[25] Ebd., 85.
[26] Gianni Vattimo / Martin G. Weiß, Die Stärken des schwachen Denkens. Ein Gespräch mit Gianni Vattimo, in: Martin G. Weiß, Gianni Vattimo. Einführung, Wien ²2006, 171–183, hier 174.

die philosophische Hermeneutik, verstanden als Bewegung der Auflösung des Objektivitätsmythos, als säkularisierte Form des christlichen Kenosisgedankens und den post-modernen Nihilismus als „die aktuelle Wahrheit des Christentums"[27].

Auch wenn lehramtliche Sendschreiben, wie die Enzyklika *Fides et Ratio* immer noch versuchen, das Christentum als Bollwerk des Objektivismus und der „objektiven Wahrheit" (§ 25, § 56) auszugeben – „Was wahr ist, muss für alle und immer wahr sein" (§ 27) –, so erweist es sich bei näherem Hinsehen Vattimo zufolge als Einbruch der Geschichtlichkeit ins Denken. Die positive Funktion, die der Religion für die gegenwärtige Philosophie zukommt, besteht also keineswegs darin, der „Haltlosigkeit" des postmodernen Denkens den Rettungsring der ewigen Wahrheit zuzuwerfen, vielmehr besteht der zukunftsweisende Beitrag des Christentums, verstanden als diejenige Sphäre, in der die radikale Ereignishaftigkeit des Seins ausdrücklich „thematisiert" wird, darin, der Philosophie zu helfen, die letzten noch verbliebenen Reste von Substanzmetaphysik, zu der als ihr Korrelat auch die Subjektmetaphysik gehört, endgültig aufzulösen und zu einer hermeneutischen Philosophie zu werden, die die Geschichtlichkeit ernst nimmt:

„Paradoxerweise nämlich führt die Hermeneutik, die in ihren aufklärerischen Anfängen eine entmythologisierende und rationalistische Neigung zeigt, später im zeitgenössischen Denken zur Auflösung des Objektivitätsmythos (das ist der Sinn der von Nietzsche durchgeführten radikalen Entmythisierung) und zur ‚Rehabilitierung' von Mythos und Religion. Im Grunde ist es dieses Paradoxon, das die Aufmerksamkeit auf die tiefgründige Beziehung zwischen Hermeneutik und christlicher Tradition lenkt: Der Nihilismus ‚gleicht' der *kenosis* allzu sehr, als dass man in dieser Ähnlichkeit nur eine Koinzidenz, eine Ideenassoziation sehen könnte. Die Hypothese, auf die wir hingeführt werden, besagt, dass die Hermeneutik als Philosophie, die gewisse ontologische Thesen mit sich bringt, selbst ein Ergebnis der Säkularisation im Sinne einer Wiederaufnahme, Fortführung, ‚Anwendung', Interpretation der Inhalte der christlichen Offenbarung, vor allem des Dogmas der Menschwerdung Gottes ist."[28]

Für die Kirche bedeutet dies, dass die Wahrheit nicht mehr als vorgegebener und ein für allemal festgestellter Besitz betrachtet werden kann, den die Kurie verwaltet und vor den Auslegungen der Theologen zu schützen hat. Vielmehr müsste mit der Einsicht ernst gemacht werden, dass die „Wahrheit" immer nur auf dem Weg ist, d.h. nur in den geschichtlichen Interpretationen der Theologie und des Kirchenvolkes gegeben ist.

Vattimo konstatiert somit einen doppelten Zirkel im Verhältnis zwischen der postmetaphysischen Philosophie und dem Christentum. Einerseits stellt sich die Postmetaphysik als Einlösung der christlichen Botschaft dar, andererseits wird durch die Auflösung des positivistischen Objektivitätsmythos die Rede von Gott erst wieder möglich:

---

[27] Gianni Vattimo, Wirklichkeit, wo ist deine Wahrheit? Das Christentum im Zeitalter der Interpretation, in: Neue Zürcher Zeitung vom 15./16. Juni 2002, 65.
[28] Vattimo, Jenseits der Interpretation, 81.

„Der einzige Weg, der der Kirche bleibt, um nicht wieder eine kleine fundamentalistische Sekte zu werden, wie sie es notwendigerweise an ihrem Anfang war, sondern ihre universalistische [paulinische] Berufung voll zu entfalten, besteht darin, die Botschaft des Evangeliums als Prinzip der Auflösung jedweder objektivistischen Ansprüche zu verstehen. Es ist kein Skandal, wenn wir sagen, dass wir nicht deswegen an das Evangelium glauben, weil wir wissen, dass Christus auferstanden ist, sondern dass wir glauben, dass Christus auferstanden ist, weil wir es im Evangelium gelesen haben. Eine Umkehrung dieser Art ist unabdingbar, wenn wir dem zerstörerischen Realismus und Objektivismus wie auch dem Autoritarismus, den diese im Gefolge haben und der die Geschichte der Kirche lange Zeit geprägt hat, entkommen wollen. Ein solcher Satz, eine solche Umkehr, wird erst im Zeitalter der Interpretation möglich; in einem Zeitalter, in dem, zumindest meiner Hypothese gemäss, das Christentum seine ganze antimetaphysische Wirkung entfaltet hat und die ‚Wirklichkeit' sich in allen ihren Aspekten auf eine Botschaft reduzieren lässt. In diesem Reduktionsgeschehen gibt es zwei untrennbare Aspekte: Nur wenn die Wirklichkeit nicht nur und vor allem die Welt der vorhandenen, bloss anwesenden Dinge ist, ergibt das Christentum Sinn; und andererseits besteht der Sinn des Christentums als Heilsbotschaft gerade und vor allem in der Auflösung der Anmassungen der ‚Wirklichkeit'. Der paulinische Satz ‚Tod, wo ist dein Stachel?' (1. Kor. 15, 55) kann mit gutem Grund als extreme Leugnung des ‚Wirklichkeitsprinzips' gelesen werden."[29]

Die Absage an das „Wirklichkeitsprinzip", verstanden als dogmatischer Glaube an ewige Objektivitäten, macht aber auch vor Gott nicht halt, sodass Vattimos Gott gänzlich der Immanenz angehört. Der Anfang des Johannesevangeliums, die Identifikation des *logos* mit Gott, gewinnt in Vattimos Lesart eine neue Bedeutung: Gott ist die Rede von Gott. Das bedeutet Vattimo zufolge aber nicht, dass es Gott nicht gäbe – was nur von einer objektivistischen Position aus gesagt werden könnte. Denn auch wenn Gott heute nicht mehr als objektiv feststellbare und beweisbare Tatsache gedacht werden kann, bleibt er, wie alle historisch überkommenen Vorurteile, wirklich im Sinne von wirkmächtig. Die paulinische *kenosis* versteht Vattimo also als völliges Aufgehen Gottes in der Geschichte:

„Wenn ich sage, dass ich an den Gott *der* Bibel glaube, spiele ich hier auf Heideggers Rede vom doppelten Genitiv an, insofern ich nie behaupten würde, dass es zuerst Gott gibt und dass es dann auch noch die Bibel gibt, die in der Form denotativer Ausdrücke auf ihn verweist und von ihm berichtet. Zu sagen, Gott werde hier auf die Rede von Gott ‚reduziert', ist immer nur vom Standpunkt eines realistischen Glaubens aus möglich, der von einer objektiven Existenz Gottes ausgeht, so dass die Reduktion Gottes auf die Botschaft von Gott für diese Position wie die Aufgabe des Glaubens aussieht. Aber das ist eine Art Fundamentalismus. Die ganze Wahrheit des Christentums, des Alten und des Neuen Testamentes, gründet auf der Befreiung von dieser objektivistischen, denotativen Auffassung, die die Bibel als denotativen Ausdruck mit Bezug auf eine objektive Wirklichkeit auffasst. Meiner Meinung nach hängen wir als denkende Wesen also nicht deshalb von Gott ab, weil dieser uns erschaffen hat …, sondern weil wir ohne diese Texte nicht denken könnten, was wir denken. Ohne das Alte und das Neue Testament wäre unsere ganze westliche Geschichte nicht denkbar.

---

[29] Vattimo, Christentum, 24.

Insofern hängen wir als denkende Wesen vom Gott der Bibel ab, denn unsere Wirklichkeit ist durch Texte vermittelt. Darum geht es, wenn Heidegger von der Schwierigkeit spricht, die Metaphysik zu überwinden; es geht um die Schwierigkeit, ein instrumentelles, denotatives Verständnis der Sprache zu überwinden, dem ein naiver Realismus zugrunde liegt."[30]

4. Zeitlichkeit und Skepsis

Intensiv mit Paulus setzt sich Vattimo in seinem Aufsatz *Hos mé* auseinander, in dem er, ausgehend von Heideggers *Vorlesungen zur Phänomenologie des religiösen Lebens*[31], Paulus' Zeitkonzeption behandelt.[32] Über Vattimos ausdrückliche Argumentation hinausgehend soll im Folgenden – auf der Grundlage von Vattimos Ausführungen zum Zeitbegriff bei Nietzsche und seinen Erläuterungen zur Zeitkonzeption Heideggers und Paulus' – versucht werden darzustellen, wie Vattimos implizite Philosophie der Zeit aussieht, wobei sich zeigen wird, dass es sich dabei um eine Spielart der paulinisch-heideggeranischen „eigentlichen Zeitlichkeit" handelt.

Seit Heidegger wissen wir, dass der Begriff des Seins mit demjenigen der Zeit verknüpft ist. Heidegger zufolge wurde das Sein in der bisherigen Tradition mit dem bloßen Anwesen, d.h. mit der gegenwärtigen Präsenz, gleichgesetzt. Besonders deutlich wird diese präsentialistische Ontologie in Augustins Ausführungen zur Zeit im elften Buch der *Confessiones*, wo er, konsequent den Vorentscheidungen der Präsenzmetaphysik folgend, zum Ergebnis gelangt, Zukunft und Vergangenheit bzw. das Zukünftige und das Vergangene, seien nicht, sondern allein der gegenwärtige präsente Augenblick. Doch anhand der weiteren Ausführungen Augustins zu diesem Augenblick der Präsenz lässt sich ein weiterer grundlegender Aspekt der metaphysischen Präsenzmetaphysik aufzeigen: Ihre Gleichsetzung des (zeitlichen) Anwesens – mit welchem die Metaphysik das Sein identifiziert – mit der (räumlichen) „Vorhandenheit". Denn nachdem Augustinus erklärt hat, dass nur der (zeitlich) präsente Augenblick sei, erklärt er, dass auch diese Präsenz noch nicht wirklich sei, insofern der jetzige (allein seiende) Augenblick keine „Ausdehnung" besitze. Aus dieser Überlegung Augustins wird deutlich, dass er das Sein nicht nur zeitlich als Präsenz fasst, sondern auch räumlich und zwar als „Ausdehnung" eines „Vorhandenen". Augustins Suche nach dem Sein verläuft also in zwei Schritten. Zunächst wird das Sein mit der zeitlichen Anwesenheit gleichgesetzt, die er dann dinganalog, also vergegenständlichend, als ausgedehnte Vorhandenheit fasst. Was anhand von Augustins Ausführungen zur Zeit deutlich wird, ist erstens die metaphysische

---

[30] Vattimo/Weiß, Stärken, 180.
[31] Martin Heidegger, Phänomenologie des Religiösen Lebens (Gesamtausgabe 60), Frankfurt a.M. 1995.
[32] Vgl. Gianni Vattimo, Hos mé. Heidegger e il Cristianesimo, in: ders., Dopo la Cristianità. Per un Cristanesimo non religioso, Milano 2002, 129–143 (dt.: ders., Jenseits des Christentums. Gibt es eine Wahrheit ohne Gott?, München/Wien 2004, 167–185).

Identifikation des Seins mit der zeitlichen Präsenz und zweitens deren Gleichsetzung mit der „Vorhandenheit" eines Gegenstandes. Damit wird die spezifische Seinsweise des vorliegenden Seienden, d.h. die „Vorhandenheit", zur allgemeinen Seinsweise alles Seienden erklärt. Ob etwas ist oder nicht, wird in der Metaphysik am Maßstab des vorhandenen Dinges gemessen. Wenn etwas ist, wie innerweltlich Seiendes, so ist es; ist es von anderer Seinsart, so ist es entweder überhaupt nicht – wie etwa das Nichts –, oder es wird auf ein bloß Vorhandenes reduziert. Da die Metaphysik immer schon die Vorentscheidung getroffen hat, dass Sein Vorhandensein besagt, wird alles, was ist, auf diese Seinsweise reduziert: Der Mensch wird zum biochemischen Gegenstand der Naturwissenschaften und Gott zum „höchsten Seienden". Die metaphysische Tendenz, das Sein wie ein Seiendes zu betrachten, ist Vattimo zufolge die „Seinsvergessenheit", von der Heidegger spricht.

Die Tatsache, dass Augustinus zögert, der reinen Präsenz des Augenblicks das Sein zuzusprechen, weil sie keine Ausdehnung besitze, verweist jedoch auf einen noch tiefer liegenden Widerspruch der metaphysischen Ontologie. Denn einerseits wird gesagt, das allein Seiende sei das Gegenwärtige, andererseits scheint dieses aber doch nie evident gegeben, weswegen es entweder in das zukünftige *telos* oder in den vergangenen „Grund" verlegt wird.

Ist die Ausrichtung der Ontologie am Modus der Gegengenwart problematisch, weil sie zur vergegenständlichenden Reduktion der Seinsweisen auf bloße Vorhandenheit führt, so ist der Versuch, das Sein des Seienden einseitig auf eine der anderen beiden Zeitdimensionen, also Vergangenheit oder Zukunft, zurückzuführen, Vattimo zufolge nicht minder fragwürdig. Denn die Stabilität der Vergangenheit, die Sicherheit des gegebenen „Grundes", ist mit der Herrschaft des Vergangenen über Gegenwart und Zukunft erkauft. Die Orientierung am Zukünftigen, wie sie die Ontologie der Neuzeit exemplarisch vorführt, in der das Neue mit dem Wertvollen gleichgesetzt wird, führt Vattimo zufolge wie jedes utopische Denken, zu einer Abwertung des Hier und Jetzt, da dort, wo das Wertvolle das Zukünftige ist, die Gegenwart ihren Sinn, ihre Bedeutung, immer außer sich im Kommenden hat. Das lineare Zeitmodell mit seinen drei Zeitmodi (Vergangenheit, Gegenwart und Zukunft) ist für Vattimo – der in seiner Kritik Heideggers Überlegungen zur Präsenzmetaphysik mit Nietzsches Kritik am Traditionalismus und Utopismus verschränkt – vor allem deshalb fragwürdig, weil in ihm die „faktische Lebenserfahrung" entweder vergegenständlicht (Präsenzmetaphysik) oder ihrer selbst entfremdet (Ausrichtung an Vergangenheit oder Zukunft) wird.

Vattimos Kritik am „exstatisch-funktionalen" Zeitverständnis der Metaphysik bzw. der Moderne verdankt sich aber nicht nur Heidegger und Nietzsche, sondern (vermittelt durch Heidegger) vor allem Paulus.

„Wesentliches Merkmal der ekstatisch-funktionalen Zeitlichkeit [ist], dass jeder Augenblick der Zeit seine Bedeutung nicht in sich selbst, sondern in anderem hat: in den Augenblicken, die ihm voraufgehen und in denen, die ihm folgen; und dass deshalb jeder Augenblick auch versucht, sich irgendwie des Sinnes zu bemächtigen, indem er alle anderen Augenblicke zu vernichten trachtet in einer Abfolge, in der sich ein ähnlicher Kampf abspielt, wie derjenige zwischen Kindern und Vätern nach einem typisch ödipalen Schema."³³

Ekstatisch-funktional ist die metaphysische Zeitkonzeption also deshalb, weil jeder einzelne gegenwärtige Augenblick nicht in sich selbst erfüllt, sprich bedeutungsvoll ist, sondern seine Bedeutung von der Vergangenheit und/ oder der Zukunft her bezieht. Vattimo bezeichnet diese Entfremdetheit des Augenblicks und vor allem auch des diese Zeitauffassung teilenden Menschen als das Getrenntsein der „faktischen Existenz" (des Menschen) von ihrer „Bedeutung" (d.h. von ihrem Sein).

Ödipal ist dieses Zeitverständnis deshalb, weil der jeweils neueste, der gerade aktuelle Augenblick als Kulminationspunkt aller vorangegangener Momente gesetzt wird. Das je aktuelle Jetzt hebt alle voraufgegangenen Jetztmomente auf, negiert sie in ihrer Eigenständigkeit, indem es sich selbst als den Endzweck, das Ziel, setzt, dem gegenüber alles Voraufgegangene nur Mittel war. In der metaphysischen Zeitkonzeption tötet also jeder Augenblick seinen Vater. Diese ödipale Zeitstruktur ist aber gerade die der Moderne – im Sinne von Neuzeit –, insofern sie sich als jene Epoche definieren lässt, in der die Geschichte als Prozess und dieser näherhin als Fortschritt gedeutet wurde, für den konsequenterweise das Neueste, verstanden als das jeweilige Resultat alles Vergangenen, auch das Beste ist. So ist die Moderne für Vattimo die Epoche, in der das Neue zum Wert schlechthin wird.

Gegen das lineare Zeitmodell der Metaphysik, in dem die Ausrichtung an der Vergangenheit zu Fundamentalismus wird, die Orientierung an der Gegenwart das Seiende auf die Präsenz des Vorhandenen reduziert und der Ausgang von der Zukunft zu Entfremdung führt, stellt Vattimo das Konzept einer eigentlichen Zeitlichkeit, das er aus Heidegger und Paulus schöpft und das die Möglichkeit einer anderen, nicht vergegenständlichenden Ontologie eröffnet.

In seinem Aufsatz *Hos mé* zeigt Vattimo, das sich Heideggers „Zeitlichkeit", verstanden als der Sinn des Seins des Daseins, Paulus' Ausführungen zum urchristlichen Zeitverständnis verdankt. Denn ebenso, wie es sich bei Heideggers Zeitlichkeit des Daseins um die in sich vermittelte Einheit der drei Zeitekstasen handelt, ist auch bei Paulus die gelebte Zeit als einheitlicher Lebensvollzug von Gewordensein und Erwartung konzipiert.

Heidegger begreift die Zeit als „Horizont" des „Seinsverständnisses". In *Sein und Zeit* beschreibt er das Sein (d.h. die Seinsweise) des Menschen (Dasein) als „Sorge". Damit ist die spezifische Struktur des menschlichen Seinsvollzuges gemeint, die Heidegger terminologisch als „Sich-vorweg-schon-sein-in-(der-Welt-) als Sein-bei (innerweltlich begegnendem Seienden)"³⁴ fasst. Dabei entspricht dem Sich-vorweg-sein das Existenzial des Verstehens (als Verstehen von zukünftigen Möglichkeiten), d.h. der Ent-

---

[33] Vattimo, Il soggetto, 250.
[34] Martin Heidegger, Sein und Zeit, Tübingen 1967, 192.

wurfscharakter des Daseins (seine Existentialität). Dem „immer-schon-sein-in" korrespondiert die gestimmte Befindlichkeit, d.h. die Geworfenheit des Daseins in eine überkommene Situation (seine Faktizität) und dem „Sein-bei-innerweltlich-Seiendem" die Verfallenheit des Daseins an die gegenwärtigen Geschäfte des „man". Auf der Ebene der Zeitlichkeit des Daseins, also auf der Ebene des Sinns, der Bedeutung bzw. des Seins des Daseins, entspricht der „Sorge" die Strukturierung der Zeit in Zukunft, Vergangenheit und Gegenwart. In *Sein und Zeit* unterschiedet Heidegger nun aber zwischen einer uneigentlichen Zeitlichkeit, also dem uneigentlichen Seinsvollzug, und der eigentlichen Zeitlichkeit, also dem eigentlichen Seinsvollzug des Daseins. Die uneigentliche Zeitlichkeit vollzieht das Sein des Daseins als „Gewärtigen" (Zukunft), „Behalten und Vergessen" (Vergangenheit) und „Gegenwärtigen" (Gegenwart), wobei dem Gegenwärtigen ein gewisses Primat zukommt, insofern die uneigentliche „Existenz" Zukunft und Vergangenheit vom Gegenwärtigen her denkt. Hier wird das Sein mit der Präsenz des Gegenwärtigen gleichsetzt, während Vergangenes als nicht mehr seiend und Zukünftiges als noch nicht seiend gedacht wird.

Dieser uneigentlichen alltäglichen Zeitlichkeit des an die Welt „verfallenen" Daseins des „man" stellt Heidegger nun die eigentliche Zeitlichkeit, den eigentlichen Seinsvollzug entgegen. In der eigentlichen Zeitlichkeit wird die Zukunft als „Vorlaufen auf den Tod" (d.h. als Verstehen der Möglichkeit des eigensten Seinkönnens), die Vergangenheit als „Wiederholung" des „Gewesenen" und die Gegenwart als „Augenblick" der Entschlossenheit (zum eigensten Seinkönnen) vollzogen.

„Heideggers Vorstellung ist dabei die, daß wir uns in der eigentlichen Zeitlichkeit als dem entschlossenen Vorlaufen in den Tod immer nur vorübergehend, d.h. in ausgezeichneten Augenblicken halten können. Im Normalfall verstehen wir uns von der Gegenwart her auf eine Zukunft hin, die wir durch unsere konkreten Bedürfnisse und Pläne inhaltlich bestimmen und aus der wir den Letzthorizont des Todes gerade ausklammern. Diese reduzierte, alltagspraktisch übliche und bequemere Form der Zeitigung des Daseins bezeichnet Heidegger mit dem Begriff der uneigentlichen Zeitlichkeit. Sie unterscheidet sich von der eigentlichen Zeitlichkeit vor allem dadurch, daß in ihr die Zukunft nicht als die ausgezeichnete Dimension fungiert, von der her sich Vergangenheit und Gegenwart erschließen, sondern statt dessen die Gegenwart als Fixpunkt dient, von dem aus Vergangenheit und Zukunft (als Nicht-mehr- bzw. Noch-nicht-Gegenwart) bestimmt werden. Diese Kritik an der Fixierung auf die Gegenwart wird dann von Derrida als Kritik an der Fixierung der Metaphysik auf die ‚Präsenz' weitergetrieben."[35]

Während Heideggers Kritik an der uneigentlichen Zeitlichkeit vor allem an deren präsenzmetaphysischen Aspekten ansetzt, kritisiert Vattimo in *Il soggetto e la maschera* in Anlehnung an Nietzsches Kritik des Traditionalismus und Utopismus auch eine einseitige Ausrichtung des Seinsverständnisses an

---

[35] Mike Sandbothe, Stichwort: Zeit. Von der Grundverfassung des Daseins zur Vielfalt der Zeit-Sprachspiele, in: Dieter Thomä (Hg.), Heidegger Handbuch, Stuttgart 2003, 87–92, hier 88.

den beiden anderen Momente des linearen Zeitverständnisses. Nietzsches Kritik am „vulgären" und Heideggers Kritik am „uneigentlichen" Zeitverständnis kombinierend, wird Vattimo jegliche einseitige Ausrichtung auf eine der drei Zeitdimensionen problematisch. Denn die Ausrichtung an der Vergangenheit führt zur Herrschaft der „Gründe" und in weiterer Folge zum Weltverachtenden „Geist der Rache gegen die Zeit und ihr ‚Es war'"[36], wie es bei Nietzsche heißt, also zur nihilistischen Weltverneinung der Metaphysik, die darin gründet, dass die Projektion des Sinnes der Gegenwart in die Vergangenheit (Grund) oder die Zukunft (Ziel) notwendig eine Abwertung des Jetzt mit sich bringt.

Die Ausrichtung an der Gegenwart führt zur Vergegenständlichung und zur Reduktion aller Seinsweisen auf die Seinsweise der Vorhandenheit, also zu einer Nivellierung, in der letztlich auch der Mensch zum manipulierbaren Objekt wird. Die Ausrichtung auf die uneigentliche Zukunft schließlich birgt für Vattimo die Gefahr des entfremdenden Utopismus.

Gegenüber dem linearen, vulgären Zeitverständnis bzw. der uneigentlichen Zeitlichkeit – die den Lebensvollzug des Menschen von objektiven Gehalten her bestimmen, seien diese nun der vergangene Grund, das gegenwärtig Besorgte, oder ein zu erreichendes zukünftiges Ziel – versucht Vattimo in Auseinandersetzung mit Heideggers Paulusinterpretation ein Zeitmodell zu entwerfen, das es erlaubt, dem Vollzugscharakter der menschlichen Existenz gerecht zu werden. „Da die komplexe Strukturganzheit in der alltäglichen Lebenspraxis gerade nicht erfahren, sondern zugunsten dominierender Gehalte übergangen wird, sucht Heidegger nach einer spezifischen Form faktischer Lebenserfahrung, die eben nicht vom [objektiven] Gehalt sondern vom Vollzug dominiert wird und sich deshalb als Paradigma der phänomenologischen Analyse eignet. Dieses Paradigma liefert die urchristliche Lebenserfahrung."[37] Explizit schreibt Heidegger: „Die christliche Religiosität lebt die Zeitlichkeit als solche."[38]

Wie die christliche Religiosität die eigentliche Zeitlichkeit vollzieht, macht Heidegger anhand zweier Begriffe deutlich: am γενέσθαι, d.h. dem „Gewordensein" der christlichen Gemeinde, und der „Parousie", d.h. dem urchristlichen „Erharren" der Wiederkunft Christi. Die Verkündigung der Frohen Botschaft durch Paulus ist für die Gemeindemitglieder keine objektiv-fassbare, abgeschlossene vergangene Tatsache, sondern ein Teil ihres konkreten Lebensvollzuges, sodass Heidegger sagen kann, dass das Christen-gewordensein das jetzige Sein der Gemeindemitglieder *ist*.[39] Im christlichen Lebensvollzug vollziehen die Mitglieder der Gemeinde ihr Geworden-sein; als Christen sind sie ihre „Gewesenheit". Ebenso wie das Christ-geworden-sein

---

[36] Im Kapitel „Von der Erlösung" in *Also sprach Zarathustra* schreibt Nietzsche: „Dies, ja dies allein ist *Rache* selber: des Willens Widerwille gegen die Zeit und ihr ‚Es war'." Friedrich Nietzsche, KSA 4, 180.
[37] Matthias Jung, Phänomenologie der Religion. Das frühe Christentum als Schlüssel zum faktischen Leben, in: Thomä (Hg.), Heidegger Handbuch, 8–13, hier 11.
[38] Heidegger, Phänomenologie, 80.
[39] Vgl. ebd., 94.

kein vergangenes Ereignis ist, sondern als Gewesenes in der Gegenwart anwest, ist auch die Parousie, die erwartete Wiederkunft Christi, kein objektiv fassbarer Zeitpunkt in der Zukunft, sondern, gemäß der ursprünglichen Bedeutung des griechischen Wortes παρουσία die „Anwesenheit" der erwarteten Wiederkunft in der Gegenwart. Weder die Verkündung noch die Wiederkehr dürfen als innerzeitliche objektivierbare Vorkommnisse gefasst werden, sondern bilden im „faktischen Lebensvollzug" der frühen Christen eine Einheit, in der Gewesenes und Erwartetes in der Gegenwart anwesen, diese bestimmen und so zum καιρός der erfüllten Zeit machen.[40] Diese nichtobjektivierende Zeitstruktur des Urchristentums kehrt nun in säkularisierter Form in Heideggers Rede von der eigentlichen Zeitlichkeit wieder, nur dass hier das Gewesene nicht das Christ-geworden-sein ist, sondern die die Gegenwart bestimmende „Geworfenheit" in eine geschichtliche, sprachlich-kulturell verfasste Überlieferung. Ebenso säkularisiert Heidegger auch die Parousie, die in *Sein und Zeit* durch das „Vorlaufen zum Tod" ersetzt wird, wobei der Tod ebenso wie die Wiederkunft Christi kein innerzeitliches Ereignis ist, das irgendwann eintreten könnte, sondern ähnlich der Parousie des Paulus nur als jetzt anwesende Vorwegnahme einer möglichen Unmöglichkeit gegeben ist.

„Das *egenéthe*, das ‚schon', das den Hintergrund von Paulus' Briefen darstellt, bezeichnet die durch den Tod und die Auferstehung Jesu ‚schon' erfolgte Erlösung, die aber so wenig ein ‚vergangenes' Ereignis ist, im horizontal-linearen Sinne des Wortes, dass sie noch nicht völlig vollendet ist, sondern als eschatologischer Augenblick der Parousie erwartet werden muss. Die Schwierigkeit, diese Erfahrung christlicher Zeitlichkeit zu denken, unterscheidet sich in nichts von der Schwierigkeit, die Seiten von *Sein und Zeit* zum selben Thema zu lesen, auch wenn es dort keinen Verweis auf die neutestamentarischen Texte mehr gibt. Da wie dort gibt es keine positive Beschreibung oder Definition der Erfahrung der eigentlichen Zeitlichkeit. Was heißt es in der Zeit zu sein, ohne sich als vorhandener Gegenstand unter vorhandenen Gegenständen zu begreifen, jeder für sich, isoliert auf der unumkehrbaren und ununterbrochenen Linie der fließenden Zeit? Im Versuch die eigentliche Zeitlichkeit zu denken, entdeckt Heidegger die ‚Unüberwindbarkeit' der Metaphysik und das Versagen der herkömmlichen Sprache …"[41]

Auch wenn Vattimo zufolge also weder Heidegger noch Paulus positiv definieren, „was" sie unter eigentlicher Zeitlichkeit verstehen, so gibt uns Paulus doch zumindest einen Wink bezüglich des „Wie" dieser Zeitlichkeit, also des Sinnes des christlichen Lebensvollzuges, wenn er auf die Bedeutung der θλῖψις, der „tribulatio", zu sprechen kommt, die Vattimo bezeichnenderweise nicht mit „Trübsal", „Not", oder „Bedrängnis" übersetzt, sondern wie Heidegger mit „Schwäche": „Die *thlipsis* bezieht sich weder auf eine besondere Form der Versuchung, der die Christen zu widerstehen hätten (die Tradition hat besonders an sinnliche Versuchungen gedacht), noch … auf eine irgendwie erlösende Funktion des Leidens … Vielmehr bezieht sie sich auf die Wachsamkeit, für die die Parousie keine objektiv angekündigte Tatsache ist,

---

[40] Vgl. ebd., 150.
[41] Vattimo, Hos mé, 134.

sondern der ‚Räuber in der Nacht', der kommt, wenn wir es am wenigsten erwarten ..."[42]

Die Notiz bei Heidegger über 2Kor 12,2–10, auf die sich Vattimo in diesem Zusammenhang bezieht, lautet in extenso: „Nur, wenn er [Paulus] schwach ist, wenn er die Nöte seines Lebens durchhält, kann er in einen engen Zusammenhang mit Gott treten. Diese Grundforderung des Gott-Habens ist das Gegenteil aller schlechten Mystik. Nicht die mystische Versenkung und besondere Anstrengung, sondern das Durchhalten der Schwachheit des Lebens wird entscheidend."[43]

Es geht Vattimo also darum, daran festzuhalten, dass das Christusereignis weder ein vergangenes noch ein zukünftiges innerzeitliches Ereignis ist, sondern ein Strukturmoment des Lebensvollzuges des Christen. Damit ist es ebenso wenig eine historische Tatsache wie die Strukturmomente des Heideggerianischen Daseins. So wenig Geworfenheit/Gewesenheit und das Sich-vorweg-sein / Sein zum Tode innerzeitliche Ereignisse sind, so wenig sind es Auferstehung und Wiederkunft.

Worum es Paulus Vattimo zufolge geht, ist die „Schwäche", die „Unsicherheit" des Christen, der seinen Glauben weder auf das historische Faktum der Auferstehung noch auf das historische Faktum der Wiederkunft stützen kann, der also ohne „Frieden und Sicherheit" (1Thess 5,3) zu leben hat.

Zusammenfassend bemerkt Vattimo, dass man im Gefolge der Pauluslektüre Heideggers davon absehen müsse, die biblischen Texte naturalistisch zu lesen, etwa als Auflistungen objektiver Eigenschaften Gottes oder der Welt. Heideggers Unterscheidung zwischen urchristlichem Lebensvollzug und vorstellendem, vergegenständlichendem Denken aufgreifend, plädiert Vattimo für einen Glauben ohne Inhalte, ohne feststellbare bzw. von der kirchlichen „Gereontokratie" festgeschriebene Wahrheiten, also für einen Glauben „auch ohne Dogmen und ohne eine sich als Wissenschaft ausgebende Theologie"[44].

Aber wie sieht solch ein inhaltsloser Glaube aus, der auf das bloße „Wie" des Lebensvollzuges und nicht auf die Erfüllung des Gesetzes, d.h. inhaltlicher Normen und Verhaltenskodizes abzielt?

„Es scheint unmöglich die christliche Existenz zu definieren. Doch gerade das Beiseitelassen der Inhalte der Offenbarung ermöglicht eine der Lehre des Paulus treue Form christlicher Existenz zu skizzieren. Das Leben des Christen ist radikal geschichtlich, d.h. determiniert von den kulturellen und vitalen Rahmenbedingungen, in die es geworfen ist. Nur dass der Christ, auch wenn er völlig in den Inhalten seiner geschichtlichen Rahmenbedingungen aufgeht, im Glauben bleibt und jeden Tag die Wiederkehr des Herrn erwartet."[45]

---

[42] Ebd., 135.
[43] Heidegger, Phänomenologie, 100.
[44] Vattimo, Hos mé, 139.
[45] Ebd., 141.

Diese paradoxe christliche Existenz, in der der Inhalt der Lebensvollzüge derselbe ist wie der aller anderen, das „Wie" aber radikal verschieden, erläutert Vattimo anhand einer Stelle aus dem Ersten Korintherbrief:

„Ich sage euch Brüder: die Zeit ist kurz. Daher soll, wer eine Frau hat, sich in Zukunft so verhalten, als habe er keine, wer weint, als weine er nicht, wer sich freut, als freue er sich nicht, wer kauft, als würde er nicht Eigentümer, wer sich die Welt zunutze macht, als nutze es sie nicht" (1Kor 29–31).

Diese Figur des „als ob nicht" (ὡς μή) die Vattimos Paulusaufsatz den Titel gibt, erinnert nicht nur an die „*epoché*", die Urteilsenthaltung der Antiken Skepsis, auf deren Rolle im Denken Vattimo wir im letzten Teil des Aufsatzes näher eingehen werden, sondern vor allem an Giorgio Agambens Begriff der „Untätigkeit" („*inoperosità*").

Für Agamben ist der Mensch, wie für Heidegger, primär Möglichkeitswesen, also ein Wesen, dessen Lebensvollzug darin besteht, frei zu sein, Möglichkeiten ergreifen oder verwerfen zu können. Worauf Agamben unter Berufung auf Aristoteles nun aber hinweist, ist, dass zur Potenz, etwas zu tun (oder zu sein), gleichzeitig immer auch die Potenz, nicht zu tun (oder nicht zu sein), dazukommen muss, will man Potenz als Potenz fassen:

„Was er [Aristoteles] im Buch *Theta* der *Metaphysik* zu denken versucht, ist mit anderen Worten nicht die Potenz als reine Möglichkeit, sondern es sind die effektiven Modi ihrer Existenz. Deswegen – das heißt, weil sie sich nicht jedesmal unmittelbar in der Handlung verflüchtigt, sondern einen eigenen Bestand hat – muß die Potenz auch *nicht* zum Akt übergehen können; sie muss konstitutiv auch *Potenz nicht zu* (tun oder sein) sein, oder wie Aristoteles sagt, *adynamía*."[46]

Die genuin menschliche Potenz, sich zu enthalten, untätig zu sein, die Potenz, eine Möglichkeit nicht in den Akt zu überführen, die Möglichkeit, eine Möglichkeit nicht zu verwirklichen, ist es, was es zu erhalten gilt, soll der Mensch frei und d.h. wahrhaft Mensch bleiben. Agamben äußert diesen Gedanken nicht nur in *Homo Sacer* und in *Das Offene. Der Mensch und das Tier*, wo er die „Untätigkeit" und das Nichtstun „als höchste und unrettbare Form des Lebens"[47] definiert, sondern vor allem im Nachwort zu *La comunità che viene*, wo es heißt:

„Am Sabbat soll man sich ... jeglicher *melakhà*, jeglicher produktiven Arbeit enthalten ... Eine rein destruktive Tätigkeit jedoch, eine Tätigkeit rein destruktiven oder unschöpferischen Charakters käme der *menuchà* gleich, der sabbatischen Muße und wäre daher nicht verboten. Nicht die Arbeit, sondern die Untätigkeit und die Entschaffung stellen das Paradigma der kommenden Politik dar (der *kommenden*, bedeutet nicht der *zukünftigen*). Die Erlösung, der *tiqqun*, um die es in diesem Buch geht, ist kein Werk, sondern eine bestimmte Art der sabbatischen Leere. Diese ist das Un-

---

[46] Giorgio Agamben, Homo Sacer. Die souveräne Macht und das nackte Leben, Frankfurt a.M. 2002, 55.
[47] Giorgio Agamben, Das Offene. Der Mensch und das Tier, Frankfurt a.M. 2002, 96.

rettbare, das die Rettung ermöglicht, das Nichtwiedergutzumachende, das die Erlösung sich ereignen lässt. Deshalb geht es in diesem Buch nicht um die Frage ‚was tun?', sondern um die Frage ‚wie es tun?'. Das Sein ist weniger wichtig als das So. Untätigkeit bedeutet nicht Trägheit, sondern *katargesis* – d.h. eine Operation, in der das Wie das Dass vollständig ersetzt, in der das Leben ohne Form und die Formen ohne Leben in einer *Lebens-Form* zusammenfallen."[48]

In seiner Schrift *Bartleby oder die Kontingenz* erläutert Agamben den Versuch, die Potenz als Potenz zu denken und nicht als notwendigen Übergang vom Möglichen zum Wirklichen – verstanden als Unbestimmbarkeit „zwischen der Potenz zu sein (oder zu tun) und der Potenz nicht zu sein (oder zu tun)"[49] – anhand des bekannten Ausspruches des Mellvillschen Schreibers Bartleby „I would prefer not to", mit dem sich dieser jedem Tun und Nichttun entzieht.

„Bartleby stimmt zwar nicht nicht zu, aber er verweigert auch nicht einfach, und nichts liegt ihm ferner als das heldenhafte Pathos der Verneinung. Es gibt nur eine Formel in der gesamten abendländischen Kulturgeschichte, die sich so entschlossen im Gleichgewicht zwischen Behauptung und Verneinung hält, zwischen Akzeptanz und Weigerung, zwischen Setzung und Aufhebung ... Es handelt sich um das *ou mallon*, das ‚nicht eher', den Terminus technicus, mit dem die Skeptiker ihr ihnen eigenes *pathos* ausdrücken: die *epoché*, der Zustand des in der Schwebe-Seins."[50]

Wir werden sehen, dass eben in dieser skeptischen Grundhaltung, oder besser Enthaltung, die Agamben als „Zone der Unbestimmbarkeit" zwischen Potenz zu und Potenz nicht zu, bzw. als Un-Tätigkeit fasst – und die wir mit Paulus Konzept des ὡς μή in Verbindung zu bringen versucht haben – die Eigentümlichkeit von Vattimos Schwachem Denken besteht.

Kritischen Augen wird vor allem Vattimos These, die Einsicht in den Interpretationscharakter der Wirklichkeit dürfe nicht als endgültige Wesensbestimmung der Wirklichkeit begriffen werden, sondern sei selbst lediglich Interpretation, wohl als ein irrationaler Auswuchs der Postmoderne und als ein typisches Beispiel für deren vielbeschworene „Beliebigkeit" erscheinen. Bei genauerer Betrachtung aber zeigt sich, dass diese Position Vattimos in

---

[48] Giorgio Agamben, La comunità che viene, Torino 2001, 92f. (Übersetzung M.G.W.). Im Original heißt es: „Nel sabato, com'è noto, ci si deve astenere da ogni *melakhà*, da ogni opera produttiva ... Un atto di pura distruzione, tuttavia, un'attività che avesse un carattere perfettamente distruttivo o decreativo equivarrebbe alla *menuchà*, all'ozio sabbatico e come tale, non sarebbe proibita. Non il lavoro, ma inoperosità e decreazione sono, in questo senso, il paradigma della politica che viene (*che viene* non significa *futura*). La redenzione, il *tiqqun* che è in questione nel libro, non è un'opera, ma una specie particolare di vacanza sabbatica. Essa è l'insalvabile, che rende possibile la salvezza, l'irreparabile, che lascia avvenire la redenzione. Per questo nel libro, la domanda decisiva non è ‚che fare?', ma ‚come fare?', e l'essere è meno importante del così. Inoperosità non significa inerzia, ma *katargesis* – cioè un'operazione in cui il *come* si sostituisce integralmente al *che*, in cui la vita senza forma e le forme senza vita coincidono in una *forma di vita*."

[49] Giorgio Agamben, Bartleby oder die Kontingenz – gefolgt von Die absolute Immanenz, Berlin 1998, 37.

[50] Ebd., 37f.

keiner Weise besonders neu oder gar „postmodern" ist, sondern sich in die Tradition der philosophischen Skepsis einreiht, die so alt und ehrwürdig ist wie die Philosophie selbst. Denn Vattimos Kampf gegen den metaphysischen Objektivismus ist nichts anderes als die Wiederaufnahme der Auseinandersetzung zwischen Skepsis und Dogmatismus. Seine Aufforderung, auch die These von der Nichtexistenz einer letzten Wahrheit nicht als eine endgültige Wahrheit über die „Beschaffenheit" der „Welt" anzusehen, hatte bereits Arkesilaos, der Begründer der akademischen Skepsis, im dritten Jahrhundert vor Christus ausgesprochen:

„Der Akademische Skeptiker unterschreibt nicht – wie Pyrrhon – die metaphysische These, die Welt sei unbestimmbar. Auch gibt er seine negative Haltung zum Wissen nicht als eine gewußte Wahrheit aus, da er nicht einmal weiß, daß er nichts weiß. Der akademische Skeptiker praktiziert eine dialektische Methode: Er stimmt keiner Sache zu, auch seinen eigenen Argumenten nicht; er versucht vielmehr, bei seinen Kontrahenten die gleiche Unkenntnis zu bewirken."[51]

Die historische Parallele lässt sich noch weiter führen, denn auch die von Vattimo herausgestellten praktisch-ethischen Implikationen einer solchen skeptischen „Haltung", oder besser „Enthaltung", haben bereits die antiken Skeptiker thematisiert. Denn wie für Vattimo aus der Unmöglichkeit, sich für oder wider eine Position zu entscheiden, folgt, dass man einer jeden These zunächst mit Toleranz und Pietät gegenübertreten müsse, so hatten bereits die Pyrrhoneer vertreten, dass die Erkenntnis der „Gleichwertigkeit" entgegengesetzter Thesen vor allem zu „Zurückhaltung" und „Urteilsenthaltung" anhalte. Und auch die These, diese skeptische *Haltung* impliziere eine Art „Erleichterung" und „Schwächung", ist bereits von den antiken Skeptikern vertreten worden:

„Der Pyrrhonismus ... erklärt ..., daß man von Sorgen befreit wird, wenn man angesichts von Pro- und Contra-Argumenten gleichen Gewichts auf ein Urteil verzichtet – von Sorgen, die daher rühren, daß man an die prinzipielle Entscheidbarkeit von Diskussionen über Theorien, Werte und Tatsachen glaubt."[52]

Nicht zuletzt erinnert Vattimos Identifikation der Wirklichkeit mit der uns sprachlich-kulturell vermittelten geschichtlichen Lebenswelt, mit welcher wir es Vattimo zu Folge allein zu tun haben, auch an die These des Pyrrhonismus, dass wir allein die „Phänomene" erkennen können, während wir von der Welt an sich nichts wissen.

Am überraschendsten ist aber die Übereinstimmung zwischen Vattimo und den antiken Skeptikern in Bezug auf die Frage nach den Kriterien von theoretischen und ethischen Entscheidungen in einer Konzeption, die jedes stabile Ansich verabschiedet hat und die Welt als reine „Erscheinung" bzw. reine „Interpretation" begreift. Tatsächlich nämlich bestand einer der am

---

[51] Antony A. Long, Skepsis; Skeptizismus I, in: HWP 9 (1995), 944f.
[52] Ebd.

häufigsten gegen die Skeptiker vorgebrachten Einwände darin, sie der „praktischen Selbstwidersprüchlichkeit" zu bezichtigen, insofern sie zwar theoretisch eine radikale „Urteilsenthaltung" predigten, in ihrem täglichen Leben, in der Praxis also, aber andauernd Entscheidungen träfen und danach handelten. Derselbe Einwand ist auch gegen Vattimo vorgebracht worden.

Woher nun aber nimmt Vattimo die Kriterien für seine ethisch-praktischen Entscheidungen? Vattimos Antwort ist dieselbe, die bereits die antiken Skeptiker auf diese Frage gaben: Wenn wir auch über die Welt an sich nichts aussagen können, wenn es keine wahre Welt gibt, weil die Unterscheidung zwischen Ansich und Erscheinung hinfällig geworden ist, so be-finden wir uns doch immer (noch) in einer „Welt". Diese konkrete „Lebenswelt", die „Welt der Erscheinungen", wobei hier Erscheinung nicht im Unterschied zum Ansich gedacht werden darf, da wir mit der wahren Welt auch die scheinbare abgeschafft haben, ist das Einzige, was wir besitzen, an sie gilt es sich zu halten. Da diese *eine* „Lebenswelt", in der wir uns immer schon vorfinden, nun aber konstitutiv geschichtlich bestimmt ist, bedeutet die „Anerkennung" dieser Welt zugleich die „Übernahme" ihrer „Geschichte". Nicht erst Vattimo, bereits

„der Pyrrhonismus verweist auf die Tatsache, daß der Mensch ohne sein Zutun in eine bestimmte Gesellschaftsordnung hineingeboren wird, in der das Verhalten durch einen festliegenden Normenkodex geregelt ist. Dies stellt für den Skeptiker eine Vorentscheidung dar, die er nicht selbst zu verantworten hat, die er aber gerade aus Mangel an eigener Einsicht nicht rückgängig machen kann; denn wollte er aufhören, nach den bisherigen Normen zu leben, müsste er in der Lage sein, zu erkennen, daß diese Normen falsch seien. Ihm bleibt also nur das ‚Weitermachen' wie bisher, und so führt er ein ganz normales Leben."[53]

Diese Ausführungen Hossenfelders zum klassischen Skeptizismus lesen sich wie die Darstellung eines der Grundgedanken des „Schwachen Denkens".

Vattimos „Schwaches Denken" lässt sich so als Versuch begreifen, den radikalen Perspektivismus ernst zu nehmen, der sich aus den zwei Sätzen Nietzsches ergibt „Thatsachen gibt es nicht, nur Interpretationen"[54] und „Mit der wahren Welt haben wir auch die scheinbare abgeschafft"[55]. Dieses Ernstnehmen besteht vor allem darin, Nietzsches These, dass es keine stabile Wesensstruktur der Wirklichkeit gibt, auf die These selbst anzuwenden. Die Aufklärung über die Unhaltbarkeit der Annahme zeitloser Strukturen schlägt in letzter Konsequenz notwendig in die Einsicht der Unmöglichkeit jeglicher Wesensbestimmung um. Unmöglich ist dann aber auch die Feststellung dieser Unmöglichkeit. Was bleibt, ist die konkrete Lebenswelt jenseits der Unterscheidung von wahrer und scheinbarer Welt. In dieser Situation, die Vattimo anhand der primär medial vermittelten Wirklichkeit verdeutlicht, kann das Denken nicht mehr beanspruchen, letzte unhinterfragbare und damit

---

[53] Malte Hossenfelder, Pyrrhonismus I, in: HWP 7 (1989), 1720f.
[54] Friedrich Nietzsche, Nachgelassene Fragmente 1885–1887, KSA 12, 315.
[55] Friedrich Nietzsche, Götzen-Dämmerung, KSA 6, 80f.

immer schon gewalttätige Gründe zu erkennen, sondern muss zu einer Haltung werden, die es erlaubt, im Bewusstsein zu träumen, weiterzuträumen, um nicht zugrunde zu gehen, wie es einmal bei Nietzsche heißt.[56]

Mit Vattimo ließe sich diese Haltung Nietzsches mit jener der frühen Christen parallelisieren, wie sie Paulus beschreibt, da sich auch deren Lebensvollzug inhaltlich (äußerlich) in nichts von dem anderer unterscheidet (die also weiter träumen, als wäre der Messias noch nicht gekommen), ihrem „Wie" nach aber radikal anders leben (im Wissen darum, dass sie träumen, da der Messias bereits gekommen ist).

In *Vom naturalistischen Fehlschluss zur Ethik der Endlichkeit* spricht Vattimo angesichts der Auflösung des Glaubens an objektive Tatsachen und ewige Werte, von der Notwendigkeit des „Schritts zurück", worunter er die „Distanzierung von den uns in einer konkreten Situation entgegentretenden Optionen" versteht. Was Vattimo fordert ist eine genuin skeptische Urteilsenthaltung:

„Wenn die Rede vom ‚Schritt zurück' Sinn macht, dann nicht deshalb, weil es möglich oder geboten wäre, eine ‚universelle' Perspektive außerhalb des Systems einzunehmen, sondern lediglich deshalb, weil die Situation selbst, wenn man sie ohne metaphysische Scheuklappen betrachtet (d.h. wenn man sich die Mühe macht, ihre Offenheit und Vielschichtigkeit ernst zu nehmen), nach einer Distanznahme von den Alternativen, die sie unmittelbar anzubieten scheint, verlangt."[57]

Doch Vattimo betont, man dürfe „,den Schritt zurück' [nicht] als einfache Enthaltung ... begreifen (zahlreiche philosophische Positionen vertreten unter Berufung auf Husserls ‚Epoché' heute ähnliches)" da eine solche bloße Enthaltung Gefahr laufe, in einer „Apologie des Bestehenden" zu enden. Tatsächlich scheint diese Kritik zumindest in Bezug auf Agambens Konzept der „Un-Tätigkeit" durchaus berechtigt, da die kontemplative Haltung, die es intendiert, keinen Raum für Entscheidungen oder Taten lässt. Vattimo hingegen weiß um die Notwenigkeit der Entscheidung, die vollzogen werden muss, „als ob" das Ende des Glaubens an letzte Gründe nicht jegliche (begründete) Entscheidung unmöglich gemacht hätte. Wie der Metaphysiker trifft also auch der Skeptiker Entscheidungen, nur dass das „Wie" der skeptischen Entscheidung ein radikal anderes ist, da es eine Entscheidung ist, die um ihre Unbegründetheit, ja Unbegründbarkeit, also um ihre radikale Schwäche weiß. Wenn es keine unerschütterliche Letztbegründung mehr gibt, kann es Vattimo zufolge nur mehr darum gehen, sich anhand des überkommenen Kriteriums der paulinischen *caritas* zwischen endlichen Positionen zu entscheiden und zwar im vollen Bewusstsein ihrer Endlichkeit, sprich Schwäche.

---

[56] Vgl. Friedrich Nietzsche, Die Fröhliche Wissenschaft, KSA 3, 417.
[57] Gianni Vattimo, Vom naturalistischen Fehlschluss zur Ethik der Endlichkeit, in: Bios und Zoë. Die menschliche Natur im Zeitalter ihrer technischen Reproduzierbarkeit, hg. v. Martin G. Weiß, Frankfurt a.M. 2009, 179–191, hier 185.

Alexander Heit

Unendliche Unendlichkeit als das Prinzip allen Seins

Alain Badious Paulusinterpretation vor dem Hintergrund seiner Ontologie und Ethik

1. Einleitung

Der französische Philosoph und Mathematiker Alain Badiou hat 1997 ein Paulusbuch mit dem Titel „Saint Paul – La fondation de l'universalisme"[1] vorgelegt, das 2002 ins Deutsche übersetzt erschienen ist.[2] Das Buch hat weder historische noch exegetische Absichten.[3] Was Badiou an Paulus interessiert ist vielmehr, dass sich sowohl an seiner Person als auch an seinem Denken paradigmatisch ablesen lasse, was als ethisches Verhalten[4] gelten kann. Mit Paulus erblicke eine Handlungsstruktur das Licht der Welt, die es erlaube, die Singularität subjektiver Handlungsmaximen auf einen universal geltenden und wahren Grund zu beziehen. Dieser universal geltende Grund ist nun nicht, wie etwa das Sittengesetz Kants, lediglich Grund menschlicher Handlungen, sondern zugleich das Seinsprinzip der Welt. Handlungen sind diesem ontologischen Grund der Welt entweder angemessen oder verfehlen ihn. Badiou kann deshalb immer dann, wenn Handlungen dem Seinsgrund der Welt kongruieren, von ihrer Wahrheit sprechen.

Für das Verstehen von Badious Philosophie ist essenziell, dass er den Seinsgrund der Welt nicht als Einheit denkt, sondern als unendliche Unendlichkeit im Sinne unaufhörlich gesteigerter Mannigfaltigkeit. Diese Idee verdankt Badiou seinen Cantorstudien, denen er in seiner umfangreichen Ontologie „Das Sein und das Ereignis"[5] Ausdruck gibt. Diese ontologische Einsicht wird sodann unmittelbar auch in ethischer Hinsicht bedeutsam, denn Badiou unterstellt, menschliches Verhalten müsse der ontologischen Verfassung der Welt entsprechen. Durch diese Unterstellung gewinnt er ein absolutes Kriterium ethischer Urteilsbildung und seine Ethik erhält normatives Gepräge.

---

[1] Alain Badiou, Saint Paul. La fondation de l'universalisme, Paris 1997.
[2] Alain Badiou, Paulus. Die Begründung des Universalismus, München 2002.
[3] Vgl. Badiou, Paulus, 9.
[4] Der Begriff Ethik wird bei Badiou im weitesten Sinn gebraucht. Er meint bei ihm nicht lediglich Reflexion auf menschliches Verhalten, sondern auch das, was häufig mit Moralität bezeichnet wird, also ein Verhalten, das als gut gelten kann.
[5] Alain Badiou, Das Sein und das Ereignis, Berlin 2001 (französischer Originaltitel: L'être et l'événement, Paris 1988), 185–195.

In moraltheoretischer Hinsicht werden durch diese Vorentscheidungen einige Weichen gestellt, die typisch für Badious Theoriebildung sind und sich durch sein Werk durchhalten.

Erstens: Wenn der Grund der Welt unendliche Vielfalt ist und Handlungen dann wahr sind, wenn sie diesem Grund entsprechen, muss Badious normative Ethik ihren Fluchtpunkt in der Bejahung und Realisierung der unendlichen Vielheit von Lebensformen haben. Der Wert jeder individuellen Ausprägung menschlichen Verhaltens ist gleich. Zweitens stehen dieser prinzipiellen moraltheoretischen Bejahung von Vielheit alle Konzepte entgegen, die Wertdifferenzen zwischen menschlichen Subjekten und ihrem Verhalten erzeugen. Drittens müssen alle sozialethischen und politischen Verhältnisse ständig verflüssigt werden, weil jede institutionalisierte Zementierung von Regeln die Realisierung von Vielheit beschränkt und Ungleichheiten schafft.

Diese Affinität zur ständigen Bewegung sozialer Verhältnisse lässt Badiou als marxistischen Denker erscheinen. Und in der Tat zeigt er sich als polemischer Kritiker der gegenwärtigen ökonomischen Verhältnisse, vor allem deshalb, weil sie Uniformität menschlichen Verhaltens erzwingen würden. Letztlich gründet Badious Denken aber nicht in der Idee einer klassenlosen Gesellschaft, sondern in der Idee von der unendlichen Unendlichkeit des Seins, sodass jede Form politischen Stillstands aus quantitätslogischen Gründen verworfen werden muss. Wahrheit von Handlungen könne sich deshalb nur als ein Prozess im Sinne der unaufhörlichen Realisierung von Vielfalt ereignen.[6]

Vor diesem Hintergrund wird deutlich, warum Badiou einige Lieblingsgegner in der Landschaft ethischer Theoriebildung hat. Zu ihnen zählen beispielsweise alle naturrechtlich kodierten Auffassungen von Ethik,[7] weil sie davon leben, menschliches Verhalten durch ein einziges Gesetz zu normieren. Ebenfalls verworfen werden jede Art von Kommunitarismus und jede Form von Vergesellschaftung, die Andersartigkeit diffamiert oder unterbindet.

Paulus steht bei Badiou für die Entdeckung des einzigen ethischen Prinzips, von dem gesagt werden könne, dass es der ontologischen Verfassung der Welt angemessen ist: der Universalität von Vielheit.

Im Folgenden soll dieser Vorschlag zur Deutung Badious plausibel gemacht werden, indem zunächst Badious Ontologie zumindest in ihrer Grundintention nachgezeichnet (2) und sodann die darauf gründende Ethik vorgestellt wird (3). Badious Paulus wird danach und schließlich durchsichtig als diejenige weltgeschichtliche Figur, die den Universalismus der Vielheit lehrt und selbst handelnd realisiert (4).

---

[6] Badiou spricht aus diesem Grund von Wahrheit fast durchgängig nur als *Wahrheitsprozess*. Vgl. Badiou, Ethik, 65–70.
[7] Vgl. ebd., 81.

2. Ontologie

Philosophie ist nach Badiou der Versuch, die ontologische Frage zu klären. Sie zielt auf die Bestimmung dessen, was das Sein selbst ist.[8] Dabei ist sie abhängig von den Diskursen, die wir über das Sein führen. Badious Grundthese zur Ontologie lautet, dass alle Diskurse über das Sein einer mathematischen Struktur folgen. Die Philosophiegeschichte ließe sich rekonstruieren als eine Geschichte von mathematischer Logik folgenden Versuchen, das Sein zu erfassen. Erst die Moderne und insbesondere das 20. Jahrhundert würden, so Badiou, allerdings die Möglichkeit bieten, die zuvor verdeckt gebliebene Mathematik hinter den philosophischen Diskursen aufzudecken. Es ist zu bemerken, dass Badiou nicht der Auffassung ist, das Sein selbst sei mathematisch oder aus mathematischen Objekten zusammengesetzt. Seine These bezieht sich „nicht auf die Welt ..., sondern auf den Diskurs. Sie behauptet, dass die Mathematik – in ihrem gesamten geschichtlichen Werden – das ausspricht, was über das Sein-als-Sein gesagt werden kann."[9]

Eine der philosophisch bedeutsamsten Einsichten der modernen Mathematik fällt nach Badiou in den Bereich der Mengenlehre und besagt, „dass sich jedes Objekt auf eine reine Mannigfaltigkeit reduzieren lässt"[10]. In philosophische Sprache übertragen und ontologisch gewendet bedeutet dies, dass jede gegebene Situation sich aus einer Vielheit von Objekten zusammensetzt, die ihrerseits aus Vielem komponiert sind. Jede Bestimmung von Etwas als Etwas verdanke sich nämlich einer diskursiv erzeugten Setzung, die bei Badiou „Zählung als Eins"[11] heißt. In jeder *Zählung als Eins* wird emblematisch gesprochen eine Vielheit zu einer Einheit zusammengebunden. Diese Bündelung ist aber insofern willkürlich, als auch anders gezählt werden könnte – dann nämlich, wenn eine andere Teilmenge zu einem Ganzen gebündelt wird. Durch die Art der Bündelung des Vielen zu Einheiten erhält das Sein seine Struktur oder Verfassung, durch die die unendliche Vielheit des Seins in einer bestimmten Situation präsentiert wird.[12] Das Sein wird danach immer durch Diskurse strukturiert und in Situationen präsentiert; es kann niemals als solches zur Sprache kommen. „Es gibt nur Situationen"[13], und das Sein als Sein bleibt dem Diskurs, ähnlich wie Kants *Ding an Sich* der Erkenntnis, für immer entzogen.[14] Danach gilt, „dass ‚das Sein' in dem,

---

[8] Vgl. Badiou, Das Sein und das Ereignis, 16.
[9] Ebd., 22.
[10] Ebd., 28.
[11] Ebd., 38.
[12] Vgl. ebd.: „Ich nenne Situation jede präsentierte Vielheit ... Jede Situation lässt einen Operator der Zählung-als-Eins zu, der ihr eigen ist. Dies ist die allgemeinste Definition einer *Struktur*, nämlich dasjenige zu sein, was einer präsentierten Vielheit das Gesetz der Zählung-als-Eins vorschreibt" (Hervorhebung im Original).
[13] Ebd., 40.
[14] Badiou selbst macht darauf aufmerksam, dass auch die Ontologie selbst – und damit auch seine Ontologie – lediglich eine Situation ist, in der Sein auf eine bestimmte Art und Weise präsentiert wird. Das geschieht, indem Präsentationen thematisch werden, als „Präsentation der Präsentation" (ebd., 42).

was jede Präsentation präsentiert, enthalten ist. Es ist nicht einzusehen, wie es sich als Sein präsentieren könnte."[15] Weil es aber keine Präsentation von Sein an sich gibt, könne es auch keine unveränderliche Wahrheit über ein derart vermeintes Sein geben, sondern real sind lediglich Situationen, die eine Möglichkeit diskursiver Erfassung von Wirklichkeit neben unendlich vielen anderen Möglichkeiten darstellt.

Jede Einheitsbildung macht es allerdings erforderlich, eine Entität gegen andere zu definieren. Dabei werden Merkmale von Einheiten festgelegt, um sie von anderen Einheiten abzugrenzen, sodass schließlich Klassifizierungen möglich werden.[16] Auf diese Weise wird Wissen hergestellt und reproduziert. „Das Wissen", sagt Badiou, „ist die Fähigkeit, in der Situation die Vielheiten zu unterscheiden, die diese oder jene Eigenschaft besitzen, welche ein expliziter Satz (oder eine Menge von Sätzen) der Sprache bezeichnen kann."[17] Es nimmt enzyklopädische Form an und zielt darauf, jede Situation vollständig bestimmen zu können. Insofern hat das Wissen konservativen Charakter, denn es kann Neuerungen nicht zulassen oder muss blind für sie sein, wenn es die Welt einmal vollständig bestimmt hat. Darauf wird noch zurückzukommen sein, weil genau dieser Charakterzug des Wissens die Kritik Badious auf sich zieht.

Um das zu verstehen, muss allerdings ein weiterer Schritt zur Aufhellung von Badious Ontologie getan werden. Dabei kann an die zuletzt beschriebene Operation der Unterscheidung von Einheiten angeknüpft werden. Jede Einheit wird durch das Wissen von anderen Einheiten unterschieden, wodurch eine bestimmte Situation entsteht. Diese Situation hat eine Struktur oder Verfassung, die die Einheit der Situation ausmacht. „In allen Ordnungen des Denkens", sagt Badiou, „existiert die natürliche Idee, das ... Verhältnis ... zwischen einer Situation und ihrer Verfassung zu untersuchen."[18] Bedenkt man, dass die Situation aus einer Vielheit von Einheiten besteht und die Verfassung die Einheit dieser Vielheit ist, geht es letztlich um das spätestens seit Platon klassische Problem der Verhältnisbestimmung von Ἕν καὶ Πᾶν.

Die in der Philosophie- und Theologiegeschichte übliche Lösung dieses Problems besteht darin, die unendliche Mannigfaltigkeit endlicher Entitäten auf eine Einheit zu beziehen, die zugleich als absoluter Grund der Mannigfaltigkeit gilt und ihr deshalb auch seine Verfassung gibt. Badiou setzt sich bei seiner Bestimmung von Einheit und Vielheit nun an einem systementscheidenden Punkt von der klassischen Denkart ab. Er denkt die Einheit von Vielheit nicht mehr als ungeteilte Eins, sondern erneut als Vielheit – und zwar als eine solche, die vielfältiger ist als die ihr untergeordnete Vielheit. Damit setzt Badiou das fort, was in der französischen Denktradition von Emmanuel Levinas begonnen worden ist, dessen erklärtes Ziel wie folgt

---

[15] Ebd., 40.
[16] Vgl. ebd., 370.
[17] Ebd.
[18] Ebd., 308.

lautet: „Wir möchten uns … auf den Weg machen auf einen Pluralismus zu, der nicht in einer Einheit fusioniert."[19]

Badiou ist der Überzeugung, damit ein logisches Zentralproblem der Ontologie aus dem Weg räumen zu können, das sich mit jedem Versuch, Vielheit auf Einheit zu reduzieren, verbindet. Exemplarisch für dieses Problem könne Hegels Versuch idealistischer Bestimmung des Unendlichkeitsbegriffs stehen, dessen Funktion darin bestehe, jede Vielheit in sich aufzuheben. Bekanntlich ist Hegel der Überzeugung, dass die Einheit von individualisierender Vielheit erst dann angemessen gedacht wird, wenn sie als *wahre Unendlichkeit* begriffen wird, die nun allerdings nicht bloß mathematisch unendliche Iteration von Endlichem ist. Bei *wahrer Unendlichkeit* müsse es sich vielmehr um „das Negative der Endlichkeit und damit der Bestimmtheit überhaupt, als das leere Jenseits"[20] handeln. Hegel ist also daran gelegen, die Einheit von Vielheit nicht lediglich als quantitative Unendlichkeit zu begreifen, die nichts weiter wäre als unendliche Iteration des Endlichen, und die er deshalb als *schlechte Unendlichkeit* bezeichnet. Vielmehr sucht er „die Idealität beider, in welcher sie in ihrem Unterschiede, als gegenseitige Negationen, nur Momente sind"[21]. Diese Einheit von *Vielheit* und *schlechter Unendlichkeit* wird wiederum mit dem Begriff der Unendlichkeit bezeichnet, nun aber im Sinne der idealistischen Einheit der Totalität von Quantität. Es ist damit nach Hegel eine neue Qualität von Unendlichkeit erreicht, die bei ihm *wahre Unendlichkeit* heißt.

Badiou kann an dieser idealistischen Operation zur gedanklichen Erschließung der *wahren Unendlichkeit* nur einen Trick erkennen, durch den Hegel versucht, den Begriff der unendlichen Vielheit im Sinne eines Mathems hinter sich zu lassen, um die unendliche Differenzierung der Welt auf eine Einheit im Sinne einer absoluten Eins beziehen zu können.[22] Genau dies ist nach Badiou allerdings nicht zulässig, weil dazu ein doppelter Begriff von Unendlichkeit – ein quantitätslogischer und ein qualitätslogischer – nötig sei, der über die logische Asymmetrie beider damit bezeichneten Ordnungsebenen hinwegtäusche. Das spekulativ erschlossene wahre Unendliche verhalte sich, so Badiou, inkommensurabel zur quantitativen Unendlichkeit der Welt,[23] sodass keine echte Korrelation zwischen dem absoluten Einen und dem endlichen Vielen hergestellt werden könne.

Badiou selbst schlägt deshalb zur Lösung des Problems vor, sich mit quantitätslogischen Operationen zu bescheiden. Im Anschluss an Cantors Mengenlehre ist er der Überzeugung, dass die Einheit von unendlicher Vielfalt wiederum eine unendliche Vielfalt ist, die nun allerdings *mächtiger* ist als die

---

[19] Emmanuel Levinas, Die Zeit und der Andere, Hamburg 2003, 19. Badiou moniert an Levinas allerdings, dieser habe sein eigenes Vorhaben nicht konsequent genug durchgeführt. Es gelinge Levinas beispielsweise nicht, alle religiösen Reminiszenzen aus seinem Denken zu beseitigen. Vgl. Badiou, Ethik, 31–44.
[20] Georg W.F. Hegel, Wissenschaft der Logik. Erster Band: Die objektive Logik, Hamburg 1999, 133.
[21] Hegel, Logik der Wissenschaft, 139.
[22] Vgl. Badiou, Das Sein und das Ereignis, 185–195.
[23] Vgl. ebd., 192–195.

erste, weil sie diese in sich schließt.[24] Weil die Einheit von Unendlichkeit nicht anders gedacht werden könne denn als größere Vielheit, „wird in der unendlichen Vermehrung der Unendlichkeiten die Zerstörung jeglichen Seins des Eins vollendet"[25]. Die Reduzierung von quantitativer Unendlichkeit auf qualitative Einheit, wie sie Hegel nach Badious Lesart vornimmt, verbiete sich aus der Perspektive mathematischer Operationen. Vielmehr sei es ontologisch angemessen, Unendlichkeit in unendlicher Iteration zu steigern. Im Rahmen dieser Ontologie bedarf es keines Weltgrundes mehr, der der Welt transzendent wäre. Vielmehr ist der Grund jeder endlichen Vielheit eine lediglich mächtigere endliche Vielheit. Badious Cantordeutung hat also ausdrücklich metaphysikkritisches Gepräge.[26]

Die Wirklichkeit ist mithin nicht zu begreifen als endliches Abbild eines der Welt transzendenten und einheitsbildenden Weltgrundes, sondern als situativ zustande gekommenes Ereignis neben unendlich vielen anderen Möglichkeiten der Komposition von Vielheit. Diese ontologische Einsicht lasse sich am besten mathematisch ausdrücken, sodass die Sprache der Mathematik die poetische in ihrer ontologischen Funktion ablösen müsse. Denn „die großen Gedichte Hölderlins, Trakls oder Celans"[27] seien, so Badiou, noch der nun überholten Idee der Präsenz des Transzendenten in der Welt geschuldet.

Vor diesem Hintergrund ist leicht zu verstehen, dass Badiou in geltungstheoretischer Hinsicht keiner Konstruktion von Wissen einen axiologischen Vorrang einzuräumen bereit ist. Denn jede Bündelung von Vielheiten zu Einheiten verdankt sich einer Setzung, die als solche potenziell gegen eine unendliche Vielzahl anderer Setzungen ausgetauscht werden kann. Badiou wiederholt in geltungslogischer Hinsicht mit Cantor also das, was der Historismus ab Mitte des 19. Jahrhunderts ebenfalls in Abarbeitung an Hegels Begriff des Absoluten zutage gefördert hatte: Anders als Hegel noch dachte, sei es unmöglich, eine einzige Weltanschauung als objektiv gültig zu behaupten. Vielmehr sei eine unendliche Vielzahl von Seinsordnungen denkbar.

In den Geisteswissenschaften des 19. und 20. Jahrhunderts verdankt sich die Einsicht in die bloß relative Geltung von Weltanschauungen der Reflexion auf das eigene Geschichtsverstehen.[28] Bei Badiou wird sie durch Bezugnahme auf mathematische Operationen reformuliert. Diese Umkodierung des Theoriesettings von geschichtstheoretischen zu mathematischen Prinzipien hat bei Badiou praxeologische Gründe. Wie sich im nächsten Abschnitt zeigen wird, hat er ein hohes ethisches Interesse an der Verflüssigung gesell-

---

[24] Vgl. zum Satz von Cantor, nach dem die Mächtigkeit der Potenzmenge einer Menge größer ist als die Menge selbst, Badiou, ebd., 312–315.
[25] Ebd., 307.
[26] Vgl. ebd., 163–171.
[27] Ebd., 32.
[28] Vgl. zu Entstehung und Begriff des Historismus exemplarisch den instruktiven Aufsatzband von Otto Gerhard Oexle, Geschichtswissenschaft im Zeichen des Historismus, Göttingen 1996.

schaftlicher Zustände. Aus seiner Sicht ist der Hinweis auf die Geschichtsabhängigkeit des jeweiligen Zustands allerdings kein hinreichendes Mittel zur Durchbrechung konservativer gesellschaftlicher Ordnungen. Diese würden durch den Hinweis auf ihre Tradition vielmehr gestützt. Badiou ist offensichtlich der Ansicht, der Rückgriff auf eine mathematisch kodierte Ontologie auf Basis von Cantors Unendlichkeitsbegriff gebe die schlagkräftigeren Argumente für die unaufhörliche Neuordnung des Wissens und der gesellschaftlichen Verhältnisse ab.

Um konservativ gewordenes Wissen aufzubrechen, müsse ein ungeschichtliches Momentum gesucht werden, durch das die traditionellen Muster der Anordnung von Vielheiten zugunsten einer möglichst unendlichen Kaskade von Neuerungen durchbrochen wird. Nur durch einen solchen Prozess der ständigen Veränderung sei es möglich, der mathematisch-ontologischen Vielheit von Seinsverfassungen gerecht zu werden. Der erwähnte ungeschichtliche Punkt zur Initiierung eines derartigen Prozesses heißt bei Badiou *Ereignis*.

Aus religionstheoretischer Perspektive ist es interessant, wie er das Ereignis beschreibt. Er begreift es als ein solches Geschehen, das „existierendes Wissen durchquert"[29], weil es völlig unvermittelt auftritt. Ereignisse sind, so Badiou, unsagbar, weil sie „unter keine Determinante der Enzyklopädie"[30] fallen und deshalb streng genommen gar nicht unterscheidbar sind.[31] Dies ist in erkenntnistheoretischer Hinsicht genau diejenige Struktur, die auch die Dialektische Theologie für das Offenbarungsereignis reserviert hatte. Wenn der frühe Karl Barth vom Offenbarungsereignis sagt, dass die Menschwerdung Gottes „unfaßlich und unanschaulich"[32] ist, dann liegt das seiner Auffassung nach an der Unzulänglichkeit der menschlichen Redeweise von Gott.[33] Analog dazu meint Badiou, ein Ereignis könne durch die gängigen Kategorien des Wissens nicht erfasst werden, weil es diesen vollständig äußerlich sein muss.

Die Neigung des Wissens, enzyklopädische Strukturen anzunehmen, die sich selbst stabilisieren, verhindert die Selbstüberschreitung von einmal etabliertem Wissen und der mit diesem Wissen verbundenen gesellschaftlichen Zustände. Neuerungen können ihren Grund also nicht in der Verfassung des Wissens selbst haben, sondern müssen sich durch unsagbare Ereignisse einstellen. Die Neuerung verhält sich deshalb revolutionär zu demjenigen Wissen, das durch sie abgelöst wird.

Nur das Ereignis ist dazu fähig, die Geltung einer Verfassung von Wissen außer Kraft zu setzen. Im Idealfall wird durch das Ereignis zugleich ein Prozess initiiert, der unaufhörlich neue Verfassungen realisiert. Die ontologische

---

[29] Badiou, Das Sein und das Ereignis, 369.
[30] Ebd., 371.
[31] Vgl. ebd., 369–371. Er verwendet für die Ununterscheidbarkeit des Ereignisses den Begriff des *Generischen*.
[32] Karl Barth, Das Wort Gottes als Aufgabe der Theologie, in: Jürgen Moltmann (Hg.), Anfänge der Dialektischen Theologie I, München 1966, 212.
[33] Vgl. ebd., 213.

Möglichkeitsbedingung dafür ist, dass die Zahl der Verfassungen eine unendliche Unendlichkeit ist. Badiou nennt den Prozess, der ständig neue Verfassungen und damit auch unaufhörlich neue Situationen produziert, einen *Wahrheitsprozess*, weil durch ihn – sofern er ins Unendliche geht – alle möglichen (also unendlich viele) Verfassungen von Wissen wirklich werden.

Solche Wahrheitsprozesse können nach Badiou in vier menschlichen Lebensbereichen ablaufen: in der Liebe, der Wissenschaft, der Kunst und der Politik.[34] Sofern ein Wahrheitsprozess prozediert, „erzeugen – ‚generieren' – die Liebe, die Kunst, die Wissenschaft und die Politik bis ins Unendliche Wahrheiten über die Situation. Diese Wahrheiten sind vom Wissen abgezogen."[35]

Der daraus sich ergebende ontologische Befund lautet also, dass das Sein eine unendliche Unendlichkeit an Situationen und Verfassungen bereitstellt, die dann angemessen erfasst werden, wenn der menschliche Diskurs über das Sein einen unendlichen Selbstmodifikationsprozess durchläuft und durch diesen die unendliche Mannigfaltigkeit des Seins abbildet. Badiou ist danach ein Verfechter ständiger diskursiver Veränderung auf den Feldern der Wissenschaft, Kunst, Liebe und Politik.

Er entwickelt aus diesem Grund insbesondere in seinen ethischen Schriften eine häufig hitzige Abneigung gegen jede Form von Konservativismus und Kommunitarismus. Seine im Gegenzug entwickelte Vorliebe für den Marxismus und Maoismus – es wird darauf noch zurückzukommen sein – hat ebenfalls hier ihre Theoriebasis.

3. Ethik

Die christliche Theologie hat in den meisten ihrer klassisch gewordenen Ausprägungen das Offenbarungsereignis so interpretiert, dass es neben der Erlösung des Subjekts auch Auswirkungen auf seine moralrelevante Dimension hat. Badious *Ereignis* ist ebenfalls von subjektkonstitutiver Relevanz und zeitigt zugleich einen ethischen Effekt in den genannten Bereichen der Wissenschaft, Kunst, Liebe oder Politik.

Im natürlichen Zustand ist der Mensch in konstitutionslogischer Hinsicht nichts weiter als das Produkt seiner Verhältnisse, wie Badiou betont. Er ist, um es angelehnt an Marxens sechste These über Feuerbach zu sagen, „das ensemble der gesellschaftlichen Verhältnisse"[36]. Deshalb gibt es kein „abstraktes Subjekt", das der Situation enthoben wäre, sondern nur „ein besonderes Tier, das von den Umständen aufgefordert wird, ein Subjekt zu werden. Oder besser: sich zu einem Subjekt zusammenzustellen"[37].

Zum moralfähigen Subjekt wird der Handelnde aber erst durch ein *Ereig-*

---

[34] Vgl. Badiou, Das Sein und das Ereignis, 282f.
[35] Ebd., 383.
[36] Karl Marx, Thesen über Feuerbach, in: Karl Marx / Friedrich Engels, Werke, Bd. 3, Berlin 1978, 6.
[37] Badiou, Ethik, 61.

nis.³⁸ Gemeint ist – den obigen Ausführungen entsprechend – ein Geschehen, durch das die Prinzipien seines bisherigen unmoralischen Verhaltens erschüttert werden, sodass es zu einem Bruch mit seiner vorausgehenden Gesinnung, die ihrerseits Produkt der vorherrschenden Diskurse des Wissens ist, kommt. Durch den Bruch werde das bis zum Ereignis geltende Wertekorsett abgelegt und – veranlasst durch das Ereignis – eine Wahrheit gewonnen. Mit dem Ereignis und der Subjektwerdung erhebt sich der Mensch über sein tierisches Dasein, worunter Badiou nicht das Verhalten nach Reiz-Reaktionsmustern im Sinne des Instinkts versteht, sondern das Sich-Fügen in die konventionelle Ordnung der Situation, wie sie durch das Wissen präfiguriert ist.

Bei der Subjektwerdung geht es also um die Genese eines moralfähigen wissenschaftlichen, künstlerischen, liebenden oder politischen Subjekts durch ein Ereignis. „Solche Ereignisse", sagt Badiou, seien „absolut bezeugt: die französische Revolution von 1792, die Begegnung von Héloïse und Abälard, Galileis Schöpfung der Physik; Haydns Erfindung des Stils klassischer Musik … Aber auch: die chinesische Kulturrevolution (1965–1967), eine persönliche Liebesleidenschaft, die Schöpfung der Topostheorie durch den Mathematiker Grothendieck, die Erfindung der Zwölftonmusik durch Schönberg …"³⁹

Im Rahmen dieser Logik werden Menschen durch ihre moralische Subjektwerdung zu Trägern eines Wahrheitsprozesses. Sie entscheiden sich zudem dazu, dem Ereignis treu zu bleiben. Das Subjekt der Treue verfolge einen Wahrheitsprozess, der durch eine ereignisabhängige Idee angetrieben ist. Es suche danach, diese Idee zu realisieren und erzwingt dabei die Umordnung der bestehenden Verhältnisse.⁴⁰ „Eine Treue", sagt Badiou, „kann nicht auf dem Wissen beruhen …. Es ist nicht die Arbeit des Wissenschaftlers, sondern des militanten Aktivisten. Ein ‚Militanter' ist auch jemand, der fieberhaft die Folgewirkungen eines neuen Theorems untersucht, … und ‚militant' bezeichnet die Handlungen des Heiligen Paulus ebenso wie die Aktivisten einer politischen Organisation."⁴¹

Bevor jemand sich durch ein Ereignis einer Wahrheit verpflichtet weiß, ist er für Badiou als moralfähiges Subjekt inexistent. Er kann deshalb sagen, „dass der Wahrheitsprozess ein Subjekt induziert"⁴². Der Begriff des Subjekts meint bei Badiou nach alledem nicht ein selbstreflexives, transzendentales oder psychologisches Individuum, sondern einen Akteur, der Vielheit von Weltanschauungen realisiert. Dabei ist die Wahrheit, die durch das Subjekt realisiert wird, quantitativ gesehen größer als das Subjekt, das die Wahrheit lediglich an seinem bestimmten Ort individualisiert.⁴³ So kann jede durch ein Ereignis generierte Wahrheitsidee in unendlich vielen Situationen

---

³⁸ Vgl. ebd., 61–65.
³⁹ Ebd., 62.
⁴⁰ Vgl. Badiou, Das Sein und das Ereignis, 263–271.
⁴¹ Ebd., 371.
⁴² Badiou, Ethik, 64.
⁴³ Vgl. Badiou, Das Sein und das Ereignis, 444f.

realisiert werden, indem Individuen sie je und je neu verwirklichen. Und genau diese Überführung eines Ereignisses in singuläre Situationen ist die Funktion und das Wesen des Subjekts.[44] So kann beispielsweise die Idee des christlichen Glaubens oder des Marxismus, der Liebe etc. unendlich häufig individualisiert werden. Der Akteur, durch den das jeweils geschieht, hat für Badiou keine Identität über diese Funktion hinaus. Er ist als diejenige Instanz, die die Wahrheit individualisiert, nichts weiter als „die generische Prozedur einer Situation, die selbst singulär ist"[45]. Das Subjekt muss in der Funktion, Träger eines generischen Prozesses zu sein, kein singuläres Individuum sein, sondern es kann sich auch um ein kollektives Subjekt – wie beispielsweise die Kirche oder den Staat – handeln.

Verbunden mit dem Wahrheitsbegriff ist der schon erwähnte Bruch mit dem ethischen Konsens. Badious sozialethische Analyse der Gegenwart attestiert unserer Zeit, jeden Wahrheitsprozess systematisch zu unterbinden. Die westliche Kultur trage nihilistische Züge deshalb, weil sie unfähig zur Benennung des Guten sei.[46] Sie beschränke sich in ethischer Hinsicht darauf, Unheil vom Individuum abzuwenden. Dabei gehe die Fähigkeit verloren, ein anzustrebendes Ideal positiv benennen und verfolgen zu können.[47]

Konzentrierter Ausdruck dieser ethischen Konstellation ist für Badiou der Menschenrechtsgedanke. Ethik auf Basis der Menschenrechte zeichnet sich für ihn durch mindestens zwei Merkmale aus: Erstens postuliere sie den Menschen als ein Wesen, von dem unter allen Umständen individuelles Leid ferngehalten werden muss. Zweitens ist deshalb jedes politische Ziel an der Idee der Vermeidung von individuellem Leid zu messen. Wegen der Absolutsetzung der Interessen des Individuums sei jeder Versuch, überindividuelle Ideen zu verfolgen, blockiert.[48] Alle mit den Menschenrechten verbundenen positiven Wertvorstellungen und individual- wie sozialethischen Ideale blendet Badiou systematisch aus. Für ihn scheint sich die Stärkung des Individuums absolut kontradiktorisch zu allen überindividuellen Idealen zu verhalten. Die Konstruktion dieses Gegensatzes verunmöglicht es Badiou, ein differenziertes Urteil über das sozialethische Potential der modernen Kultur zu bilden.

Die von ihm unterstellte Unfähigkeit zur Vorstellung überindividueller Ideale führt seiner Ansicht nach dazu, dass die Kultur sich in vermeintliche Notwendigkeiten fügt, die durch das gesellschaftliche Subsystem der Ökonomie diktiert werden. „Gleich vom ersten Augenblick der Konstituierung der gegenwärtigen Subjektivität an (nach den Begriffen der ‚öffentlichen Meinung'), spielt die Ethik ihre Rolle als Begleiterin. Denn sie bestätigt auf

---

[44] Vgl. ebd., 440.
[45] Ebd., 439.
[46] Vgl. Badiou, Ethik, 45–78.
[47] Vgl. dazu grundsätzlich ebd., 13–44.
[48] Badiou mag ebd., 20, in den Menschenrechten nichts weiter zu entdecken als „Rechte zum Nicht-Bösen: weder beleidigt, noch verletzt werden an seinem Leben (Grauen vor dem Mord und der Hinrichtung) noch am Körper (Grauen vor der Folter, vor den Misshandlungen und vor der Hungersnot), noch in seiner kulturellen Identität (Grauen vor der Erniedrigung der Frauen, der Minderheiten usw.)".

Anhieb die Abwesenheit jeden Projekts der Emanzipationspolitik, jeden wahrhaft kollektiven Anliegens. Indem Ethik im Namen des Bösen und der Menschenrechte der positiven Vorschrift der Möglichkeiten, dem Guten als Übermenschheit der Menschheit ... den Weg versperrt, akzeptiert sie das Spiel des Notwendigen [der Ökonomie, A.H.] als objektive Grundlage aller Werturteile."[49] Das (Kollektiv-)Subjekt sei derart in die herrschenden ökonomischen Verhältnisse verstrickt, dass es sich von sich aus aus dieser Umklammerung nicht befreien könne. Dazu sei vielmehr ein Ereignis von oben beschriebener Qualität Bedingung der Möglichkeit. Der Argumentationsgang, durch den Badiou die Menschenrechte mit dem Diktat der Ökonomie verbindet, wirkt kurzschlüssig und in sich nicht differenziert. Er verrät Badious Neigung, die Interessen des Individuums einer politischen Großidee zu subordinieren.

Es liegt in der Konsequenz der oben explizierten Ontologie Badious, dass es nicht nur einen Wahrheitsprozess geben kann. Vielmehr ist der Gedanke der unendlichen Mannigfaltigkeit von Wahrheiten geboten. Wahrheit kann keinen einfachen Inhalt haben, sondern ist unendlich plural und zeichnet sich lediglich durch eine bestimmte Qualität auf der formalen Ebene aus: nämlich prozesshaft zu sein. Ethik im engeren Sinn ist deshalb für Badiou „das Prinzip der Fortsetzung eines Wahrheitsprozesses"[50]. Zur Aufrechterhaltung der Prozesshaftigkeit einer Wahrheit müssen mindestens zwei Bedingungen erfüllt sein: Zunächst muss das Subjekt von seinem Eigeninteresse absehen, sofern dieses sich widersprüchlich zum Wahrheitsprozess verhält.[51] Sodann muss das Subjekt Treue zur Wahrheitsidee entwickeln und sie konsequent auch gegen Widrigkeiten verfolgen, denn sonst verliert sich die Prozesshaftigkeit und es kommt zur Wiedereinsetzung der *Meinung*, worunter Badiou das Alltagsgeschwätz über das Wetter, den letzten Film, die Löhne usw. versteht.[52] Diese Art der Kommunikation sei Ausdruck der „Gesellschaftlichkeit"[53], die jeden Wahrheitsprozess retardieren müsse.

Die durch einen Wahrheitsprozess verfolgte Idee ist nicht um ihrer selbst Willen gut, sondern – wenn das Vorausgesagte zutrifft – nur insofern, als sie Bedingungsmöglichkeit für die Realisierung von Vielheit ist. Das bedeutet zugleich, dass Badiou keine normative Handhabe hat, biographische oder weltgeschichtliche Prozesse in Hinsicht auf die Ziele, die sie verfolgen, ethisch zu bewerten. Solange sie nur prozessartig sind und Vielheit realisieren, müssen sie aus seiner Sicht als gut gelten. Weil Badiou sich auf diese Weise von einer positiven Bestimmung des Guten frei hält und mit der Prozesshaftigkeit lediglich ein formales Kriterium für Bonität angibt, hat er Kritik auf sich gezogen. Er muss sich die Frage gefallen lassen, ob der

---

[49] Ebd., 48.
[50] Ebd., 64.
[51] Vgl. ebd., 67f.
[52] Vgl. ebd., 67–74.
[53] Ebd., 72.

Wahrheitsprozess unter diesen Bedingungen nicht „radikal beliebig" ist.[54] Durch den geschichtslosen Grund des Ereignisses wird das Subjekt zudem an den für den Wahrheitsprozess relevanten Punkten vollkommen von seiner bisherigen sozial vermittelten Wertvorstellung abgetrennt. Badiou gewinnt dadurch – das ist der Vorzug jeder Theorie, die mit transhistorischen Ereignissen arbeitet – einen Bezugspunkt, der jeder (historischen und kommunitären) Kritik entzogen ist. Es wird auf diese Weise möglich, einen absolut geltenden Grund des eigenen Verhaltens zu behauten. Der Vorzug derartiger Enthistorisierungsversuche ist zugleich aber auch ihre Schwäche. Denn ein aller Kritik entzogenes Verhalten läuft Gefahr, in einen inhumanen terroristischen Prozess zu münden, der sich durch kein Argument mehr aufhalten lässt.

Badiou ist jedoch der Auffassung, ein rein formal gehaltenes Kriterienset reiche hin, um gute von bösen Bewegungen unterscheiden zu können. Das Böse taucht seiner Auffassung nach nur am Guten auf. Es ist also eine Verfehlung, die am Wahrheitsprozess vorkommt. Menschen, die lediglich in der Wiederholung des enzyklopädischen Wissens leben, können danach gar nicht böse im engeren Sinn des Wortes sein, weil sie über den Status des *menschlichen Tieres*[55] nicht hinaus kommen und insofern einen moralfähigen Status noch gar nicht erreicht haben.

Sobald allerdings ein Prozess der Selbstüberschreitung prozediert, steht dieser in der Gefahr, das Böse bei sich zu führen. Beispielhaft für einen solchen Prozess, der vermeintlich gut, bei Lichte besehen aber radikal böse ist, steht aus der Sicht Badious die Bewegung des Nationalsozialismus. Insbesondere die „Vernichtung der europäischen Juden" ist, daran lässt er keinen Zweifel, „ein grausames Staatsverbrechen, ... dessen Grauenhaftigkeit derart groß ist, dass man nicht, ohne sich auf eine ekelhafte Sophisterei einzulassen, daran zweifeln kann, dass es sich um ein Böses [Übel] handelt"[56]. Es sei jedoch genauer zu erörtern, worin der Grund für die Bösartigkeit der Nazis besteht. Badiou wirft der üblichen Bewertung der Judenvernichtung durch die Nazis vor, kurzsichtig zu sein, weil sie den Holocaust vor dem Hintergrund der Menschenwürdeidee als den Urtyp des Bösen begreift, von dem her alle weiteren politischen Bösartigkeiten des 20. Jahrhunderts zu verstehen seien.[57] Gespeist werde diese Art des politischen Urteils aus einer Haltung, die das Individuum im Sinne der Menschenwürde als absoluten Wert setzt.[58] Der von dieser Art der Ethik bezahlte Preis sei „ein zäher Konservativismus"[59], der Veränderungen des status quo ablehnen müsse, weil jede

---

[54] So Dominik Finkelde in seinem instruktiven einführenden Bericht in: ders., Politische Eschatologie nach Paulus, Wien 2007, 36.
[55] Vgl. Badiou, Ethik, 81–84.
[56] Ebd., 87.
[57] Verbunden mit dieser Urbild-Abbild-Logik sei ein Widerspruch, der einerseits „die Vernichtungslager als undenkbar, unsagbar, präzedenzlos und ohne Nachkommenschaft erklärt" (Badiou, ebd., 86), andererseits dieselben Vernichtungslager zitiere, um alle möglichen anderen Formen des Bösen zu schematisieren.
[58] Vgl. dazu vor allem das Kapitel I in Badiou, Ethik, 13–29.
[59] Ebd., 25.

Modifikation im Verdacht steht, Menschenrechte als absolute Werte zu verletzen. Das Schreckgespenst dieses Konzepts sei dann Wirklichkeit geworden, wenn – wie durch den Nationalsozialismus geschehen – politische Veränderung tatsächlich in Vernichtung von Menschen mündet.

Für Badiou steht hinter dieser gedanklichen Figur der in jedem Fall problematische Versuch, einen Wert – ganz gleich welcher es ist – absolut zu setzen. Denn solche Hypostasierungen müssen aus strukturellen Gründen bestimmte Verhaltensweisen unterbinden und verhalten sich deshalb oppositionell zu jedem Wahrheitsprozess.

Wenn Badiou – wie beschrieben – der Auffassung ist, die Vernichtung der Juden durch Nazideutschland sei eine unvergleichliche Gräueltat, dann muss er vor diesem Hintergrund Gründe dafür suchen, die sich nicht aus einer Ethik absoluter Werte speisen. Sie sind seiner Auffassung nach dann gefunden, wenn man die Missachtung der ontologischen Unendlichkeit von Werten und Weltanschauungen durch die Nationalsozialisten aufdeckt. Ihre Ideologie bekleidete sich nach Badiou zwar mit den Insignien eines Wahrheitsprozesses, denn indem sie „von der ‚national-sozialistischen' Revolution sprechen, leihen sie mit den Wörtern ‚Revolution' und ‚Sozialismus' eine Benennung, die die großen modernen politischen Ereignisse bezeugen (die Revolution von 1792 oder die bolschewistische Revolution von 1917)"[60]. Durch diese Anleihen seien die Charaktereigenschaften des nationalsozialistischen Handelns legitimiert worden: „der Bruch mit der alten Ordnung, die Unterstützung, die man von den Massenversammlungen erwartet, der diktatorische Stil des Staates, das *Pathos* der Entscheidung, die Verherrlichung des Arbeiters usw."[61] Die Bösartigkeit des Nationalsozialismus besteht nach Badiou nun aber darin, dass er für seine Legitimation die Idee „von der absoluten Besonderheit einer Gemeinschaft, die ihrerseits in den Merkmalen des Bodens, des Blutes und der Rasse verwurzelt ist"[62], aufbaut. Dabei verhalte es sich genau so, wie mit jeder Absolutsetzung: sie lebt davon, sich von etwas anderem absolut abgrenzen zu müssen. Und das geschieht bei den Nazis, indem sie das Wort „jüdisch als politisches Schema"[63] konstruieren,

---

[60] Ebd., 96.
[61] Ebd.
[62] Ebd.
[63] Ebd., 88. Badiou hat in Frankreich eine heftige Debatte ausgelöst, weil er behauptet hat, das Wort „Jude" sei in seiner gegenwärtigen Verwendung festgelegt auf einen bestimmten Bedeutungshorizont, der vornehmlich aus der Trias *Schoah, Staat Israel und Talmud-Tradition* bestehe (vgl. Alain Badiou, Circonstances 3: Portées du mot „Juif", Paris 2005). Anstößig ist vor allem seine Kritik an dem angeblichen Versuch des gegenwärtigen Judentums, sich durch Assoziation dieses Bedeutungshorizonts Vorteile im Umgang mit anderen zu verschaffen. Hinter Badious Kritik steht sein ontologisches und ethisches Konzept der permanenten Auflösung fester Definitionen. Jegliche feste Bestimmung des Begriffs „jüdisch" – ob sie nun zum Vor- oder Nachteil der Juden ist – widerspricht seinem revolutionären Geist, der jede Definition ständig überholen will. Mark Lilla hat in einer Besprechung von Badious Paulusdeutung gemeint, dieser revolutionäre Geist in Badious Werk sei einer alten maoistischen Vergangenheit geschuldet, die nun, ontologisch unterfüttert, reale und gefährliche politisch-antisemitische Konsequenzen habe. Vgl. Marc Lilla, A New, Political Saint Paul?, in: The New York Review of Books, Vol. 55, No. 16, October, 23, 2008. Man kann Badiou in der Tat als einen linken, maoistisch oder marxistisch durchdrungenen Denker lesen – vor

von dem es sich absolut abzusetzen gilt und das zu bekämpfen und zu vernichten ist. Die Exklusivsetzung einer bestimmten Ethnie muss aber jedem echten Wahrheitsprozess entgegen sein, weil durch Ausschließung von Menschen aus dem vermeintlichen Wahrheitsprozess die Unendlichkeit der Realisierung von Wahrheit beschnitten wird. Der Nationalsozialismus hat danach keinen Wahrheitsprozess realisiert, sondern bloß ein Trugbild, das vom Terror der Vernichtung lebt.[64]

Das Böse könne sich auch auf andere Weise äußern, und zwar durch Abbruch eines Modifikationsprozesses. Der von Badiou so genannte *Verrat* am Wahrheitsprozess, also die Unterbrechung der Durchsetzung von Vielheit durch den Rückfall in das Feld der Meinungen, könne drei Gründe haben:[65] Entweder gibt das Handlungssubjekt dem Eigeninteresse nach, sodass es dadurch nicht mehr zur Verfolgung einer dieses Eigeninteresse übersteigenden Idee fähig ist. Oder es ergibt sich eine neue gesellschaftliche Lage mit bestimmten und absoluten Wertvorstellungen, sodass die Realisierung des begonnenen Wahrheitsprozesses gestoppt wird. Schließlich ist die Unterbrechung des Wahrheitsprozesses möglich, weil die Selbstreflexion des Handlungssubjektes den Wahrheitsprozess als ein Trugbild von Wahrheit wahrnimmt. Die Reflexion auf den Wahrheitsprozess mache diesen nämlich anfällig dafür, von der konservativen Meinung denunziert zu werden. „Denn die Kenntnis der Existenz von Trugbildern ist eine kräftige Hilfe für die Formgebung der Krisen [des Wahrheitsprozesses, A.H.]. Die Meinung murmelt mir zu (und ich murmele mir also selbst zu, denn ich bin nie außerhalb der Meinungen, dass meine Treue wohl Terror sein kann ..."[66] Es kann im Rahmen von Badious Logik allerdings keine Option sein, die Selbstreflexion wegen dieser Anfälligkeit auszuschalten. Vielmehr müsse sie den Wahrheitsprozess immer begleiten, um der Realisierung von echtem Terror zu entgehen.

Sprachtheoretisch betrachtet werden Situationen entweder durch den Austausch von *Meinungen* oder durch die *Kommunikationsform der Wahrheit* im Sinne bestimmt. Die Wahrheit hätte sich total durchgesetzt, wenn sie „alle Elemente der objektiven Situation im Ausgang vom Wahrheitsprozess"[67] benennen und bewerten würde – dann allerdings hat sie die Prinzipien echter Wahrheitsprozesse auch schon wieder verlassen, wie sich sogleich zeigen

---

allem wenn man seine provokativen Ausfälle gegen den Kapitalismus, bürgerlichen Individualismus und Traditionalismus zu Beginn seiner Ethik und seines Paulusbuchs in Betracht nimmt (vgl. Badiou, Ethik, 7–57 und ders., Paulus, 11–31). Ob Badiou den Juden bewusst schaden will, ist m.E. allerdings fraglich. Es geht ihm vermutlich tatsächlich um die Durchsetzung von Vielheit und die damit erforderliche Verflüssigung aller Definitionen. Seine Einschätzung zur vermeintlichen Instrumentalisierung von Schlüsselbegriffen in der Debatte um die kulturelle Stellung der Juden, aber auch seine häufig unkritische Affirmation des Maoismus und der bolschewistischen Revolution lassen allerdings fragen, ob sein Urteilsvermögen immer ungetrübt ist.

[64] Vgl. insgesamt Badiou, Ethik, 95–102.
[65] Vgl. ebd., 102–104.
[66] Ebd., 103.
[67] Ebd., 108 (Hervorhebung im Original).

wird. Jedenfalls müsste zur totalen Benennung der Situation durch den Wahrheitsprozess die *Meinung* vollständig eliminiert werden. Vor allem das 20. Jahrhundert ist nach Badiou die Zeit der Versuche, eine Sprache der Wahrheit vollständig durchzusetzen.[68] Deshalb sei es auch das Jahrhundert der totalen Kriege, die, angetrieben von einem konstruierten totalen Antagonismus, zwischen Wahrheit und Meinung durchgeführt werden.

Das Problem hinter dieser Form der Bemächtigung durch Sprache ist abermals das der Verabsolutierung einer bestimmten Wahrheitsvorstellung, mit der der Anspruch auf vollständige Benennung der Situation verbunden ist. Jeder derartige Vorgang sei böse und induziere notwendig ein *Desaster*,[69] weil er auf Auslöschung aller anderen wirklichkeitserzeugenden Kommunikationsformen aus ist. Dem desaströsen Zug entkomme ein Wahrheitsprozess nur dann, wenn er auf vollständige Definition einer Situation verzichtet. „Es muss wenigstens ein wirkliches Element existieren, ein in der Situation existierendes Vielfaches, das für die wahrhaftigen Benennungen unerreicht bleibt."[70] Dieser nicht durch die Wahrheit zu definierende Wirklichkeitsbereich heißt bei Badiou das *Unnennbare*.[71] Natürlich ist dieser Wirklichkeitsbereich nicht aus jeder Perspektive unnennbar. Die *Meinung* oder eine andere Wahrheit sind zu seiner Bezeichnung sehr wohl in der Lage. Aber jede Wahrheit muss in ihrer Definitions- und Bewertungsarbeit bestimmte Bereiche der Wirklichkeit auslassen. Will sie das Unnennbare dennoch benennen, erzwingt sie das Desaster.

Wenn diese Überlegungen im Rahmen von Badious System auch folgerichtig sein mögen, so muss doch konstatiert werden, dass es Badiou nicht gelingt, sein eigenes Kriterienset bei der Beurteilung geschichtlicher Vorgänge ungetrübt zur Anwendung zu bringen. Seine biographisch motivierte Vorliebe für die Oktoberrevolution und insbesondere die chinesische Kulturrevolution sind vor diesem Hintergrund kaum verständlich, weil diese politischen Bewegungen unfraglich mittels sprachlicher Etikettierung die Vernichtung von Massen in Kauf genommen und erzwungen haben.[72]

4. Paulus

Ethisch gutes Verhalten muss nach Badiou die ständige Reproduktion von Vielfältigkeit bis ins Unendliche fördern. Die Struktur des Wahrheitsprozesses erstmals in nuce realisiert habe der Apostel Paulus. Der an ihm geschehende Wahrheitsprozess wird sodann durch seine Treue auch kulturell etabliert. Dabei werden, wie Badiou meint, zwei andere Kultursysteme abgelöst, nämlich das jüdische und das griechische.

---

[68] Vgl. Alain Badiou, Das Jahrhundert, Berlin 2006 (französischer Originaltitel: Le Siècle, Paris 2005), 185–195.
[69] Vgl. Badiou, Ethik, 110.
[70] Ebd., 111.
[71] Ebd.
[72] Vgl. dazu auch die in Anm. 63 genannte Badiou-Kritik von Mark Lilla.

Zunächst aber zu Paulus selbst: Seine Konstitution zum Subjekt im Sinne eines Trägers von Wahrheit geschehe mit dem Damaskuserlebnis. Dieses Ereignis setze in Paulus einen Wahrheitsprozess in Gang. Es geschehe voraussetzungslos und könne aus den geschichtlichen Zusammenhängen, in denen Paulus steht, schlechterdings nicht deduziert werden. „Es ist", wie Badiou sich ausdrückt, „ein Donnerschlag, eine Zäsur, keine dialektische Umkehr."[73] Das χάριτι δὲ θεοῦ εἰμι ὅ εἰμι aus 1Kor 15,10 wird von Badiou als die Beschreibung einer Subjektwerdung gedeutet, die völlig voraussetzungslos durch das Ereignis gnädiger Offenbarung gegeben ist.

Die Geltung der paulinischen Wahrheit ist rein subjektiv, weil außer Paulus zunächst niemand von diesem Ereignis ergriffen ist. Es wäre deshalb ganz unangemessen gewesen, hätte Paulus sich institutionelle Bestätigung für seine Berufung geholt, wie Badiou unter Anspielung auf Gal 1,15–17 ausführt. Er verzichtet vielmehr auf jede Form der Anerkennung in Jerusalem und etabliert damit eine neuartige Form der Wahrheitsrealisierung in der europäischen Kultur. Durch den Verzicht auf kommunitäre Wertschätzung sei Paulus in die Lage versetzt, universal tätig zu werden. „Der Prozess einer Wahrheit ist nur insoweit universal, als ihn als realer Punkt eine unmittelbare subjektive Anerkennung seiner Singularität stützt. Andernfalls muss auf Satzungen und besondere Kennzeichen zurückgegriffen werden, was die neue Lehre jedoch zwangsläufig im kommunitären Raum *fixieren* und ihre universale Entwicklung blockieren muss."[74] Universale Geltung könne also nur ein solches Wirklichkeitsverständnis erreichen, das die Geltung jeder Weltanschauung radikal auf das subjektive Erlebnis reduziert.

Badious Paulus muss sich deshalb zu jedem überindividuellen Wertsystem indifferent verhalten: „Beschnitten sein ist nichts, und unbeschnitten Sein ist nichts."[75] Es würde an dieser Stelle nahe liegen, die in der Paulusinterpretation spätestens seit Albert Schweitzer unumstrittene Naherwartung[76] des Apostels in dieser Weise auszudeuten. Denn das Ende der Welt würde zugleich auch das Ende jeder kommunitären Struktur bedeuten. Badiou stellt sich allerdings gerade an diesem Punkt gegen die exegetische Zunft und betont, die apokalyptische Endzeiterwartung sei lediglich ein gelegentlicher Gedanke des Apostels, der der Hoffnung auf Beseitigung jeder Hemmung des Wahrheitsprozesses geschuldet sei. „Es gibt", wie Badiou meint, „jedoch bei Paulus nur sehr wenige Zugeständnisse an diese apokalyptische und aggressive Atmosphäre, und noch weniger verbindet er die Hoffnung mit der Genugtuung über die Bestrafung der Gottlosen."[77] Badious Ontologie und Ethik vertragen sich deshalb nicht mit Endzeitvorstellungen, weil „jede Wahrheitsprozedur ... eine rein generische Mannigfaltigkeit unendlich weit

---

[73] Badiou, Paulus, 35.
[74] Ebd. 43f. (Hervorhebung im Original).
[75] Alain Badiou zitiert 1Kor 7,19 in: Ethik, 46.
[76] Vgl. dazu Ivana Bendik, Paulus in neuer Sicht? Eine kritische Einführung in die New Perspective on Paul, Stuttgart 2010, 50–61.
[77] Badiou, Paulus, 176.

entfaltet"[78], sodass ein Abbruch des Prozesses unter allen Umständen ausgeschlossen werden muss. Seine Paulusinterpretation lebt also davon, die apokalyptische Endzeiterwartung des Apostels weitestgehend zurückzunehmen.

Fragt man konkret nach der positiven Idee, von der Badiou meint, dass sie Paulus zu seinem Wahrheitsprozess antreibt, so wird man enttäuscht. Der von Badiou dargestellte Paulus ist eine Kunstfigur, die das reine Schema von Wahrheit vorstellt und deshalb kein positiv bestimmtes Ziel verfolgen kann. Das Prinzip der universalen Geltung unendlicher Mannigfaltigkeit wird durch Paulus rein formal zum Ausdruck gebracht. „Anders als die wirklichen Wahrheitsprozeduren (Wissenschaft, Kunst, Politik, Liebe) stützt sich die paulinische Zäsur also nicht auf die Produktion eines [bestimmten, A.H.] Universalen. Sie bezieht sich … auf die Gesetze der Universalität allgemein."[79] Paulus könne als der erste Theoretiker der Universalität des Vielheitsprinzips gelten. Seine *Begründung des Universalismus*[80] fuße nicht auf philosophischer Überlegung, sondern gründe im Offenbarungsereignis vor Damaskus und ruhe auf den drei Prinzipien von 1Kor 13: Glaube, Hoffnung, Liebe.

Mit diesen drei Begriffen ist die Grundstruktur jedes Wahrheitsprozesses genannt. Glaube „wäre die Öffnung zum Wahren, die Liebe wäre die universalisierende Wirksamkeit des von ihm zurückgelegten Wegs, die Hoffnung schließlich wäre eine Maxime der Ausdauer auf diesem Weg"[81]. Mit Glaube meint Paulus also, folgt man Badious Deutung, die Aneignung einer Wahrheit, sodass der Aneignende zu einem Subjekt wird, das von der Wahrheit weiß. Allerdings reicht das reine Wissen um die Universalität von Vielheit noch nicht hin, um sie auch tatsächlich zu realisieren. Zur Überführung des Wissens in Handlungen bedarf es eines besonderen Antriebs, der bei Paulus nach Badiou Liebe heiße. Liebe habe die Funktion, die „Einheit von Denken und Handeln"[82] zu bewirken. Der Glaube an die Wahrheit ist also „durch die Liebe tätig"[83], denn sie „freuet sich der Wahrheit"[84], wie Badiou mit Paulus formuliert. Die Liebe als Antrieb zur handelnden Realisierung von Wahrheit stehe in Opposition zum Gesetz, das als Motivator zur Durchsetzung von Bonität ebenfalls denkbar wäre. Das Gesetz müsse in dieser Funktion aber ausgeschaltet werden, weil es für den Versuch stehe, das Heil zu verobjektivieren und zu partikularisieren.[85] Hoffnung schließlich ist für Badiou das Prinzip der Treue, die das Subjekt an einem Wahrheitsprozess festhalten lässt.

Das Gesetz ist, so Badiou, die Automatisierung der Sünde. Das Böse oder die Sünde besteht nach der oben angebotenen Deutung bei Badiou aus der

---

[78] Ebd., 181.
[79] Ebd., 198.
[80] So lautet der Untertitel von Badious Paulusbuch.
[81] Ebd., 174.
[82] Ebd., 170.
[83] Badiou zitiert Gal 5,6 in: ebd., 171.
[84] Badiou zitiert 1Kor 13,5 in: ebd.
[85] Vgl. ebd., 142f.

bloßen Verfolgung von Eigeninteressen, sodass unter Bedingungen des Bösen eine Selbstüberschreitung hin zur Durchsetzung von Vielfältigkeit ausgeschlossen wird. Dieser Modus des Selbstvollzugs werde durch das Gesetz zur Gewohnheit. Es befreie das Subjekt davon, sich zu transformieren und fixiert einen „Automatismus der Wiederholung"[86]. Das Gesetz steigere so die Sünde, oder wie Paulus es ausdrückt: „Das Gesetz ist nebeneingekommen, auf dass die Sünde mächtiger werde."[87] Die Macht des Gesetzes und der Sünde könne nur durch die Einsetzung eines neuen Verhaltensmodus gebrochen werden. Es bedürfe dazu der Gnade eines Ereignisses, die das Subjekt neu konstituiert und es damit vom Gesetz der Sünde befreie.

Die gleichzeitige Hochschätzung des Gesetzes aus Röm 7 wird bei Badiou von Röm 13,10 her gedeutet, wobei nun allerdings ein zweiter Begriff des Gesetzes eingeführt wird. Die Liebe als „des Gesetzes Erfüllung"[88] halte sich nämlich nicht an das Gesetz der Sünde, sondern erfülle ein Gesetz höherer Ordnung, dass die Aufhebung von Differenzen, wie sie durch das Gesetz erster Ordnung erzeugt werden, zum Ziel habe. Wenn Röm 10,4 formuliert τέλος γὰρ νόμου Χριστός, dann muss Telos nach Badiou als das Ende des Gesetzes erster Ordnung gedeutet werden.[89] Eingesetzt werde stattdessen ein *nichtliterales Gesetz*,[90] dessen Wesen es sei, das buchstäbliche Gesetz durch Inkraftsetzung eines generischen Wahrheitsprozesses ständiger Selbstmodifikation zu beseitigen.

Paulus setzt sich nach Badious Deutung also vom jüdischen Diskurs und seiner Strukturierung der Wirklichkeit ab. Er tut das allerdings nicht durch Diffamierung der Juden, denn genau dies stünde seinem Prinzip der vielfältigen Ausdrucksweise von Wahrheit entgegen. Das universal gültige Prinzip der generischen Unendlichkeit werde vielmehr prozesshaft zum Ausdruck gebracht, indem Paulus ständig „nach neuen Differenzen, nach neuen Partikularitäten, wo das Universale *exponiert* werden könnte"[91], suche. Jede Partikularität werde dabei von einer weiteren abgelöst, alle Partikularitäten seien prinzipiell gleichwertig. Deshalb berichte Paulus in 1Kor 9,19–22 davon, wie er „allen alles geworden" ist.[92] Vielfältigkeit realisiere sich je konkret, jedoch müsse jede Konkretion sich offen für ihre Selbstüberschreitung halten. Indem Paulus *allen alles wird*, lebe er genau dieses Konzept vor.

Die paulinische Absetzung vom jüdischen Diskurs betrifft nach Badiou vor allem dessen Anspruch auf absolute Geltung. Derartige Ansprüche hätten immer einen Widerpart von dem sie sich abgrenzen müssten. Badiou meint, der Widerpart zum jüdischen Diskurs sei mit der griechischen Weltanschauung gegeben. Der griechische Diskurs – ebenfalls mit Alleingeltungsanspruch auftretend – gehe von einer kosmischen Ordnung aus, deren Sinn und

---

[86] Ebd., 149.
[87] Badiou zitiert Röm 5,20 in: ebd., 147.
[88] Badiou zitiert Röm 13,10 in: ebd., 163.
[89] Vgl. ebd., 163–166.
[90] Vgl. ebd., 166.
[91] Ebd., 182.
[92] Vgl. die Deutung von 1Kor 9,19–22 bei Badiou in: ebd., 182–184.

Struktur durch menschliche Weisheit ausgemessen werden könne, weil die Struktur der Welt und der menschliche Geist von gleicher Art seien.[93]

Der jüdische Diskurs sei für Paulus von prophetischer Art. Gemeint ist eine Weltanschauung, die konstitutionell auf das „prophetische Zeichen, das Wunder, und die Erwählung"[94] aufbaut. Das Gesetz der Welt sei im Rahmen des jüdischen Diskurses deshalb nicht der allgemeine logos, sondern finde seinen Niederschlag im exzeptionellen schriftlichen Zeichen.

Weil beide Diskurse exklusive und absolute Geltung für sich beanspruchen, müssen sie sich vom jeweils anderen scharf abgrenzen. Badiou meint, Paulus selbst habe – sich von dieser Struktur der exklusiven Geltungsansprüche absentierend – einen neuen Diskurs etabliert, den er den apostolischen nennt.[95] Dieser Diskurs musste „den Juden ein Ärgernis und den Griechen eine Torheit" sein, denn die „Juden fordern Zeichen und die Griechen fragen nach Weisheit".[96] Das mit den prophetischen Zeichen und der griechischen Weisheit verbundene Wissen mit Anspruch auf Geltung werde durch den apostolisch-christlichen Diskurs, so Badiou über Paulus, zurückgelassen.

Die Auferstehung Christi als subjektiv vor Damaskus erfahrenes Ereignis sei ein geschichts- und traditionsloses Geschehen, das deshalb „in keiner Weise dem Wissen angehören kann. Der Philosoph kennt die ewigen Wahrheiten, der Prophet kennt den univoken Sinn dessen, was kommen wird (selbst wenn er ihn nur figural und in Zeichen freilegt). Der Apostel aber, der eine unerhörte Möglichkeit, die selbst von einer ereignishaften Gnade abhängt, verkündet, weiß eigentlich nichts."[97] Dieses Nichtwissen verdanke sich der durch das Ereignis gewirkten Loslösung von allen traditionellen Diskursen. Weil Paulus durch seine Erwählung keinem Diskurs mehr durchgängig verpflichtet sei, gebe es für ihn überhaupt kein fest definiertes Sein mehr. Diese antiphilosophische und antiprophetische Einstellung zur Welt findet nach Badiou ihren Ausdruck in 1Kor 1,28. Dass Gott das Nichtseiende (τὰ μὴ ὄντα) erwählt, sei religiöser Ausdruck der Hinfälligkeit aller Seinsdefinitionen durch herkömmliche Weltanschauungen.[98] Weil es innerhalb dieses Denkmodells weder prophetische noch philosophische Rechenschaft für den neuen christlichen Diskurs geben kann, bleibe dieser geltungslogisch rein subjektiv, kann nur bekenntnisartig ausgedrückt werden und ist vor dem Forum der Vernunft und der Schriftzeichen ohne Begründungskraft, sodass Paulus sich seiner Schwäche rühmen kann.[99]

Vermittelt wird die Einstellung des Paulus in den Wahrheitsprozess über den Akt der Auferstehung. Er betrifft jeden Menschen, der, vermittelt durch ein Ereignis, in einen Wahrheitsprozess eingestellt wird. Das Symbol der Auferstehung stehe also für ein Ereignis, „das sich ausnahmslos an alle wen-

---

[93] Vgl. ebd., 79–81.
[94] Ebd., 80.
[95] Vgl. ebd., 84–88.
[96] Badiou zitiert 1Kor 1,22f. in: ebd., 88.
[97] Ebd., 86.
[98] Vgl. ebd., 90.
[99] Vgl. dazu Badious Deutung von 2Kor 12,1–10.

det"¹⁰⁰. Die Inklusion der Glaubenden in das Christusgeschehen von Tod und Auferstehung von Röm 6,8f. muss nach Badiou also so gedeutet werden, dass durch sie die Überführung des Subjekts aus seiner Verhaftung im Wissen in einen Wahrheitsprozess bezeichnet wird.¹⁰¹ Die Auferstehung Christi stehe symbolisch für die Initiierung jedes erdenklichen Wahrheitsprozesses, sofern er nur alle „Differenzen zugunsten einer radikalen Universalität" aufhebt. Das Ereignis wendet sich dabei „ausnahmslos an alle", sodass „definitiv jedes Subjekt zerteilt"¹⁰² werden soll.

Badious Paulus ist, um es zusammenzufassen, einer der ersten Theoretiker des ereignishaften Wahrheitsprozesses. Er ist es insofern, als seine Briefe nicht auf die Realisierung eines konkreten politischen, wissenschaftlichen, liebenden oder kunstschaffenden Wahrheitsprozesses aus sind. Vielmehr decken sie die Strukturprinzipien von Wahrheitsprozessen auf. An Paulus lassen sich, so Badiou, „die Gesetze der Universalität allgemein"¹⁰³ ablesen. Dazu gehören im Wesentlichen folgende Elemente: Das Offenbarungserlebnis vor Damaskus ist der mythologische Ausdruck des für jeden Wahrheitsprozess konstitutiven Ereignisses. Dieses Ereignis ist nicht berechenbar, kann nicht willentlich provoziert werden und stellt sich deshalb von sich aus ein. „Der Tag des Herrn ... wird kommen wie ein Dieb in der Nacht."¹⁰⁴ Dass Paulus sich von allen bisher geltenden Diskursen – insbesondere vom jüdischen und vom griechischen – absetzt, sei Ausdruck der Unnennbarkeit und der Unbegründbarkeit aller Wahrheitsprozesse, sodass ihre Geltung rein subjektiv (oder kollektivsubjektiv) ist.¹⁰⁵ Christus als das paulinische Symbol für jedes Wahrheitsereignis sei deshalb „über alle[n] Namen" (Phil 2,9).¹⁰⁶

Jeder Wahrheitsprozess müsse auf die unendliche Iteration von Selbstmodifikationen aus sein. Dabei werden ständig neue Differenzen produziert und sogleich auch wieder aufgehoben. „Paulus zeigt", so Badiou, „im Einzelnen, wie universales Denken ausgehend von der mundanen Wucherung (der Jude, der Grieche, die Frauen, die Männer, die Sklaven, die Freien etc.) Selbes und Gleiches *produziert* (es gibt weder Jude noch Grieche etc.). Die Produktion von Gleichheit, die gedankliche Außerkraftsetzung von Differenzen, sind die materiellen Zeichen des Universalismus."¹⁰⁷

Weil jede Institutionalisierung von Weltanschauungen dazu neige, sich selbst absolut zu setzen, bleibe die ständige Verflüssigung bisheriger Grenzverläufe vornehmliches Ziel jeden Wahrheitsprozesses. Zwar sei die Kirche mit ihrem Drang zur Selbst- und Fremddefinition, so Badiou, schon bald nach Paulus wieder hinter dessen ontologische und ethische Erkenntnis zurückgefallen.¹⁰⁸ Paulus selbst sei allerdings in mehrfacher Hinsicht Begrün-

---

[100] Badiou, Paulus, 140.
[101] Vgl. ebd., 130.
[102] Ebd., 140.
[103] Ebd., 198.
[104] Badiou zitiert 1Thess 5,2 in: ebd., 204.
[105] Vgl. ebd., 199f.
[106] Badiou zitiert Phil 2,9 in: ebd., 202.
[107] Ebd., 201.
[108] Vgl. ebd., 90.

der der universalen und unendlichen Vielfalt: Er denkt sie theoretisch, er eignet sich das Prinzip existenziell an, sodass es seinen Lebensgang bestimmt, und er trägt es durch sein Wirken in die Kultur ein.

Markus Buntfuß

Der produktive Verrat des Außenseiters

Slavoj Žižeks radikale Pauluslektüre

Seit der Aufklärung, das heißt seit der Entdeckung der historischen wie sachlichen Differenz zwischen der vorösterlichen Verkündigung Jesu und dem nachösterlich verkündigten Christus stehen die Namen Jesus und Paulus für die Verschränkung von zwei theologischen Kardinalproblemen: dem *Verhältnis zwischen dem Ursprünglichen und dem zeitlich Späteren* einerseits mit dem *Verhältnis zwischen historischer Genese und sachlicher Geltung* andererseits.

Während man im Umfeld humanistisch-reformatorischer Wertschätzung für die Quellen und das Ursprüngliche dazu neigen konnte, Jesus als dem zeitlich Ersten gegenüber Paulus als dem Späteren auch geltungstheoretisch den Vorzug zu geben, um etwa ein Leben Jesu an die Stelle der dogmatischen Christologie zu setzen, konnte man im Zusammenhang einer begrifflich-spekulativen Wesensbestimmung des Christentums auch den anderen Weg einschlagen und der gedanklichen Entfaltung des Evangeliums durch Paulus die theologische Priorität gegenüber der ursprünglichen aber schlichten Predigt Jesu einräumen, so etwa im Umfeld des deutschen Idealismus und der durch ihn mitgeprägten neuprotestantischen Theologie. Vor diesem Problemhorizont erteilt Slavoj Žižek in seiner linkshegelianischen, radikal-politischen Pauluslektüre eindeutig der zweiten, nämlich der begrifflich-spekulativen Option den Zuschlag, wenn er zu Beginn seiner Auseinandersetzung mit dem christlichen Erbe über die Anhänger der ersten Option schreibt:

Sie „neigen dazu, die frühen ‚authentischen' Anhänger Christi gegenüber der ‚Institutionalisierung' der Kirche, für die der Name des heiligen Paulus steht, zu fetischisieren: JA zur ‚ursprünglichen authentischen Botschaft Christi', NEIN zu ihrer Verwandlung in jenen Lehrkörper, der die Kirche als gesellschaftliche Institution legitimiert. Das, was die Anhänger der Maxime ‚JA zu Christus, NEIN zu Paulus' – der, wie schon Nietzsche bemerkte, der eigentliche ‚Erfinder' des Christentums ist – tun, entspricht genau dem Standpunkt jener ‚humanistischen Marxisten' aus der Mitte unseres Jahrhunderts, deren Maxime lautete ‚JA zum frühen authentischen Marx, NEIN zu seiner leninistischen Verknöcherung'. In beiden Fällen muß man darauf insistieren, daß eine solche ‚Verteidigung des Authentischen' die perfideste Form des Verrats ist: *Es gibt keinen Christus jenseits des heiligen Paulus*. Genausowenig gibt es einen ‚authentischen Marx', dem man sich unmittelbar, das heißt unter Umgehung Lenins, zuwenden könnte, oder einen ‚authentischen Freud', mit dem Lacan umgangen wird."[1]

---

[1] Slavoj Žižek, Das fragile Absolute, Berlin 2000, 6.

In einer Umkehrung der üblichen Bewertung des Authentischen und des Verrats erklärt Žižek, es gebe überhaupt keine Authentizität jenseits des Verrats. Ja, der Verrat sei geradezu die Bedingung der Möglichkeit dafür, dass Authentisches Geltung erlangen könne. Das gelte für Paulus ebenso wie für Lenin und Lacan. Žižek erinnert an den Verrat des Judas, der nötig war, damit der Heilsweg Jesu seinen Lauf nehmen und Christus verherrlicht werden konnte. Der Apostel Paulus aber habe genau die Position eingenommen, die durch den Tod des Judas frei geworden war und habe dessen verräterisches Werk fortgesetzt. Žižek bezeichnet diese Form des Verrats jedoch nicht als perfide, sondern als ‚nobel' und bezieht sich dabei auf Nietzsches Rede vom noblen Verrat, den Brutus an Cäsar verübte, wodurch dieser zu ewigem Ruhm kam.[2] Die gleiche Verschränkung erkennt Žižek zwischen Paulus und Jesus, Lenin und Marx, sowie zwischen Lacan und Freud. Immer ist es ein nobler Verrat am Stifter der jeweiligen Bewegungen, der dazu führte, dass deren Name und Anliegen allererst zu derjenigen Bedeutung gelangen konnte, die ihr im Verlauf der Geschichte zugewachsen ist. Es verwundert deshalb auch nicht, wenn Žižek von dem wahrhaft leninistischen Werk des Paulus sprechen kann. Denn Paulus „organisiert eine neue Partei, die er die christliche Gemeinschaft nennt",[3] ebenso wie Lenin der wahre Architekt der russischen Revolution war und Lacan in Žižeks Einschätzung die einzig ernstzunehmende psychoanalytische Gesellschaft gegründet hat, die sich auf den Namen Freuds berufen darf. Doch um solche und andere Pointen von Žižeks mehr rhapsodischen als systematischen Gedankenreihen zu verstehen, muss man ein bisschen weiter ausholen. Denn Žižek ist ein intimer Kenner des Werks von Jacques Lacan und sein eigenes Philosophieren entspinnt sich nicht selten in der Form eines mehr oder weniger virtuosen Paraphrasierens der Lacan'schen Psychologie und Terminologie. Ich erinnere deshalb an das für unser Interesse Wesentliche.

1. Lacan in drei Minuten

Der Name Lacans steht in der Geschichte der neueren Psychologie und Philosophie für eine sprach- bzw. symboltheoretische Transformation der freudschen Psychoanalyse. Indem er Freud mit Saussure und Jakobson verbindet, vertritt Lacan die identitätsstiftende Funktion der Sprache auf der Basis des konstitutiven menschlichen Begehrens. Das Subjekt geht demzufolge aus einem Feld von Signifikanten hervor, die an die Stelle der Erfüllung seines Begehrens treten. Ja, das Subjekt ist überhaupt erst das Resultat der bei Lacan – freilich niemals gelingenden – Kompensation von unerfülltem Begehren. Infolge des unerreichbaren Dings, dem Objekt der Lust und der Begierde, das Lacan als den ‚kleinen Anderen' bezeichnet, konstituiert sich die

---

[2] Vgl. Slavoj Žižek, Die Puppe und der Zwerg. Das Christentum zwischen Perversion und Subversion, Frankfurt a.M. 2003, 18.
[3] Ebd., 11.

Ordnung des Symbolischen, das Gesetz der Sprache und der sozialen Normen, in Lacans Terminologie der ‚große Andere'. Der große Andere steht für die geschriebenen wie ungeschriebenen Regeln des Diskurses ebenso wie für die staatliche Herrschaft und die Macht der Ökonomie. Alle kulturellen Formen bilden eine symbolische Ordnung, der sich das Subjekt als Gewordenes verdankt, durch die es aber auch unterworfen und vom Genuss des Dinges abgehalten wird. Das Symbolische ist die Realität und das Realitätsprinzip meint gerade keine Wirklichkeit jenseits des Symbolischen, sondern steht für dessen immanente Logik bzw. Grammatik. Im Unterschied zur Realität, die auf der Ebene des Signifikanten angesiedelt ist, ist das Reale bei Lacan ein Grenzbegriff, der für keine einholbare, d.h. symbolisierbare Wirklichkeit steht. Das Reale ist vielmehr das jeder symbolisierten Realität zugrunde liegende bzw. voraus liegende, z.B. ein Traum, der einen verfolgt. Das Reale bezeichnet immer etwas Unfassbares, Unsagbares, nicht Kontrollierbares, eine Art von Obsession, Horror oder Trauma. Es lässt sich nicht vorstellen oder repräsentieren, sondern ist dasjenige, was sich dem Sprechen entzieht und verweigert.

Mit dieser psychologisch-symbolischen Heuristik Lacans, die er radikal politisiert und kulturell popularisiert, wendet sich Žižek den religiösen Überlieferungen, insbesondere des Christentums, zu. Religion dient ihm dabei als Inbegriff des Zusammenhangs zwischen sprachlicher Symbolisierung und individueller wie sozialer Identitätsbildung. Dabei geht es Žižek vor allem um die Frage, wie das allen religiösen Symbolisierungen voraus liegende Reale, bzw. Trauma in der darauf aufbauenden Ordnung des Symbolischen latent bleibt bzw. verdrängt wird. Man muss darin auch eine theoretische Umkehrung der ursprünglichen Intention Freuds sehen. Wenn dieser forderte: Wo Es war, soll Ich werden, fordern Lacan und mit ihm Žižek: Wo der Signifikant herrscht, soll das Reale aufscheinen bzw. die Erfüllung des Begehrens ermöglicht werden. An dieser Frage jedenfalls, nämlich wie die Religion bzw. die Religionen mit dem ihnen zugrunde bzw. voraus liegenden Realen umgehen, macht Žižek den Unterschied zwischen Judentum und Christentum fest.

2. Das Judentum als Religion der Verdrängung

Unbeirrt durch religionsgeschichtliche oder exegetische Einsichten versteht Žižek das Judentum und das Christentum als zwei idealtypische und darin gegensätzliche Formen religiöser Symbolisierung. Er beruft sich dabei unter anderem auf Freuds Deutung der Figur des Moses.[4] Moses – so Žižek – stehe bei Freud für den Bruch mit der polytheistischen Kosmos-Religion der einen Natur, in der viele Götter existieren können. Er kontrastiert die Vielgötterei mit dem Gesetz als dem symbolischen Ausdruck des Monotheismus. Die Gründungsgeste des Judentums besteht in der Durchsetzung des Gesetzes,

---

[4] Vgl. Žižek, Das fragile Absolute, 110ff.

das die gewaltsame Geste seiner Selbstbehauptung gegenüber den Göttern der Völker dadurch vergessen macht, dass es Gewalt verbietet. – Ich gehe hier und im Folgenden überhaupt nicht darauf ein, ob das, was Žižek behauptet, wenn er über die jüdisch-christliche Überlieferung spricht, auch nur annähernd historisch-exegetisch und systematisch-theologisch haltbar ist – in vielen Fällen trifft das nämlich keineswegs zu. Der Dekalog etwa verbietet zum Beispiel keineswegs die Gewalt, noch nicht einmal das Töten, sondern den Mord. Aber das nur in Paranthese. – Wir waren bei der gewaltsamen Gründungsgeste des Judentums, die Žižek in der gewaltsamen Durchsetzung des Gesetzes erkennt, wobei der gewaltsame Gründungsakt in der sich daran anschließenden religiösen Überlieferung gerade nicht erinnert, sondern verdrängt und vertuscht wird, etwa indem das Gesetz die Gewalt ahndet. Das Verdrängte bzw. das Trauma – und darin geht Žižek mit Lacan über Freud hinaus – ist also nicht der Polytheismus der Völker, sondern die gewaltsame Gründungsgeste, mit der das Gesetz durchgesetzt wird und sich als symbolische Ordnung etabliert. Was bleibt, ist die gespenstische Geschichte jener gewaltsamen Unterdrückung und Eliminierung, die in der symbolischen Ordnung des Gesetzes als verdrängtes Trauma insistiert.

Für die individuelle wie kollektive Identität des Judentums bedeutet das, dass man ein Mitglied dieser Gemeinschaft nicht schon dadurch wird, dass man sich mit ihrer symbolischen Ordnung identifiziert, also etwa mit dem Gesetz, sondern erst dadurch, dass man auch die „gespenstische Dimension" und „die geheime Geschichte traumatischer Phantasien, die ‚zwischen den Zeilen', durch die Lücken und Verzerrungen der expliziten symbolischen Tradition übermittelt werden", für sich annimmt.[5] Žižek geht es bei dieser Charakterisierung, wie gesagt, nicht um eine sachlich angemessene Wesensbestimmung des Judentums, sondern um eine strukturelle Beschreibung dessen, was man als die *Dialektik der Symbolisierung* bezeichnen könnte. Damit es überhaupt zu einer symbolischen Ordnung kommt, die ihrerseits die Möglichkeit zur Identifikation und zur Ausbildung individueller wie kollektiver Identität eröffnet, muss ein Ereignis stattfinden, das als Gründungsgeste gerade nicht bewusst bleiben, symbolisiert und integriert werden darf, sondern ausgeschlossen, verdrängt und verboten werden muss.[6] Die mythische Erzählung ist gleichsam der Stabilisator einer labilen symbolischen Ordnung, gegen die historische und sachliche Kontingenz ihrer Geltung. Žižek bezeichnet diesen Vorgang als den primordialen Akt der Ausschließung. Damit überhaupt etwas in der Zeit erscheinen kann, als Diskurs oder als symbolische Ordnung, bedarf es eines Ereignisses, einer Geste, die in einem ersten ordnungsstiftenden Akt eliminiert wird. Der primordiale Akt ist die Verdrängung der Gründungsgeste.

---

[5] Ebd., 111.
[6] „[D]ie synchrone strukturale Ordnung ist eine Art Abwehr-Formation gegen das sie begründende Ereignis, das sich nur unter dem Deckmantel einer mythischen gespenstischen Erzählung erkennen lässt" (ebd., 113).

Der psychoanalytische Fachterminus dafür ist ‚Trauma'. Das Trauma ist das unmögliche Reale, oder in der religionsphilosophischen Terminologie Kierkegaards – der sich Žižek ebenfalls in eklektischer Weise bedient – die Ewigkeit, die die Zeit allererst konstituiert bzw. um die herum die Zeit zirkuliert. In der gewaltsamen Gründungsgeste und dem primordialen Akt ihrer Ausschließung erkennt Žižek somit „den traumatischen Punkt der Ewigkeit", der sich niemals integrieren, begreifen, historisieren oder symbolisieren lässt, sondern als das unmögliche, obszöne und ‚andere' Reale immer nur gespenstisch, phantasmatisch und traumatisch insistiert. Die Ewigkeit ist dasjenige, was ausgeschlossen wird, damit die zeitliche Realität ihre Konsistenz behält.[7] Und genau dieser Zusammenhang wird für das Judentum reklamiert. Denn das Judentum ist bei Žižek die exemplarische Religion einer hartnäckigen Bindung an die uneingestandene gewaltsame Gründungsgeste. Indem das Gesetz diejenige Gewalt verbietet, der es sich verdankt, bleibt es seinem gründenden Ereignis verhaftet.[8]

3. Das Christentum als Religion des Eingeständnisses

Im Gegensatz zum Judentum ist das Christentum für Žižek keine Religion der symbolisierenden Verdrängung, sondern eine Religion des Eingeständnisses und damit streng genommen gar keine Religion, zumindest nicht in dem Sinn einer neuen religiös-symbolischen Ordnung. Das als erster erkannt und in epochemachender Weise formuliert zu haben, sei das Verdienst des Apostels Paulus. Denn bei Paulus werde die gewaltsame Gründungsgeste der Kreuzigung des Gottessohnes gerade nicht verdrängt, sondern gestanden. Für Žižek bedeutet das im Anschluss an Freud, „dass die Ermordung Gottes im Neuen Testament das ‚geleugnete' Trauma des Alten Testaments ans Licht bringt"[9]. Das heißt jedoch gerade nicht, dass das Trauma symbolisch integriert wird. Die paulinische Revolution ist gerade keine symbolische Bewältigung der gewaltsamen Gründungsgeste des Christentums, sondern nimmt diese zum Anlass einer radikalen Suspendierung jeder symbolischen Ordnung. Das ist zumindest nach Žižek mit der paulinischen Polemik gegen das Gesetz gemeint. Das Gesetz steht demnach – wie bei Lacan – nicht für eine genuin jüdische Form der Symbolisierung des Selbst-, Welt- und Gottesverhältnisses, sondern für die Regel und die Norm der symbolischen Ordnung, also den ‚großen Anderen' schlechthin.

Die Leistung des Apostels Paulus besteht insofern auch nicht darin, einen anderen religiösen Diskurs an die Stelle des jüdischen Diskurses gesetzt zu haben, sondern darin, jede religiöse Symbolisierung in einem radikalen Sinne relativiert und dem zugrunde liegenden aber verdrängten Realen in neuer

---

[7] Vgl. ebd., 124.
[8] „Das Paradox des Judentums besteht darin, dass es genau dadurch seine Treue zu dem gewaltsamen Gründungsereignis wahrt, dass es dieses Ereignis NICHT eingesteht und symbolisiert" (ebd., 125).
[9] Slavoj Žižek, Die gnadenlose Liebe, Frankfurt a.M. 2001, 13.

Weise zur Geltung verholfen zu haben. Dominik Finkelde formuliert deshalb zutreffend, dass für Žižek „ein wichtiges Moment des Christentums in der Überwindung der Religion schlechthin und damit des ‚großen Anderen' besteht"[10]. Entgegen der traditionellen These von Paulus als dem eigentlichen Religionsstifter des Christentums, erkennt Žižek dessen epochale Bedeutung darin, dass er das christliche Trauma gerade nicht symbolisch verarbeitet, sondern es zum Anlass nimmt, um eine neue Gemeinschaft zu gründen, die sich nicht über eine neue Ordnung des Symbolischen definiert, sondern über die Unmittelbarkeit, mit der jeder einzelne – unabhängig von seiner sozialen und geschlechtlichen Zugehörigkeit – in ein direktes Verhältnis mit Gott treten kann. Genau dazu diene Paulus das – mit Lacans Terminologie gesprochen – neue Herrensignifikat „Christus". Denn Christus ersetze nicht einfach das Gesetz, sondern hebe die Logik der symbolischen Ordnung auf, die sich vor das Reale geschoben habe. „Christus ist derjenige Gott, dessen Entäußerung darauf abzielt, nicht ‚doxa' zu werden."[11] Aus diesem Grund unterzieht Žižek auch die überkommenen doxologisch-dogmatischen Deutungen des Todes Jesu, die seiner Auffassung nach eine unzulässige Symbolisierung und Rationalisierung des Kreuzesgeschehens darstellen, einer scharfsinnigen Kritik.[12]

Was übrig bleibt ist ein interpretierender Umgang mit den christlichen Zentralsymbolen von Kreuz und Auferstehung, den Žižek auf drei Überlegungen stützt. Erstens sei bereits die Verkündigung Jesu dadurch gekennzeichnet, dass er die dem Opfergedanken zugrunde liegende Tauschlogik als religiöse Kategorie infrage stelle und überwinde. Zweitens dürfe deshalb auch sein Tod nicht als Opfer im Sinn der religiösen Tauschlogik, sondern müsse als Selbstauslöschung bzw. Selbstopferung Jesu verstanden werden. Daraus folgt drittens, dass Christus als Mittler gedacht werden müsse, der zur Vermittlung zwischen Gott als Geist und der Gemeinde dient, indem er selbst als Mittler verschwindet. Žižek spricht deshalb an mehreren Stellen vom verschwindenden Vermittler und formuliert im Anschluss an Hegel: „Christus ist einerseits der verschwindende Vermittler bzw. das verschwindende Medium, durch dessen Tod Gottvater selbst in den Heiligen Geist ‚übergeht', und andererseits der verschwindende Vermittler bzw. das verschwindende Medium, durch dessen Tod die menschliche Gemeinschaft in den neuen spirituellen Zustand ‚übergeht'."[13] Das Verb „übergehen" setzt Žižek dabei in Anführungszeichen, um deutlich zu machen, dass er hier keine metaphysische Soteriologie vertritt, sondern eine materialistische Deutung der dem Christentum zugrunde liegenden symbolischen Struktur unternimmt.[14]

Vor dem Hintergrund dieser materialistischen Umdeutung des christlichen Heilsereignisses erfahren auch zwei zentrale Begriffe der paulinischen Theo-

---

[10] Dominik Finkelde, Politische Eschatologie nach Paulus. Badiou – Agamben – Santner, Wien 2007, 79.
[11] Ebd., 94.
[12] Vgl. Žižek, Die gnadenlose Liebe, 21ff.
[13] Ebd., 26.
[14] Vgl. ebd., 10.

logie, nämlich Freiheit und Liebe, ihre inhaltliche Füllung. Die christliche Freiheit im Sinne des Paulus wird nämlich von Žižek als Befreiung von jeder religiös-symbolischen Ordnung verstanden, der wiederum ein radikales Plädoyer für die Liebe entspricht. Und die christliche Liebe wiederum wird verstanden als radikale Zuwendung zum Einzelnen jenseits seiner Zugehörigkeit zu einer bestimmten religiösen gesellschaftlichen oder geschlechtlichen Ordnung. Das neue Prinzip des Christentums gegenüber dem Judentum wie dem Hellenismus besteht somit darin, keine neue Gesetzes- oder Kosmosordnung zu etablieren, sondern die Unmittelbarkeit des Zugangs zur Universalität für jedes Individuum, also in reformatorischer Terminologie die Reichsunmittelbarkeit jedes Einzelnen zu Gott ins Zentrum zu rücken.[15] „Aus diesem Grund bilden die Anhänger Christi eine Gemeinschaft, die mit der Hierarchie der gesellschaftlichen Ordnung gebrochen haben und sie als etwas fundamental *Irrelevantes* zu behandeln beginnen ..."[16]

Trotzdem versteht Žižek das Christentum keineswegs in einem modernen und liberalen Sinn als individuelle Privatreligion, sondern übernimmt die hegelsche Deutung des Ostergeschehens als Auferstehung in den Geist der Gemeinde. Der Geist des Christentums realisiert sich in der Gemeinde als einer subversiven Gemeinschaft, deren kollektive Identität darin besteht, dass sie im Medium ihres neuen Herrensignifikates ‚Christus' die Erinnerung an die revolutionäre Gründungsgeste bewahrt und zu einer egalitären Auffassung über den Status ihrer Mitglieder kommt. Diesen Zusammenhang zwischen einem revolutionären Akt und seiner sozialen Institutionalisierung hat Žižek vor Augen, wenn er in provozierender Weise von dem wahrhaft leninistischen Werk des Paulus spricht.

Die Lehre des Paulus besteht also zuletzt darin, dass es überhaupt keine neue christliche Lehre gibt, sondern eine neue Gemeinschaft derer, die in Christus die Befreiung vom Gesetz, d.h. von *jeder* symbolischen, kultischen, gesellschaftlichen, religiösen und politischen Ordnung sehen und an deren Stelle die ‚Wahrheit' der radikalen vorbehaltlosen Liebe setzen. Das Wesen und der subversive Kern des Christentums zugleich ist das Wahrheits-Prinzip der Freiheit zur Liebe. Und genau darin erkennt Žižek ein brisantes politisches Programm von aktueller Bedeutung. Denn seine Pauluslektüre verdankt sich keineswegs einer distanzierten akademischen Bemühung, sondern einem geradezu agitatorischen politischen Interesse. Žižek meint nämlich bei Paulus ein politisches Strukturmodell von bleibender Aktualität zu erkennen, das den einzigen Zugang zur Wahrheit in einem radikal subjektiven Wahrheitsereignis verortet und dessen nachträgliche Institutionalisierung in einem politischen Gemeinwesen erfordert. So wie Paulus seine Wahrheit vor Damaskus in einem unableitbaren radikal subjektiven Akt der Berufung oder Bekehrung erfahren hat, so plädiert auch Žižek dafür, im radikal subjektiven Ergreifen der Wahrheit, die eigene Identität als politisiertes Subjekt neu zu

---

[15] Vgl. Žižek, Das fragile Absolute, 131.
[16] Ebd., 131.

erfinden. Zu Recht macht Lukas Bormann[17] deshalb darauf aufmerksam, dass es sich bei der neuen philosophischen Paulusdeutung eines Badiou, Agamben und Žižek um eine säkularisierte, aber politisierte Konversionsliteratur handelt. Und Finkelde wiederum hat m.E. überzeugend gezeigt, dass sich Žižek dabei von allen diskursethischen und kommunitaristischen Politik-Modellen abgrenzt, die – wie z.B. Jürgen Habermas – in einem methodisch geregelten und transparenten Verfahren zur politischen Meinungs-, Konsens- und Identitätsbildung gelangen wollen. Demgegenüber setzen die neuen Pauliner auf den unableitbaren, subjektiv-dezisionistischen Akt. Žižek geht es dabei vor allem darum, im Zuge der eigenen politischen Konversion auf dasjenige Herrensignifikat zu setzen, das das vom Symbolischen ausgeschlossene Reale vertritt. Dass das heute nicht mehr der Christusname ist, sondern das erotische Begehren, wie Žižek letztlich meint, ist für seine materialistische Deutung der subversiven Struktur des Christentums kein Problem. Aber es ist ein Problem für die Theologie, die sich von einer derartigen Deutung einen theologischen Erkenntnisgewinn verspricht. Denn ihr kann es keineswegs egal sein, wenn es Žižek bei seiner Lektüre des Paulus nur um die Funktion radikal-subjektiver Wahrheitsfindung geht und nicht um das, was sich damit im Anschluss an die beiden Namen Jesus und Paulus inhaltlich verbindet. Žižeks Beitrag für ein theologisches Verständnis des Apostels Paulus hält sich deshalb nach meinem Urteil in überschaubaren Grenzen.

Am deutlichsten treten diese Grenzen im Zusammenhang mit den unhaltbaren Stereotypisierungen von Judentum und Christentum hervor, die mit einer Reihe von historischen wie sachlichen Fehlurteilen sowie einem unverhohlenen Antijudaismus verbunden sind. Das im Einzelnen nachzuweisen kann und soll hier nicht meine Aufgabe sein. Was Žižek dagegen zu Recht gesehen hat, ist die Bedeutung des Inkarnationsgedankens sowie der Motive von Tod und Auferstehung im Christentum einschließlich der paulinischen Deutung dieser Motive mit Hilfe einer weniger opfertheologischen als korporativen Semantik, die sich mit den paulinischen Theologumena des *Leibes Christi* und des *In-Christus-Seins* verbindet. Und nicht zuletzt die politische Bedeutung der paulinischen Botschaft, die ein stark antiimperiales Moment beinhaltet, hat Žižek – neben Badiou und Agamben – in neuer Weise hervorgehoben. Zugegeben, das muss man nicht bei Žižek, sondern kann es auch in der theologischen Paulusforschung lesen, zumal wesentlich differenzierter – sowohl in der älteren, etwa bei Ferdinand Christian Baur und Albert Schweitzer, als auch und vor allem in der inzwischen umfänglichen Forschungsliteratur zur *New Perspective on Paul*.[18]

---

[17] Vgl. Lukas Bormann, Die Radikalität des Paulus. Die neuen philosophischen Paulusinterpretationen und die neutestamentliche Wissenschaft, in: Rosenzweig Jahrbuch / Rosenzweig Yearbook 4 / Jahrbuch 4 (2009) Paulus und die Politik / Paul and Politics, 134–155.
[18] Vgl. Christine Gerber, Blicke auf Paulus. Die New Perspective on Paul in der jüngeren Diskussion, in: Verkündigung und Forschung 55 (2010), 45–60.

Christian Strecker

Schwellendenken

Zur liminalen Philosophie und Pauluslektüre Giorgio Agambens

Auf Einladung des Dichters René Char hielt Martin Heidegger in den Jahren 1966, 1968 und 1969 im ländlichen Idyll der französischen Provence, in Le Thor, drei philosophische Seminare ab, denen 1973 ein viertes in Zähringen folgte.[1] Unter der sehr kleinen Schar auserwählter Teilnehmer befand sich während der beiden ersten Seminare der damals vierundzwanzig- bzw. sechsundzwanzigjährige Giorgio Agamben. In einem 2001 gegebenen Interview erinnert er sich daran wie folgt:

„Das zweite Seminar mit Heidegger fand im Sommer 1968 zwischen dem Prager Frühling und dem Einmarsch der Sowjets in die Tschechoslowakei statt. In der Seminarpause fiel häufiger der Name Arendt, zusammen mit dem von Herbert Marcuse. Ich las zu dieser Zeit außer Benjamin und Guy Debord auch Arendt. Heidegger gab mir die Adresse und sagte, dass ich ihr schreiben und seinen Namen dabei erwähnen könne. Ich habe Arendt allerdings nie persönlich getroffen; unsere Begegnung beschränkte sich auf einen kurzen Briefwechsel. Sie war immerhin so großzügig, dass sie in die deutsche Ausgabe ihrer Essays über ‚Macht und Gewalt' eine Fußnote einfügte, um einen Artikel zu den Grenzen der Gewalt zu zitieren, den ich ihr geschickt hatte."[2]

Der erwähnte Brief, den Agamben im Jahr 1970 an Hannah Arendt sandte, ist im Arendt-Archiv erhalten. Agamben schreibt darin: „I am a young writer and essayist for whom discovering your books last year has represented a decisive experience. May I express here me gratitude to you, and that of those who, along with me, in the gap between past and future, fell all the urgency of working in the direction you pointed out."[3] Über die bloße Ehrerbietung hinaus wird der Einfluss Hannah Arendts auf den jungen Agamben[4] in diesem Brieftext nicht zuletzt in der Wortwahl und einer einschlägigen Formulierung greifbar. So nimmt Agamben mit seiner Selbstdeklarierung als „Essayist" – bewusst oder unbewusst – auf jenen Schreibstil Bezug,

---

[1] Vgl. dazu Martin Heidegger, Vier Seminare (Le Thor 1966, 1968, 1969 – Zähringen 1973), in: ders., Seminare, GA 15, Frankfurt a.M. 1986, 267–421. Die Schriften Heideggers werden hier und im Folgenden zitiert nach Martin Heidegger, Gesamtausgabe, Frankfurt a.M. 1975ff. (= GA).

[2] Das unheilige Leben. Ein Gespräch mit dem italienischen Philosophen Giorgio Agamben (Interview von Hanna Leitgelb und Cornelia Vismann), in: Literaturen 1/2001, 17–21, hier 18.

[3] Zit. nach Vivian Liska, Giorgio Agambens leerer Messianismus, Wien 2008, 10.

[4] Zum Verhältnis der Philosophien Hannah Arendts und Giorgio Agambens vgl. Eva Geulen / Kai Kauffmann / Georg Mein (Hg.), Hannah Arendt und Giorgio Agamben. Parallelen, Perspektiven, Kontroversen, Paderborn/München 2008.

der Hannah Arendts Werk maßgeblich prägte.⁵ Zudem rekurriert die Beschreibung der Entdeckung der Bücher Arendts als entscheidende „Erfahrung" auf einen Schlüsselbegriff ihres Denkens.⁶ Auffällig und bedeutsam ist aber v.a. Agambens Verortung der eigenen Person samt der ihm Gleichgesinnten in der „Lücke zwischen Vergangenheit und Zukunft". Damit knüpft er offenkundig an Hannah Arendts Essaysammlung „Between Past and Future" aus dem Jahr 1961 an, die 1968 in einer zweiten, erweiterten Auflage erschien. Die besagte Formulierung ist eine wörtliche Wiedergabe der Überschrift des von Arendt eigens für den Sammelband verfassten Vorwortes.⁷

Darin legt Arendt dar, dass und inwiefern ihre Essays als Übungen im politischen Denken zu begreifen seien. Die besagte Lücke zwischen Vergangenheit und Zukunft ist für sie jener „schmale Weg der Nicht-Zeit, den die Tätigkeit des Denkens in den Zeit-Raum der sterblichen Menschen schlägt und in den hinein Denken, Erinnerung und Antizipation aus dem Trümmerhaufen der geschichtlichen und biographischen Zeit das retten, was immer sie auf ihrem Gang berühren"⁸. Diese Lücke, „die einzige Sphäre, in der Wahrheit eventuell erscheinen mag"⁹, wurde Arendt zufolge jahrtausendelang durch die stabilisierende Kraft der Tradition überbrückt. Mit dem Fortschreiten der Moderne sei indes die Kraft der Tradition infolge der manifesten politischen Umbrüche totaler Herrschaft verlorengegangen. Die Erfahrung des Denkens erweise sich nun als eine, in welcher der Mensch, in der Kampflinie zwischen den aufeinander prallenden Wellen der Vergangenheit und der Zukunft stehend, diesen als dritte Kraft im eingesprengten Intervall widerständig standzuhalten habe, um die Zeiten dergestalt als eine Art Schiedsrichter unparteiisch beurteilen zu können. Diesen Gedanken gestaltet Arendt mittels einer recht eigenwilligen Deutung der Parabel „Er" von Franz Kafka genauer aus.¹⁰

Mit seiner Verortung „in the gap between past and future" gibt sich der junge

---

⁵ Vgl. dazu Elisabeth Young-Bruehl, Hannah Arendt. Leben, Werk und Zeit, Frankfurt a.M. 1986, 389: „Essays waren Arendts beste Ausdrucksform. Sie baute alle ihre Bücher aus essayähnlichen Teilen auf, wobei sie manchmal vergaß, die Übergänge zwischen den Teilen zu glätten, wenn sie in Buchform herauskamen."
⁶ Vgl. zur erfahrungsorientierten Philosophie Arendts im Näheren Claudia Althaus, Erfahrung denken. Hannah Arendts Weg von der Zeitgeschichte zur politischen Theorie, Göttingen 2000.
⁷ Vgl. zum Folgenden die deutsche Übersetzung in: Hannah Arendt, Zwischen Vergangenheit und Zukunft. Übungen im politischen Denken I, München/Zürich ²2000, 7–19.
⁸ Ebd., 17.
⁹ Ebd., 18.
¹⁰ Die Bestimmung der reflexiven Tätigkeit des Denkens als Lücke in der Zeit begegnet in überarbeiteter Form in Arendts Spätwerk wieder; vgl. dazu Hannah Arendt, Vom Leben des Geistes I: Das Denken, München u.a. 1979, bes. 198–208; s. dazu auch Dag Javier Opstaele, Politik, Geist und Kritik. Eine hermeneutische Rekonstruktion von Hannah Arendts Philosophiebegriff, Würzburg 1999, 87–99. Im Übrigen bestimmte Arendt bereits 1946 Hermann Brochs Werk in einer Rezension dessen Romans „Der Tod des Vergil" als Bindeglied über die Kluft respektive den leeren Raum zwischen der unwiederbringlich verlorenen Vergangenheit Marcel Prousts und der noch nicht greifbaren Zukunft Franz Kafkas; vgl. Hannah Arendt / Hermann Broch. Briefwechsel 1946–1951, Frankfurt 1996, 169–174; s. dazu Doren Wohlleben, Der Äneas-Mythos. Ethisch-poetische Korrespondenzen und Divergenzen bei Hannah Arendt und Hermann Broch, in: Wolfgang Heuer / Irmela von der Lühe (Hg.), Dichterisch denken. Hannah Arendt und die Künste, Göttingen 2007, 70–83.

Agamben also in Anspielung auf Arendts Denkbild ganz offenkundig als geschichtsbewusster politisch-philosophischer Denker zu erkennen. Aber nicht nur das. Mit der Verortung seiner Person in der „Lücke" der Zeit schlägt er bereits in frühester Zeit ein Thema an, das sein gesamtes Werk durchziehen wird. Immer wieder kommt Agamben in seinen zahlreichen Publikationen auf Lücken, Zwischenräume, Schwellen, Zonen der Unentscheidbarkeit, Ausnahmen, Zäsuren, Suspensionen, Latenzen, Leerstellen, Nullpunkte, Nicht-Orte u.ä.m. zu sprechen. Dies gilt nicht nur für seine vielfältigen philosophisch-politischen und historischen Reflexionen, dies gilt ebenso für seine Gedanken über Kunst, Sprache, Dichtung, Recht, Konsum, Religion, Theologie u.a.m. Ja, dies gilt bis in die Gliederung zumindest einiger seiner Werke hinein. In mehreren seiner Bücher begegnen Kapitel, die wörtlich mit „Schwelle" überschrieben sind.[11] Ganz augenscheinlich spielt die Lücke bzw. die Schwelle eine zentrale, wenn nicht gar *die* zentrale Rolle im Schreiben und Denken Agambens. Man kann Agambens Denken insofern als „Schwellendenken" bezeichnen.[12]

Der vorliegende Beitrag will den Konturen dieses Schwellendenkens und darin den wichtigsten Kernpunkten der Philosophie Agambens nachgehen. Dies soll in ausführlicher Form geschehen, da Agambens Pauluslektüre wesentlich auf seinen grundlegenden philosophischen Einsichten basiert. Zuvor gilt es jedoch, einen Blick auf das „Phänomen Agamben" zu werfen.

1. Zu Giorgio Agamben

Zweifelsohne zählt Giorgio Agamben zu den international meistdiskutierten Philosophen der Gegenwart. Neben der großen Aufmerksamkeit, die seine Bücher regelmäßig in der Tagespresse sowie in Fachzeitschriften erfahren,[13]

---

[11] Vgl. Giorgio Agamben, Idee der Prosa, Frankfurt a.M. 2003 (ital. Originalausgabe 1985), 7.147; das Buch beginnt und endet mit einem Schwellenkapitel. Vgl. ferner ders., Homo sacer. Die souveräne Macht und das nackte Leben (Homo sacer I), Frankfurt a.M. 2002 (ital. Originalausgabe 1995), 74.122.190; ders., Herrschaft und Herrlichkeit. Zur theologischen Genealogie von Ökonomie und Regierung (Homo sacer II.2), Berlin 2010 (ital. Originalausgabe 2007), 30.86.132.170.198.235.302; ders., Höchste Armut. Ordensregeln und Lebensform (Homo sacer IV.1), Frankfurt a.M. 2012 (ital. Originalausgabe 2011), 89.121.195; in den drei Werken werden die Hauptabschnitte jeweils durch Schwellenkapitel unterbrochen bzw. verbunden. Vgl. ferner ders., Die Zeit, die bleibt. Ein Kommentar zum Römerbrief, Frankfurt a.M. 2006 (ital. Originalausgabe 2000), 153; das Buch endet mit einem Schwellenkapitel. Vgl. schließlich die sechs Exkurse „zwischen" dem auf insgesamt acht Tage verteilten Stoff in ders., Die Sprache und der Tod. Ein Seminar über den Ort der Negativität, Frankfurt a.M. 2007 (ital. Originalausgabe 1982), 34.53.70.85.104.135.

[12] Vgl. Raimar Klein, Experimentum linguae. Zum Denken Giorgio Agambens, in: Agamben, Idee der Prosa, 153–171, hier 164. Andreas Bernard nennt Agamben in seinem Artikel „Unverborgen in der Unverborgenheit" in der Süddeutschen Zeitung vom 17.03.2003 einen „Theoretiker der Schwelle", s. auch Vittoria Borsò, Benjamin – Agamben. Biopolitik und Gesten des Lebens, in: dies. u.a. (Hg.), Benjamin – Agamben. Politics, Messianism, Kabbalah, Würzburg 2010, 35–48, hier 44: „Agambens gesamtes Oeuvre sollte als Übergangsraum gelesen werden."

[13] Vgl. u.a. nur Johann Friedrich Hartle, Der Philosoph an der Grenze der Rechtsgemeinschaft, in: literaturkritik.de 11/2003; Florian Fuchs, Heroischer Realist. Giorgio Agamben und die

bezeugen dies zumal die zahlreichen Einführungen[14], Einzelstudien[15] und Sammelbände[16], die in den letzten Jahren zu seiner Philosophie vorgelegt wurden. Dieses beachtliche Interesse an Giorgio Agamben geht nicht zuletzt auf die Kontroversen zurück, die insbesondere die ersten Bände seines Homo-sacer-Projekts auslösten.[17] Fragt man genauer nach, lassen sich für die bemerkenswerte Aufmerksamkeit, die der italienische Philosoph gegenwärtig erfährt, drei Gründe benennen, die zugleich Charakteristika seines Denkstils offenbaren.

(1) Die politisch-philosophischen Studien der Homo-sacer-Buchreihe zeichnen sich durch hohe politische Aktualität aus. Mehr noch: Einige der darin formulierten Thesen erwiesen sich im Nachhinein als geradezu hellsichtig, schienen sie sich doch durch spätere weltpolitische Entwicklungen verblüffend zu bestätigen.[18]

---

apathische Disponibilität, in: literaturkritik.de 10/2004; Uwe-Justus Wenzel, Das Betriebsgeheimnis des Abendlands, in: Neue Zürcher Zeitung vom 21.04.2012; Rolf Spinnler, Ein Sieg über das Siegen, in: Die Zeit vom 17.12.2008; Frank Ruda, Heideggerscher Vitalismus, in: DZPhil 59 (2011), 640–645; s. ferner das Themenheft zum „Agamben Effect" des South Atlantic Quaterly 107/1 (2008) und die Symposien in DZPhil 52 (2004), 929–984 und Theory and Event 13/1 (2010). Nicht selten finden sich darunter auch sehr polemisch gefärbte Artikel; s. nur Daniel Binswanger, Radikal, pauschal, scheissegal, in: Weltwoche 41/2005.

[14] Vgl. Eva Geulen, Giorgio Agamben zur Einführung, Hamburg ²2009; Catherine Mills, The Philosophy of Agamben, Montréal u.a. 2008; Leland de la Durantaye, Giorgio Agamben. A Critical Introduction, Stanford 2009; Alex Murray, Giorgio Agamben, London 2010; Thanos Zartaloudis, Giorgio Agamben. Power, Law and the Use of Criticism, Abingdon / New York 2010; Alex Murray / Jessica Whyte (Hg.), The Agamben Dictionary, Edinburgh 2011; s. ferner Alfonso Galindo Hervás, Política y mesianismo. Giorgio Agamben, Madrid 2005; Edgardo Castro, Giorgio Agamben. Una arqueología de la potencia, Buenos Aires 2010; Alberto Pucheu, Giorgio Agamben: Poesia, Filosofia, Critica, Rio de Janeiro 2010.

[15] Vgl. William Watkin, The Literary Agamben. Adventures in Logopoiesis, London / New York 2010; Colby Dickinson, Agamben and Theology, London / New York 2011; David Kishik, The Power of Life. Agamben and the Coming Politics, Stanford 2011; s. ferner die vergleichenden Studien von Hans-Joachim Schönknecht, Die Verweigerung der Vernunft. Untersuchungen zum Denken von Friedrich Nietzsche, Giorgio Agamben, Benedetto Croce, Norderstedt 2006 und Otto Gusti Ndegong Madung, Politik und Gewalt. Giorgio Agamben und Jürgen Habermas im Vergleich, München 2008.

[16] Vgl. Andrew Norris (Hg.), Politics, Metaphysics, and Death. Essays on Giorgio Agamben's Homo Sacer, Durham 2005; Guillaume Asselin / Jean-François Bourgeault (Hg.), La littérature en puissance. Autour de Giorgio Agamben, Montréal 2006; Janine Böckelmann / Frank Meier (Hg.), Die gouvernementale Maschine. Zur politischen Philosophie Giorgio Agambens, Münster 2007; Matthew Calarco / Steven Decaroli (Hg.), Giorgio Agamben. Sovereignty and Life, Stanford 2007; Nicholas Heron / Justin Clemens / Alex Murray (Hg.), The Work of Giorgio Agamben. Law, Literature, Life, Edinburgh 2008; Vittoria Borsò u.a. (Hg.), Benjamin – Agamben. Politics, Messianism, Kabbalah, Würzburg 2010; Daniel Loick (Hg.), Der Nomos der Moderne. Die politische Philosophie Giorgio Agambens, Baden-Baden 2011; s. ferner den oben in Anm. 4 angeführten Band zu Arendt und Agamben.

[17] Neben den bereits in Anm. 11 genannten Homo-sacer-Bänden umfasst das Projekt bisher folgende Publikationen: Giorgio Agamben, Ausnahmezustand (Homo sacer II.1), Frankfurt a.M. 2004 (ital. Originalausgabe 2003); ders., Das Sakrament der Sprache. Eine Archäologie des Eides (Homo sacer II.3), Berlin 2010 (ital. Originalausgabe 2008); ders., Was von Auschwitz bleibt. Das Archiv und der Zeuge (Homo sacer III), Frankfurt a.M. 2003 (ital. Originalausgabe 1998).

[18] Kritisch zur Rezeption der Werke Agambens als politische Prophezeiungen äußert sich jedoch Borsò, Benjamin – Agamben, 36.

Dies gilt namentlich für den ersten Band des Homo-sacer-Projekts, der im italienischen Original im Jahr 1996 erschien und der Buchreihe den Namen verlieh. Die darin vorgetragene These, das Lager sei im Sinne einer Materialisierung des die souveräne Politik insgesamt kennzeichnenden Ausnahmezustandes das biopolitische Paradigma der Moderne bzw. der „*nómos* der Moderne",[19] erhielt durch die einschneidenden politischen, militärischen und rechtlichen Antworten auf die Terroranschläge am 11. September 2001 in den Vereinigten Staaten – darunter die Errichtung des Gefangenenlagers in der Guantanamo Bay, die Vorkommnisse im US-amerikanischen Militärgefängnis Abu-Ghraib und die in der westlichen Welt allenthalben vorangetriebene Etablierung vielfältiger rechtlicher Ausnahmezustände – besondere politische Brisanz.[20] Seinem 2003 veröffentlichten Buch über den „Ausnahmezustand" war vor diesem Hintergrund von vornherein hohe Aufmerksamkeit sicher. Agamben baute darin seine These vom Ausnahmezustand als herrschendem Paradigma des Regierens weiter aus, u.a. unter Verweis auf den „USA Patriot Act" vom 26.10.2001 und die „military order" vom 13.11.2001.[21] Agambens Spürsinn zeigte sich dann einmal mehr, als er ein Jahr vor der durch die Insolvenz der US-amerikanischen Investmentbank Lehman Brothers ausgelösten Finanzkrise seine Studie „Il Regno e la Gloria" vorlegte, in der er „den Sieg, den gegenwärtig die Ökonomie und die Regierung über jeden anderen Bereich des gesellschaftlichen Lebens davonzutragen scheinen"[22], genealogisch untersuchte. Auch wenn Agamben darin keine finanzwirtschaftlichen Problemzusammenhänge diskutiert, trifft er mit seiner genealogischen Verankerung der Ökonomie in der Geschichte der ökonomischen Theologie doch einen Nerv der Zeit.

Immer wieder geht Agamben in seinen Büchern auf aktuelle politische bzw. gesellschaftliche Verhältnisse und Fragestellungen ein. Dies gilt für die Organspende, den Umgang mit Flüchtlingen, biometrische Erkennungstechniken, Formen des Konsums u.v.a.m. Er präsentiert sich darin als Philosoph, der keine Scheu hat, aktuellen politischen und gesellschaftlichen Herausforderungen zu begegnen. Dies tut er freilich nicht im Stil eines ausgewiesenen Sozialphilosophen. Klassische sozialwissenschaftliche Theorien finden allenfalls am Rande Beachtung. Eine Ausformulierung konkreter, realpolitischer Alternativentwürfe unterbleibt. Stattdessen koppelt Agamben die soziopolitischen Herausforderungen der Zeit – bisweilen dunkel raunend – mit Phänomenen aus Literatur, Kunst und Religion. Diese Mixtur verleiht seinen Ausführungen ein besonderes Charisma.

(2) In den Büchern Agambens begegnen wiederholt aufrüttelnd provokativ formulierte Thesen und Aussagen.

So spricht Agamben im ersten Homo-sacer-Band von einer „innersten Solidarität zwischen Demokratie und Totalitarismus"[23]. In den gegenwärtigen westlichen Gesell-

---

[19] Vgl. Agamben, Homo sacer, 127ff., bes. 175.
[20] Vgl. dazu nur Eva Geulen / Kai Kauffmann / Georg Mein, Vorwort der Herausgeber, in: dies. (Hg.), Hannah Arendt und Giorgio Agamben, 8: „Wenn theoretisch entwickelte und an abseitigem historischem Material veranschaulichte Zeitdiagnosen so unmittelbar von politischen Ereignissen eingeholt und bestätigt werden wie Agambens Studien zum *homo sacer* von der Welt, in der wir uns seit dem September 2001 zurecht finden müssen, dann scheint die eingeforderte Relevanz geisteswissenschaftlicher Arbeit einmal mit Händen greifbar zu sein."
[21] Vgl. Agamben, Ausnahmezustand, 9f.
[22] Agamben, Herrlichkeit, 14.
[23] Agamben, Homo sacer, 20. Agamben räumt freilich ebd. auch ein, er tue dies „mit aller Vorsicht"; s. aber auch ders., Die kommende Gemeinschaft, Berlin 2003 (ital. Originalaus-

schaften, die er unter Rekurs auf Guy Debord als „postdemokratische Spektakel-Gesellschaften" beschreibt,[24] macht er einen „Niedergang der Demokratie" und eine „zunehmende Konvergenz mit totalitären Staaten" aus.[25] Diese Konvergenz liege darin begründet, dass der politische und rechtliche Ausnahmezustand, auf dem die Totalitarismen des 20. Jh.s gründeten, auch in den westlichen Demokratien in verdeckter Form mehr und mehr zur Regel würde.[26] Im Ausnahmezustand öffne sich ein politisch-rechtlicher Schwellenraum, in dem all das, was eigentlich keine legale Form annehmen könne, im Modus der Ausnahme Legalität erlange. Der Ausschluss aus dem Recht werde so ins Recht gesetzt. Diesen legalen Schwellenraum füllten die demokratischen Massengesellschaften durch „Biopolitik", d.h. durch die Produktion von „nacktem Leben", das ohne strafrechtliche Konsequenzen willkürlicher Verfügung und Tötung ausgesetzt werden könne, wie dies in extremster Form ehedem in den nationalsozialistischen Konzentrationslagern der Fall war. Vor diesem Hintergrund erhebt Agamben, wie bereits erwähnt, das Lager zum zentralen biopolitischen Paradigma der Moderne. Als „Ausnahmeraum", in dem angesichts der Suspendierung des Gesetzes prinzipiell alles möglich sei, gehöre das Lager keineswegs der faschistischen Vergangenheit an, es erweise sich vielmehr als „versteckte Matrix, als ... *nomos* des politischen Raums, in dem wir immer noch leben"[27]. Der Begriff des Lagers darf dabei nicht im herkömmlichen Sinn auf architektonisch klar identifizierbare Ensembles rigoroser Einsperrung beschränkt werden, er markiert bei Agamben vielmehr jenen sich in unterschiedlichsten Umfeldern materialisierenden „Raum, der sich öffnet, wenn der Ausnahmezustand zur Regel zu werden beginnt"[28]. Die Konkretisierungen, die Agamben für die zunehmende Ausbreitung von Ausnahmeräumen und -zuständen anführt, stecken nun ein bemerkenswert weites Feld ab: Sie reichen vom Fußballstadion in Bari, in dem die italienische Polizei 1991 albanische Flüchtlinge einsperrte, über die *zones d'attentes* („Wartezonen") in internationalen französischen Flughäfen, die zur vorübergehenden Festsetzung von Asylsuchenden eingerichtet wurden, bis hin zu den sog. *gated communities*, den geschlossenen, dem öffentlichen Raum entzogenen Wohnanlagen und -bezirken der Reichen.[29] An dieser Auflistung ist freilich nicht nur der Umstand befremdlich, dass sie keinen Unterschied zwischen erzwungenem Arrest und freiwilliger Abschottung macht. Befremdlicher noch ist, dass Agamben die besagten Beispiele für Inhaftierungen und Abschottungen letztlich in eine Reihe mit den Lagern der Nationalsozialisten stellt,[30] die anders als die genannten Beispiele auf unvergleichliche Weise gezielt der industriell organisierten massenhaften Tötung von Menschen dienten. Auch wenn Agamben ausdrücklich an der „Singularität" des mit dem Namen Auschwitz verbundenen Menschheitsverbrechens festhält,[31] verstört seine „paradigmatische"[32] Heranziehung der national-

---

gabe 2001), 59: „Aus rein politischer Sicht sind Faschismus und Nazismus keine Zustände, die überwunden wären: noch immer steht unser Leben in ihrem Zeichen."

[24] Vgl. Guy Debord, Die Gesellschaft des Spektakels, Berlin 1996; s. dazu Giorgio Agamben, Mittel ohne Zweck. Noten zur Politik, Zürich/Berlin ²2006, 65–79.

[25] Agamben, Homo sacer, 20; s. auch ders., Mittel ohne Zweck, 76: „Entgegen allem Anschein droht die Organisation des Global-Demokratisch-Spektakulären ... die schlimmste Tyrannis zu werden, die in der Geschichte der Menschheit je dagewesen ist."

[26] Vgl. Agamben, Ausnahmezustand.

[27] Agamben, Mittel ohne Zweck, 37; s. ferner ebd., 42.

[28] Ebd., 38 (im Original kursiviert).

[29] Vgl. ebd., 40f.; s. auch Agamben., Homo sacer, 183f.

[30] Vgl. insgesamt Agamben, Mittel ohne Zweck, 37–43; ders., Homo sacer, 175–189.

[31] Vgl. Agamben, Auschwitz, 28.137.

sozialistischen Vernichtungslager. Dies gilt ebenso für die mit dem Lagerparadigma aufs Engste verknüpfte These, in heutiger Zeit erschienen „in einem besonderen, aber sehr realen Sinn alle Bürger als *homines sacri*", ja „wir alle" seien „virtuell *homines sacri*".[33] Die Figur des *homo sacer*, auf die sich Agamben hierbei bezieht, entstammt dem archaischen römischen Recht. Der Begriff stand dort für einen Menschen, der straflos getötet, aber nicht geopfert werden durfte. Agamben sieht in dieser Figur die im Ausnahmezustand realisierte biopolitische Reduktion des Menschen auf das nackte Leben grundlegend verkörpert.[34] Namentlich die Lagerinsassen der Konzentrationslager sind für ihn im strukturellen Sinn *homines sacri*. Mit seiner darüber hinausgehenden Applikation dieser Figur auf „alle Bürger" in den westlichen demokratischen Staaten will er offenbar andeuten, dass sich die staatliche biopolitische Reduktion des Menschen auf das nackte Leben gegenwärtig keineswegs mehr nur wie bei den Nationalsozialisten auf bestimmte Bevölkerungsgruppen und Individuen konzentriert, sondern potenziell jeden treffen kann. Agamben diskutiert diesbezüglich u.a. den rechtlichen Status von Komatösen und die Problematik der Hirntoddefinition im Kontext der Organspende.[35] Vermittelt über die paradigmatische Konzeptfigur des *homo sacer* werden dergestalt nun aber erneut alle bestehenden Differenzen eingeebnet und Komatöse mit Insassen der nationalsozialistischen Vernichtungslager auf eine Stufe gestellt. Mehr noch, Agamben formuliert im Kontext seiner *homo-sacer*-Paradigmatik äußerst merkwürdige Vergleiche, so, wenn er schreibt, „in jedem Fußballspiel in unseren Stadien, ... in jeder Fernsehübertragung" wiederhole sich das Fußballspiel zwischen SS-Mitgliedern und der Mannschaft der Sonderkommandos in den Konzentrationslagern.[36] In die Reihe solch befremdlicher Parallelisierungen gehört dann auch die im Hinblick auf die Produktion von *homines sacri* formulierte Behauptung, wonach „ein Ausflugswochenende auf den europäischen Autobahnen mehr Tote produziert als eine Kriegsaktion"[37]. Ernster zu nehmen, aber ebenfalls herausfordernd ist Agambens Verknüpfung der Menschrechtserklärungen mit der Produktion von *homines sacri*. Hannah Arendts kritische Anmerkungen zur Allgemeinen Erklärung der Menschenrechte radikalisierend,[38] macht Agamben diese Verknüpfung zumal an der Begründungslogik der Menschenrechte fest. Diese schreibe, so Agamben, vermittels der Akzentuierung des Prinzips der Nativität, also des Faktums der Geburt, das nackte Leben in die politisch-juristische Ordnung ein.[39] Geradezu „bizarr"[40] mutet sodann jene Auswahl von Beispielen an, die Agamben am Ende seines ersten Homo-sacer-Bandes präsentiert, um die von ihm postulierte, für das Abendland typische Ununterscheidbarkeit von Biologie und Politik, von nacktem

---

[32] Agamben sieht im „Paradigma" Partikularität bzw. Singularität und Universalität auf unentscheidbare Weise gemeinsam aufgehoben. Näheres dazu unter Punkt 2.3.

[33] Agamben, Homo sacer, 121.124.

[34] Vgl. dazu insgesamt ebd., 81ff.

[35] Vgl. ebd., 169–174.

[36] Vgl. Agamben, Auschwitz, 22f.

[37] Agamben, Homo sacer, 124; s. auch ders., Gemeinschaft, 49f.; dort thematisiert Agamben „die langen Reihen der anonymen, nackten Körper, die im Lager ihrem Tod entgegengehen[,] und die abertausend verstümmelten Leichen der Schlachthausszenen, die auf den Autobahnen mittlerweile zum Alltag gehören".

[38] Vgl. Hannah Arendt, Elemente und Ursprünge totaler Herrschaft, München/Zürich 1986, 452ff.; s. dazu Christoph Menke, Die „Aporie der Menschenrechte" und das „einzige Menschenrecht". Zur Einheit von Hannah Arendts Argumentation, in: Geulen u.a. (Hg.), Hannah Arendt und Giorgio Agamben, 131–147.

[39] Vgl. Agamben, Homo sacer, 135–144; s. dazu auch Andrew Schaap, Human Rights, in: Murray/White (Hg.), Agamben Dictionary, 101f.

[40] So nicht zu Unrecht Geulen, Agamben zur Einführung, 114.

Leben und souveränem Agieren im Ausnahmezustand zu veranschaulichen. Ohne auf die unverkennbaren Differenzen zwischen den Fallbeispielen auch nur ansatzweise einzugehen, stellt Agamben darin das Leben des *flamen Dialis*, einem der höchsten Priester im alten Rom, neben das Leben des *homo sacer* und des Verbannten, ferner die Person Hitlers als Führer im Dritten Reich neben die auf der Schwelle zum Tod sich befindlichen Lagerinsassen in den Vernichtungslagern, die sog. Muselmänner, und das Agieren des Biologen Edward O. Wilson, der seinen eigenen Körper als Forschungs- und Experimentierlabor gebrauchte, neben den Fall der komatösen Karen Quinlan.[41] Agamben räumt freilich selbst ein, dass die Auswahl „extrem, wenn nicht gar einseitig provokativ erscheinen [mag]"[42]. Das Befremden aber bleibt. Auf andere Weise taktlos ist es dann auch, wenn Agamben in einer kritischen Replik auf die Diskursethik „Professor Apel" – gemeint ist selbstredend Karl-Otto Apel – virtuell ins Vernichtungslager versetzt.[43] Agambens Neigung zu gewagten Zuspitzungen kommt darüber hinaus bei vielen weiteren Themen zum Vorschein. So ist man seltsam berührt, wenn man liest, wie der Philosoph im Rahmen seiner noch zu erörternden Theorie der Profanierung gar darüber nachsinnt, was es denn bedeuten könnte, die „Defäkation [zu] profanieren", um schließlich zu dem Ergebnis zu gelangen, es ginge wohl darum, „einen neuen Gebrauch der Exkremente zu erlernen, wie es die Kinder auf ihre Weise versuchten, bevor die Repression und die Absonderung eingriffen"[44].

Alle diese Beispiele zeigen: Agamben tendiert zu radikalem Denken. Regeln und konkrete Lebenszusammenhänge beleuchtet er vom Extremfall bzw. von der Ausnahme her.[45] Dazu dürfte er nicht zuletzt auch durch Walter Benjamin inspiriert worden sein.

In dem 1934 erschienenen Beitrag zum gegenwärtigen Standort des französischen Schriftstellers zitiert Benjamin den von ihm geschätzten, sich damals für die kommunistische Partei engagierenden André Gide wie folgt: „Ich ging in jeder Richtung ..., die ich einschlug, bis zum äußersten, um sodann mit derselben Entschiedenheit der entgegengesetzten mich zuwenden zu können." Dazu führt Benjamin aus: „Dies grundsätzliche Verneinen jeder goldenen Mitte, dies Bekenntnis zu den Extremen ist Dialektik, nicht als Methode eines Intellekts, sondern als Lebensatem und Passion. Die Welt ist auch in den Extremen noch ganz, noch gesund, noch Natur. Und was ihn diesen Extremen zutreibt, das ist nicht Neugier oder apologetischer Eifer, sondern dialektische Leidenschaft."[46] Wie sehr sich in dieser Notiz Benjamins eigene dialekti-

---

[41] Vgl. Agamben, Homo sacer, 191–196.
[42] Ebd., 196.
[43] Vgl. Agamben, Auschwitz, 57.
[44] Giorgio Agamben, Profanierungen, Frankfurt a.M. 2005 (ital. Originalausgabe 2005), 84f.; vgl. dazu ders., Nacktheiten, Frankfurt a.M. 2009, 167–169.
[45] Auf die eine oder andere Weise gilt dies für viele Philosophen. Vgl. dazu grundsätzlich Alexander García Düttmann, Philosophie der Übertreibung, Frankfurt a.M. 2004. Düttmann geht ebd., 170–174 auch auf Agamben ein. Die elfte Feuerbachthese von Marx abwandelnd, betont auch Peter Sloterdijk: „Die Philosophen haben den Gesellschaften nur verschieden geschmeichelt; es kommt darauf an, sie zu provozieren" (Die Verachtung der Massen, Frankfurt a.M. 2000, 62f.).
[46] Walter Benjamin, Zum gegenwärtigen gesellschaftlichen Standort des französischen Schriftstellers, GS II/2, Frankfurt a.M. 1977, 778–804, hier 795. Die Schriften Benjamins werden im Folgenden, sofern nicht anders vermerkt, zitiert nach Walter Benjamin, Gesammelte Schriften, hg. v. R. Tiedemann / H. Schweppenhäuser, Frankfurt a.M. 1972–1999 (= GS).

sche Orientierung an Extremen kundtut, dokumentiert ein auf den 29. Mai 1926 datierter Brief an Gerhard (später Gershom) Scholem, in dem Benjamin offenbart, wie er verfahren wolle, sollte er selbst der Kommunistischen Partei beitreten: „Immer radikal, niemals konsequent in den wichtigsten Dingen zu verfahren, wäre auch meine Gesinnung."[47] Eine solche radikale Gesinnung ist auch dem Werk Agambens eigen.

(3) Giorgio Agambens Bücher bestechen durch ihre beeindruckende Gelehrtheit. Durchgängig begegnen darin vom *mainstream* der Forschung kaum beachtete Autoren, entlegene Schriften, Legenden und Gedichte, wenig erörterte Ereignisse und Kunstwerke.

Das von ihm herangezogene Material deckt den gesamten Bereich der europäischen Kultur ab, und zwar von der Antike, über das Mittelalter bis in die Neuzeit und Moderne hinein. Mit der Vielfalt dieses großen Erbes zeigt er sich sowohl in dessen griechisch-hellenistischer, jüdischer, christlicher wie auch arabisch-islamischer Ausprägung gut vertraut. Entscheidend ist aber v.a., dass er dieses große Erbe samt der besonderen Erbstücke, die seiner Meinung nach zu Unrecht vergessen, verdrängt oder vernachlässigt wurden, mit politischen, ökonomischen und soziokulturellen Erscheinungen der jüngeren Vergangenheit und der Gegenwart auf originelle Weise zu korrelieren versteht. Die daraus entstehenden Konstellationen zeitlich z.T. weit auseinanderliegender Phänomene fördern nicht selten Überraschendes zutage und eröffnen Perspektiverweiterungen, die es gestatten, die teilweise durchaus anstrengende Lektüre der Bücher Agambens immer wieder als Gewinn für sich verbuchen zu können, und zwar unabhängig davon, ob man den besagten Perspektiven und Einsichten im Einzelnen jeweils zustimmen mag oder nicht. Dieser Perspektivgewinn rührt auch daher, dass Agamben sich auf unterschiedlichsten Forschungsfeldern bewegt und beharrlich den komplexen Beziehungen und Schwellenräumen zwischen Recht, Politik, Philosophie, Literatur, Dichtung, Geschichte, Kunst und Theologie nachspürt. Sein Werk ist interdisziplinär angelegt. Es unterminiert ganz bewusst die gängige „Disziplinierung" des Denkens, wie sie sich in den sonst üblichen strikten Arbeitsteilungen auf den Feldern der sog. Geisteswissenschaften manifestiert. Darin setzt Agamben auf seine Weise ein zentrales Anliegen der progressiven Universalpoesie der Frühromantik fort.[48] Nicht unerwähnt darf bleiben, dass Agambens besonderer Umgang mit historischem Material in Anbetracht der jüngeren geschichtswissenschaftlichen Grundlagendebatte zumal auch im Hinblick auf die viel diskutierte Frage nach der angemessenen Repräsentation von Geschichte eine gewisse Relevanz und Brisanz besitzt.[49] Darüber hinaus verleiht die intensive Berücksichtigung religiöser Themen und die Rezeption theologischer und besonders auch messianischer Denk-

---

[47] Walter Benjamin, Briefe I–II, 2 Bde., hg. v. G. Scholem / Theodor W. Adorno, Frankfurt a.M. 1978, hier I, 425.

[48] Murray, Agamben, 36 merkt unter Verweis auf andere Parallelen an: „[T]here is work to be done on exploring Agamben's debt to German romanticism"; s. zum Thema auch ebd., 97f. und Geulen, Agamben zur Einführung, 36f.

[49] Näheres zur Grundlagendebatte bei Christian Strecker, Das Gewesene, das Fremde und die Exegese. Die jüngeren Grundlagendebatten in Geschichtswissenschaft und Kulturanthropologie und ihre Bedeutung für die biblische Wissenschaft, in: Kontexte der Schrift II: Kultur, Politik, Religion, Sprache – Text, FS W. Stegemann, hg. v. Chr. Strecker, Stuttgart 2005, 120–131, bes. 121–127.

figuren dem Werk Agambens eine besondere Strahlkraft.⁵⁰ Seine Arbeit fügt sich so der allenthalben zu beobachtenden „Wiederkehr der Religion" in der geisteswissenschaftlichen Forschung ein.⁵¹

All die genannten Besonderheiten weisen Agamben als Denker aus, der sich abseits der ausgetretenen schulphilosophischen Pfade bewegt. Dies mag mit ein Grund dafür sein, weshalb die Rezeption seines Werkes hierzulande mit großer Verspätung einsetzte. Auf diese Verzögerung hin befragt, antwortete er im Jahr 2001 mit folgender Bemerkung: „Vielleicht gibt es in Bezug auf die Rezeption generell eine Besonderheit. Deutschland war ja bis vor wenigen Jahren ein Land, in dem man in bestimmten akademischen Zirkeln sagen konnte, dass Michel Foucault oder Gilles Deleuze keine ernst zu nehmenden Denker seien. Das würde man in Amerika oder Frankreich oder an irgendeinem anderen Ort nun wirklich nicht sagen."⁵² Auch wenn inzwischen eine größere Offenheit herrscht, bleibt Agamben für viele ein philosophischer Grenzgänger. Dieser Status entspricht seiner Schwellenkundigkeit, die es nun zu erkunden gilt.

2. Philosophische Schwellenkunde

2.1 Zwischen Schwellendenkern: Martin Heidegger und Walter Benjamin

In Agambens Büchern ist der Einfluss vieler Denkerinnen und Denker vernehmbar. Neben der bereits erwähnten Hannah Arendt sind u.a. Michel Foucault, Guy Debord und Carl Schmitt zu nennen, aber auch antike Denker wie Aristoteles. Zwei Philosophen stechen indes besonders hervor: Martin Heidegger und Walter Benjamin. Deren Bedeutung für Agambens Philosophie lässt sich kaum überschätzen.⁵³ Nicht zufällig nehmen philosophische

---

[50] Vgl. Liska, Agambens leerer Messianismus, 5: „Vor allem beruht das Charisma Agambens auf der Indienstnahme theologischer Begriffe, die sein Denken in eine vielschichtige Tradition einbetten und ihm Tiefe und Glanz verleihen, ihn aber auch den Versuchungen des Absoluten aussetzen."

[51] Vgl. dazu Andreas Nehring / Joachim Valentin (Hg.), Religious Turns – Turning Religions. Veränderte kulturelle Diskurse, neue religiöse Wissensformen (ReligionsKulturen 1), Stuttgart 2008.

[52] Agamben, Das unheilige Leben, 22.

[53] Agamben lernte Martin Heidegger, wie eingangs dieses Beitrags dargelegt, noch persönlich kennen. Agambens zweite Buchpublikation, die ein Jahr nach Heideggers Tod erschien, ist ihm gewidmet (vgl. Giorgio Agamben, Stanzen. Das Wort und das Phantasma in der abendländischen Kultur, Zürich/Berlin 2005 [ital. Originalausgabe 1977], 17). Die große Bedeutung, die Walter Benjamin für Agamben hat, zeigt sich u.a. darin, dass er Benjamins Werke auf Italienisch herausgab. Aber nicht nur das: Agamben machte sich auf die Suche nach verschollenen Manuskripten Benjamins und wurde fündig. Zu seinen Funden zählt neben Benjamins Sonetten an Heinle und einem Typoskript der Berliner Kindheit u.a. Benjamins in frz. Sprache abgefasstes Handexemplar seiner berühmten geschichtsphilosophischen Thesen; vgl. Walter Benjamin, Thèses sur le concept d'histoire – Französische Fassung. Faksimile und Transkription, in: ders., Über den Begriff der Geschichte, Werke und Nachlaß. Kritische Gesamtausgabe 19, hg. v. G. Raulet, Berlin 2010, 44–68. Näheres zu den Hintergründen und der Bedeutung des Manuskriptfundes ebd., 172.193–196; s. zu den Funden insgesamt auch

Reflexionen über Sprache, Literatur, Dichtung, Kunst, Geschichte und Religion in Agambens Werk einen ebenso zentralen Raum ein wie dies in den Werken Heideggers und Benjamins der Fall ist. Mit seiner Orientierung an Heidegger und Benjamin bringt Agamben freilich zwei Denker ins Spiel, die unterschiedlicher kaum sein könnten. Nicht nur in ihrer politischen Ausrichtung, ihren Einstellungen gegenüber moderner Kultur und Technik, ihrer bewusst provinziell-bodenständigen bzw. städtischen Verwurzelung sowie in ihrem philosophischen Gestus divergieren die beiden erheblich. In ihren ungleichartigen Lebensläufen verdichten sich überdies auf differente und im Fall Benjamins äußerst tragische Weise die großen politischen Katastrophen des 20. Jh.s. Zugleich lassen sich aber gerade auf den eben genannten Feldern der Sprach-, Kunst-, Geschichts- und Religionsphilosophie auffällige inhaltliche Bezüge und Konvergenzen zwischen den beiden Denkern kaum übersehen. So findet etwa Heideggers durch Hölderlin inspirierte Rede vom letzten bzw. kommenden Gott in Benjamins Motiv des kommenden Messias zumindest ein gewisses Pendant.[54]

Wie aber verhalten sich nun diese beiden Philosophien im Werk Agambens zueinander? Agamben selbst bringt sein Verhältnis zu den beiden Denkern wie folgt auf den Begriff: „Benjamin ist für mich in gewisser Hinsicht so wichtig wie Heidegger oder noch wichtiger. Die beiden verhalten sich zueinander wie Gift und Gegengift. Mit Benjamin wurde ich von dem Heidegger-Gift gerettet, und umgekehrt gilt das gleiche."[55] Leider lässt sich Agamben nicht weiter darüber aus, wie dies im Genauen zu verstehen ist und warum bzw. inwiefern es denn überhaupt angezeigt sein sollte, gerade Heidegger als „Gegengift" gegen Benjamin heranzuziehen. Vermutlich soll der Satz wohl zum Ausdruck bringen, dass Agamben zunächst durch Benjamin davor bewahrte wurde, die Heideggersche Philosophie ganz zu seiner Berufung werden zu lassen, und dass Heidegger ihn, Agamben, umgekehrt ebenso davor bewahrte, Benjamin ganz zu seiner philosophischen Berufung werden

---

Rolf Tiedemann / Hermann Schweppenhäuser, Anmerkungen der Herausgeber, in: Walter Benjamin, GS VII/2, 525f.

[54] Näheres bei Christoph Lienkamp, Griechisch-deutsche Sendung oder messianische Historie. Zur geschichtsphilosophischen Auseinandersetzung mit Nietzsche bei Walter Benjamin und Martin Heidegger, in: Allgemeine Zeitschrift für Philosophie 21 (1996), 63–78; Willem van Reijen, Der Messias und der letzte Gott. Heilsversprechen bei Benjamin und Heidegger, in: Norbert Bolz / ders. (Hg.), Heilsversprechen, München 1998, 115–135. Vgl. zu den Konvergenzen zwischen Heidegger und Benjamin insgesamt Christoph Demmerling, Heidegger und die Frankfurter Schule. Walter Benjamin, Max Horkheimer, Theodor W. Adorno, Jürgen Habermas, in: Dieter Thomä (Hg.), Heidegger-Handbuch. Leben – Werk – Wirkung, Stuttgart/Weimar 2003, 361–368, hier 362f.; Willem van Reijen, Der Schwarzwald und Paris. Heidegger und Benjamin, München 1998. Hingewiesen sei in diesem Zusammenhang auch auf die komplexe Beziehung zwischen dem Benjaminfreund Theodor W. Adorno und Martin Heidegger, die bei näherem Hinsehen keineswegs derart antithetisch ausfällt, wie es auf den ersten Blick scheint. Näheres bei Hermann Mörchen, Adorno und Heidegger. Untersuchung einer philosophischen Kommunikationsverweigerung, Stuttgart 1981; ders., Macht und Herrschaft im Denken von Heidegger und Adorno, Stuttgart 1980.

[55] Agamben, Das unheilige Leben, 18; s. dazu auch Durantaye, Agamben, 53f.

zu lassen.[56] Die drastische Rede von „Gift" und „Gegengift" wäre hierbei einmal mehr als Überspitzung zu begreifen. In jedem Fall gibt die zitierte Äußerung – ungeachtet aller weiteren möglichen Implikationen – klar zu verstehen, dass Agamben sich und sein Denken zwischen den beiden Philosophien verortet wissen will, gleichsam auf jener Schwelle, auf der sich Heidegger und Benjamin berühren, um sich in der Berührung dann doch wieder voneinander abzugrenzen, wenn nicht gar abzustoßen.[57] In diesem Zusammenhang verdient der Umstand Beachtung, dass Heidegger und Benjamin je für sich ein besonderes Denken auf der Schwelle erschlossen. Wie nicht anders zu erwarten, differieren sie in den konkreten Inhalten und Formen ihres Schwellendenkens. Ungeachtet dessen bleibt aber die prinzipielle Konvergenz im Schwellendenken, die sich in Agambens Philosophie gewissermaßen fortsetzt.

Exkurs: Martin Heidegger und Walter Benjamin als Schwellendenker
Heideggers Philosophie ist bekanntlich durch eine eigentümliche Form des Denkens geprägt, nämlich ein Denken, das den Denkvollzug als solchen akzentuiert, das das Fragen konsequent im Offenen belässt und sich dergestalt verfehlten Fest-stellungen zu entziehen sucht. Bei Hannah Arendt heißt es dazu: „Dies [Heideggers] Denken hat eine nur ihm eigene bohrende Qualität, die, wollte man sie sprachlich fassen und nachweisen, in dem transitiven Gebrauch des Verbums ‚denken' liegt. Heidegger denkt nie ‚über' etwas; er denkt etwas."[58] Im Näheren handelt es sich dabei um ein Denken, das sich bewusst auf der Schwelle bewegt, um so Zwischenräume ausleuchten, Lichtungen schlagen und das intrikate Changieren zwischen Prozessen des Entbergens und Verbergens, zwischen An- und Abwesenheit, zwischen Gewesenem, Gegenwärtigem und Kommendem ausloten zu können. Heidegger selbst charakterisierte sein Denken freilich als ein auf dem „Weg" befindliches.[59] Nicht von ungefähr verlieh er einigen seiner Werke die bezeichnenden Titel „Wegmarken", „Holzwege", „Unterwegs zur Sprache", „Feldweg-Gespräche". Auch mit dem Leitspruch, den er kurz vor seinem Tod der Gesamtausgabe verlieh, stellte er ausdrücklich den Wegcharakter seiner Philosophie heraus: „Wege – nicht Werke". Ganz auf dieser Linie ist in den hinterlassenen Aufzeichnungen Heideggers zum Vorwort der Gesamtausgabe

---

[56] Darauf deutet die in dem Interview nur wenige Zeilen zuvor geäußerte Überzeugung Agambens: „Es gibt, glaube ich, keine philosophische Berufung, eher ein drängendes inneres Gefühl, etwas anders machen zu wollen, als man [es] gerade macht. Die echte philosophische Berufung ist nur der Widerruf jeder Berufung" (Agamben, Das unheilige Leben, 17). Dies gilt Agamben zufolge, wie sich unten (S. 263f.) noch zeigen wird, auch für die messianische Berufung des Apostels Paulus.

[57] Vgl. dazu Murray, Agamben, 3f., der ebd. – inspiriert durch einen Aufsatz von Antonio Negri – u.a. darüber nachsinnt, inwieweit man angesichts Agambens Prägung durch Heidegger und Benjamin nicht von „two Agambens" sprechen sollte, um diese Zweiteilung dann aber zu verwerfen und entsprechend der auch hier vorgetragenen Sicht zu betonen: „It is *between* Benjamin and Heidegger that Agamben's thought develops" (Hervorhebung nicht im Original). Auf ganz eigene Weise stand auch Hannah Arendt zwischen Heidegger und Benjamin, zumal sie mit beiden – freilich in sehr unterschiedlicher Form – befreundet war. Beiden widmete sie bekanntlich eindrückliche Würdigungen; vgl. Hannah Arendt, Menschen in finsterer Zeit, München 1989, 172–184 (zu Martin Heidegger) und 185–242 (zu Walter Benjamin).

[58] Arendt, Menschen, 175.

[59] Vgl. dazu grundsätzlich Richard Wisser, Vom Weg-Charakter philosophischen Denkens. Geschichtliche Kontexte, menschliche Kontakte, Würzburg 1998, 26–28.415–424.

zu lesen: „Die Gesamtausgabe soll auf verschiedene Weise zeigen: ein Unterwegs im Wegfeld des sich wandelnden Fragens der mehrdeutigen Seinsfrage. Die Gesamtausgabe soll dadurch anleiten, die Frage aufzunehmen, mitzufragen und vor allem dann fragender zu fragen."[60] Hier deutet sich nun an, dass es v.a. die Aspekte der fortwährenden Bewegung, des Erkundens und zumal des Aufenthalts im Offenen sind, die Heidegger vermittels des Wegmotivs als Charakteristikum seiner Philosophie respektive der Philosophie schlechthin zu akzentuieren suchte. Dabei handelt es sich gerade um jene Aspekte, die den Weg als gestreckte Schwelle ausweisen, als Übergang, als Passage, als Raum zwischen bestimmten geographischen Punkten, eben als Schwellenraum, der Orte gleichermaßen trennt und verbindet, der Er-fahrungen der Trennung und Verbindung in eine Zone der Unentscheidbarkeit führt. Die solcherweise in das Wegmotiv und in die Rede vom Unterwegs-Sein eingelassene Dimension der Schwellenerfahrung, die die Suspendierung bzw. das eigentümliche Ineinanderspiel vermeintlich fixer Gegensätze einschließt, wird in Heideggers Werk bei unterschiedlichsten Themen immer wieder greifbar. Dies gilt namentlich für die Philosophie während und nach der Kehre von der Fundamentalontologie zur Seinsgeschichte. Damals – in der Zeit nach dem Rücktritt vom Rektorat – wandte Heidegger sich Friedrich Hölderlin zu.[61] In ihm erblickte er den Dichter der Gegenwart, den Dichter, dessen Dichtung es ihm erlaubte, in der Götternacht Gott bzw. die Götter und das Göttliche neu zu denken. Ihn erhob er zum „Dichter des Dichtens", der, hinausgeworfen in jenes Zwischen, das sich zwischen Göttern und Menschen auftut, das Wesen der Dichtung neu stiftet und darin eine neue Zeit bestimmt. Und über diese Zeit heißt es sodann: „Es ist die Zeit der entflohenen Götter und des kommenden Gottes. Das ist die dürftige Zeit, weil sie in einem gedoppelten Mangel und Nicht steht: im Nichtmehr der entflohenen Götter und im Nochnicht des Kommenden."[62] Auch ohne die diesem Zitat zugrundeliegende komplexe philosophisch-theologische Konzeption in allen Details und Implikationen rekonstruieren zu müssen,[63] wird ersichtlich, dass Heidegger die Gegenwart als eine von Hölderlin gewissermaßen vorausgenommene Schwellenzeit bestimmt. Die diese Schwellenzeit prägende Flucht und Ankunft der Götter bzw. des Gottes versteht er dabei nicht als strikte Alternative im Sinne zweier datierbarer Vorkommnisse, vielmehr ist ihm die besagte Flucht der Götter selbst eine Weise der göttlichen Ankunft und die Ankunft des Gottes eine Weise der Flucht. Dieses liminale Ineinanderspiel thematisiert Heidegger in verschiedenster Ausformung in seinem Werk immer wieder, etwa wenn er schreibt: „Das Erscheinen des Gottes ... besteht in einem Enthüllen, das jenes sehen läßt, was sich verbirgt, aber sehen läßt nicht dadurch, daß es das Verborgene aus seiner Verborgenheit herauszureißen sucht, sondern allein dadurch, daß es das Verborgene in seinem Sichverbergen

---

[60] Martin Heidegger, Frühe Schriften, GA 1, Frankfurt a.M. 1978, 437.
[61] Zur Debatte über die politische Relevanz und Brisanz der Hölderlindeutung Heideggers s. nur Kathleen Wright, Die „Erläuterungen zu Hölderlins Dichtung" und die drei Hölderlin-Vorlesungen (1934/35, 1941/42, 1942). Die Heroisierung Hölderlins, in: Thomä, Heidegger-Handbuch, 215–230. Zum komplexen Thema der politischen Verstrickungen Heideggers generell vgl. Dieter Thomä, Heidegger und der Nationalsozialismus. In der Dunkelkammer der Seinsgeschichte, in: ebd., 141–162, bes. 159–161 und umfassend Holger Zaborowski, Eine Frage von Irre und Schuld? Martin Heidegger und der Nationalsozialismus, Frankfurt a.M. 2010.
[62] Martin Heidegger, Hölderlin und das Wesen der Dichtung, in: ders., Erläuterungen zu Hölderlins Dichtung, GA 4, Frankfurt a.M. 1981, 33–48, hier 47.
[63] Vgl. dazu jüngst nur Rico Gutschmidt, Aufklärung der Aufklärung. Heideggers Spätphilosophie und die philosophische Theologie, in: DzPhil 60 (2012), 193–211.

hütet."[64] Und in den Beiträgen zur Philosophie heißt es über das Ereignis des Erscheinens des letzten Gottes: „Die größte Nähe des letzten Gottes ereignet sich dann, wenn das Ereignis als das zögernde Sichversagen zur Steigerung in die *Verweigerung* kommt."[65] Und umgekehrt gilt ebenso: „Die äußerste Ferne des letzten Gottes in der Verweigerung ist eine einzigartige Nähe."[66] Das Göttliche erscheint mithin in seiner Anwesenheit abwesend und zugleich in seiner Abwesenheit anwesend. All diese liminalen Aussagen und Verortungen erklären sich aus Heideggers Mühen um ein konsequent nichtmetaphysisches Denken, das ohne letzte Gründe auszukommen sucht. Er bezeichnet es im Näheren als ab-gründiges Denken. Dieses ab-gründige Denken ist ihm offenkundig ein Denken in der Schwebe. In den Worten Heideggers: „Am Ab-Grund findet das Denken keinen Grund mehr. Es fällt ins Bodenlose, wo nichts mehr trägt. Aber muß das Denken notwendig getragen sein? Offenkundig ... Doch muß denn das Tragende für alle Fälle den Charakter eines Trägers haben, den die Metaphysik als Substanz oder als Subjekt vorstellt? Keineswegs. Dergleichen wie das Denken kann getragen sein, indem es schwebt. Wie freilich das Denken zu schweben vermag, woher ihm das Schweben kommt, dies zu be-stimmen, bedarf es einer eigenen Erfahrung und Besinnung. Beide sind so eigenartig, daß sie vermutlich erst aus dem Ereignis gedeihen."[67]

Evidenter noch prägt sich das Schwellendenken im Werk Walter Benjamins aus, und zwar gleichermaßen als Nachdenken über Schwellen wie auch als Denken auf der Schwelle. Polymorphe räumliche und zeitliche Schwellen, unterschiedlichste literarische, mythische und gesellschaftliche Schwellenfiguren und mannigfaltige alltägliche Schwellenerfahrungen begegnen darin auf Schritt und Tritt. Jene programmatische Bedeutung, die im Werk Heideggers der Rede vom „Weg" zukommt, kommt in Benjamins Schriften nun unmittelbar dem Motiv der „Schwelle" bzw. der „Passage" zu. Benjamin ist in ausnehmender Weise ein Denker der Schwelle, der Übergänge und Passagen – auch in der Art seines Schreibens, in der sich nicht nur literarische Genres, sondern auch Kontemplation und Reflexion, Imagination und Illustration, Zitat und schöpferische Genialität vielfältig überschneiden. Dies dokumentiert namentlich das „Passagen-Werk", jenes unvollendet gebliebene *opus magnum* Benjamins, das schon im Titel auf ein Schwellenphänomen weist, nämlich auf jene großen Pariser Passagen, die Benjamin als „Mittelding zwischen Straße und Interieur"[68] versteht. Die „kardinale Bedeutung des Motivs der Schwellen und der Übergangsriten für Benjamins Passagen-Begriff" und für Benjamins Werk im Ganzen stellte Winfried Menninghaus vor geraumer Zeit in einer instruktiven Studie bereits überzeugend heraus.[69] Mit

---

[64] Martin Heidegger, „... dichterisch wohnt der Mensch", in: ders., Vorträge und Aufsätze (1936–1953), GA 7, Frankfurt a.M. 2000, 189–208, hier 201.

[65] Martin Heidegger, Beiträge zur Philosophie (Vom Ereignis), GA 64, Frankfurt a.M. 1989, 411 (Hervorhebung im Original).

[66] Ebd., 412.

[67] Martin Heidegger, Grundsätze des Denkens. Freiburger Vorträge 1957, in: ders., Bremer und Freiburger Vorträge, GA 79, Frankfurt a.M. 1994, 79–176, hier 154.

[68] Walter Benjamin, Charles Baudelaire. Ein Lyriker im Zeitalter des Hochkapitalismus, GS I/2, Frankfurt a.M. ²1978, 509–653, hier 539. Vgl. zur Bedeutung der Passagen im Werk Benjamins allgemein Heinz Brüggemann, Passagen, in: M. Opitz / E. Wizisla (Hg.), Benjamins Begriffe II, Frankfurt a.M. 2000, 573–618.

[69] Vgl. Winfried Menninghaus, Schwellenkunde. Walter Benjamins Passage des Mythos, Frankfurt a.M. 1986, 8f.26–58; Zitat ebd., 51; s. zum Thema auch Rolf Parr, Liminale und andere Übergänge. Theoretische Modellierungen von Grenzzonen, Normalitätsperspektiven, Schwellen, Übergängen und Zwischenräumen in Literatur- und Kulturwissenschaft, in: A. Geisenhanslüke / G. Mein (Hg.), Schriftkultur und Schwellenkunde, Bielefeld 2008, 11–64, bes. 17–20; Vittoria Borsò, Grenzen, Schwellen und andere Orte. Topologie der Pariser

Recht betonte er, die Arbeiten Benjamins könnten insgesamt „als eine vielfach variierte ‚Schwellenkunde' gelesen werden, das *Passagen-Werk* als eine Art Zu-sich-Kommen des schon vorher dominierenden Interesses an Passagen als Orten (Schwellen) und Handlungen (rites de passage)"[70]. Die vielen einschlägigen Stellen in Benjamins Schriften können hier nicht in ihrer ganzen Breite gesichtet und besprochen werden. Einige Beispiele mögen aber zumindest grob die Konturen der benjaminschen „Schwellenkunde" ausleuchten. So gilt es zunächst zu sehen, dass Benjamin in seinen literaturwissenschaftlichen Arbeiten immer wieder auf besondere Schwellenfiguren und Schwellenerfahrungen abhebt. In seinem wichtigen Essay über Kafka weist er die in dessen Werk überall begegnenden Gehilfen als liminale Figuren aus, über deren Dasein „Zwielicht" ist. Sie treten als „Wesen im Nebelstadium", als „Unfertige und Ungeschickte" in Erscheinung. Auch Kafka selbst bestimmt Benjamin als Schwellenfigur, als „anderen Odysseus", der „an der Schwelle [steht], die Mythos und Märchen trennt".[71] Darüber hinaus widmet er sich in dem Essay einigen weiteren, äußerst seltsamen Zwischenwesen aus der Welt Kafkas wie u.a. Bucephalus und Odradek und bringt diese mit der liminalen Figur des „bucklicht Männlein" aus „Des Knaben Wunderhorn" ins Spiel.[72] Benjamin koloriert Kafkas Welt mithin als besondere „Mittelwelt" bzw. „Zwischenwelt",[73] die geprägt ist von dem, was er an anderer Stelle als „Erfahrungskreis der Schwelle"[74] bezeichnete. Die große Bedeutung, die Benjamin der Schwellenkunde im Werk Kafkas zumisst, lässt sich nicht zuletzt daran ablesen, dass er an Max Brods Kafkaportrait bezeichnenderweise den mangelnden „Sinn für Schwellen"[75] kritisierte. Bemerkenswert sind dann aber auch Benjamins Ausführungen zu Franz Hessels Buch „Spazieren in Berlin". Darin beschreibt er den Dichter und Flaneur als „großen Schwellenkundigen", der die in der Großstadt allenthalben begegnenden vielfältigen räumlichen und zeitlichen Schwellenphänomene auf eine Weise wahrzunehmen wisse, die ihm die Stadt zu einem großen Gedächtnisraum werden lasse, in welchem Gegenwart und Vergangenheit in eine geheimnisvolle Schwellenkonstellation träten.[76]

Diesem ganz besonderen großstädtischen Erfahrungskreis der Schwelle spürt Benjamin in der „Berliner Kindheit um neunzehnhundert" auf tiefgründige Art weiter nach. Das Schlüsselthema der Schwelle ist hier auf zweifache Weise bereits dem Titel immanent, weist doch der Begriff der „Kindheit" auf die Schwelle zwischen präreflexiver Säuglingsexistenz und rationaler Erwachsenenwelt, während die Wendung „um neunzehnhundert" selbstredend die Jahrhundertschwelle markiert. Im Kern enthält der ungeheuer dichte, in wundervoller poetischer Prosa abgefasste Text der „Berliner Kindheit" eine architektonische, kulturelle und gesellschaftliche Archäologie der

---

Passagen, in: B. Witte (Hg.), Topographien der Erinnerung. Zu Walter Benjamins Passagen, Würzburg 2008, 175–187.

[70] Menninghaus, Schwellenkunde, 51. Den Begriff „Schwellenkunde" verwendet Benjamin selbst; s. nur Walter Benjamin, Das Passagen-Werk, 2 Bde., GS V/1-2, Frankfurt a.M. ²1982, hier I, 147.

[71] Walter Benjamin, Franz Kafka. Zur zehnten Wiederkehr seines Todestages, GS II/2, Frankfurt a.M. 1977, 409–438, hier 414f. Vgl. zur Bedeutung Kafkas für Benjamin nur Sigrid Weigel, Walter Benjamin. Die Kreatur, das Heilige, die Bilder, Frankfurt a.M. 2008, 170–209.

[72] Vgl. Benjamin, Franz Kafka, 425ff.

[73] Ebd., 416.430.

[74] Benjamin, Passagen-Werk I, 139; s. auch ebd. II, 1025.

[75] Benjamin, Briefe II, 757.

[76] Vgl. Walter Benjamin, Die Wiederkehr des Flaneur, GS III, Frankfurt a.M. 1972, 194–199, bes. 197.

Großstadt in Form einer „Urgeschichte des neunzehnten Jahrhunderts" wie sie sich „im Blick des auf seiner Schwelle spielenden Kindes ... spiegelt".[77] Autobiographische Schwellenerfahrungen der Kindheit und gesellschaftliche Schwellenphänomene der Jahrhundertwende treten hier in viele unerwartete Konjunktionen, wobei Benjamin die dergestalt ins Verhältnis gesetzten individuellen und kollektiven Welten jener vergangenen Zeit, deren Zauber ihm inzwischen verblasst ist, zusätzlich mit diversen Reminiszenzen aus der antiken Mythologie und der Welt der Sage bzw. des Märchens bedeutungsvoll anreichert. Die zahlreichen Schwellenphänomene, die Benjamin in der „Berliner Kindheit" und in der Vorarbeit der „Berliner Chronik" reflektiert, umfassen Räume, Orte, Gegenstände, Handlungen, Situationen und Personen.[78] Es begegnen Türschwellen und Treppenhäuser als dunkle Übergangszonen,[79] Loggien als Übergangsräume zwischen öffentlichem Stadtleben und Wohnung,[80] Steinfiguren wie Karyatiden, Atlanten und Putten, die als Schwellenwesen „den Schritt ins Dasein oder in ein Haus behüten"[81], Geräusche des Klingelns, Schellens und Läutens, die als Signaltöne ihre Kraft aus dem Zauber der Schwelle ziehen, insofern sich in ihnen etwas gellend anschickt, die Schwelle zu übertreten,[82] Erfahrungen des Zu-spät-Kommens, die sich als Verletzung einer zeitlichen Schwelle erweisen, wie sie sich etwa beim Überschreiten der Klassentürschwelle zur Unzeit ereignet,[83] Prostituierte, die den Bürgersohn zum Übertritt einer sozialen Schwelle führen bzw. ihn auf einer solchen verharren lassen[84] u.v.a.m. Hinzu kommt, dass sich die Texte selbst auf der Schwelle zwischen Wachen und Träumen, zwischen Anschauung und Vorstellung bewegen.

Viele weitere Reflexionen über Schwellenphänomene finden sich sodann in den umfangreichen Arbeitsmaterialen des Passagen-Werkes. So korreliert Benjamin darin u.a. jene Automaten, die damals vor den Eingängen von Passagen, Bahnhöfen und Lokalen aufgestellt waren, um – im Sinne eines modernen ΓΝΩΘΙ ΣΕΑΥΤΟΝ – das Gewicht zu wiegen oder Namen zu stanzen, mit Penaten, die die Schwelle hüten.[85] Die Pariser Passagen selbst zeichnet Benjamin als gigantischen Schwellenraum, in dem Disparates und Zersprengtes aufeinander stößt, sodass sich die geläufigen Ordnungen wie im Traum ineinander auflösen. Wörtlich schreibt er: „Organische und anorganische Welt, niedrige Notdurft und frecher Luxus gehen die widersprechendste Verbindung ein, die Ware hängt und schiebt so hemmungslos durcheinander wie Bilder aus den wildesten Träumen." Was sich für Benjamin darin öffnet, ist eine besondere liminale „Welt geheimer Affinitäten: Palme und Staubwedel, Föhnapparat und die Venus von Milo, Prothese und Briefsteller finden sich hier, wie nach langer Trennung, zusammen"[86].

All die angeführten Beispiele dürften zur Genüge dokumentieren, dass die Raum-

---

[77] Benjamin, Briefe II, 688.
[78] Vgl. zum Folgenden insgesamt Walter Benjamin, Berliner Kindheit um neunzehnhundert. Fassung letzter Hand, GS VII/1, Frankfurt a.M. 1989, 385–432; ders., Berliner Chronik, GS VI, Frankfurt a.M. 1985, 465–519; vgl. zur Bedeutung des Schwellenmotivs in Benjamins Text auch Marianne Muthesius, Mythos, Sprache, Erinnerung. Untersuchungen zu Walter Benjamins „Berliner Kindheit um neunzehnhundert", Basel 1996.
[79] Vgl. Benjamin, Berliner Kindheit, 395.400.412.
[80] Vgl. ebd., 386–388.
[81] Ebd., 395; s. auch ebd., 386.
[82] Vgl. ebd., 388.391.411 und Benjamins Deutung in: Passagen-Werk I, 141.
[83] Vgl. Berliner Kindheit, 395f.
[84] Vgl. Benjamin, Berliner Chronik, 471.
[85] Vgl. Benjamin, Passagen-Werk I, 141.
[86] Benjamin, Passagen-Werk II, 1045.

und Zeitform der Schwelle zentraler Gegenstand des Benjaminschen Reflektierens ist. Dabei gilt es zu beachten, dass Benjamin ausdrücklich betont: „Schwellen und Grenzen sind schärfstens zu unterscheiden. Die Schwelle ist eine *Zone*. Und zwar eine Zone des Überganges."[87] Anders als eine bloße Grenze markiert der Begriff „Schwelle" mithin einen topischen oder temporalen Raum, der als besonderer Erfahrungs-, Ereignis- oder auch Existenzraum Unterbrechungen und Zäsuren in die raumzeitlichen Ordnungen der Welt einsprengt, darin Prozesse der Destruktion und Konstruktion auslöst und in sich eint,[88] um auf diese Weise Gegensätze in Fluss zu bringen und Übergänge zu eröffnen bzw. zu realisieren.[89] Es ist diese besondere Charakteristik und Dynamik der Schwelle, die Benjamin nicht nur an zeitlichen und räumlichen Objekten freilegt, sondern die auch die Art seines Denkens maßgeblich prägt, insbesondere seine Reflexionen über Geschichte, Theologie, Sprache und Kunst. In diesem Zusammenhang darf allerdings nicht übersehen werden, dass Benjamin für seine eigene Zeit eine besondere Armut an Schwellenerfahrungen diagnostiziert. Neben dem Niedergang der Passagen ist ihm das Verblassen der klassischen Passageriten klarstes Indiz hierfür. Als vielleicht einzig noch verbliebene Schwellenerfahrungen macht er das Einschlafen und Erwachen namhaft.[90] Doch gerade angesichts dieser Erfahrungsarmut wird ihm die Schwelle zu einer zentralen Reflexionsfigur, denn allererst im Veralten und Vergehen der Dinge erschließt sich für Benjamin deren Kraft und darin auch deren Potenzial im Hinblick auf ein Kommendes.[91] Diese für Benjamins Philosophie typische Rettung der Dinge in ihrem Untergang ist nun aber selbst klarster Ausdruck seines Schwellendenkens, eines Denkens, das sich insofern auf der Schwelle bewegt, als sich in ihm im Sinne einer liminalen Reflexion „Abgelebtheit und tendenzielles Vergangensein mit einer Aktualität der Erkennbarkeit und einer Potentialität noch unabgegoltner Sinnstiftung"[92] verschränken. Dieses Schwellendenken macht sich Benjamin mit großem Gedankenreichtum vielfältig zunutze. U.a. prägt es sich in seiner messianischen Theologie und Geschichtsphilosophie aus. So sucht Benjamin das Kontinuum der leeren, homogenen Zeit des Historismus aufzusprengen, indem er nach Maßgabe der liminalen Erfahrung des Erwachens die Geschichte selbst als großen Schwellenraum begreift, in welchem die jeweils eigene Epoche mit einer Epoche der Vergangenheit in eine bestimmte Konstellation treten kann, die eine besondere Lesbarkeit des Gewesenen und Gegenwärtigen eröffnet. In diesem Geschichtsraum ist nach Benjamin grundsätzlich jede Sekunde als Schwelle, genauerhin als kleine Pforte zu betrachten, über bzw. durch die der Messias treten kann.[93] Aber nicht nur die Geschichte, auch die Sprache macht Benjamin in der ihm eigenen Art des Schwellendenkens als Schwellenphänomen begreifbar, denn Sprache ist für ihn ihrem Wesen nach nicht etwa ein Vehikel der Mitteilung, sondern Mitteilbarkeit, d.h. reines Medium und darin Zwischenraum. Nicht in der Vermittlung von Inhalten wird für Benjamin Sprache wirksam, sondern,

---

[87] Ebd., 1025; vgl. auch Passagen-Werk I, 618.
[88] Vgl. dazu im Näheren Dag T. Andersson, Destruktion/Konstruktion, in: Opitz/Wizisla (Hg.), Benjamins Begriffe, 147–185.
[89] Vgl. Benjamin, Passagen-Werk II, 1023: „Aus dem Erfahrungskreis der Schwelle hat ... das Tor sich entwickelt, das den verwandelt, der unter seiner Wölbung hindurchschreitet. Das römische Siegertor macht aus dem heimkehrenden Feldherrn den Triumphator."
[90] Vgl. Benjamin, Passagen-Werk I, 617f.
[91] Vgl. Benjamin, Passagen-Werk II, 1001: „Vergangen, nicht mehr zu sein[,] arbeitet leidenschaftlich in den Dingen. Dem vertraut der Historiker seine Sache. Er hält sich an diese Kraft und erkennt die Dinge, wie sie einem Augenblick des Nicht-mehr-Seins sind."
[92] Menninghaus, Schwellenkunde, 54.
[93] Vgl. Benjamin, Begriff der Geschichte (s. Anm. 53), 105f.

wie er schreibt, in der „kristallreine[n] Elimination des Unsagbaren"[94]. Hier ist der Begriff „Elimination" nicht etwa im herkömmlichen Sinn als „Abschaffung" zu verstehen, er ist vielmehr von dem darin enthaltenen Terminus „limen" (Schwelle) her zu begreifen. Die Wirksamkeit der Sprache erschließt sich demnach zumal auf jener Schwelle, auf der das, was sich dem Wort versagt, als Versagtes in der Sprache bewahrt bleibt.[95] Einmal mehr zeigt sich, dass die Schwelle eine, wenn nicht die zentrale Denk-, und darüber hinaus auch Erfahrungs- und Wahrnehmungskategorie der Philosophie Walter Benjamins ist. Agambens Schwellendenken scheint, wie sich im Folgenden zeigen wird, maßgeblich dadurch beeinflusst.

2.2 Die Schwelle der Sprache und das Vermögen, nicht zu vermögen

„In meinen geschriebenen und ungeschriebenen Büchern habe ich immer wieder nur eines denken wollen: Was bedeutet: ‚Es gibt Sprache', was bedeutet: ‚Ich spreche'?"[96] Unmissverständlich erhebt Agamben hier die Frage nach der Sprache zum entscheidenden *motivum* seines Denkens. Die programmatische Äußerung findet sich im Vorwort der 1989 erschienenen französischen Ausgabe der Studie „Infanzia e storia". Eine ähnlich grundsätzliche, inhaltlich jedoch anders ausgerichtete Bestimmung seines philosophischen Grundanliegens unterbreitete Agamben in seinem Aufsatz „On Potentiality", der auf einen Vortrag aus dem Jahr 1986 zurückgeht. Darin bekundet er: „I could state the subject of my work as an attempt to understand the meaning of the verb ‚can' [potere]. What do I mean when I say: ‚I can, I cannot?'"[97] Es sind demnach zwei philosophische Schlüsselthemen, die Agamben als bestimmend für sein Denken ausweist: Sprache und Potenz.[98] Beide hängen, wie sich zeigen lässt, aufs Engste miteinander zusammen. Und bei beiden Themen richtet Agamben, wie im Folgenden deutlich werden wird, seine Aufmerksamkeit konsequent auf Konstellationen und Erfahrungen des Zwischenseins, nämlich auf den Schwellenraum respektive den Hiatus zwischen Rede und Sprache, Stimme und Logos, Semiotik und Semantik, Potenz und Akt, in welchem Agamben das Menschsein und zumal auch Ethik und Politik verortet.

---

[94] Benjamin, Briefe I, 127.

[95] Zu der sehr komplexen, hier nicht weiter zu diskutierenden Sprachtheorie Benjamins vgl. im Näheren Walter Benjamin, Über die Sprache überhaupt und über die Sprache des Menschen, GS II/1, Frankfurt a.M. 1977, 140–157. Zu dem für das Thema wichtigen Brief an Martin Buber (vgl. Benjamin, Briefe I, 125–128) s. Samuel Weber, Der Brief an Buber vom 17.7.1916, in: B. Lindner (Hg.), Benjamin Handbuch. Leben – Werk – Wirkung, Stuttgart 2006, 603–608.

[96] Giorgio Agamben, Kindheit und Geschichte. Zerstörung der Erfahrung und Ursprung der Geschichte, Frankfurt a.M. 2004, 11.

[97] Giorgio Agamben, On Potentiality, in: ders., Potentialities. Collected Essays in Philosophy, hg. v. D. Heller-Roazen, Stanford 1999, 177–184, hier 177. Das programmatische Gewicht der Aussage wird in der unter dem Titel „Über negative Potentialität" erschienenen deutschen Übersetzung des Aufsatzes (in: E. Alloa / A. Lagaay [Hg.], Nicht(s) sagen. Strategien der Sprachabwendung im 20. Jh., Bielefeld 2008, 285–298, hier 285) nicht erkennbar, s. dazu auch unten Anm. 122.

[98] Vgl. Durantaye, Agamben, 128f., der die oben zitierten Sätze Agambens als „professions de foi" bezeichnet.

Seine sprachphilosophischen Gedanken entfaltet Agamben erstmals grundlegend in der frühen Studie „Kindheit und Geschichte", insbesondere in dem darin abgedruckten gleichnamigen Essay. Er vertieft sie in der Abhandlung „Die Sprache und der Tod", einer stärker schulphilosophisch ausgerichteten Reflexion über Seminarsitzungen, die er in den Jahren 1979 bis 1980 abhielt.[99]

In „Kindheit und Geschichte" diagnostiziert Agamben zunächst eine in der zeitgenössischen Welt allenthalben um sich greifende Enteignung der Erfahrung: Erlebnisse würden nicht mehr zu Erfahrungen im traditionellen Sinn gerinnen, erfahrungsgesättigte Sprichwörter und Maximen räumten dem erfahrungsleeren Slogan Platz, und schon seit Langem löse sich die Erfahrung in der modernen Wissenschaft jenseits des Menschen ganz in der Erkenntnis auf. Unverkennbar durch Walter Benjamins „Programm der kommenden Philosophie" inspiriert, wendet sich Agamben in Anbetracht dieser „Zerstörung der Erfahrung" dem Problem der Sprache zu.[100] Johann Georg Hamachers sprachphilosophischen Einspruch gegen Immanuel Kants „Kritik der reinen Vernunft" aufgreifend, geht er von der „genealogischen Priorität" der Sprache vor der Vernunft aus. Agamben betont, „daß die transzendentale Apperzeption nur durch die Sprache als ein ‚ich denke' konfiguriert werden kann".[101] Unter Rückgriff auf Überlegungen von Émile Benveniste legt er im Genaueren dar, dass und wie der Mensch seinen Ursprung und Ort ganz und gar in der Sprache habe. Namentlich die von Benveniste beschriebene Funktion und Bedeutung des Personalpronomens „Ich" in der individuellen Rede zeige, dass das menschliche Subjekt im Kern als eine Diskursrealität zu verstehen sei, die im Vermögen des/r Sprechenden gründe, sich als *ego* zu setzen. Das Subjekt begegne mithin als „Schatten, den das System der Indikatoren der *Deixis* auf den Menschen wirft"[102]. Dieses Subjekt der Sprache bilde selbstredend

---

[99] Vgl. Agamben, Sprache, 9.
[100] Vgl. Agamben, Kindheit, 9.65ff.; s. dazu Walter Benjamin, Über das Programm einer kommenden Philosophie, GS II/1, Frankfurt a.M. 1977, 157–171. Benjamin geht es in dem Entwurf um eine Erweiterung des „Kantischen Systems", und zwar mit dem Ziel der Gewinnung eines erkenntnistheoretisch begründeten höheren Begriffs der Erfahrung, der auch die religiöse Erfahrung einschließt. Möglich werde dies nach Benjamin durch eine Beziehung der Erkenntnis auf die Sprache. Der fragliche Erfahrungsbegriff sei mit anderen Worten vermittels einer Reflexion auf das sprachliche Wesen der Erkenntnis zu erschließen, wie sie bereits Johann Georg Hamann anstieß. Das bedeutet, wie Benjamin an anderer Stelle sagt: „Philosophie ist absolute Erfahrung deduziert im systematisch symbolischen Zusammenhang der Sprache" (Walter Benjamin, Über die Wahrnehmung, GS VI, Frankfurt a.M. 1985, 33–37, hier 37).
[101] Agamben, Kindheit, 66f.
[102] Ebd., 68. Vgl. dazu das ausführliche Zitat von Benveniste, ebd: „Es gibt keinen Begriff ‚ich', der alle *ich* umfaßte, die in jedem Augenblick auf den Lippen aller Sprecher entstehen, in dem Sinne, in dem ein Begriff ‚Baum' existiert, auf den sich alle individuellen Anwendungen von *Baum* zurückführen lassen. Das ‚Ich' bezeichnet also keine lexikalische Einheit. Kann man dann sagen, daß *ich* sich auf eine Einzelperson bezieht? Wäre dies der Fall, so stünden wir vor einem permanenten, von der Sprache zugelassenen Widerspruch und vor der Anarchie der Praxis: wie könnte derselbe Begriff sich undifferenziert auf jede beliebige Person beziehen und es gleichzeitig in seiner Besonderheit identifizieren? Wir stehen vor einer Wortklasse, den ‚Personalpronomen', die dem Status aller anderen Zeichen der Sprache entgehen. Worauf also verweist *ich*? Auf etwas sehr Eigenartiges, das ausschließlich sprachlich ist: *ich* verweist auf den Vorgang der individuellen Rede, in der es ausgesprochen wird, und bezeichnet deren Sprecher: Es ist ein Wort, das nur in dem identifiziert werden kann, was

auch die Grundlage jeder Erfahrung und Erkenntnis. Allerdings ginge die menschliche Erfahrung wie überhaupt das Menschsein keineswegs restlos in der diskursiven Sprache auf. Nachdrücklich verweist Agamben auf die Erfahrung der „Kindheit" als transzendentale Grenze der Sprache. Um dies zu verstehen, gilt es zu beachten, dass der im Italienischen für Kindheit gebrauchte Begriff „infanzia" auf die lateinische Vokabel „infans" verweist, die nicht nur das kleine Kind bezeichnet, sondern zumal auch die Bedeutungen „stumm", „noch nicht sprechend", „lallend", „unberedt" umfasst. Darüber hinaus gilt es zu sehen, dass „Kindheit" bei Agamben weder für ein bestimmtes Alter noch für einen bestimmten psychosomatischen Zustand steht, sondern für die „historisch-transzendentale Dimension des Menschen".[103] Mit dem Begriff „Kindheit" umschreibt er den „Ursprung" des Menschen, wobei „Ursprung" hier eine Größe indiziert, die nicht rundweg historisiert, d.h. als rein geschichtliche Größe in der Vergangenheit gebannt werden kann, und zwar deshalb, weil sie historisierend wirkt, d.h. sich fortwährend als wirksam erweist – so, wie die „indoeuropäische Wurzel" der historischen Sprachen ein „Ursprung" ist, „der nicht einfach in der Zeit zurückdatiert ist, sondern zugleich eine in den historischen Sprachen gegenwärtige und wirkende Instanz ist".[104] Vor diesem Hintergrund markiert die Rede von der „Kindheit des Menschen" bei Agamben die „Erfahrung ..., daß der Mensch nicht immer schon Sprecher gewesen ist, daß er Kind gewesen ist und immer noch ist".[105] Die Kindheit des Menschen ist danach ein Ursprung, der nicht aufgehört hat, sich zu ereignen. Anders als Tiere, die, so Agamben, nie in die Sprache eintreten, sondern immer schon in der Sprache sind, muss der Mensch den Sprachempfang sich allererst aneignen: „Denn wenn ein Kind vom zweiten bis zum zwölften Lebensjahr keiner Rede begegnet, ist seine Fähigkeit zum Spracherwerb endgültig in Frage gestellt. Der Mensch ist aus dieser Perspektive entgegen der Meinung der antiken Tradition nicht dasjenige ‚Tier, das Sprache hat', sondern vielmehr dasjenige Tier, das keine Sprache hat und sie deswegen von außen empfangen muß."[106] Diesen Eintritt in die menschliche Sprache versteht Agamben als Vorgang der Resonanz zwischen einer dem Menschen eigenen, endosomatischen Disposition zur Sprache (dem Bereit-Sein für die Kommunikation) und der äußeren, exosomatischen Begegnung mit der Sprache. Agamben verortet das Erlangen der Sprache dergestalt in einem Differenz und Resonanz gleichermaßen umfassenden Schwellenraum, der sich zwischen der endosomatischen und der exosomatischen Sphäre des Menschen öffnet. Und in diesem Schwellenraum, d.h. in der „Kindheit" des Menschen, brechen, wie Agamben betont, weitere entscheidende Differenzen auf. Der Eintritt des Menschen in die Sprache und die damit einhergehende Setzung des Menschen als Subjekt verwandelten die Sprache nämlich in Diskurs. Die Kindheit des Menschen spalte die Sprache dergestalt in die reine Sprache und in den Diskurs auf. Die Sprache zerfalle mithin, wie Agamben unter Rekurs auf Benveniste genauer darlegt, in Semiotik, d.h. in die geschlossene Welt der Zeichen, die erkannt werden müssen, auf der einen Seite und Semantik, d.h. in die offene Welt der Bedeutungen, die Verstehen erfordern, auf der anderen Seite. Zugleich spalte sich die Sprache in der Kindheit in die ungeordnete Stimme, die den Tieren gehöre, und die buchstabengegliederte Stimme des Logos, die dem Menschen

---

wir an anderer Stelle eine Diskursinstanz nannten [...]. Die Realität, auf die es verweist, ist die Realität des Diskurses."

[103] Vgl. zur „Idee der Kindheit" auch Agamben, Idee der Prosa, 91–95.
[104] Agamben, Kindheit, 73f.
[105] Ebd., 74; vgl. zum Thema auch Daniel Heller-Roazen, Echolalien. Über das Vergessen von Sprache, Frankfurt a.M. 2008, 9–12.
[106] Agamben, Kindheit, 88.

eigen sei. Diese in der „Kindheit" aufbrechenden Differenzen und die Möglichkeit von der einen Seite zur anderen Seite überzugehen, kennzeichne ausschließlich die menschliche Sprache. Ja, das zentrale Phänomen der menschlichen Sprache bestünde darin, dass jeder Mensch den zentralen Ort dieser Differenzen und des Übergangs darstelle.[107] Dabei legt Agamben großen Wert darauf, dass die „Kindheit" des Menschen in der beschriebenen Weise als liminaler Möglichkeitsraum des Eintritts in die menschliche Sprache wahrgenommen und die aufbrechende irreduzible Differenz, der Hiat zwischen reiner Sprache und Diskurs, Semiotik und Semantik, Stimme und Logos nicht vergessen wird, denn im Vergessen dieser Differenz macht Agamben das grundlegende Ereignis der Metaphysik fest, durch das der Logos seine unantastbare Herrschaft erlange.[108] Mit dem Eintritt in die Sprache werde der Menschen zwar der Kindheit und damit der reinen, stummen, dem Subjekt vorausliegenden Erfahrung beraubt. Gleichwohl bleibe der Mensch das Wesen, das, so Agamben, Kind gewesen ist und es „ursprünglich" immer noch ist, das mithin eine Kindheit hat und darin nicht restlos in der Sprache als Logos aufgeht. Mehr noch, Agamben verankert sogar das Denken im Wagnis der Kindheit, im Hiat zwischen Semiotik und Semantik, zwischen bloßer Stimme und Logos. Er verweist darauf, dass das italienische Wort für Gedanke, „pensiore", auf das lateinische Verb „pendere" zurückgeht, das „in der Schwebe sein" bedeutet.[109]

Die dargelegten sprachphilosophischen Grundgedanken durchziehen und prägen das gesamte Werk Agambens. Immer wieder geht er auf die sprachliche Schwellenexistenz des Menschen ein, um aus dieser Perspektive unterschiedlichste Fragestellungen neu auszuleuchten. Dies gilt zumal für seine Ausführungen zur Bezeugung der Lagererfahrung in Auschwitz in dem Buch „Was von Auschwitz bleibt".

In einer bisweilen recht schillernden Argumentation erörtert Agamben darin die Aporie bzw. das „Paradox", das die „wirklichen", „vollständigen" Zeugen der nationalsozialistischen Vernichtungslager kein Zeugnis mehr ablegen können, weil sie in den Gaskammern ermordet wurden und zuvor als sog. „Muselmänner", als „wandelnde Leichname" (Bettelheim) in jenen tiefsten Abgrund, jenen furchterregenden Zustand der Auszehrung und Apathie, des Ausdrucks- und Erinnerungsverlustes gefallen waren, der sie der Möglichkeit des Sprechens und der Bezeugung beraubte, während die Überlebenden umgekehrt zwar zu sprechen vermögen, aber eben nicht über jenen tiefsten Punkt der Lagererfahrungen, vor dem sie verschont blieben, sodass sie als „Pseudo-Zeugen" allenfalls das fehlende Zeugnis bzw. die Unmöglichkeit des Zeugnisses bezeugen können. Das einzig mögliche Zeugnis über Auschwitz vollzieht sich insofern nach Agamben auf der Schwelle zwischen Sprechen und Nicht-Sprechen, zwischen dem nichtsprechenden, entsubjektivierten wirklichen Zeugen (dem Muselmann) und dem sprechenden Subjekt des Pseudo-Zeugen (dem Überlebenden). Das Zeugnis erweist sich mithin als „Potenz, die durch eine Impotenz zu sagen Wirklichkeit erlangt, und eine Unmöglichkeit, die durch eine Möglichkeit zu sprechen Existenz erlangt", wobei diese beiden Bewegungen „weder in einem Subjekt oder in einem Bewußtsein zusammenfallen noch … sich in zwei verbindungslose Substanzen

---

[107] Vgl. ebd., 76.
[108] Vgl. ebd., 87.
[109] Vgl. Agamben, Sprache, 173f.

aufspalten" können,[110] sodass es keinen rechtmäßigen Inhaber, kein eigentliches Subjekt des Zeugnisses geben kann, sondern nur ein Zeugnis, das „Prozeß ist, ein unaufhörlich von den Strömen der Subjektivierung und Entsubjektivierung durchflossenes Kraftfeld"[111]. Solcherweise als komplexes Schwellenphänomen definiert, korreliert Agamben das Zeugnis dann mit zahlreichen weiteren liminal geprägten, ebenfalls zwischen Subjektivierung und Entsubjektivierung changierenden Phänomenen und Erfahrungen, um es von daher noch genauer auszuleuchten. Dabei rekurriert er insbesondere auf die Scham,[112] aber auch auf die Selbstaffektion bei Kant, auf Spinozas Darlegungen zum hebräischen Infinitiv im Aktiv, die Glossolalie bei Paulus und die dichterische Schöpfung im Allgemeinen.[113] Im Kern kommt für Agamben im Paradox des Zeugnisses aber vor allem eines zum Vorschein: die sprachliche Schwellenexistenz des Menschen. Am nichtsprechenden Muselmann tritt nach Agamben auf extremste Weise das zutage, was für den Menschen generell gilt, nämlich seine „schwebende" Existenz in der Kluft zwischen Leben und Sprache, zwischen der Subjektwerdung in der Sprache und der Entsubjektivierung durch die Sprache. Im Genaueren verdeutlicht Agamben am Schicksal des Muselmanns, dass „der Mensch das sprechende Wesen, das Lebewesen [ist], das Sprache hat, weil es *vermag*, Sprache *nicht zu haben*, weil es seine *in-fantia* vermag"[114]. Der stumme, ausdruckslose Muselmann, der gewissermaßen als Nicht-Mensch gleichwohl in der Zone des Menschlichen bleibt,[115] wird vor diesem Hintergrund im bevollmächtigten Pseudo-Zeugnis des Überlebenden zum Zeugen dafür, dass der Mensch derjenige ist, der den Menschen überleben kann.[116] Aus alldem zieht Agamben schließlich das allgemein gehaltene Fazit: „Der Mensch ist immer diesseits und jenseits des Menschlichen, er ist die zentrale Schwelle, über die unaufhörlich die Ströme des Menschlichen und des Unmenschlichen, der Subjektivierung und Entsubjektivierung, des Sprechendwerdens des Lebewesens und des Lebendigwerdens des *lógos* hinweggehen."[117] Agambens direkte philosophische Verwertung der schrecklichsten menschlichen Erfahrungen in Auschwitz rief verständlicherweise heftige Kritik hervor.[118] In der Tat ist es nur schwer zu ertragen, wenn er etwa das furchtbare Schicksal von „Hurbinek" vor Augen führt – eines eltern- und namenlosen dreijährigen Kindes in Auschwitz, das vom Leid entstellt beständig ein unverständliches Wort wiederholte –, um daran dann seine allgemeinen sprachphilosophischen Thesen über die Lücke, die die Sprache konstituiert, und über die Unmöglichkeit des Zeugnisses festzumachen.[119] Freilich geht es Agamben bei alledem darum, die vermeintliche Unsagbarkeit von Auschwitz

---

[110] Agamben, Auschwitz, 127.
[111] Ebd., 105.
[112] Vgl. zu Agambens Deutung der Scham im Näheren Achim Geisenhanslücke, Herr Rossi sucht das Glück. Zum Zusammenhang von Scham und Subjektivität bei Giorgio Agamben, in: Geulen u.a. (Hg.), Hannah Arendt und Giorgio Agamben, 265–280.
[113] Vgl. Agamben, Auschwitz, bes. 89ff.
[114] Ebd., 127 (Hervorhebungen im Original).
[115] Vgl. ebd., 55: Dem Muselmann „einfach das Menschsein abzusprechen, würde bedeuten, das Verdikt der SS zu akzeptieren, seinen Gestus zu wiederholen."
[116] Vgl. ebd., 116; s. auch ebd., 132: „Das Überleben des Nichtmenschlichen durch den Zeugen ist die Funktion des Überlebens des Menschlichen durch den Muselmann. Was grenzenlos zerstört werden kann, ist das, was sich grenzenlos überleben kann."
[117] Ebd., 118.
[118] Vgl. Durantaye, Agamben, 270–272.281; vgl. zu der Studie auch Sibylle Schmidt, Für den Zeugen zeugen. Versuch über Agambens „Was von Auschwitz bleibt", in: Böckelmann/Maier (Hg.), Maschine, 90–106; Ralph Buchenhorst, Sprachlosigkeit als Zeugnis. Über eine Figur des Paradoxalen im Denken Giorgio Agambens, in: DZPhil 56 (2008), 857–873.
[119] Vgl. Agamben, Auschwitz, 33–35.

zu durchbrechen und das *arcanum imperii* bzw. das *arcanum* der Biomacht aufzudecken.[120] Dass er sich dabei immer wieder extremer Denkfiguren bedient, bleibt gleichwohl eine Herausforderung.

Die in der menschlichen Sprache und im Zeugnis sich öffnende Lücke, in welcher Agamben den Menschen als Wesen verortet, das den Menschen überleben kann, diese Lücke erhellt Agamben genauer – wie in den voranstehenden Ausführungen verschiedentlich bereits deutlich wurde – als Erfahrung reiner Potenz, einer Potenz, die sich stets und in Bezug auf dasselbe gleichermaßen als „Potenz-zu" und als „Potenz-nicht-zu" sein/tun/denken erweist.[121] Agamben bezieht sich dabei auf Aristoteles' äußerst komplexe und bis heute vielfältig diskutierte Reflexionen über die Begriffe δύναμις (Potenz, Vermögen) und ἐνέργεια (Akt, Wirklichkeit, Aktualität), wie sie zumal im Buch Theta der Metaphysik vorliegen.[122] Auf deren Grundlage sucht Agamben „eine neue und kohärente Ontologie der Potenz"[123] zu entwickeln, die mit dem Primat des Aktes bzw. der Aktualisierung bricht und alles Gewicht auf die ontologische Bedeutung der nicht in den Akt übergegangenen bzw. übergehenden Potenz legt, also der Impotenz (ἀδυναμία). Diese Impotenz ist für Agamben mitnichten die Abwesenheit jeglicher Potenz oder gar reine Passivität, sondern vielmehr eine besondere Potenz, nämlich die „Potenz-nicht-zu", eben die „Potenz, nicht in den Akt überzugehen" (δύναμις μὴ ἐνεργεῖν). Im Anschluss an Aristoteles' Kritik an den Megarikern, die allein aktualisierte, d.h. in den Akt übergegangene Möglichkeiten zuließen (vgl. Met 1046 b 30ff.), hebt Agamben hervor, dass jede Potenz etwas zu sein, zu tun oder zu denken immer auch die Potenz nicht zu sein, nicht zu tun oder nicht zu denken einschließe, würde sich doch die Potenz andernfalls, d.h. wenn sie immer in den Akt überginge, mit dem Akt vermischen und wäre so nicht mehr als reine Potenz erfahrbar.[124] Reine Potenz umfasst für Agamben folglich eine Potenz der Impotenz. Diese Potenz der Impotenz erhält, so Agamben, „die Beziehung mit dem Akt in Form ihrer Aufhebung aufrecht, sie *vermag [può]* den Akt, indem sie vermag, ihn nicht zu verwirklichen, sie vermag die eigene Impotenz *souverän*"[125]. Agamben verdeutlicht diese souveräne, im Zurückhalten statthabende Impotenz am Beispiel des

---

[120] Vgl. ebd., 136f.
[121] Zu dem Zusammenhang von Sprache und Potenz vgl. im Näheren Agamben, Kindheit, 12f.
[122] Vgl. dazu im Näheren Stephen Makin, Aristotle. Metaphysics. Book Θ, Oxford 2006; Jonathan Beere, Akt und Potenz, in: Chr. Rapp / K. Corcilius (Hg.), Aristoteles Handbuch. Leben – Werk – Wirkung, Stuttgart 2011, 177–182; Horst Seidl, Art. „Möglichkeit", in: HWP 6 (1984), 72–92, hier 75–80.
[123] Agamben, Homo sacer, 55.
[124] Vgl. Giorgio Agamben, Bartleby oder die Kontingenz gefolgt von Die absolute Immanenz, Berlin 1998, 23: „Denn wenn die Potenz immer nur die Potenz etwas zu tun oder zu sein wäre, dann könnten wir sie niemals als solche erproben ... Eine Erfahrung der Potenz als solcher ist nur möglich, wenn die Potenz immer auch die Potenz des Nicht ist (etwas nicht zu machen oder nicht zu denken)."
[125] Agamben, Homo sacer, 56 (Hervorhebungen im Original). In aristotelischer Terminologie lässt sich diese Potenz der Impotenz auch als „die *hexis* einer *sterēsis*" beschreiben und begreifen; vgl. Agamben, Negative Potentialität, 288.

Architekten und des Lautenspielers: Der die Techniken des Bauens grundsätzlich beherrschende Architekt sei demnach gerade insofern vermögend bzw. potent, als er auch nicht-bauen könne, und der Lautenspieler sei gerade insofern vermögend bzw. potent, als er im Gegensatz zu demjenigen, der die Laute nicht spielen kann, die Laute eben auch nicht-spielen könne.[126] Die Potenz sei als Potenz der Impotenz insofern „wesentlich als Möglichkeit ihrer Nicht-Ausübung definiert"[127]. Vor diesem Hintergrund hebt Agamben darauf ab, dass im Übergang zum Akt die besagte Impotenz als Potenz-nicht-zu keineswegs rundweg ausgelöscht, sondern lediglich suspendiert werde.[128] Daran macht Agamben schließlich das Charakteristikum der menschlichen Natur fest: Während andere Lebewesen nur ihre spezifische Potenz könnten, sei der Menschen „das Tier, dass seine eigene Impotenz kann"[129]. Der Mensch besäße letztlich „weder ein Wesen, noch eine historische oder spirituelle Berufung, noch auch eine biologische Bestimmung", die es zu verwirklichen gelte, vielmehr sei der Mensch „das schlichte Faktum seines Daseins als Möglichkeit oder Potenz"[130]. Was den Menschen wesentlich ausmache, sei mithin die Erfahrung jener besagten reinen Potenzialität. Mit anderen Worten: „Die Größe – aber auch das Elend – der menschlichen Potenz besteht darin, das sie in erster Linie eine Potenz ist, nicht zum Akt überzugehen, eine Potenz zur Dunkelheit"[131], wobei in dieser Dunkelheit freilich auch die Rettung (im Sinne des Motivs der geretteten Nacht) und zumal der Widerstand ankere, denn „[n]ichts macht so arm und so unfrei wie die Entfremdung von der Impotenz. Derjenige, der von dem getrennt wird, was er kann, kann dennoch Widerstand leisten, hat noch die Möglichkeit zu unterlassen. Derjenige, der von seiner Impotenz getrennt wird, verliert hingegen vor allem die Fähigkeit zum Widerstand."[132] Ist der Mensch dergestalt

---

[126] Vgl. Agamben, Negative Potentialität, 288f.; s. auch ders., Bartleby, 13. Die spezifische privative Präsenz der Potenz des „nicht-bauenden" Architekten unterscheidet sich von der allgemeinen Potenz etwa eines Kindes, Architekt zu werden, darin, dass das Kind das Vermögen, als Architekt zu wirken, noch nicht besitzt, sondern sich dieses durch Lernprozesse, also durch Veränderung, allererst erwerben muss.

[127] Agamben, Negative Potentialität, 289.

[128] Vgl. Agamben, Homo sacer, 56. In diesem Sinn versteht Agamben Aristoteles' Bekundung in Met 1047 a 24–26 (ἔστι δὲ δυνατὸν τοῦτο, ᾧ ἐὰν ὑπάρξῃ ἡ ἐνέργεια οὗ λέγεται ἔχειν τὴν δύναμιν, οὐδὲν ἔσται ἀδύνατον) keineswegs als Tautologie; s. dazu Agamben, Negative Potentialität, 295ff., bes. 297: „Wenn die Fähigkeit, nicht zu sein, jeder Potenz bereits originär angehört, dann ist allein derjenige wirklich fähig, der im Augenblick des Übergangs zum Akt seine eigene Potenz-nicht-zu weder schlichtweg auflöst noch hinter sich zurücklässt, sondern vielmehr die Potenz-nicht-zu als solche in den Akt übergehen lässt; allein derjenige also, der fähig ist, seine Potenz nicht nicht zu aktualisieren." Vgl. zur besagten Sentenz des Aristoteles auch Martin Heidegger, Aristoteles, Metaphysik Θ 1–3. Von Wesen und Wirklichkeit der Kraft, GA 33, Frankfurt a.M. 1981, bes. 219ff.

[129] Agamben, Negative Potentialität, 293; s. ebenso ders., Nacktheiten, 78.

[130] Agamben, Gemeinschaft, 43.

[131] Agamben, Negative Potentialität, 292.

[132] Agamben, Nacktheiten, 80. Daran macht Agamben im Übrigen die Misere der Gegenwart fest: „Von seiner Impotenz getrennt, der Erfahrung beraubt, etwas nicht tun zu können, glaubt der heutige Mensch, zu allem fähig zu sein, und wiederholt sein joviales ‚Kein Problem!' und sein unverantwortliches ‚Lässt sich machen', obgleich er eigentlich der Tatsache ins Auge sehen müsste, dass er in bislang unbekanntem Maße Kräften und Prozessen ausge-

dasjenige Lebewesen, das im genannten Sinne einzig potenziell existiert, das zu seiner eigenen Impotenz fähig ist, so zeichnet sich das Werk des Menschen folgerichtig dadurch aus, im Kern weder aktiv noch passiv, sondern inoperativ zu sein. Der Mensch vollbringe sein eigentliches Werk in der Deaktivierung.[133] Was dies bedeutet, verdeutlicht und entfaltet Agamben in immer wieder neuen Reflexionsgängen, Bildern und Geschichten.

So eröffnet er sein Buch über die „Idee der Prosa" unter der Überschrift „Schwelle" mit einer Miniatur über den Neuplatoniker Damaskios, dem letzten Leiter der Akademie in Athen, der sich nach deren Schließung durch Kaiser Justinian nach Persien zurückzog, um dort die ersten Prinzipien (Περὶ τῶν πρώτων ἀρχῶν), nämlich den unsagbaren Grund aller Gründe, den Ursprung aller Dinge und allen Seins zu ergründen. Agamben erzählt, wie Damaskios nach vielen Krisen, in denen er mit den Aporien der Unerkennbarkeit des Unerkennbaren kämpfte, eines Nachts auf die leere Fläche seiner Schreibtafel blickte, sich plötzlich an Aristoteles' Vergleich des passiven Verstandes mit der unbeschriebenen Tafel erinnerte (An 430a) und zu der erlösenden Erkenntnis gelangte, dass „[d]ie äußerste Grenze, die das Denken erreichen kann, ... nichts Seiendes [ist], kein Ort oder Ding, selbst ohne alle Eigenschaft, sondern sein eigenes absolutes Vermögen, das reine Vermögen der Darstellung selbst: die Tafel zum Schreiben!" Daraufhin sei alles klar gewesen: Damaskios „konnte jetzt die Tafel zerbrechen und aufhören zu schreiben. Oder vielmehr wirklich beginnen."[134] Die leere Schreibtafel, die als offener Möglichkeitsgrund alle möglichen Zeichen vor ihrer schriftlichen Realisierung (und ebenso nach ihrer Tilgung) in sich birgt, versinnbildlicht für Agamben mithin das reine Vermögen der Darstellung und die darin gleichermaßen gegebene Möglichkeit und Unmöglichkeit des Schreibens.

Als Verkörperung der besagten Schreibtafel, als Personifizierung des vermögenden Unvermögens zu schreiben präsentiert Agamben die literarische Figur des Schreibers Bartleby, der sich in Herman Melvilles gleichnamigem Roman mittels des formelhaft wiederholten Satzes „I would prefer not to" sukzessive all seiner Schreib- und Kopieraufgaben in einer Anwaltskanzlei in der New Yorker Wall Street entzieht.[135] Agamben hebt darauf ab, dass sich diese Formel – dem οὐ μᾶλλον der antiken Skeptiker vergleichbar – „entschlossen im Gleichgewicht zwischen Behauptung und Verneinung hält, zwischen Akzeptanz und Weigerung, zwischen Setzung und Aufhebung"[136] und darin Ausdruck reiner Potenz jenseits jeglichen konkreten Willens ist. Bartleby, der Schriftkundige, der zu schreiben aufgehört hat, der gewissermaßen nichts anderes als seine Potenz nicht zu schreiben schreibt,[137] dieser Bartleby ist für

---

setzt ist, auf die er keinerlei Einfluss hat. Er ist nicht blind für seine Fähigkeiten geworden, sondern für seine Unfähigkeit" (ebd., 79).

[133] Vgl. Agamben, Negative Potenzialität, 293: Das „Werk" des Menschen ist „grundlegend inoperativ".

[134] Agamben, Idee der Prosa, 13; vgl. auch Giorgio Agamben, The Messiah and the Sovereign: The Problem of Law in Walter Benjamin, in: ders., Potentialities, 160–174, hier 165f. Agamben verweist ebd. auf eine vergleichbare Deutung der Tora in der Kabbala.

[135] Vgl. Herman Melville, Bartleby, der Schreiber. Eine Geschichte aus der Wall-Street, Frankfurt a.M. / Leipzig 2004 (engl. Orig. 1853). Zur philosophischen Rezeption der Figur s. auch Leonhard Foerster, Poetik des Nicht(s)tuns. Verweigerungsstrategien in der Literatur seit 1800, München 2008, 215–226; Maurizio Di Bartolo, „L'écriture et l'indifférance" – Der Fall Bartleby, in: E. Alloa / A. Lagaay (Hg.), Nicht(s) sagen. Strategien der Sprachabwendung im 20. Jh., Bielefeld 2008, 247–263.

[136] Agamben, Bartleby, 38.

[137] Vgl. Agamben, Gemeinschaft, 40.

Agamben „die extremste Gestalt des Nichts, aus der die gesamte Schöpfung hervorgeht, und zugleich die unerbittlichste Einforderung dieses Nichts in seiner reinen absoluten Potenz"[138]. Bartleby, der die Potenz dessen, was nicht in den Akt übergeht, verkörpert, überführt die Schöpfung mithin in die „Ent-Schöpfung". Diese begreift Agamben als einen ahistorischen oder besser achronologischen Raum, in welchem das unwiderruflich Vergangene im Namen einer zumal auch rückwirkenden Potenz aufgehoben ist.[139]

Wie die letztgenannte These zeigt, prägt die Denkfigur des vermögenden Unvermögens zumal auch Agambens Geschichtsverständnis (Näheres unter Punkt 2.3). Aber nicht nur das, in immer wieder neuen Variationen, Begriffen und Zusammenhängen durchzieht sie sein gesamtes Werk, so etwa, wenn er – in unverkennbarer Fortführung der von Maurice Blanchot, Georges Batailles und Jean-Luc Nancy propagierten Philosophie der „Entwerkung" („négativité sans emploi", „désœuvrement")[140] – Politik als das bestimmt, was dem wesenhaften „Werklos-Sein" des Menschen und dem radikalen „Ohne-Werk-Sein" der menschlichen Gemeinschaften entspricht,[141] oder wenn er unter Rekurs auf Kafkas Geschichte über Bucephalus, die namentlich auch Walter Benjamin anregte,[142] auf die Bedeutung des Studiums des Gesetzes abhebt, in dem dieses nicht mehr praktiziert (Tätigkeit), sondern in sich zurückgenommen nur noch als Text erforscht und dergestalt seines Vollzugs wie auch seiner Gewalttätigkeit enthoben wird (Deaktivierung, Untätigkeit).[143] Das liminale Kolorit der Philosophie Agambens erklärt sich insofern nicht zuletzt aus der heimlichen Dominanz der Denkfigur des vermögenden Unvermögens[144] und der intensiven Reflexion über die komplexen Implikationen, die das Konzept der reinen Potenzialität, das alle herkömmlichen Mittel-Zweck-Relationen unterläuft,[145] für das Verständnis von Sprache, Geschichte, Politik, Konsum, Gemeinschaft, Leben etc. zeitigt.

---

[138] Agamben, Bartleby, 33.
[139] Vgl. ebd., 47–75.
[140] Vgl. Agamben, Homo sacer, 72f.; zu Blanchot, Bataille und Nancy vgl. Felix Trautmann, Nichtmitmachen. Zur Negativität der Gemeinschaft, in: B. Liebsch u.a. (Hg.), Profile negativistischer Sozialphilosophie. Ein Kompendium, Berlin 2001, 181–199, bes. 187ff.
[141] Vgl. Agamben, Mittel ohne Zweck, 119.
[142] Vgl. Benjamin, Franz Kafka, 437.
[143] Vgl. Agamben, Ausnahmezustand, 75–77; zu Bucephalus s. auch ders., Potentialities, 154; ders., Nacktheiten, 64. Zur messianischen Werklosigkeit des Studiums vgl. ferner ders., Idee, 51–54.
[144] Zur Schlüsselrolle des Themas Potenzialität vgl. nur Jason Maxwell, Ethics, in: Murray/White (Hg.), Agamben Dictionary, 63–66, hier: 63: „[P]otentiality is the linchpin of Agamben's entire philosophy"; Kevin Attell, Potentiality/Impotentiality, in: ebd., 159–162, hier 162: „The centrality of this doctrine of potentiality for Agamben's thought can hardly be overstated"; Durantaye, Agamben, 123: „Of all questions Agamben treats in his works, this one – the relationship between the categories of potentiality and actuality – is the most central and the most abiding."
[145] Agambens Philosophie der Potenzialität speist sich zumal auch aus Walter Benjamins Kritik an der Instrumentalisierung der Sprache und des Rechts; vgl. dazu Benjamin, Über die Sprache; ders., Zur Kritik der Gewalt, GS II/1, Frankfurt a.M. 1979, 179–203.

2.3 Die Schwelle der Geschichte

Zu den hervorstechendsten Kennzeichen der Bücher Agambens gehört die beeindruckend breite und kenntnisreiche Heranziehung und Verarbeitung historischer Quellen jeglicher Art. Die vor diesem Hintergrund naheliegende und durchaus verbreitete Meinung, er würde in seinen Werken konkrete historiographische Thesen oder Rekonstruktionen unterbreiten, weist Agamben jedoch explizit als Missverständnis zurück. Nachdrücklich betont er, kein Historiker zu sein, sondern im Rahmen einer philosophischen Archäologie mit Paradigmen zu arbeiten, die einen historischen Problemkontext konstituieren und ihn in seiner Gesamtheit verstehbar machen.[146] Um nachvollziehen zu können, was es mit dem archäologischen Gebrauch von Paradigmen auf sich hat, ist ein Blick auf Agambens basales Zeit- und Geschichtsverständnis nötig. Dessen Konturen zeichnen sich erstmals in dem frühen Essay „Zeit und Geschichte" ab.[147]

Darin stellt Agamben heraus, dass jeder Begriff von Geschichte mit einer bestimmten Erfahrung von Zeit verbunden ist. Insofern setze jede neue Kultur wie zumal auch jede authentische Revolution eine neue Erfahrung und Begrifflichkeit der Zeit voraus. Das politische Denken der Moderne und namentlich der historische Materialismus hätten es indes versäumt, einen dem jeweiligen Begriff der Geschichte entsprechenden neuen Begriff der Zeit zu entwickeln. Vor dem Hintergrund dieser Diagnose ermittelt Agamben zunächst die in der Geschichte der westlichen Welt vorherrschenden Zeitkonzeptionen, angefangen von der griechisch-römischen Antike über das christliche Zeitalter bis in die säkulare Moderne hinein. Ungeachtet einiger differenter Akzentsetzungen macht er in allen genannten Epochen eine im Kern gleiche Zeitvorstellung aus, nämlich die einer kontinuierlich ablaufenden, aus punktuellen Momenten zusammengesetzten quantifizierbaren Zeit. In die Falten und Schatten dieser kulturellen Tradition des Westens seien jedoch, so Agamben, Elemente einer anderen Zeiterfahrung eingelassen. Dazu verweist er auf das sich aus der präsentischen Auferstehung speisende, nichthomogene Zeitverständnis der Gnosis, auf den Kairos in der Philosophie der Stoa, auf Benjamins jüdisch-messianisches Modell der Jetztzeit und auf Heideggers Philosophie des Augenblicks. Vor allem aber verweist er diesbezüglich auf „eine unmittelbare und für jedermann zugängliche Erfahrung, in der eine neue Zeitauffassung ihre Grundlage finden könnte"[148], nämlich den Genuss. Unter Rekurs auf entsprechende Äußerungen bei Aristoteles und Thomas von Aquin legt Agamben dar, dass der Genuss jenen momenthaften Ort in der Geschichte markiere, der die quantifizierte chronologische Zeit unterbreche, und zwar insofern, als sich im Genuss im Hier und Jetzt – und nicht erst im Millennium – ein Zustand des Ganzen und des Vollendeten im Sinne qualitativer Zeit und darin eine Befreiung des Menschen von der linearen, kontinuierlichen Zeit eröffne. Agamben versteht den Genuss

---

[146] Vgl. Giorgio Agamben, Signatura rerum. Zur Methode, Frankfurt a.M. 2009, 11 und Agambens Äußerung in dem Interview von Ulrich Raulff (Das Leben, ein Kunstwerk ohne Autor. Ein Gespräch mit Giorgio Agamben) in der Süddeutschen Zeitung vom 06.04.2004, 16: „Aber ich bin kein Historiker. Ich arbeite mit Paradigmen."
[147] Vgl. Agamben, Kindheit, 129–152. Eine instruktive Kommentierung des Essays bietet Brigitte Löschenkohl, Genuss der Zeit, Geschichte des Glücks – Agambens Kairologie, in: Loick (Hg.), Nomos der Moderne, 177–193.
[148] Agamben, Kindheit, 150.

als kairologisches Phänomen, das sich dem Ergreifen eines günstigen, letztlich nicht verfügbaren Moments verdankt, eines Momentes, in dem sich jenseits jeglicher strategischen Ausrichtung Aktivität und Passivität, Zu-griff und Zu-fall, Werk und Werklosigkeit in einer liminalen Zone der Ununterscheidbarkeit vermischen. Agamben begreift diese im Genuss sich öffnende kairologische Zeit ausdrücklich als „authentische Geschichte". Die herkömmliche chronologische Zeit identifiziert er dagegen als „Pseudogeschichte"[149]. So distanziert er sich klar vom gängigen Geschichtsverständnis der akademischen Historiographie.

Die Distanz zur klassischen Historiographie, die sich freilich aus einer um so größeren Nähe zum Sujet und zur Berufung der Geschichtswissenschaft speist, prägt das gesamte Werk Agambens. Immer wieder hebt er auf die Notwendigkeit ab, den Geschichtsbegriff aus seiner Einbindung in ein Verständnis von Zeit als homogenen, linearen Prozessverlauf und aus der landläufigen Reduktion auf den Aspekt der Diachronie zu lösen. Agamben verortet Geschichte stattdessen im Schwellenraum zwischen Diachronie und Synchronie, zwischen Gegenwart und Vergangenheit, in dem und durch den beide Größen in eine besondere Beziehung treten. Ausdrücklich hebt er hervor: „Jedes historische Ereignis stellt einen differentiellen Abstand zwischen Diachronie und Synchronie her, der sie in eine bedeutungsvolle Beziehung zueinander stellt."[150] An anderer Stelle heißt es: „Das historische Objekt ist nie nur in der Vergangenheit und nicht nur in der Gegenwart. Es befindet sich in der Konstellation von beidem: wenn Vergangenheit und Gegenwart zusammentreffen."[151] Mit dem Begriff der Konstellation ruft Agamben unüberhörbar Walter Benjamins Geschichtskonzept auf.[152]

Benjamin pochte bekanntlich auf die Unabgeschlossenheit der Vergangenheit, verurteilte die dem Fortschrittsdenken eingeschriebene Konzeption historischer Zeit als leere, homogene Zeit und wies dem Historiker im Kontrast zum landläufigen Verständnis von Geschichte als einer kausalen Abfolge von Epochen die Aufgabe zu, „die Konstellation, in die seine eigene Epoche mit einer ganz bestimmten früheren getreten ist"[153], zu erfassen. Dieses konstellative, Determination und Konstruktion gleichermaßen in sich schließende Zusammentreffen der Gegenwart mit einer bestimmten Vergangenheit zielte bei Benjamin auf die Unterbrechung des linearen Geschichtsverlaufs und auf die Stillstellung des für ihn katastrophalen Fortschritts. Dergestalt würden gewesene Begebenheiten einer besonderen Lesbarkeit zugeführt und unabgegoltene Potenziale der Vergangenheit freigesetzt bzw. errettet werden. Vor diesem Hintergrund stellte Benjamin schließlich heraus, „daß die Geschichte nicht alleine eine Wissenschaft[,] sondern nicht minder eine Form des Eingedenkens

---

[149] Vgl. ebd., 150.
[150] Ebd., 111.
[151] Giorgio Agamben, „Der Papst ist ein weltlicher Priester" (Interview von René Aguigah und Jutta Person), in: Literaturen 6/2005, 55–58, hier 58.
[152] Vgl. dazu die Darstellung bei Stéphane Mosès, Der Engel der Geschichte. Franz Rosenzweig. Walter Benjamin. Gershom Scholem, Frankfurt a.M. 1994, 87–160. Mosès macht bei Benjamin drei sich überlagernde geschichtstheoretische Paradigmen aus: ein theologisches, ein ästhetisches und ein politisches Paradigma; s. zum Thema auch Helmut Thielen, Eingedenken und Erlösung. Walter Benjamin, Würzburg 2005.
[153] Benjamin, Begriff der Geschichte (s. Anm. 53), 105; s. auch ebd., 155.

ist. Was die Wissenschaft ‚festgestellt' hat, kann das Eingedenken modifizieren. Das Eingedenken kann das Unabgeschlossene (Glück) zu einem Abschlossenen [sic!] und das Abgeschlossene (das Leid) zu einem Unabgeschlossenen machen. Das ist Theologie. Aber im Eingedenken machen wir eine Erfahrung, die uns verbietet, die Geschichte grundsätzlich atheologisch zu begreifen, so wenig wir sie in unmittelbar theologischen Begriffen zu schreiben versuchen dürfen."[154] Das Eingedenken, das Benjamin an anderer Stelle an der jüdischen Unterweisung in Tora und Gebet festmachte, ist mithin nicht allein auf das Gewesene gerichtet, sondern öffnet in seiner Orientierung zumal am Unabgegoltenen des Gewesenen zugleich einer Zukunft das Tor – aber eben nicht einer Zukunft als leerer und homogener Zeit, sondern einer Zukunft als qualitativer Zeit des Kommenden, in der jede Sekunde die Pforte ist, durch die der Messias eintreten kann.[155]

Agamben greift Benjamins theologisch und messianisch imprägniertes Geschichtsdenken auf und führt es fort, indem er es mit seiner Philosophie der reinen Potenz (s. oben) verbindet. In der für ihn diesbezüglich einschlägigen literarischen Schlüsselfigur, nämlich Herman Melvilles Bartleby, sieht Agamben im Besonderen den Widerruf der Unwiderrufbarkeit der Vergangenheit zum Ausdruck gebracht, allerdings auf gänzlich andere Weise als dies etwa in Nietzsches Denkfigur der ewigen Wiederkehr der Fall ist. Diese verwandle nämlich das „es war" lediglich in ein „so wollte ich es" und ignoriere dabei das Wehklagen dessen, was nicht gewesen sei. Im Anschluss an Walter Benjamin verwirft Agamben Nietzsches ewige Wiederkehr nachdrücklich als eine ins Kosmische projizierte Strafe des Nachsitzens, bei der der nachsitzende Schüler ein und denselben Text in unzähligen Wiederholungen nachschreiben müsse.[156] Bartleby entziehe sich dagegen mit der Formel „I would prefer not" der Aufgabe des Abschreibens von Texten. Als Schreiber, der das Abschreiben vorgegebener Texte sukzessive einstellt, sage er sich von der Kopie los und führe so die Vergangenheit wieder der Potenz zu. Die Formel „I would prefer not" deutet Agamben folglich als „*restitutio in integrum* der Möglichkeit", als Ausdruck der „Erinnerung an das, was nicht war".[157]

In dieser Auslegung sieht sich Agamben zumal durch Melvilles Schlussnotizen bestätigt, wonach Bartleby vormals als untergeordneter Angestellter im Washingtoner „Dead Letter Office" (Amt für unzustellbare Briefe) arbeitete. In den nie angekommenen Briefen erblickt Agamben die „Chiffren der glücklichen Ereignisse, die sein hätten können, die sich aber nicht verwirklicht haben"[158]. Vor diesem Hintergrund bezeichnet er Bartleby als „neuen Messias", der anders als Jesus nicht gekommen sei, um das zu retten, was gewesen ist, „sondern um das zu retten, was nicht gewesen

---

[154] Benjamin, Passagen-Werk I, 589. Agamben greift auf Benjamins Eingedenken direkt zurück; vgl. Agamben, Bartleby, 63; ders., Signatura rerum, 131f.
[155] Vgl. Benjamin, Begriff der Geschichte (s. Anm. 53), 106. Zur großen Bedeutung des Erinnerns in der jüdischen Kultur vgl. Yosef Hayim Yerushalmi, Zachor. Erinnere Dich, Berlin 1988.
[156] Vgl. Agamben, Bartleby, 64ff.; s. auch ders., Kunstwerk ohne Autor, 16; ders., Signatura rerum, 128.
[157] Agamben, Bartleby, 64.
[158] Ebd., 69.

ist"[159]. Und da die Absage an die Kopie zugleich eine Absage an das Gesetz sei – Bartleby heuert ja in der Kanzlei eines Rechtsanwaltes, eines „Mannes des Gesetzes" an – manifestiere sich in der Unterbrechung des Schreibens, so Agamben, auch die Aufhebung des Gesetzes und darin wiederum – insofern die Tora das Gesetz der ersten Schöpfung sei – der Übergang zu einer zweiten Schöpfung, die nicht als Wiederholung der ersten Schöpfung, sondern als „Ent-Schöpfung" zu begreifen sei. In dieser „Ent-Schöpfung", die als eine Art „Ent-setzung" die „Setzung" der ersten Schöpfung „deaktiviert", würde „das, was geschehen ist[,] und das, was nicht gewesen ist, seiner ursprünglichen Einheit im Geist Gottes zurückgegeben".[160] Darüber hinaus öffne sich in Bartlebys messianischer Befreiung und Errettung der Potenzialität des Gewesenen auch Zukunft, und zwar eine Zukunft, die das Vergangene inkludiere, nämlich die Zukunft der Vergangenheit, das *futurum exactum*, also jenes Futur, das „an die Stelle der abgeschlossenen Vollendung des Immer-schon-gewesen-Seins die unabschließbare Vollendung des Immer-schon-gewesen-Sein-*wird* [setzt], das durch kein Denken je ganz er-innert werden kann, weil sie immer noch aus-bleiben wird"[161]. Dieses besondere, auch im Fall einer Konjektur verwendete Futur schließt für Agamben Vergangenheit und Zukunft in der Potenzialität zusammen. Vor diesem Hintergrund betont er schließlich: „Nur in der Form dieses ‚gewesen sein wird' ist historische Erkenntnis möglich."[162]

Zur Erschließung dieser sehr speziellen Form historischer Erkenntnis bedarf es selbstredend besonderer methodischer Zugänge. Agamben verweist diesbezüglich, wie bereits erwähnt, auf seine Arbeit mit Paradigmen, ferner auf die Untersuchung von Signaturen und die Forschungspraxis der Archäologie.[163]

(1) Als „Paradigmen" fungieren im Werk Agambens alle jene historischen Phänomene oder Objekte, die sich heranziehen lassen, um, wie Agamben es formuliert, „eine größere Gruppe von Phänomenen zu bilden und eine historische Situation zu verstehen"[164]. Es handelt sich um historische Einzelphänomene, die einen „viel weiteren Problemkomplex ... zugleich konstituieren und intelligibel machen"[165]. Die Paradigmen sollen dazu verhelfen, die Gegenwart jenseits vermeintlicher chronologischer Kausalzusammenhänge im Sinne des oben erläuterten konstellativen Geschichtsverständnisses historisch zu erfassen. Was Agamben im Blick hat, ist mit anderen Worten „ein konkretes historisches Faktum, das es als Paradigma möglich macht, unsere heutige Situation zu verstehen"[166]. So wie Michel Foucault das „Panopticon" – gemeint ist ein von Jeremy Bentham 1787 konzipierter und 1791 publizierter Architekturentwurf für eine universal einsetzbare Überwachungsanstalt – als besondere epistemologische Figur heranzog und analysierte, um zu zeigen, dass sich darin der sog.

---

[159] Ebd., 71.
[160] Ebd., 72.
[161] So die treffliche Beschreibung des *futur antérieur* bei Samuel Weber, Rückkehr zu Freud. Jacques Lacans Ent-stellung der Psychoanalyse, Wien 2000, 25f.
[162] Agamben, Signatura rerum, 133.
[163] Vgl. dazu insgesamt Agamben, Signatura rerum. Alle drei methodischen Ansätzen führt Agamben auf Michel Foucault zurück, dessen philosophisch-historische Arbeit er eigenständig fortentwickelt; vgl. ebd., 7.
[164] Agamben, Kunstwerk, 16.
[165] Agamben, Signatura rerum, 21.
[166] Agamben, Das unheilige Leben, 19.

„Panoptismus" abzeichnet, also jener neue Machttypus, der Foucault zufolge die moderne Gesellschaft in eine „Kontrollgesellschaft" verwandelte, in welcher die frühere öffentlich-theatrale Zurschaustellung souveräner Macht nun einer disziplinierenden Beobachtung und Selbstbeobachtung der Menschen wich,[167] so verwertet auch Agamben die historischen Figuren und Phänomene des *homo sacer*, des Muselmanns, des Lagers, des rechtlichen Ausnahmezustands u.a.m. als epistemische Figuren, die bei ihm in ähnlicher Weise diverse politische Grundstrukturen der Gegenwart „paradigmatisch" aufschließen.[168] Dabei bildet das Paradigma in mehrerlei Hinsicht selbst eine Art Schwelle, und zwar insofern, als es Agamben ausdrücklich zwischen Vergangenem und Gegenwärtigem, Diachronie und Synchronie, Besonderem und Allgemeinem, Induktion und Deduktion, Konstitution und Intelligibilität verortet. So betont er vor dem Hintergrund seines konstellativen Geschichtskonzeptes nachdrücklich, das Paradigma habe „seinen Ort nicht in der Vergangenheit oder in der Gegenwart, sondern in deren ‚beispielhafter' Konstellation"[169]; seine Historizität liege folglich „weder in der Diachronie noch in der Synchronie, sondern dort, wo sie sich überschneiden"[170]. Zudem verdichte sich im Paradigma eine Erkenntnisform, die weder induktiv vom Partikularen zum Universalen noch deduktiv vom Universalen zum Partikularen, sondern die im Sinne einer Analogie von einem Partikularen zu einem Partikularen fortschreite, darin aber die Opposition von Partikularem und Universalem insofern infrage stelle, als sich in ihr zugleich ein allgemeiner Problemkontext abzeichne. Im Paradigma gerieten Einzelfall und Regelfall in eine Zone der Ununterscheidbarkeit. Agamben verdeutlicht dies u.a. am grammatikalischen Beispiel: „Wenn ein Linguist das Beispiel ‚ich schwöre' auftischt, um die Regel zu erklären, die die Klasse der performativen Akte definiert, dann darf dieses Syntagma jedenfalls nicht als das Vorbringen eines wirklichen Schwures verstanden werden. Um seine Rolle als Beispiel zu spielen, muß dieses Syntagma vielmehr von seiner normalen Funktion freigestellt sein; trotzdem wird es erst kraft dieses Außerfunktionstehens und dieser Suspension fähig zu zeigen, wie es funktioniert, zu zeigen, wie die Regel formuliert ist. Wird gefragt, ob die Regel auf das Beispiel Anwendung findet, fällt die Antwort nicht leicht: denn die Regel findet auf das Beispiel in der Tat keine Anwendung, und zwar nicht deshalb, weil das Beispiel etwa nicht zum Normalfall gehört, sondern umgekehrt deshalb, weil es seine Zugehörigkeit zum Normalfall zum Gegenstand eines Zeigens macht."[171] Das Paradigma ist, wie das angeführte Zitat zeigt, keine gegebene Größe. Es wird vielmehr generiert bzw. entsteht, indem „ein Element seine Zugehörigkeit zu seinem Ensemble aussetzt und zugleich exhibiert, mit der Folge, daß es unmöglich ist, den Charakter des Beispiels und den der Besonderheit in ihm zu

---

[167] Vgl. Michel Foucault, Überwachen und Strafen. Die Geburt des Gefängnisses, Frankfurt a.M. 1977 (frz. Originalausgabe 1975), 256ff.; Agamben, Signatura rerum, 19–21; s. zum Thema jetzt differenziert Anne Brunon-Ernst (Hg.), Beyond Foucault. New Perspectives on Bentham's Panopticon, Farnham u.a. 2012.

[168] Hier zeigt sich auch die Differenz im Gebrauch von Paradigmen bei Foucault und Agamben auf der einen und Thomas S. Kuhn auf der anderen Seite. Während das Paradigma bei Kuhn das Wissbare im Rahmen der Normalwissenschaft markiert (vgl. Thomas S. Kuhn, Die Struktur wissenschaftlicher Revolutionen, Frankfurt a.M. [19]2006), interessieren sich Foucault und Agamben für die gesellschaftlich-diskursiven Machtwirkungen von Paradigmen (vgl. dazu Agamben, Signatura rerum, 11–19). Freilich geht Agamben mit seiner Ontologisierung des Paradigmas über Foucault hinaus (vgl. ebd., 38f.).

[169] Agamben, Signatura rerum, 33.

[170] Ebd., 37.

[171] Ebd., 29; vgl. dazu auch ders., Homo sacer, 31f.; ders., Gemeinschaft, 14–16.

unterscheiden"[172]. Es handelt sich beim Paradigma also um „ein einzelnes Objekt, das, gültig für alle anderen Objekte seiner Klasse, die Intelligibilität des Ensembles definiert, dem es zugehört und das es zugleich konstituiert"[173].

(2) Ähnlich komplex und liminal geprägt sind Agambens Überlegungen zur Funktion von Signaturen. Er bestimmt eine „Signatur" als das, was ein Zeichen intelligibel macht, was es also seiner Bedeutung zuführt. Zeichen sprechen demnach nur, sofern sie eine Signatur zum sprechen bringt. Die Signaturen stehen folglich zwischen Signifikant und Signifikat, zwischen Zeichen und Bedeutung. Sie werden von Agamben in jenem Hiatus verortet, der sich seiner Sprachphilosophie zufolge zwischen der Semiologie (den Kenntnissen, die darüber zu entscheiden erlauben, was ein Zeichen ist und was nicht) und der Hermeneutik (den Kenntnissen, die den Sinn der Zeichen zu erkennen erlauben) öffnet (s. oben). Diese besondere Philosophie der Signaturen wendet Agamben auch auf die Geschichte an. Er betont: „Das historische Objekt ist … niemals in neutraler Weise gegeben, sondern stets begleitet von einem Index oder einer Signatur, die es als Bild erst konstituierten und vorübergehend seine Lesbarkeit bestimmen und bedingen. Der Historiker sucht seine Dokumente nicht blind oder aufs Geratewohl in der unbewegten und unendlichen Masse des Archivs: er folgt dem dünnen, unmerklichen Faden der Signaturen, die verlangen, hier und jetzt neu gelesen zu werden. Und der Rang des Forschers hängt, folgt man Benjamin, von ebendieser Fähigkeit ab, diese ihrer Natur nach ephemeren Signaturen lesen zu können."[174]

(3) Die historische Arbeit mit Paradigmen und die historische Erforschung von Signaturen subsumiert Agamben schließlich unter dem Begriff der Archäologie. Die ἀρχή, um die es ihm dabei geht, ist – wie angesichts der voranstehenden Ausführungen kaum mehr überrascht – kein in der Chronologie situierbares Datum, kein „Ursprung" im herkömmlichen Sinn, sondern „eine Kraft, die in der Geschichte wirksam ist – wirksam in derselben Weise, wie die indoeuropäischen Wörter ein System von Verknüpfungen zwischen den historisch zugänglichen Sprachen ausdrücken, wie in der Psychoanalyse das Kind eine aktive Kraft des psychischen Lebens der Erwachsnen darstellt, wie der *big bang*, von dem man annimmt, daß er dem Universum seinen Ursprung gegeben hat, etwas ist, das nicht aufgehört hat, seine fossile Strahlung zu uns zu senden."[175] Im Sinne des oben dargelegten konstellativen, theologisch-messianischen Geschichtsdenkens markiert der Begriff der ἀρχή bzw. der ἀρχαί bei Agamben im Besonderen „das, was hätte sein können oder sollen und vielleicht eines Tages sein kann"[176]. Der Archäologe nehme sich nämlich, so Agamben, v.a. dessen an, was nicht gewesen ist, was nicht erlebt wurde, dergestalt aber gegenwärtig geblieben sei.[177] Gerade darin erweise sich die Archäologie als „der einzige Weg des Zugangs zur Gegenwart"[178]. In der besagten Ausrichtung auf das Nichterlebte öffne sich dem Archäologen zumal auch die Chance, die historischen Phänomene archäologisch zu „retten". Dem Archäologen komme es nämlich zu, wie Agamben unter Verwendung explizit theologischer Sprache betont, „das Schöpfungswerk nochmals zu durchlaufen, allerdings in umgekehrter Richtung, um es dem Heil, von dem es stammt, wieder

---

[172] Agamben, Signatura rerum, 37.
[173] Ebd., 20.
[174] Ebd., 90f.; s. zum Thema auch ders., Herrlichkeit, 17.
[175] Agamben, Signatura rerum, 137; s. auch ders., Sakrament, 17f.; ders., Nacktheiten, 32f.
[176] Agamben, Signatura rerum, 102.
[177] Vgl. dazu ebd., 126: Es ist „nicht nur das Erlebte, sondern auch und vor allem das Nichterlebte …, das dem Gewebe der psychischen Persönlichkeit und der historischen Tradition Form und Stoff verleiht, um ihre Kontinuität und ihren Zusammenhalt zu gewährleisten."
[178] Ebd., 128.

zurückzugeben."[179] Voraussetzung und Grundlage dieses manifest theologisch imprägnierten Archäologiekonzeptes ist nach Agamben ein Verstehen der ἀρχή als Verstehen „nicht eines Ursprungs ..., sondern einer zugleich endlichen und nicht totalisierbaren Geschichte"[180]. Das herkömmliche Verständnis von Geschichte als linear ablaufendem Prozess wird dergestalt radikal aufgesprengt, um einer liminalen Geschichtskonzeption Raum zu geben, in der sich Vergangenheit, Gegenwart und Zukunft im Namen der Erlösung in komplexer Weise ineinander verschieben.[181] Vor diesem Hintergrund vermag Agamben den Archäologen als wahren Zeitgenossen ausweisen. Wahrlich zeitgenössisch sei nämlich nur der, der nicht restlos in seiner Epoche aufgehe, der also einen gewissen Abstand zur Gegenwart wahre, die lineare Zeit unterbreche und eine Beziehung zwischen den Zeiten stifte. Nur so lasse sich die Gegenwart gerade auch in ihrer Finsternis erfassen. Die „Zeitgenossenschaft schlechthin" sei von daher die „messianische Zeit" wie sie Paulus als „Jetztzeit" propagierte, denn darin manifestiere sich, so Agamben, die „einzigartige Fähigkeit, mit jedem Augenblick der Vergangenheit in Beziehung zu treten, aus jedem Moment, jeder Episode des biblischen Berichts eine Prophezeiung oder Präfiguration ... der Gegenwart zu machen."[182] Vom Schattenwurf der Gegenwart getroffen, würde die Vergangenheit in solchen Konstellationen den Dunkelheiten der Gegenwart antworten. Damit dürfte nun vollends deutlich geworden sein: Jene „authentische" Historie, der Agamben als Archäologe und Zeitgenosse gleichermaßen nachzuspüren sucht, geht nicht in der Ordnung des χρόνος auf. Worauf Agamben sein Augenmerk vielmehr legt, ist jene Kraft „zwischen den Zeiten", die er als ἀρχή bestimmt. Darin macht er in Benjaminscher Manier eine schwache messianische Kraft aus.

2.4 Die Schwellen der Politik, des Rechts und der Ökonomie

Auf dem dargelegten konstellativen, sich an Paradigmen festmachenden Geschichtsmodell basieren nun auch Agambens vieldiskutierte Ausführungen zur Macht des Politischen, des Rechts und der Ökonomie in der abendländischen Welt.[183] Auch bei diesen Themenfeldern richtet der Philosoph seinen Blick immer wieder auf besondere Schwellenphänomene, die zentrale Gegensätze der abendländischen Kultur in eine Zone der Ununterschiedenheit bzw. der Unentscheidbarkeit überführen.

Von „paradigmatischer" Relevanz ist für Agamben diesbezüglich der Umstand, dass in der antiken griechischen Welt zwei Begriffe für „Leben" gebräuchlich waren, nämlich ζωή und βίος. Das erstgenannte Wort stand für

---

[179] Ebd., 134. Wie Agamben ebd. betont, ist „das Heilswerk als ein immanentes Apriori des Schöpfungswerkes in diesem inbegriffen".
[180] Ebd., 137.
[181] Vgl. nur ebd., 123. Dort konstatiert Agamben unter Rekurs auf Benjamins berühmtes Bild vom Engel der Geschichte und Enzo Melandris dionysische Regression, die Gegenwart erscheine zumal dann, „wenn eine in der Vergangenheit erreichte Zukunft und eine in der Zukunft erreichte Vergangenheit für einen Moment in eins fallen".
[182] Agamben, Nacktheiten, 34; vgl. zum Thema insgesamt ebd., 7–35.
[183] Claas Morgenroth, Benjamin – Agamben. Politik des Posthistoire, in: Borsò u.a. (Hg.), Benjamin – Agamben, 129–155 meint ebd., 129: „Giorgio Agambens Theorie ist im Kern eine politische Geschichtsphilosophie, die sich vor dem Hintergrund einer umstürzend neuen Weltordnung um die Neuschreibung des Politischen bemüht."

„die einfache Tatsache des Lebens, die allen Lebewesen (Menschen, Tieren oder Göttern) gemein ist", βίος bezeichnete dagegen „die Form oder Art und Weise des Lebens, die einem einzelnen oder einer Gruppe eigen ist"[184]. Der Terminus ζωή markierte mit anderen Worten das Lebendigsein im Sinne des rein organischen (biologischen!) Lebens, dessen Versorgung, Erhaltung und Verwaltung dem Haus (οἶκος) und darin namentlich dem Hausherrn oblag, während mit βίος das gesellschaftlich qualifizierte Leben des Bürgers in der πόλις gemeint war. Agamben erblickt nun in dieser Unterscheidung zwischen ζωή und βίος das „fundamentale Kategorienpaar der abendländischen Politik"[185]. Die abendländische Politik beruht für ihn dabei genauer noch auf jener „ausschließenden Einschließung" der ζωή in den politischen Raum, die geradewegs zur Produktion von „nacktem Leben" (*la nuda vita*)[186] führte. In der Geschichte des Abendlandes habe sich dieser Prozess der ausschließenden Einschließung in diversen Ausnahme- bzw. Bannbeziehungen unentwegt ereignet, um schließlich heute mehr denn je überall vonstatten zu gehen, etwa in biometrischen Überwachungen, dem Leben in Lagern u.a.m. Die „originäre" politische Leistung der abendländischen Kultur liegt Agamben zufolge daher in der Erzeugung eines biopolitischen[187] Körpers, „auf dessen Ausschließung sich [dann] das Gemeinwesen der Menschen gründet"[188]. Dieser in den unterschiedlichsten juridisch-politischen Bannbeziehungen als „nacktes Leben" hervortretende biopolitische Körper wird von Agamben unverkennbar als liminales Phänomen beschrieben, verortet er das nackte Leben doch ausdrücklich auf der Schwelle zwischen ζωή und βίος, zwischen Ausschluss und Einschluss, zwischen Innen und Außen, zwischen Natur und

---

[184] Agamben, Homo sacer, 11; vgl. ders., Mittel ohne Zweck, 13.
[185] Agamben, Homo sacer, 18; s. auch ebd., 119f. Agamben hebt sich darin von Carl Schmitt ab, der den Gegensatz zwischen Freund und Feind zur fundamentalen politischen Leitunterscheidung erhob; vgl. Carl Schmitt, Politische Theologie. Vier Kapitel zur Lehre von der Souveränität, Berlin 1996, 26.
[186] Agamben bezieht sich mit diesem Begriff auf die Ausführungen über die „Heiligkeit des bloßen Lebens" in Walter Benjamins Aufsatz „Zur Kritik der Gewalt", setzt dabei aber andere Akzente; vgl. dazu im Genaueren Weigel, Walter Benjamin, 88–109, bes. 101.106; Andreas Greinert, „Der Mensch fällt eben um keinen Preis zusammen mit dem bloßen Leben der Menschen." Zur Konstellation Benjamin – Agamben, in: Allgemeine Zeitschrift für Philosophie 37 (2012), 305–331.
[187] Agamben greift mit dem Stichwort der „Biopolitik" Michel Foucaults vieldiskutierte Ausführungen über die „Biomacht" auf, die in der Neuzeit die Souveränitätsmacht ablöste. Während die Souveränitätsmacht Foucault zufolge auf dem Recht beruhte, „sterben zu machen und leben zu lassen", zog die Biomacht ihre Kraft aus dem „Recht leben zu machen und sterben zu lassen" (vgl. Michel Foucault, Der Wille zum Wissen. Sexualität und Wahrheit 1, Frankfurt a.M. 1983, 161–190; ders., In Verteidigung der Gesellschaft, Frankfurt a.M. 1999, 276–305). Wie seine Deutung der Figur des *homo sacer* zeigt, verankert Agamben die Biomacht und mit ihr die Biopolitik indes bereits in der antiken Welt und koppelt sie mit Thanatopolitik. Auf diese und weitere Differenzen kann hier nicht eingegangen werden. Vgl. zur Debatte darüber Philipp Sarasin, Agamben – oder doch Foucault?, in: DZPhil 51 (2003), 348–353; Maria Muhle, Biopolitik – ein polemischer Begriff. Von Foucault zu Agamben und zurück, in: Loick (Hg.), Nomos der Moderne, 41–58; Thomas Reitz, Der Ausnahmezustand, in dem wir leben. Politische Ordnung und entgrenzte Verfügungsgewalt, in: Böckelmann/Maier (Hg.), Maschine, 45–57, hier 48ff.
[188] Agamben, Homo sacer, 17.

Kultur, Faktum und Recht. Die besagten Oppositionselemente geraten auf der Schwelle des nackten Lebens gewissermaßen in eine Zone irreduzibler Unentscheidbarkeit.[189]

Wie dies im Näheren zu verstehen ist, verdeutlicht Agamben an der bereits oben erläuterten altrömischen Figur des *homo sacer*, die getötet aber nicht geopfert werden durfte. Der *homo sacer* war gemäß dieser Definition sowohl vom menschlichen wie vom göttlichen Recht ausgeschlossen, ein auf das nackte Leben reduziertes Wesen – dies aber just als Rechtsfigur![190] Im *homo sacer* wird für Agamben insofern die Einbeziehung des organischen Lebens in die juridisch-politische Ordnung auf paradigmatische Weise greifbar, und zwar als solche Einbeziehung, die – gemäß der paradoxen Wirkung des Banns als komplexer Ausnahmebeziehung, d.h. einer Beziehung mit dem Beziehungslosen – gerade auf dem Ausschluss aus dem Recht beruht.[191] Darin offenbart sich für Agamben überhaupt die „souveräne Struktur des Gesetzes, seine eigentümliche und ursprüngliche ‚Kraft'", die in nichts anderem als in der „Form des Ausnahmezustandes" gründet.[192] Agamben zufolge manifestiert sich die „Gesetzeskraft" schließlich grundsätzlich darin, dass das Gesetz das Leben in seinem Bann zu halten vermag, indem es das Leben verlässt, ohne es völlig von sich abzutrennen, kurzum, indem es das Leben als nacktes Leben in einen gleichermaßen innerhalb wie außerhalb der Rechtsordnung stehenden Ausnahmezustand überführt und darin bannt.[193] Der „Ausnahmezustand" ist folglich nichts anderes als *die* liminale Zone der

---

[189] Vgl. ebd., 19.190.
[190] Eine alternative historische Deutung des *homo sacer* bietet Isabell Lorey, Jenseits von Souveränität und Ausnahme. Der *homo sacer* als Funktion konstituierender Macht, in: Loick (Hg.), Nomos der Moderne, 161–176; s. auch dies., Figuren des Immunen. Elemente einer politischen Theorie, Zürich 2001, 17ff.67ff. u.ö. Freilich geht es Agamben nicht um eine historiographische Rekonstruktion, sondern um die „paradigmatische" Bedeutung der Figur des *homo sacer*.
[191] Vgl. dazu Agamben, Homo sacer, 39: „Die Ausnahmebeziehung ist eine Beziehung des Banns. Tatsächlich ist der Verbannte ja nicht einfach außerhalb des Gesetzes gestellt und von diesem unbeachtet gelassen, sondern von ihm *verlassen [abbandonato]*, das heißt ausgestellt und ausgesetzt auf der Schwelle, wo Leben und Recht, Außen und Innen verschwimmen." Zu Agambens Verständnis der Exklusion einer Beziehung als Beziehungsform vgl. Eva Geulen, Agambens Politik der Nicht-Beziehung, in: Borsò u.a. (Hg.), Benjamin – Agamben, 59–68.
[192] Agamben, Homo sacer, 37. Agamben bestimmt den Ausnahmezustand an anderer Stelle als „Schaffung einer Zone, in der die *Anwendung* des Rechts suspendiert wird, aber das Gesetz *als solches* in Kraft bleibt" (Agamben, Ausnahmezustand, 41). Im Ausnahmezustand manifestiert sich das Gesetz insofern als Kraft des gesetzlichen Nichtvollzugs, als machtvolle Impotenz. In den Worten Agambens: „Der Ausnahmezustand ist der anomische Raum, in dem eine Gesetzeskraft ohne Gesetz (die man G̶e̶s̶e̶t̶z̶e̶skraft schreiben müßte) zum Einsatz kommt" (ebd., 49). Agambens Aussagen über den Ausnahmezustand sind so nicht zuletzt von der oben erläuterten Denkfigur des vermögenden Unvermögens zu verstehen. Und auch zu dem anderen Schlüsselthema seiner Philosophie, der Sprache, stellt er gezielt Bezüge her, u.a., indem er betont: „Die Sprache ist der Souverän, der in einem permanenten Ausnahmezustand erklärt, daß es kein Außerhalb der Sprache gibt, daß Sprache stets jenseits ihrer selbst ist. Die eigentümliche Struktur des Rechts hat ihr Fundament in dieser voraussetzenden Struktur der menschlichen Sprache" (Agamben, Homo sacer, 31); s. zum Thema auch Agamben, Ausnahmezustand, 47.50.75.
[193] Vgl. Agamben, Ausnahmezustand, 33: „In Wahrheit steht der Ausnahmezustand weder außerhalb der Rechtsordnung noch ist er ihr immanent, und das Problem seiner Definition betrifft genau eine Schwelle oder eine Zone der Unbestimmtheit, in der innen und außen nicht ausschließen, sondern sich un-bestimmen [*s'inderterminatio*]."

juridisch-politischen Ordnung, aus der diese ihre souveräne Macht bezieht. In dieser liminalen Zone verlieren, wie Agamben immer wieder herausstellt, die Grenzen zwischen Identität und Differenz ihre vermeintlich klaren Konturen. Heimliche Verbindungen und Korrelationen manifester Oppositionen unterschiedlichster Art werden dergestalt offenbar. So betont Agamben, dass im Ausnahmezustand der Souverän dem *homo sacer* darin gleiche, dass auch er außerhalb und innerhalb des Gesetzes stehe, freilich nicht, indem er wie dieser *durch* das Gesetz *aus* dem Gesetz verstoßen und auf nacktes Leben reduziert werde, sondern indem er das Gesetz *begründe*, über seinen Ausschluss entscheide, darin aber *jenseits* des Gesetzes bzw. *über* dem Gesetz stehe.[194] Die Ununterscheidbarkeit von ζωή und βίος, die Agamben namentlich am ohnmächtigen Leben des *homo sacer* festmacht, diagnostiziert er dann auch an solch mächtigen Figuren wie dem *flamen dialis*, einem der obersten Priester in Rom, und dem „Führer" des Dritten Reiches. In deren Leben ließe sich nämlich, so Agamben, private und öffentliche Existenz, physischer und politischer Körper nicht mehr klar differenzieren.[195]

Der Siegeszug des Kapitalismus führt nun laut Agamben einen weiteren fundamentalen Gegensatz auf ganz eigene Weise in eine Zone der Unentscheidbarkeit, nämlich den zwischen Heiligem und Profanem.[196] Inspiriert durch ein vieldiskutiertes Textfragment von Walter Benjamin[197] bestimmt Agamben die besagte Gesellschafts- und Wirtschaftsform als „extremste Kult-Religion, die jemals existierte"[198]. Im Kapitalismus würde die religiöse Absonderung bestimmter Dinge als heilige Dinge, die als solche dann nicht mehr allgemein gebraucht werden könnten, ins Extrem gesteigert und dergestalt im Profanen ein absolut Unprofanierbares erzeugt. Alles, was der Mensch tue, produziere und erlebe, nehme in der kapitalistischen Konsumgesellschaft die Form der Ware an und mutiere darin zu einer Art unerreichbarem Fetisch. Dies bedeute, dass die Dinge nun nicht mehr normal gebraucht werden könnten, sondern stattdessen – auf ihren „Ausstellungswert" reduziert – einer Art Musealisierung anheim gegeben würden.

Auf dem im engeren Sinn politischen Feld macht Agamben noch weitere Zonen der Unentscheidbarkeit namhaft. So hebt er in seiner Besprechung des *iustitium* – jenes römischen Rechtsinstituts, dem zufolge der römische Senat bei äußerer und innerer Gefahr die Stillstellung des Gesetzes und damit die Bewilligung jeder möglichen Maßnahme zur Abwehr der Gefahr beschließen konnte – hervor, dass hier *auctoritas* (das anomische und metarechtliche Element im Rechtssystems des Okzidents) und *potestas* (das normativ-recht-

---

[194] Vgl. dazu Agamben, Homo sacer: 94: „Souverän ist derjenige, dem gegenüber alle Menschen potentiell *homines sacri* sind, und *homo sacer* ist derjenige, dem gegenüber alle Menschen als Souverän handeln. Beide sind in der Figur eines Handelns verbunden, das, indem es sich sowohl vom menschlichen Recht wie vom göttlichen Recht, vom *nomos* wie von der *physis* ausnimmt, in einem bestimmten Sinn den ersten eigentlichen politischen Raum absteckt."

[195] Vgl. ebd., 191–193.

[196] Vgl. zum Folgenden insgesamt Agamben, Profanierungen, 70–91; ders., Der Papst, 55–57; s. aber auch ders., Stanzen, 59–106.

[197] Vgl. Walter Benjamin, Kapitalismus als Religion, GS VI, Frankfurt a.M. 1985, 100–103; Näheres dazu bei Dirk Baecker (Hg.), Kapitalismus als Religion, Berlin 2003.

[198] Vgl. Agamben, Der Papst, 55.

liche Element im Rechtssystems des Okzidents) in eine Zone der Ununterscheidbarkeit gerieten.[199] V.a. aber entfaltet er in seiner Studie „Herrschaft und Herrlichkeit" in einigen äußerst komplexen und angesichts der immensen Materialfülle ziemlich verschlungenen Argumentationsgängen eine umfassende Genealogie jener eigentümlichen Verschränkung von Herrschaft (Souveränität) und Regierung (Verwaltung), die seiner Meinung nach den modernen Staat und die zeitgenössischen Demokratien maßgeblich bestimmt.[200] Er tut dies, indem er die besagte politisch-rechtliche Verschränkung von Herrschaft und Regierung als ein gleichermaßen auf Trennung und Verflechtung beruhendes bipolares System beschreibt, das im Kern auf zentrale Denkfiguren der abendländischen christlichen Theologie zurückgeht, in Sonderheit auf solche trinitarischen, providentiellen und doxologischen Inhalts.

Agamben tituliert dieses bipolare System auch als „Regierungsmaschine". Der Begriff indiziert, dass in dem besagten bipolaren System dem Element der Regierung besonderes Gewicht zukommt. In ihm erblickt Agamben das „zentrale Arkanum der Politik"[201]. Agamben sieht nun das Regierungsparadigma im Näheren durch das semantische Feld des griechischen Wortes οἰκονομία bestimmt, das auf die Führung und Verwaltung des antiken Hauses verweist und bezeichnenderweise im Christentum – nicht zuletzt vor dem Hintergrund der Verwurzelung der frühchristlichen Bewegung im Haus – zur Schlüsselbegrifflichkeit im theologischen Diskurs avancierte. In Abgrenzung von Carl Schmitts „politischer Theologie" stellt Agamben heraus, dass sich die christliche Theologie zu Beginn keineswegs und später zumindest nicht primär im Zeichen der Politik und des Staates entwickelte, sondern im Zeichen der Ökonomie.[202] Dem politisch-theologischen Paradigma sei von daher das viel bestimmendere ökonomisch-theologische Paradigma an die Seite zu stellen. Beide Paradigmen seien sowohl in ihrer Differenz wie auch in ihrer gleichzeitigen wechselseitigen Bezogenheit aufeinander zu betrachten. Die Bedeutung des trinitätstheologischen Diskurses über die Ökonomie Gottes liege vor diesem Hintergrund darin begründet, dass die theologische Unterscheidung zwischen innerer Ökonomie (gemeint ist die Wesenstrinität der göttlichen Substanz in drei Personen) und äußerer Ökonomie (gemeint ist die Offenbarungstrinität und geschichtliche Dispensation des Heils) es den Theologen erlaubt habe, das souveräne Sein und das geschichtliche Wirken Gottes, seine Welt-

---

[199] Vgl. Agamben, Ausnahmezustand, 52–63.88–104. Agamben diagnostiziert hier eine zugleich antagonistische und ergänzende Beziehung. Er betont, im äußersten Fall, dem Ausnahmefall, scheine „die *auctoritas* zu funktionieren *wie eine Kraft, die die* potestas *suspendiert, wo sie statthatte, und sie dort reaktiviert, wo sie nicht mehr in Kraft war*" (Hervorhebungen im Original).

[200] Agamben greift hier auf Foucaults Genealogie der Gouvernementalität zurück, die maßgeblich durch die Unterscheidung zwischen souveräner Herrschaft (der Souverän herrscht, erlässt Gesetze für die Untertanen als Rechtssubjekte seines Territoriums) und Regierung (Regierungen setzen Rahmenbedingungen, verwalten, kontrollieren, intensivieren, disziplinieren das Leben der Bevölkerung mittels Verordnungen) geprägt ist; vgl. dazu Michel Foucault, Geschichte der Gouvernementalität (Vorlesungen am Collège de France 1977/78), Band I: Sicherheit, Territorium, Bevölkerung; Band II: Die Geburt der Biopolitik, Frankfurt a.M. 2004; Agamben rekurriert mehrfach auf die Vorlesung in Band I; vgl. ders., Herrschaft, 11.135–140.325f.

[201] Agamben, Herrschaft, 330.

[202] Vgl. ebd., 87.

fremdheit und seine Regierung der Welt, seine absolute und seine geordnete Macht in ihrer jeweiligen manifesten Differenz wahrzunehmen und doch zugleich in einer semantischen Sphäre zusammenzuführen und aufeinander zu beziehen. Das Moment der Verschränkung sieht Agamben in der theologischen Vorsehungslehre weiter profiliert. In dieser würden Allgemeines und Besonderes, Kalkuliertes und Ungewolltes, Zweckursachen und Wirkungen in eine Zone der Unentscheidbarkeit überführt und darin Kollateraleffekte zum Paradigma des göttlichen Regierungsaktes erhoben. All diese hier nicht weiter entfalt- und erläuterbaren theologischen Lehren konstituierten nach Agamben in der abendländischen Welt ein wirkmächtiges „ökonomisch-providentielles Dispositiv"[203], das die zeitgenössischen Demokratien in ihrer manifesten gouvernementalen Ausrichtung beerbt hätten, indem sie das Leben, Verhalten und Denken der Menschen mittels einer Kollateraleffekte und -schäden einkalkulierenden Regierungstechnik[204] zu lenken und zu kontrollieren suchten. Dabei komme dem besagten Dispositiv zumal auch die Funktion zu, „die Souveränität und Allgemeinheit des Gesetzes mit der öffentlichen Ökonomie und der konkreten Regierung der einzelnen zu vereinbaren"[205]. Entscheidend ist für Agamben schließlich die Einsicht, dass die Regierungsmaschine ihre Kraft letztlich aus der Herrlichkeit bzw. der Verherrlichung der göttlichen bzw. politischen Macht bezieht. Im theologischen Diskurs manifestiere sich diese Verherrlichung im ewigen Lob der Engel, die neben ihrer Aufgabe als administrative Diener der göttlichen Regierung eben auch als ewige Sänger der Herrlichkeit fungierten, sowie in den gottesdienstlichen Akklamationen und liturgischen Doxologien der Gläubigen. Auf der politischen Ebene vollziehe sich diese Verherrlichung in der heutigen „Gesellschaft des Spektakels" (Guy Debord) in der medialen Glorie des Spektakels und der über die Medien hergestellten öffentlichen Meinung als akklamatorischem Konsens. Hinter dieser Herrlichkeitskulisse verberge sich im Zentrum des Regierungsdispositivs indes nichts anderes als Leere. Auf der theologischen Ebene manifestiere sich diese in der Sabbatruhe, der Untätigkeit Gottes, die Agamben vor dem Hintergrund seiner Potenzphilosophie (s. oben unter Punkt 2.2) freilich nicht als reine Passivität, sondern als vermögende Untätigkeit begriffen wissen will. Agamben erblickt in dieser sabbatischen Leere die „souveräne Gestalt der Herrlichkeit"[206], in der Tätigkeit und Untätigkeit im heilvollen Sinn ununterscheidbar würden. Wahre, messianische Politik manifestiere sich folglich dort, wo der Mensch in die besagte tätige Untätigkeit des göttlichen Sabbats hineingenommen werde.

Die letztgenannten Überlegungen über den leeren, sabbatischen Kern der Herrlichkeit im Zentrum des Regierungsdispositivs legen nun eine zentrale Schlüsselfigur der Philosophie Agambens frei. Immer wieder hebt Agamben in seinem Werk darauf ab, dass in die heillosen Zonen der Unentscheidbar-

---

[203] „Als Dispositiv bezeichne ich alles, was irgendwie dazu imstande ist, die Gesten, das Betragen, die Meinungen und die Reden der Lebewesen zu ergreifen, zu lenken, zu bestimmen, zu hemmen, zu formen, zu kontrollieren und zu sichern" (Giorgio Agamben, Was ist ein Dispositiv?, Zürch/Berlin 2008, 26).

[204] Vgl. Agamben, Herrschaft, 146: „Die gouvernementale Rationalität der Moderne ist eine exakte Reproduktion der doppelten Struktur der Vorsehung. Jeder Regierungsakt ist auf ein Primärziel gerichtet, doch ebendeshalb besteht die Möglichkeit, daß er Kollateralschäden ... verursacht, die zwar nicht immer im einzelnen abzusehen sind, jedoch einberechnet werden."

[205] Ebd., 329.

[206] Ebd., 292.

keit der abendländischen politisch-juridisch-ökonomischen Ordnung, in denen durch diverse Praktiken der ausschließenden Einschließung nacktes Lebens produziert und die Ausgrenzung respektive Vernichtung des Lebens als Kollateraleffekt in das Regierungshandeln rational einkalkuliert wird, heilvolle Zonen der Unentscheidbarkeit eingefaltet sind, die dem um sich greifenden bannenden Ausnahmezustand der politischen Ordnung in einen heilvollen, messianischen Ausnahmezustand umschlagen lassen. In die zerstörerische Liminalität der politisch-juridisch-ökonomischen Ordnung sieht Agamben mithin liminale Praktiken und Lebensweisen eingelassen, die die unheilvolle abendländische biopolitische Rechtsordnung zwar nicht in einem Akt der Zerstörung zielgerichtet vernichten, wohl aber heilvoll unterminieren bzw. „aufheben", die mit anderen Worten die Setzung des souveränen Rechts „entsetzen"[207], die Rechtskraft mithin „außer Kraft" setzen und G̶e̶s̶e̶t̶z̶e̶s̶kraft in Gesetzeskr̶a̶f̶t̶[208] überführen. Zu diesen Praktiken gehören u.a. das Spiel, das Studium, das Fest und der profanierende Gebrauch von Gütern. Darin zeichnen sich Agamben zufolge die Konturen einer, wie er sagt, „kommenden Politik" einer „kommenden Gemeinschaft" ab, in welcher die Rechtsgewalt in einem „wirklichen Ausnahmezustand" rundweg deaktiviert ist, in der das Leben nicht mehr mittels Prozeduren einschließender Ausschließung gebannt und als nacktes Leben abgesondert werden kann, in der es nicht mehr in entfremdende Mittel-Zweck-Relationen und fixe Identitäten eingelassen ist und stattdessen in gänzlich profaner Gestalt im „beliebigen Sein" der Liebe, d.h. in der vollkommenen Äußerlichkeit einer identitätslosen Singularität aufgeht.

Wie eine Deaktivierung der G̶e̶s̶e̶t̶z̶e̶s̶kraft aussehen kann, verdeutlicht Agamben wiederholt anhand literarischer Figuren. Neben jenem Protagonisten aus Herman Melvilles Roman „Bartleby", der mit der Formel „I would prefer not" – wie oben erläutert – den Betrieb der Kanzlei des „Mannes des Gesetzes" unterbricht, um schließlich dessen Schließung heraufzuführen, verweist Agamben immer wieder auf den „Mann vom Lande" in Kafkas Legende „Vor dem Gesetz".[209] In der nur für diesen Mann bestimmten, gleichermaßen offenen und doch nicht passierbaren Tür sieht Agamben die Struktur der einschließenden Ausschließung bzw. der ausschließenden Einschließung und darin den unheilvoll bannenden Ausnahmezustand des souveränen Gesetzes zum Ausdruck gebracht. Darin trete die reine Form des Gesetzes als „Geltung ohne Bedeutung" hervor.[210] In bewusstem Gegensatz zu den geläufigen

---

[207] Vgl. dazu Benjamin, Kritik der Gewalt, 202, der ebd. von einer „Entsetzung des Rechts" spricht.

[208] Vgl. dazu oben Anm. 192 sowie Daniel Loick, Von der G̶e̶s̶e̶t̶z̶e̶s̶kraft zur Gesetzeskr̶a̶f̶t̶. Studium, Spiel und Deaktivierung: drei Strategien zur Entsetzung der Rechtsgewalt, in: ders. (Hg.), Nomos, 194–212.

[209] Vgl. zum Folgenden Agamben, Homo sacer, 60ff.; ders., Nacktheiten, 53–55; ders., The Messiah, bes. 172–174; ders., Mittel ohne Zweck, 113.

[210] Agamben bezieht sich hier auf Gershom Scholems Interpretation der Beziehung zum Gesetz in Kafkas Roman „Der Prozeß"; vgl. Walter Benjamin / Gershom Scholem. Briefwechsel 1933–1940, hg. v. G. Scholem, Frankfurt a.M. 1980, 175. Konkret im Blick hat Agamben bei dieser Formel die „unbedingte Gültigkeit der juristischen Kategorien in einer Welt, in der sie keinen fassbaren ethischen Gehalt mehr widerspiegeln" (Mittel ohne Zweck, 113); s. zum Thema insgesamt Susanne Lüdemann, „Geltung ohne Bedeutung". Zur Architektonik

Interpretationen der Legende, die dem Text ein Scheitern des Mannes vor dem Gesetz entnehmen, entgegen auch der Lektüre Jacques Derridas, der die Legende im Sinne der dekonstruktiven Unabschließbarkeit auf ein Ereignis bezieht, das erreicht, sich nicht zu ereignen, der auf diese Weise aber Agamben zufolge gerade den unheilvollen Zustand der „Geltung ohne Bedeutung" verstetigt, deutet Agamben den „Mann vom Lande" – Bartleby vergleichbar – als messianische Figur, deren prokrastinierendes Verhalten nichts anderes sei „als eine komplizierte und geduldige Strategie, die Schließung [der Tür des Gesetzes] zu erreichen, um die Geltung zu unterbrechen"[211]. Dass diese provokative Strategie am Ende tatsächlich zur Schließung führt, mache deutlich, dass die tatlos wirksame Prokrastination die einzige Verhaltensweise sei, die einem Gesetz, das gelte, ohne zu bedeuten, und einer Tür, die einen nicht eintreten lasse, weil sie zu weit offen stehe, angemessen sei.[212] Der Mann überführe den fatalen juristischen Ausnahmezustand in den „wirklichen Ausnahmezustand", nämlich jenen messianischen Ausnahmezustand, in welchem das Gesetz nicht rundweg abgeschafft oder durch ein neues ersetzt, wohl aber außer Kraft gesetzt sei.[213] Darin öffne sich der Raum für ein Leben, das sich selbst in Gesetz verwandle,[214] und zwar im Sinne einer „Lebens-Form", in der es nicht mehr möglich sei, so etwas wie das nackte Leben abzusondern und zu isolieren. Die Strategie der Außerkraftsetzung des Gesetzes macht Agamben nicht zuletzt auch am ununterbrochenen Studium des Türhüters seitens des Mannes vom Land fest.[215] Das „Studium des Gesetzes" deaktiviere überhaupt, so Agamben, die ~~Gesetzes~~kraft.[216] Ja, im Recht, das nur noch studiert, aber nicht mehr praktiziert werde, das dergestalt im Sinne tatloser Wirksamkeit in die reine Potenz überführt werde und darin aller Sanktionen und Gewalt beraubt sei, öffne sich die Pforte der Gerechtigkeit.[217] Das solcherweise messianisch qualifizierte Studium überführe das Gesetz mithin in die „Gesetzesform" einer reinen Geltung ohne Anwendung.[218] In seiner befreienden Wirkung konvergiere es im Übrigen mit dem „Spiel". Agamben schreibt: „Eines Tages wird die Menschheit mit dem Recht spielen wie Kinder mit ausgedienten Gegenständen, nicht um sie wieder ihrem angestammten Gebrauch zuzuführen, sondern um sie endgültig von ihm zu befreien ... Diese Befrei-

---

　　　des Gesetzes bei Franz Kafka und Giorgio Agamben, in: Zeitschrift für deutsche Philologie 124 (2005), 499–519.
[211] Agamben, Homo sacer, 66.
[212] Vgl. ebd., 67.
[213] Vgl. dazu Agamben, Herrlichkeit, 200: „Das letzte, glorreiche *telos* des Gesetzes ... ist außer Kraft gesetzt, unwirksam gemacht zu werden."
[214] Die Formel vom „wirklichen Ausnahmezustand" übernimmt Giorgio Agamben von Walter Benjamin (vgl. Benjamin, Begriff der Geschichte [s. Anm. 53], 19.35.74.87.97). In diesem „wirklichen Ausnahmezustand" tritt nach Agamben „dem Gesetz, das sich im Unbestimmten des Lebens verliert, ... ein Leben entgegen, das sich in einer symmetrischen, aber umgekehrten Bewegung vollständig in Gesetz verwandelt" (Agamben, Homo sacer, 66). Zur Problematik dieser Begriffsentlehnung und der These eines vermeintlichen „Geheimdossiers Benjamin-Schmidt" (s. Agamben, Ausnahmezustand, 64ff.) vgl. kritisch Weigel, Walter Benjamin, 18f.88–109.
[215] Vgl. Agamben, Nacktheiten, 55.
[216] Vgl. zur Bedeutung des Studiums auch Agamben, Idee der Prosa, 51–54. Das messianische Potenzial des Studiums klingt bereits in Walter Benjamins Essay „Das Leben der Studenten" (GS II/1, Frankfurt a.M., 1977, 75–87) an; vgl. dazu Andreas Greinert, Erlösung der Geschichte vom Darstellenden. Grundlagen des Geschichtsdenkens bei Walter Benjamin 1915–1925, München 2011, 46–50.
[217] Vgl. die näheren Ausführungen in den oben unter Anm. 142 und 143 genannten Werken.
[218] Vgl. Agamben, Ausnahmezustand, 73, wo er das Recht spaltet in „reine Geltung ohne Anwendung (Gesetzesform) und reine Anwendung ohne Geltung (~~Gesetzes~~kraft)."

ung ist die Aufgabe des Studiums – oder des Spiels."[219] Das Spiel vermag laut Agamben nun allerdings nicht nur die Kraft des Rechts, sondern auch die Gewalten der Politik und zumal der Wirtschaft zu entschärfen.[220] Agamben versteht das Spiel als „Organ der Profanierung"[221]. In der profanierenden Praxis des Spiels würde insbesondere die im kapitalistischen Konsum vollzogene fetischisierende Absonderung der Dinge und die darin statthabende Unmöglichkeit des Gebrauchs aufgehoben. Der unernste, unangemessene Umgang mit den Dingen im Spiel enthebe diese ihrer sozioökonomischen bzw. soziopolitischen Funktion, neutralisiere sie dergestalt[222] und führe die Dinge darin einem neuen, für unzählige Möglichkeiten offenen Gebrauch zu. Im zweckvergessenen Spiel würde überhaupt das Verhalten des Menschen derart seines Sinnes entledigt, dass die dabei gebrauchten Dinge zu reinen Mitteln, zu Mitteln ohne Zweck würden.[223] Dies gelte ebenso für das Fest, das die Werke des Alltags insofern unwirksam mache, als es die alltäglichen Gründe und Ziele aufhebe.[224]

Die strategische Anbahnung jener in den profanierenden Verhaltensweisen aufbrechenden Sphäre reiner Mittel, in welcher der Mensch Zugang zu der ihm eigenen Werklosigkeit finde, bestimmt Agamben als Aufgabe der „kommenden Politik", einer Politik der reinen Mittel ohne Zweck. Denn „Politik gibt es", so Agamben, „weil der Mensch dem Wesen nach *argós*, durch kein ihm eigentümliches Wirken [*operazione*] definiert ist – ein Wesen von reiner Potenz also, das sich in keiner Identität und in keiner Anlage erschöpfen kann"[225]. Als Subjekt dieser Politik erscheint bei Agamben die „kommende Gemeinschaft"[226]. Diese „kommende Gemeinschaft" – und mit ihr die „kommende Politik" – versteht er indes nicht als utopische im herkömmlichen futurischen Sinn.[227] Vielmehr verweist die italienische Wendung „che viene" bei Agamben auf den Prozess des Kommens im Hier und Jetzt, d.h. auf Einbrüche und Erfahrungen des Messianischen in der Gegenwart.[228] Diese Einbrüche vollziehen sich für Agamben überall dort, wo juristische und politische Ordnungen, Zugehörigkeiten und Identitäten dem weichen, was Agamben „Lebens-Form" nennt. Gemeint ist ein Leben, „in dem die einzelnen Weisen, Akte und Verläufe des Lebens niemals einfach *Tatsachen* sind, sondern immer und vor allem Lebens*möglichkeiten* [*possibilità di*

---

[219] Agamben, Ausnahmezustand, 77.
[220] Vgl. Agamben, Profanierungen, 74.
[221] Ebd., 74; vgl. zur Bedeutung des Spiels insgesamt auch Agamben, Kindheit, 97–127.
[222] Profanierung ist für Agamben insofern klar von der Säkularisierung zu unterscheiden. Während die Säkularisierung etwas zwar aus der heiligen in die profane Sphäre verschiebe, die Mechanismen der Macht aber unangetastet lasse, neutralisiere die Profanierung das, was sie profaniere; vgl. Agamben, Profanierungen, 74; ders., Der Papst, 56.
[223] Agamben meint diese Dynamik auch in der Natur entdecken zu können und verdeutlicht sie am Spiel der Katze mit dem Wollknäuel, in dem das Verhalten von der Zugehörigkeit zu einer bestimmten Sphäre, nämlich der des Beutemachens, der Jagd, befreit würde; vgl. dazu Agamben, Profanierungen, 84.
[224] Vgl. Agamben, Nacktheiten, 184: „Das Fest ist … definiert … durch die Tatsache, dass das, was getan wird – und sich von dem, was täglich erledigt wird, an sich nicht unterscheidet –, unwirksam gemacht und dass seine ‚Ökonomie' aufgehoben wird durch die Gründe und Ziele, die wie während der Feiertage definieren … Wenn man isst, dann nicht, um Nahrung aufzunehmen, wenn man sich kleidet, dann nicht um sich zu bedecken oder vor Kälte zu schützen; wenn man wach bleibt, dann nicht, um zu arbeiten …"
[225] Agamben, Mittel ohne Zweck, 119.
[226] Vgl. dazu insgesamt Agamben, Kommende Gemeinschaft.
[227] Vgl. ebd., 105: „[K]ommend [darf] nicht mit *zukünftig* verwechselt werden."
[228] Näheres bei Murray, Agamben, 50f.; Carlo Salzani, Comming Community, in: Murray/White (Hg.), Agamben Dictionary, 44–46, hier 45; s. auch ebd., 44 zu den zeitgeschichtlichen Hintergründen der Entstehung des Konzepts der kommenden Gemeinschaft in den 1990er Jahren.

vita], immer und vor allem Potenz [*potenza*]"[229]. Insofern Agamben Potenz ausdrücklich als ontologische Größe fasst, sieht er in jener die „neue Gemeinschaft" prägenden „Lebens-Form" das Gestalt annehmen, was er das „beliebige Sein" bzw. eine identitätslose „Singularität" nennt. Jenseits aller Aus- und Einschlüsse, jenseits aller einseitigen Fixierungen auf Attribute und Qualitäten, die nur Absonderungen und Isolierungen produzieren und darin das Leben von seiner Form abspalten, begegnet in der „kommenden Gemeinschaft" das Sein „wie es ist", d.h. als ein „Wie-Sein", das von dieser oder jener Eigenschaft entbunden und darin „beliebig", d.h. „liebenswert" sei: „Denn", so Agamben, „die Liebe richtet sich niemals auf diese oder jene Eigenschaft des Geliebten (das Blond-, Klein-, Zart-, Lahm-Sein), noch sieht sie im Namen einer faden Allgemeinheit (der universellen Liebe) davon ab: Sie will die Sache *mit all ihren Prädikaten*, ihr Sein, so wie es ist. Sie begehrt das *Wie* nur insofern es *so* ist."[230] Vor diesem Hintergrund wird verständlich, wenn Agamben mit Blick auf die kommende Gemeinschaft betont: „Die einzige authentische politische Erfahrung wäre … die einer Gemeinschaft ohne Vorausssetzungen, die nie zu einem Staat verkommen kann." Und er fährt fort: „Sie [diese Gemeinschaft] sich vorzustellen ist nicht leicht, aber in mancher Hinsicht kann man an die urchristliche Gemeinschaft denken."[231] Der Eintritt der Kirche ins Recht habe indes den Untergang der christlichen Liebesethik und die „bedingungslose Preisgabe jeglicher messianischen Absicht"[232] bewirkt. Die frühchristlichen Aufbrüche seien insofern ins Leere gelaufen. Aufbrüche zur kommenden Gemeinschaft macht Agamben aber auch in der jüngeren Vergangenheit aus. So erklärt er die Brutalität der Niederschlagung der Demonstration auf dem Tiananmen-Platz damit, dass sich dort die Singularität einer Gemeinschaft ohne Voraussetzungen, ohne Bedingungen der Zugehörigkeit, ohne Anspruch auf Identität bildete. Eine Gemeinschaft dieser Art hätte der Staat nicht dulden können, da sie sein gefährlichster Feind sei.[233] Ohne weiter ins Detail gehen zu können, dürfte deutlich genug geworden sein, dass Agamben im prokrastinierenden Umgang mit dem Recht, in den profanierenden Praktiken des Studiums, des Spiels und des Festes, in der Liebe und in der Lebens-Form liminaler Gemeinschaften diverse heilvolle Schwellenphänomene in die Ordnungen des Rechts, der Politik und der Ökonomie eingelassen sieht.

2.5 Die Schwelle der Poesie, die Pforten des Messias und die rettende Gefahr

Im Rahmen seiner Auseinandersetzung mit Kunst[234] nimmt sich Agamben v.a. der Dichtung an.[235] Auch sie versteht er als Schwellenphänomen. Was die Poesie auszeichne, sei nicht, wie landläufig behauptet, die „vollkommene Übereinstimmung von Klang und Bedeutung", vielmehr liege ihre Eigenart

---

[229] Agamben, Mittel ohne Zweck, 13.
[230] Agamben, Kommende Gemeinschaft, 10 (Hervorhebungen im Original); s. auch ebd., 100: „Etwa einzig in seinem So-Sein wahrzunehmen: als irreparabel, doch gleichwohl nicht notwendig; so wie es ist, doch deshalb nicht als zufällig – das ist Liebe."
[231] Agamben, zit. nach Klein, Experimentum linguae, 169.
[232] Agamben, Mittel ohne Zweck, 113f.
[233] Vgl. ebd., 76–79 und Agamben, Kommende Gemeinschaft, 78–80.
[234] Agambens erstes Buch ist diesem Thema gewidmet; vgl. Giorgio Agamben, Der Mensch ohne Inhalt, Berlin 2012 (ital. Originalausgabe 1970).
[235] Vgl. Giorgio Agamben, The End of the Poem. Studies in Poetics, Stanford 1999 (ital. Originalausgabe 1996).

im „Schweben" bzw. im „erhabenen Zögern zwischen Bedeutung und Klang".²³⁶ Dichtung vollziehe sich in jenem Spalt zwischen Semiotik und Semantik,²³⁷ der, wie oben dargelegt, den besonderen Ort des Menschen als Sprachwesen markiere und den Quellgrund des Denkens bilde.

In seinem Frühwerk erschließt Agamben die elementare Bedeutung der „Poesie" in einem die gesamte Kunst umfassenden Sinn begrifflich. Er betont, im Griechischen bezeichne ποίησις eine „Pro-duktion in die Anwesenheit", durch die „etwas vom Nichtsein ins Sein, aus der Verborgenheit ins volle Licht des Werks" trete.²³⁸ Letzteres bezieht Agamben im Heideggerschen Sinn auf die Wahrheit als Entbergung (ἀ-λήθεια): Das Wesen der menschlichen ποίησις bestünde „in der Hervorbringung der Wahrheit und der darauf folgenden Erschließung einer Welt für die Existenz und die Aktivität des Menschen"²³⁹. Der irdische Status des Menschen sei folglich poetisch, insofern die ποίησις den ursprünglichen Raum der Welt des Menschen begründe.²⁴⁰ Mit dem Eintritt der Kunst in die Sphäre der Ästhetik und des bloßen Geschmacks im 17. Jh. sieht Agamben die elementare Verankerung von Kunst und Dichtung im besagten poetischen Statut des Menschen indes erschüttert, doch schreibt er der in der Ästhetisierung gründenden Entfremdung der Kunst insofern ein positives Potenzial zu, als er am Ende raunt, die Kunst offenbare erst dann ihre eigentliche Aufgabe, wenn sie – getreu dem Prinzip, wonach der architektonische Mangel eines Hauses erst sichtbar würde, wenn es in Flammen stünde – den äußersten Punkt ihres Schicksals erreicht habe.²⁴¹

Die besondere Bedeutung speziell der literarischen ποίησις unterstreicht Agamben im Vorwort seines zweiten Buches „Stanzen". Dort stellt er die Dichtung in eine besondere Konstellation zur Philosophie. Er entwirft das Programm einer kritischen Wissenschaft, die gezielt zwischen Philosophie und Poetik angesiedelt ist. Den Ausgangspunkt seiner Überlegungen bildet die bis auf Platon zurückreichende Spaltung des abendländischen Wortes, nach der „die Dichtung ihren Gegenstand besitzt, ohne ihn zu erkennen, und die Philosophie ihn erkennt, ohne ihn zu besitzen". Das abendländische Wort zerfalle so „in ein unwissendes, gleichsam vom Himmel gefallenes Wort, das in den Genuß des Gegenstandes der Erkenntnis kommt, indem es ihn in der schönen Form wiedergibt, und in ein Wort, dem aller Ernst und alle Bewußtheit vorbehalten ist, das jedoch über seinen Gegenstand nicht verfügen kann, da es ihn nicht zu repräsentieren weiß"²⁴². In diesem Spalt, und zwar an dessen tiefstem Punkt, verortet Agamben wahre „Kritik", die weder darstellt noch erkennt, sondern die Darstellung erkennt. Im Sinne einer „gegenstandslosen Wissenschaft" habe sie ihr Proprium „nicht im Finden ihres Gegenstandes, sondern im Vergewissern der Bedingungen seiner Unzugänglichkeit"²⁴³. Der „unmöglichen Aufgabe" folgend, „sich das zu eigen zu machen, was in jedem Fall ein nicht Anzueignendes bleibt", reflektiert Agamben vor diesem Hintergrund in den „Stanzen" über Themen wie Melancholie, Fetischismus und Phantasma. Die vielleicht konsequenteste Umsetzung seiner zwi-

---

²³⁶ Agamben, Idee der Prosa, 23f. Agamben bezieht sich dabei auf das Enjambement, das Übergreifen einer Satzkonstruktion und darin des Sinnzusammenhangs über einen Vers hinaus.
²³⁷ Vgl. dazu v.a. Agamben, End of Poem, 109–115.
²³⁸ Agamben, Mensch ohne Inhalt, 92.
²³⁹ Ebd., 96f.
²⁴⁰ Vgl. ebd., 134.
²⁴¹ Vgl. ebd., 14.152.
²⁴² Agamben, Stanzen, 12.
²⁴³ Ebd., 11.

schen Poetik und Philosophie changierenden „Kritik" liefert er aber wohl in der „Idee der Prosa".[244]

Entscheidend ist für Agamben, dass die Dichtung als jener dem poetischen Status des Menschen entsprechende sprachliche Quellgrund, der sich im Schwellenraum zwischen Semiotik und Semantik öffnet und darin das Entzogene, nicht Anzueignende just als Entzogenes und nicht Anzueignendes im Sinne der ἀλήθεια entbirgt, den Weg zu einer reinen Sagbarkeit ebnet,[245] die nichts mehr kommuniziert, sondern nur noch sich selbst sagt, die dergestalt die Einsperrung des Menschen in die rundweg kodierte Welt deaktiviert und darin den messianischen Raum reiner Potenz öffnet. Agamben schreibt: „Ein Modell der Operation, die darin besteht, alle menschlichen und göttlichen Werke außer Kraft zu setzen, ist die Dichtung. Denn die Dichtung ist jene sprachliche Operation, die die Sprache außer Kraft setzt, jener Moment, in dem Sprache ihre kommunikative und informative Funktion deaktiviert hat."[246] Den Blick auf das Handeln weitend, fährt Agamben wenig später fort: „Was die Dichtung für die Sprachfähigkeit vollzieht, müssen Politik und Philosophie für die Handlungsfähigkeit vollziehen."[247] Gemeint ist selbstredend wiederum die Deaktivierung.

Diese in seiner liminalen Philosophie der (Im-)Potenz begründete Kunst untätiger Tätigkeit bzw. tätiger Untätigkeit beschreibt und begreift Agamben – wie oben bereits mehrfach angedeutet – als messianische Strategie. Mit dem Begriff des „Messianischen" bzw. des „Messianismus" greift er nun abermals ein Schlüsselthema der Philosophie Walter Benjamins auf.

Philosophische Verarbeitungen der jüdischen messianischen Tradition finden sich freilich auch in den Werken Gershom Scholems, Franz Rosenzweigs, Martin Bubers, Gustav Landauers und Ernst Blochs sowie in jüngerer Zeit bei Emmanuel Levinas und Jacques Derrida. In einer umfänglichen Studie ist Elke Dubbels unlängst den messianischen Philosophien namentlich der deutsch-jüdischen Intellektuellen im ersten Drittel des 20. Jh.s genauer nachgegangen.[248] Sie schreibt diesen eine Doppelfunktion zu: Zum einen sei über die Kategorie des Messianischen „eine Auseinander-

---

[244] Vgl. dazu Mills, Philosophy of Agamben, 48.
[245] Agamben macht den Umschlag in die reine Sagbarkeit v.a. am „Ende des Gedichts" fest. Dort kollabiere die zwischen Semiotik und Semantik changierende Sprache der Poesie in der Stille, „so to speak, in an endless falling. The poem thus reveals the goal of its proud strategy: to let language finally communicate itself, without remaining unsaid in what is said" (Agamben, End of the Poem, 115).
[246] Agamben, Herrlichkeit, 300. Agambens Ausführungen über das reine Sagen einer nichtsignifikativen Sprache sind unverkennbar durch Walter Benjamins Sprachphilosophie inspiriert. Näheres bei Liska, Agambens leerer Messianismus, bes. 29–45; dies., Zur Aktualität von Benjamins messianischem Erbe. Giorgio Agamben und andere Anwärter, in: Daniel Weidner (Hg.), Profanes Leben. Walter Benjamins Dialektik der Säkularisierung, Berlin 2010, 213–238, bes. 223ff.
[247] Agamben, Herrlichkeit, 300.
[248] Vgl. Elke Dubbels, Figuren des Messianischen in Schriften deutsch-jüdischer Intellektueller 1900–1933, Berlin/Boston 2011; s. ferner Christoph Schulte, Der Messias der Utopie. Elemente des Messianismus bei einigen modernen jüdischen Linksintellektuellen, in: Menora 11 (2000), 251–278; Michael Löwy, Erlösung und Utopie. Jüdischer Messianismus und libertäres Denken. Eine Wahlverwandtschaft, Berlin 1997.

setzung über das Verständnis des Judentums in der Moderne im Rahmen eines innerjüdischen, aber auch eines jüdisch-christlichen Identitätsdiskurses"[249] erfolgt. Zum anderen hätten die messianischen Denkfiguren einem „vertieften allgemeinen und keineswegs religiösen Verständnis von Sprache, Politik und Geschichte"[250] gedient. Was Walter Benjamin angeht, stellt Dubbels u.a. heraus, dieser habe das messianische Denken deutlicher als etwa sein Freund Gershom Scholem aus der Bindung an die jüdische Tradition und Offenbarung gelöst, um es stärker der profanen Ordnung einzuschreiben und darin zu universalisieren, ohne es indes gänzlich vom Theologischen abzutrennen.[251] Noch klarer koppelte dann freilich Jacques Derrida das messianische Denken von der religiösen Tradition ab, und zwar indem er von einem „Messianischen ohne Messianismus"[252] sprach und darunter jene „universale Struktur der Erfahrung" verstand, die seiner Meinung nach abseits von jeglichem Utopismus im „Bezug auf das Kommen des konkretesten und wirklichsten Ereignisses", d.h. im Bezug „auf die unauflöslich heterogenste Andersheit" aufbricht.[253] Agamben geht auf diese einschlägigen messianischen Ausführungen Derridas nicht ein, kritisiert aber Derridas „Dekonstruktion", die im Sinne einer schlechten Unendlichkeit auf dem unentwegten Aufschub abschließender Sinnfestlegung und endloser Deutbarkeit beruht, generell als „petrified and paralyzed messianism"[254].

In Anknüpfung an Walter Benjamin macht Agamben das Wirken des Messias grundsätzlich an winzigen Verrückungen in der Welt hier und jetzt fest.[255] Nicht in substanziellen Transformationen, in ideellen Maßstäben, im unendlichen Sinnaufschub, einem kommenden Äon oder einer neuen Welt bricht sich nach Agamben das Messianische Bahn, sondern im Raum supplementärer Möglichkeiten und im Schillern des Akzidentiellen an den Rändern der Dinge und des Lebens. Agamben schreibt: „Nicht der Zustand, sondern der Sinn und die Grenzen der Dinge werden geringfügig verrückt. Die Veränderung findet nicht in den Dingen, sondern an ihrem Rand statt, in

---

[249] Dubbels, Figuren, 15.
[250] Ebd., 18.
[251] Vgl. ebd., 288. Die Ausführungen beziehen sich auf Walter Benjamin, Theologisch-politisches Fragment, GS II/1, Frankfurt a.M. 1977, 203f. Zu den unterschiedlichen Spezifikationen des Messianismus Benjamins in der Forschung vgl. Dubbels, Figuren, 278 Anm. 8.
[252] Jacques Derrida, Marx & Sons, Frankfurt a.M. 2004, 81; s. auch ebd., 88.
[253] Ebd., 78; s. dazu auch Dubbels, Figuren, 418–420. Vgl. ferner Jacques Derrida, Eine gewisse unmögliche Möglichkeit, vom Ereignis zu sprechen, Berlin 2003. An den Beispielen der Gabe, des Verzeihens und der Gastfreundschaft zeigt Derrida ebd. auf, dass Ereignisse nur als unmögliche Ereignisse möglich sind. Sie sind „un-möglich" in dem Sinn, dass sich Affirmation und Negation hier nicht in einer Synthese aufheben, sondern sich gegenseitig ständig im Aufschub halten. In diesem Aufschub macht Derrida die Signatur des Messianischen aus.
[254] Agamben, Potentialities, 171; s. auch ders., Zeit, 116f.; ders., Homo sacer, 64f.; ders., Signatura rerum, 97f.; ders., Ausnahmezustand, 76; ders., Sprache, 71f.
[255] Vgl. Agamben, Kommende Gemeinschaft, 51f.; ders. Potentialities, 174. s. dazu Walter Benjamin, In der Sonne, GS IV/1, Frankfurt a.M. 1972, 417–420, der ebd., 419 einen chassidischen Spruch anführt, wonach in der kommenden Welt alles sei wie bei uns, „nur ein klein wenig anders". In seinem Kafka-Essay betont Benjamin, dass das bucklicht Männlein verschwinde, „wenn der Messias kommt, von dem ein großer Rabbi gesagt hat, daß er nicht mit Gewalt die Welt verändern wolle, sondern nur um ein Geringes sie zurechtstellen werde" (Benjamin, Franz Kafka, 432); s. ferner Ernst Bloch, Spuren, Frankfurt a.M. 1958, 251; vgl. zum Thema Weigel, Walter Benjamin, 192f.

jenem Spielraum ..., der zwischen jedem Ding und ihm selber liegt."²⁵⁶ Und weiter heißt es über die kleine messianische Verrückung: „Ihre Glückseligkeit ist die einer Potenz, die sich erst nach dem Akt einstellt, die einer Materie, die nicht in der Form eingeschlossen ist, sondern sie umgibt und erstrahlen lässt."²⁵⁷ Die messianische Verrückung öffnet mithin über die konkrete Aktualisierung und über die Einschließung der Materie und des Lebens in bestimmte Formen hinaus jenen Raum reiner Potenz, in dem sich fixe Identitäten verlieren²⁵⁸ und die Dinge als reine Mittel neu gebraucht werden können. Den älteren jüdisch-messianischen Philosophien vergleichbar entfaltet Agamben sein messianisches Denken insbesondere auf den Feldern der Politik, der Sprache und der Geschichte.

(1) Mit Blick auf die Politik und das Recht stellt Agamben heraus, dass die Ankunft des Messias im Judentum, im Christentum wie auch im schiitischen Islam „die Erfüllung und die völlige Aufzehrung des Gesetzes"²⁵⁹ bedeute. Der Messias erfülle das Gesetz mithin in seiner Überschreitung. Die Ankunft des Messias führe insofern einen Ausnahmezustand, genauerhin den „wirklichen Ausnahmezustand"²⁶⁰ herauf. Dieser unterbreche bzw. unterhöhle die unheilvolle ~~Gesetzes~~kraft des fatalen Ausnahmezustandes der juridisch-politischen Ordnung. Agamben konstatiert: „Vom politisch-juridischen Standpunkt aus betrachtet ist der Messianismus ... eine Theorie des Ausnahmezustandes; nur wird ihn eben nicht die geltende Autorität ausrufen, sondern der Messias, der ihre Macht subvertiert."²⁶¹ In diesem messianischen Ausnahmezustand gehe das Leben in keiner vorherbestimmten Form mehr auf, lasse sich kein „nacktes Leben" absondern, vielmehr würde das geformte Leben (βίος) hier in jedem Augenblick widerrufen, um im „ewigen Leben" (ζωὴ αἰώνιος) als untätigem Kern des Humanen aufzugehen.²⁶² Seinen profanen Ausdruck finde das messianische Leben zumal in der „kommenden Gemeinschaft", der „kommenden Politik" und im „neuen Gebrauch der Dinge", also jenen Politik- und Praxisformen, die oben erläutert wurden. Als Wegbereiter des messianischen Lebens verweist Agamben auf alles, „was uns heute niederträchtig und gering erscheint"; „ausgerechnet der Gefährte, der sich unterwegs verlaufen hat,"²⁶³ würde uns zum Heil führen. Dass zu dieser Schar messianischer Gestalten auch literarische Figuren wie Melvilles Bartleby oder Kafkas Mann vor dem Gesetz zählen, wurde schon deutlich. Zu nennen ist aber auch der Offizier aus Kafkas Legende „In der Strafkolonie". An ihm verdeutlicht Agamben dann auch (2) das Wirken des Messianischen im Bereich der Sprache.²⁶⁴ Der von Kafka beschriebene Folterapparat stehe, so Agamben, für die Sprache, die zumal auch als Instrument der Rechtsprechung fungiere. Über den Befehl „Sei gerecht!", der die

---

²⁵⁶ Agamben, Kommende Gemeinschaft, 52.
²⁵⁷ Ebd., 55.
²⁵⁸ Vgl. Agamben, Mittel ohne Zweck, 70, wo es über die messianische Verrückung heißt: „[A]lles hier ist gleich geblieben, hat aber seine Identität verloren."
²⁵⁹ Agamben, Homo sacer, 66f.; s. auch ders., Mittel ohne Zweck, 114; ders., Potentialities, 162f.
²⁶⁰ Vgl. dazu oben Anm. 214.
²⁶¹ Agamben, Homo sacer, 68.
²⁶² Vgl. Agamben, Herrlichkeit, 16.294–300.
²⁶³ Agamben, Profanierungen, 28.
²⁶⁴ Vgl. Agamben, Idee der Prosa, 121–124. Zu den messianischen Zügen des Offiziers und der folgenden messianischen Deutung des Textes vgl. Liska, Agambens leerer Messianismus, 54–58.

Auflösung der Rechtsprechung und darin der Sprache verlange, erwirke der Offizier letztlich das Zerbersten des Apparats und darin die messianische Außerkraftsetzung jener Sprache, die wie ein Souverän herrsche.[265] Diese Außerkraftsetzung ebne jener reinen Sagbarkeit den Weg, um die sich auch die Dichtung mühe. (3) Agambens messianisches Geschichtsverständnis klang bereits unter Punkt 2.3 an und wird im Folgenden noch weiter profiliert.[266]

Kennzeichnend für Agambens liminales Denken ist nun, dass er die messianischen Verrückungen auf den genannten Feldern nicht selten inmitten äußerst desaströser Zustände, Verhältnisse und Situationen verortet. Desaster und Erlösung rücken dabei derart eng aneinander, dass sie in bisweilen verstörender Weise ununterscheidbar erscheinen.[267] Der in diesen liminalen Konstellationen von Agamben diagnostizierte messianische Umschlag besteht schließlich oft in nichts anderem als einer subtilen Suspendierung des Desaströsen mittels eines bewussten Be- bzw. Ergreifens des Desasters, das als solches keine substanzielle Veränderungen bewirkt, wohl aber die Wirklichkeit neu mit Potenzialität anreichert und das Abgeschlossene für das Unabgeschlossene öffnet. Agambens messianische Ethik beruht insofern auf der Vorstellung, „dass das Gute nichts anderes als die Erfassung des Bösen ist, und dass das Authentische und das Eigentliche keinen anderen Inhalt haben als das Unauthentische und das Uneigentliche"[268]. Dementsprechend vermag Agamben die messianische Erlösung wie folgt zu umschreiben: „Die Welt des Glücklichen und die des Unglücklichen, die Welt des Guten und die des Bösen enthalten dieselben Zustände der Dinge, sind, was ihr So-Sein betrifft, völlig identisch, der Gerechte lebt in keiner anderen Welt. Der Erlöste und der Verdammte haben dieselben Glieder. Der Körper des Seligen und der sterbliche Körper sind ein und derselbe. Was sich verändert, sind nicht die Dinge, sondern ihre Grenzen. Es ist, als ob über ihnen etwas wie ein Aureole, ein Glorienschein schwebte."[269] Die messianische Erlösung besteht insofern in nichts anderem als der Erlösung des – wie Agamben es nennt – „Irreparablen", d.h. des unwiderruflichen So-seins.[270] Diese Erlösung findet nur dort statt, wo es nichts zu erlösen gibt, sie ereignet sich nur dann, wenn nichts zu erlösen ist. Die messianische Rettung bringt insofern nicht das Verlorene zurück, überführt das Uneigentliche nicht ins Eigentliche, das Profane nicht ins Heilige, sie erlöst vielmehr das Verlorene als Verlorenes, das Uneigentliche als Uneigentliches, das Profane als Profanes: Sie rettet, wie Agamben es nennt, „das Unrettbare"[271]. So wie Wahrhaftigkeit bei

---

[265] Zum Konnex Recht – Sprache und der Sprache als Souverän vgl. Agamben, Homo Sacer, 30f. (s. auch oben Anm. 192); ders., Sakrament, 79f.
[266] Vgl. dazu jetzt auch Giorgio Agamben, Kirche und Reich, Berlin 2012.
[267] Vgl. dazu im Näheren Thomas Khurana, Desaster und Versprechen. Eine irritierende Nähe im Werk Giorgio Agambens, in: Böckelmann/Maier (Hg.), Maschine, 29–44.
[268] Agamben, Kommende Gemeinschaft, 17.
[269] Ebd., 85; vgl. zum verherrlichten Körper Agamben, Nacktheiten, 151–171.
[270] Vgl. Agamben, Kommende Gemeinschaft, 41f.81ff.
[271] Vgl. ebd., 12; s. auch Giorgio Agamben, Das Offene. Der Mensch und das Tier, Frankfurt a.M. 2002, 90.96.98.101.

Agamben letztlich in der Ausstellung des Unwahrhaftigen als Unwahrhaftiges zutage tritt,[272] so auch das Authentische im Ergreifen des Inauthentischen als Inauthentisches, das Heilige in der völligen Profanierung des Profanen. Das messianische Licht brennt gewissermaßen im Dunkel. Die teilweise verstörende Konsequenz, mit der Agamben diese messianische Logik vorführt, dokumentiert u.a. seine oben erwähnte Auslegung der Strafkolonielegende Kafkas, macht er dort doch die messianische Außerkraftsetzung der Sprache am grausamen Foltertod des Offiziers fest. Noch verstörender ist es, wenn Agamben das Zeugnis über Auschwitz und damit das unsägliche Leid des Lagers auf raunende Weise mit der messianischen Kategorie des Restes und der messianischen Zeit korreliert.[273] Oliver Marchart kritisierte dies unlängst als völlig verfehlte Sakralisierung und Theologisierung von Auschwitz und provozierte nicht zu Unrecht mit der polemischen Rückfrage, ob Agamben den „Muselmann" als umgekehrten Messias und die Zeit zwischen 1933 und 1945 – und sei es „invers" – als messianische Zeit des Heils ausweisen wolle.[274] Einmal mehr bricht hier das eingangs bereits besprochene Denken in Extremen durch. Ungeachtet dessen greift Agamben mit seiner messianischen Logik aber auf ein Denkmuster zurück, das auch Heidegger beschäftigte und von Hölderlin in seinem Gedicht „Patmos" in den Satz gefasst wurde: „Wo aber Gefahr ist, wächst das Rettende auch."[275] Der Messianismus begegnet bei Agamben gewissermaßen als „rettende Gefahr". Den konkreten religiösen Status dieses Messianismus lässt er indes in der Schwebe.[276] Er muss dies tun, will er ihn entsprechend seiner Philosophie der reinen Mittel ohne Zweck vor Instrumentalisierungen – zumal auch solchen religiöser bzw. theologischer Art – schützen.

3. Giorgio Agambens Pauluslektüre

Immer wieder kommt Giorgio Agamben in seinen Büchern auf den Apostel Paulus und seine Briefe zu sprechen.[277] Seine Paulusdeutung kulminiert bekanntlich in der 2006 unter dem Titel „Die Zeit, die bleibt" in deutscher

---

[272] Agamben verdeutlicht dies wiederholt am Blick der Pornodarstellerin in die Kamera; vgl. Agamben, Mittel ohne Zweck, 83; ders., Profanierungen, 89f.; ders., Nackheiten, 146f.

[273] Vgl. Agamben, Auschwitz, 142.

[274] Vgl. Oliver Marchart, Die politische Differenz. Zum Denken des Politischen bei Nancy, Lefort, Badiou, Laclau und Agamben, Berlin 2010, 23.

[275] Vgl. Agamben, Mensch ohne Inhalt, 136f.; ders., Auschwitz, 66, s. dazu Durantaye, Agamben, 40–43, bes. 42f.; Geulen, Agamben, 136f. Zu denken ist hier auch an Walter Benjamins Sentenz, wonach Vergangenes historisch zu artikulieren hieße, sich einer Erinnerung zu bemächtigen „wie sie im Augenblick einer Gefahr aufblitzt(e)" (Benjamin, Begriff der Geschichte [s. Anm. 53], 18.33.72.85.95).

[276] Vgl. Oliver Flügel-Martinsen, Bleibt nicht nichts? Derrida und Agamben über Recht und Politik, in: Michael Hirsch / Rüdiger Voigt (Hg.), Der Staat und die Postdemokratie, Stuttgart 2009, 71–92, hier 87f.

[277] Vgl. Agamben, Das Offene, 69.89.97f.; ders., Mittel ohne Zweck, 114; ders., Homo sacer, 67; ders., Ausnahmezustand, 84f.100; ders., Auschwitz, 99f.142f.; ders., Sakrament, 50f.74; ders., Herrschaft, 19.37–43.49f.52–58.69.167.174.191.198–200.210f.242–245.247.255.276. 286f.295–297.319; ders., Höchste Armut, 71.112f. und ders., Kirche und Reich.

Sprache erschienenen Studie.²⁷⁸ Die allgemeine philosophische, theologische wie zumal auch exegetische Rezeption der Paulusauslegung Agambens ist inzwischen sehr umfänglich.²⁷⁹ Im theologisch-exegetischen Diskurs herrscht dabei gelegentlich die Neigung vor, Agambens Pauluslektüre unabhängig von seinem philosophischen Gesamtwerk auf der Basis der etablierten Standards historisch-kritischer Forschung zu erschließen. Diese Tendenz ist insofern verständlich, als Agamben mit dem griechischen Text der kritischen Ausgabe des Neuen Testaments von Nestle und Aland arbeitet, auf dieser Grundlage wiederholt streng philologisch argumentiert, dabei einige neutes-

---

²⁷⁸ Vgl. oben Anm. 11.
²⁷⁹ Vgl. Denis Müller, Le Christ, relève de la Loi (Romains 10,4). La possibilité d'une éthique messianique à la suite de Giorgio Agamben, in: Studies in Religion 30 (2001), 51–63; Philippe Büttgen, L'attente universelle et les voix du prêche. Sur trois interprétations récentes de Saint Paul en philosophie, in: Les Études philosophiques 60 (2002), 83–101; Francois Vouga, Die politische Relevanz des Evangeliums. Rezeption des Paulus in der philosophischen Diskussion, in: Christian Strecker (Hg.), Kontexte der Schrift II. FS W. Stegemann, Stuttgart 2005, 192–208; Alain Gignac, Neue Wege der Auslegung. Die Paulusinterpretation von Alain Badiou und Giorgio Agamben, in: ZNT Heft 18 (9. Jg. 2006), 15–25; ders., Taubes, Badiou, Agamben. Contemporary Reception of Paul by Non-Christian Philosophers, in: David W. Odell-Scott (Hg.), Reading Romans With Contemporary Philosophers and Theologians, London 2007, 155–211, bes. 183–194; Th.W. Jennings, Jr., Paul and Sons. (Postmodern) Thinkers Reading Paul, in: ebd., 85–114, bes. 103–105; Dominik Finkelde, Politische Theologie nach Paulus. Badiou – Agamben – Žižek – Santner, Wien 2007, 41–73; Manfred Schneider, Der Messias und die Reste. Giorgio Agambens Paulus-Lektüre, in: Geulen u.a. (Hg.), Hannah Arendt und Giorgio Agamben, 41–58; Eleanor Kaufman, The Saturday of Messianic Time (Agamben and Badiou on the Apostle Paul), in: South Atlantic Quaterly 107 (2008), 37–54; Gregor Maria Hoff, Die neuen Atheismen. Eine notwendige Provokation, Regensburg 2009, 125–133; Martin Brasser, Badiou, Agamben, Žižek und Rosenzweig über Paulus, in: Rosenzweig Jahrbuch 4 (2009), Paulus und die Politik, 59–78, bes. 67–72; Lukas Bormann, Die Radikalität des Paulus. Die neuen philosophischen Paulusinterpretationen und die neutestamentliche Wissenschaft, in: ebd., 134–155; Richard Kearny, Paul's Notion of *Dunamis*: Between the Possible and the Impossible, in: John D. Caputo / Alinda Martín Alcoff (Hg.), Paul Among the Philosophers, Bloomington 2009, 142–159; Paul Ricœur, Paulus zum Apostel berufen, Verkündigung und Argumentation. Rezente Lektüren, in: BThZ (27) 2010, 375–410; Hubert Frankemölle. Aspekte der Zeit im Römerbrief des Paulus. Eine Auseinandersetzung mit Giorgio Agambens „Die Zeit, die bleibt", in: BZ 50 (2010), 179–200; Harald Seubert, Politische Theologie des Paulus? Ein neuerer philosophischer Diskurs, in: VF 55 (2010), 60–70, hier 63–65; Felix Ensslin, Messianischer Rest, Gedächtnis und Urverdrängung, in: Eckart Reinmuth (Hg.), Politische Horizonte des Neuen Testaments, Darmstadt 2010, 92–118; Angela Standhartinger, Paulus als politischer Denker der Gegenwart, in: ebd., 68–91, hier 79–88; Micha Brumlik, Zwischen Schmitt und Benjamin – Giorgio Agambens Kommentar zum Römerbrief, in: Loick (Hg.), Nomos der Moderne, 90–102; Paul J. Griffiths, The Cross as the Fulcrum of Politics. Expropriating Agamben on Paul, in: Douglas Harink (Hg.), Paul, Philosophy and the Theopolitical Vision. Critical Engagements with Agamben, Badiou, Žižek and Others, Eugene 2010, 179–197; Ryan L. Hansen, Messianic or Apocalyptic? Engaging Agamben on Paul and Politics, in: ebd., 198–223; Gordon Zerbe, On the Exigency of a Messianic Ecclesia. An Engagement with Philosophical Readers of Paul, in: ebd., 254–281, hier 257–268; Douglas Harink, Time and Politics in Four Commentaries on Romans, in: ebd., 282–312, hier 304–311; Gregor Taxacher, Messianische Geschichte. Kairos und Chronos. Giorgio Agambens Paulus-Auslegung weiter gedacht, in: EvTh 70 (2010), 217–233; ders., Messianische Kritik – messianische Utopie. Theologisch-politische Dekonstruktion und Vision bei Giorgio Agamben, in: ThQ 192 (2012), 221–241; Eckart Reinmuth, Paulus in jüdischer Perspektive. Aktuelle Stimmen aus Exegese und Philosophie, in: ders., Neues Testament, Theologie und Gesellschaft, Stuttgart 2012, 273–294, hier 284–292.

tamentliche sowie altertumswissenschaftliche Untersuchungen heranzieht und die Paulusbriefe insgesamt in größere geschichtliche Zusammenhänge und Entwicklungslinien einbettet. Gleichwohl ist dieser Zugang zur Pauluslektüre Agambens insofern problematisch, als Agamben, wie oben gezeigt, mit einem der akademischen Geschichtswissenschaft letztlich fremden konstellativen Geschichtsverständnis arbeitet, das auf Paradigmen gründet, die die Gegenwart jenseits chronologischer Kausalzusammenhänge erschießen wollen, und das der Historie ephemere Signaturen eingeschrieben sieht, die verlangen, hier und jetzt neu gelesen zu werden. Das herkömmliche Verständnis von Zeit als homogenem, linear verlaufenden Prozess bewusst überschreitend, richtet Agamben als „Archäologe" sein Augenmerk im Übrigen darauf, unabgegoltene Potenziale der Vergangenheit freizusetzen bzw. zu erretten. Vor diesem Hintergrund gilt es fernerhin zu sehen, dass Agambens Pauluslektüre im Kern darin besteht, die Grundgedanken der eigenen Philosophie an den Aussagen des Apostels festzumachen und weiter zu profilieren. Agamben sieht seine liminale Philosophie mithin in den Paulustexten bestätigt. Dementsprechend deckt er in und an den Aussagen des Apostels zumal jene philosophischen Vorstellungen über die Sprache und die Poesie, über das vermögende Unvermögen, die Politik, das Recht, die Ökonomie und zumal über den Messianismus auf, die oben ausführlich dargelegt wurden.

Wie der Untertitel anzeigt, gibt sich das Buch „Die Zeit, die bleibt" als „Ein Kommentar über den Römerbrief". Tatsächlich handelt es sich jedoch keineswegs um eine exegetische Kommentierung des gesamten Briefes, sondern um eine philologisch-philosophische Reflexion über die Bedeutung der ersten zehn Worte des Schreibens, durchsetzt mit zahlreichen Assoziationen über Diskurse und Brennpunkte der abendländischen Geistes- und Kulturgeschichte. Die besagten zehn Worte dienen Agamben dabei durchweg als Ausgangspunkt für breitere Betrachtungen zentraler Aussagen und Passagen sowohl des Römerbriefes wie auch der anderen Protopaulinen. Darüber hinaus zieht Agamben gänzlich unbesehen Sätze aus den Deuteropaulinen als Belege für das paulinische Denken heran.[280]

Die programmatische Konzentration auf das *incipit* rechtfertigt Agamben mit der Bemerkung, „die Zeit" für sein aus mehreren Seminaren erwachsenes Buch sei zu „kurz" für eine durchgängige Deutung. Zudem stellt er die These auf, jedes Wort des *incipit* ziehe den gesamten Text des Römerbriefes in einer „schwindelerregenden Rekapitulation" in sich zusammen.[281] Beide Begründungen indizieren, dass Agamben keineswegs etwa nur einen bedeutenden messianischen Text des Abendlandes sachlich auslegen, sondern sein

---

[280] Dies gilt v.a. für den Epheserbrief (vgl. Agamben, Zeit, 56.58–60.82.89–91.103.108.160) und den zweiten Thessalonicherbrief (vgl. ebd., 123–126), am Rande für die Pastoralbriefe (vgl. ebd., 23 [Tit 1,1] und 99f. [2Tim 4,7f.]). Zum pseudepigraphischen Charakter dieser Briefe s. nur Michael Theobald, Der Epheserbrief, in: Martin Ebner / Stefan Schreiber (Hg.), Einleitung in das Neue Testament, Stuttgart 2008, 408–424, hier 409–411; Stefan Schreiber, Der zweite Thessalonicherbrief, in: ebd., 440–449, hier 441–444 und Gerd Häfner, Die Pastoralbriefe, in: ebd., 450–473, hier 459–462.

[281] Vgl. Agamben, Zeit, 16.

Buch selbst als messianischen Text bzw. als messianisch geprägte Auslegung der Paulusbriefe verstanden wissen will, rekurriert er doch mit der „kurzen Zeit" auf die von Paulus in 1Kor 7,29 beschriebene messianische Situation par excellence und mit dem Stichwort der „Rekapitulation" auf die in Eph 1,10 verhandelte messianische Zusammendrängung der Zeit.[282] Der Aufbau des Buches unterstreicht den messianischen Anspruch. Die Ausführungen sind „zeitlich" untergliedert: Sie verteilen sich auf sechs Kapitel, die nach sechs (Seminar-)Tagen gezählt werden. Hinzu kommt im siebten Kapitel ein mit „Schwelle oder *tornada*" überschriebenes Schlusskapitel. Mit dieser Gliederung orientiert sich Agamben ganz offenkundig an der am „vierten Tag" erörterten Gedichtform der Sestine, deren aus sechs Strophen und einer *tornada* bestehende Struktur er als „Miniaturmodell der messianischen Zeit"[283] begreift. Dass das siebte Kapitel nicht als eigener Tag gezählt wird, erklärt sich daraus, dass das Schlusskapitel für den messianischen Sabbat steht, der – ähnlich wie die *tornada* der Sestine die Zeit der „Poiesis" der sechs Strophen – die Zeit der Sechs-Tage-Schöpfung messianisch rekapituliert, was bedeutet, dass der Sabbat kein Tag wie die anderen, sondern in diesen gewissermaßen mit enthalten ist.[284] Mit seiner Bemerkung, das Seminar (d.h. das Buch) wolle „die messianische Zeit als Paradigma der historischen Zeit interpretieren"[285], weist Agamben seine eigene Deutung des paulinischen Messianismus schließlich als wichtigen Schlüssel für das Verständnis der Geschichte und zumal auch der Gegenwart respektive der gegenwärtigen Politik aus.[286] Damit dies freilich gelingen kann, ist es nötig, wie Agamben gleich im ersten Satz seines Buches ausdrücklich betont, die Bedeutung der Paulusbriefe „als grundlegenden messianischen Text der westlichen Kultur wiederherzustellen"[287]. Diese Aufgabe der Wiederherstellung stelle sich, weil, so Agamben, sowohl die christlichen Kirchen wie auch die Synagoge das Judentum des Paulus streichen wollten und dazu das Corpus Paulinum als ältesten und anspruchsvollsten messianischen Traktat der jüdischen Tradition[288] aus dem jüdisch-messianischen Kontext herausgelöst hätten. Gegen diese antimessianische Rezeption will Agamben nun mit den Paulusbriefen folgende grundsätzliche Fragen klären: „Was bedeutet es, im Messias zu leben, was ist das messianische Leben? Und welche Struktur besitzt die messianische Zeit? Diese Fragen", so schreibt Agamben, „die die Fragen des Paulus sind, müssen die unsrigen werden."[289] Die Antworten auf

---

[282] Vgl. ebd., 16.34ff.89ff.
[283] Ebd., 96.
[284] Vgl. dazu ebd., 96f. In seiner das Buch „rekapitulierenden" *tornada* stellt Agamben Walter Benjamin als wahren Paulusausleger heraus (dazu s. unten), dessen Messianismus insofern allen voranstehenden sechs Kapiteln (Tagen) immanent ist.
[285] Ebd., 13.
[286] Dass der Messianismus der Politik eine Aufgabe zuweist, nämlich die einer menschlichen Gesellschaft, die nicht (nur) die Gestalt des Gesetzes hat, betont Agamben in Mittel ohne Zweck, 114.
[287] Ebd., 11.
[288] Vgl. ebd., 12.
[289] Ebd., 19.

diese für Agamben entscheidenden Fragen sind freilich im Kern bereits in seiner Philosophie, wie sie in ihren Grundzügen oben vorgestellt wurde, grundgelegt und vorformuliert, um im Paulusbuch anhand der Aussagen des Apostels letztlich nur weiter profiliert zu werden: Im Messias bzw. in der messianischen Zeit zu leben, das bedeutet demnach, sich einer Art liminalen Existenz zu ergeben, d.h. einer Lebensform untätiger Tätigkeit, die jenseits fixer individueller und kollektiver Identitäten in der Unmöglichkeit, mit sich selbst „restlos" übereinzustimmen, sich der reinen Potenz des Lebens, der reinen Praxis öffnet, die abseits jeglicher Aneignung im Sinne von Besitz den einfachen, wahren Gebrauch der Dinge und des Lebens ermöglicht, die im Bruch mit der chronologischen Zeit im jeweiligen Ergreifen des Kairos sich vollzieht. Im Messias leben, das bedeutet, sich einer Lebensform ergeben, in der das Gesetz im Sinne eines wirklichen Ausnahmezustandes deaktiviert ist und sich die Potenz generell in der Schwäche vollendet, in der das Vergessene als Vergessenes und das Unrettbare als solches errettet wird, in der sich die Grundlosigkeit der Liebe als Singularität des prädikatlosen So-seins offenbart und in der sich im Wort des Glaubens die Erfahrung der reinen Potenz des Sagens erschließt.

Bevor nun Agambens messianische Paulusexegese genauer ausgeleuchtet werden kann, gilt es einen Blick auf das Endkapitel der Studie zu werfen. Mit der Überschrift „Schwelle oder *tornada*" gibt Agamben, wie bereits erwähnt, zu verstehen, dass er auf der „Schwelle" des Buchausgangs – in Analogie zur „tornada" am Ende einer Sestine – eine verkürzende Rekapitulation der inneren Struktur darbietet und die geheimen Bezüge seines Textes offen legt.

Die Bedeutung des Endkapitels wird im Übrigen auch durch den – von Agamben freilich nicht direkt thematisierten – Umstand unterstrichen, dass die Schreib- und Leserichtung im Hebräischen – der Ursprache des Messianismus[290] – bekanntlich von rechts nach links verläuft, was bedeutet, dass die in umgekehrter Richtung in lateinischem Alphabet abgefassten und gelesenen Bücher dort enden, wo hebräische Bücher beginnen. Aus dieser Perspektive betrachtet, fallen im Schwellenkapitel des messianischen Paulusbuches von Agamben Ende und Anfang gleichsam als messianische Rekapitulation zusammen.

In dem End- und zugleich Schwellenkapitel entfaltet Agamben nun die These, dass die Paulusbriefe und Walter Benjamins Essay „Über den Begriff der Geschichte", „diese beiden höchsten messianischen Texte unserer Tradition, die zweitausend Jahre trennen, ... eine Konstellation bilden, die ... gerade heute das Jetzt ihrer Lesbarkeit erfährt".[291] Einmal mehr charakterisiert Agamben hier – wie Walter Benjamin selbst – die Geschichte als großen Schwellenraum, in welchem chronologisch weit voneinander getrennte historische Phänomene in eine besondere Konstellation treten können. Mit seinem

---

[290] Namentlich Gershom Scholem machte den Messianismus an der hebräischen Sprache bzw. Grammatik fest; vgl. dazu im Näheren Dubbels, Figuren, 133–149; s. aber auch Agamben, Zeit, 110.
[291] Agamben, Zeit, 162.

Paulusbuch sucht er nun das Jetzt der spezifischen Konstellation zwischen den Paulusbriefen und den geschichtsphilosophischen Thesen Benjamins jener „gerade heute" möglichen Lesbarkeit zuzuführen, in der sich der Spalt des Messianischen öffnet und die messianische Zeit die herkömmliche homogene Zeit kairologisch durchsetzt. Agamben beruft sich dabei auf die Entdeckung einer angeblich direkten „textuelle[n] Korrespondenz zwischen den Thesen und den Briefen". Für Agamben scheint „das gesamte Vokabular der Thesen genuin paulinischer Prägung"[292] und der in der ersten Benjaminschen These beschriebene Zwerg, der versteckt im Schachautomat sitzend die Theologie symbolisiert, niemand anderes als Paulus selbst zu sein.[293] Benjamins Ausrichtung des Messianismus auf die Vergangenheit habe ihren Maßstab letztlich an Paulus. Folgende Indizien führt Agamben für diese Korrespondenz an:

(1) Benjamins Formel von der „schwachen messianischen Kraft" in der zweiten These sei, worauf die Sperrung des Wortes „schwache" in Benjamins Handexemplar weise, ein Zitat aus 2Kor 12,9f., wo es heißt, die Kraft (δύναμις) werde in der Schwachheit (ἀσθενείᾳ) vollendet. (2) Der von Benjamin für das konstellative Zusammentreten von Vergangenem und Gegenwärtigem wiederholt in den Thesen verwendete Begriff „Bild" gehe auf die paulinische Typologie zurück. Er verdanke sich Luthers Übertragung der Vokabeln τύπος bzw. ἀντίτυπος mit „(Vor-)Bild", bzw. „Gegenbild" in Röm 5,14; 1Kor 10,6 und Hebr 9,24. (3) Benjamins Satz aus der fünften These „Das wahre Bild der Vergangenheit huscht vorbei" könnte angesichts der Hervorhebung von „huscht" im Text eine Anspielung auf 1Kor 7,31 sein: „Es vergeht (παράγει) nämlich die Gestalt dieser Welt." (4) Die in der 18. bzw. 19. These formulierte Aussage Benjamins, die messianische Jetztzeit fasse in einer ungeheuren Abbreviatur die Geschichte der ganzen Menschheit zusammen, greife Luthers Übersetzung von Eph 1,10 auf („dass alles zusammengefasst würde in Christus"). (5) Überhaupt gehe der Benjaminsche Schlüsselbegriff der „Jetztzeit" auf die paulinische Bezeichnung der messianischen Zeit als ὁ νῦν καιρός zurück. (6) Auch der für Benjamins Geschichtskonzept zentrale Begriff der „Erlösung" verdanke sich dem paulinischen Gebrauch der Vokabel ἀπολύτρωσις, die Luther eben mit „Erlösung" wiedergibt. Darüber hinaus beruft sich Agamben (7) auf Gershom Scholems These, der von Benjamin für sich selbst gebrauchte Name „Agesilaus Santander" sei ein Anagramm von „Der Angelus Satanas", also des ἄγγελος σατανᾶ, von dem Paulus in 2Kor 12,7 spricht.[294] All diese Indizien sind freilich nicht zwingend. Was die Rede von der „schwachen messianischen Kraft" und vom „vorbeihuschenden" Bild der Vergangenheit anbelangt, gibt jedenfalls der Umstand zu denken, dass sich in Benjamins französischer Version der Thesen an den entsprechenden Stellen schwerlich Anklänge an paulinische Formulierungen ausmachen lassen. Benjamin spricht dort von „une parcelle du pouvoir messianique" und über das Bild der Vergangenheit schreibt er: „L'image authentique du passé n'apparaît que dans un éclair."[295] So mögen die Sperrungen im Text („schwache", „huscht") inhaltliche Hervorhebungen und nicht Zitate sein. Benjamins Rede vom „Bild der Vergangenheit" lässt sich jenseits der paulinischen Typologie aus

---

[292] Ebd., 160.
[293] Vgl. ebd., 153.
[294] Vgl. dazu Gershom Scholem, Walter Benjamin und sein Engel, in: Siegrfried Unseld (Hg.), Zur Aktualität Walter Benjamins, Frankfurt a.M. 1972, 87–138, bes. 111f.
[295] Vgl. Begriff der Geschichte (s. Anm. 53), 60.62.

seinem großen Interesse für Bilder und Denkbilder im Allgemeinen sowie an der bildwissenschaftlichen Arbeit zur Erinnerung der „Kulturwissenschaftlichen Bibliothek Aby Warburg" im Speziellen erklären.[296] „Erlösung" ist ein zentraler christlich-theologischer Grundbegriff, der als solcher nicht spezifisch paulinisch geprägt ist. Der Name Agesilaus Santander geht als Anagramm von „Der Angelus Satanas" nicht ganz auf, schießt doch der Buchstabe „i" über. Als Bezugspunkt des vorausgesetzten unreinen Anagramms verweist Scholem im Übrigen nicht nur auf Paulus, sondern auch auf hebräische Texte (ExR 20,10). Außerdem lassen sich jenseits der Anagrammhypothese direkte Referenzen für die Namen Agesilaus und Santander finden, die nichts mit Paulus zu tun haben.[297] Und ob sich Benjamins These, die Jetztzeit fasse die Geschichte der ganzen Menschheit zusammen, Eph 1,10 verdankt, ist am Ende schwer zu sagen. Bemerkenswert ist aber, dass in den Protopaulinen das direkte griechische Pendant des Benjaminschen Begriffs „Jetztzeit", nämlich ὁ νῦν καιρός, tatsächlich begegnet (Röm 3,26; 8,18; 11,5 und 2Kor 8,14; s. ferner 2Kor 6,2: ἰδοὺ νῦν καιρὸς εὐπρόσδεκτος). Häufiger noch markiert Paulus die eschatologische bzw. „messianische Zeit" freilich einfach mit νῦν bzw. νυνί. Alles in allem sind die Indizien für eine direkte Korrespondenz zwischen Benjamins Thesen und den Paulusbriefen also nur bedingt tragfähig. Agambens Versuch, Benjamin und Paulus bewusst in eine Konstellation zu stellen, um daraus messianische Funken zu schlagen, nimmt das freilich nichts, schon gar nicht, was das Innovationspotenzial anbelangt.

Orientiert an der Tagesgliederung des Buches, soll nun Agambens Paulusdeutung etwas genauer dargelegt und beurteilt werden.

Erster Tag: Nach einleitenden Bemerkungen zum Anliegen des Buches eröffnet Agamben seine Paulusdeutung – gemäß zu der unter Punkt 2.2 erläuterten sprachphilosophischen Grundierung seines Denkens – mit Überlegungen zur Sprache des Apostels. Darin qualifiziert er das von Altphilologen oft diskreditierte paulinische Griechisch als besondere Originalsprache, die weder im Griechischen noch im Hebräischen aufgehe, die weder heilige Sprache noch profanes Idiom sei, sondern die – einer Exilssprache gleich – die Sprache im Inneren bearbeite bis ihre Identität erschüttert sei und sie sich nicht mehr als grammatikalische Sprache, sondern als „kleine Sprache"[298] erweise – wie ein Jargon oder Poesie. Gerade dieses Schwellenprofil mache nun aber die „kleine Sprache" des Apostels so interessant und verleihe ihr in Anbetracht des besagten identitätserschütternden Charakters messianische Bedeutung, löse das Messianische doch fixe Identitäten auf. Im Anschluss daran begründet Agamben seine bereits oben erörterte Konzentration auf das

---

[296] Vgl. dazu nur Sven Kramer, Walter Benjamin. Eine Einführung, Hamburg 2003, 69–76 („Essayismus in Bildern"); Weigel, Benjamin, 228–254 („Bildwissenschaft aus dem Geiste wahrer Philologie").

[297] Verweisen lässt sich auf den lahmenden Spartanerkönig Agesilaos II. und die spanische Stadt Santander. Darüber hinaus begegnet in Karl Leberecht Immermanns „Münchhausen" ein gewisser Agesilaus als Schulmeister. Zu verweisen wäre im Übrigen auch auf Francisco de Paula Santander. Vgl. zur Debatte generell Werner Fuld, Agesilaus Santander oder Benedix Schönflies. Die geheimen Namen des Walter Benjamin, in: Neue Rundschau 89 (1978), 253–263; Jürgen Ebach, Agesilaus Santander oder Benedix Schönflies. Die verwandelten Namen Walter Benjamins, in: Neue Deutsche Hefte 182 (1984), 278–285.

[298] Agamben, Zeit, 15.

incipit des Römerbriefes. Dessen syntaktische Struktur bestimmt er auf ungewöhnliche Weise, indem er das Adjektiv κλητός („berufen") nicht, wie üblich, auf ἀπόστολος („Apostel"), sondern auf δοῦλος Χριστοῦ Ἰησοῦ („Sklave Christi Jesu" bzw. „Sklave des Messias Jesus") bezieht und so Paulus die ausdrückliche Bekundung einer messianischen Berufung zum Sklaven Jesu Christi zuschreibt. Die These überzeugt indes wenig, da Paulus sich in 1Kor 1,1 eindeutig als „berufener Apostel" bezeichnet (Παῦλος κλητὸς ἀπόστολος Χριστοῦ Ἰησοῦ).[299] Anschließend beginnt Agamben mit der Deutung der ersten drei Worte des *incipit*: „Paulus", „Sklave" und „Jesus Christus". Den lateinischen Namen „Paulus" deutet er als messianisches *supernomen*, d.h. als Zusatz- bzw. Spitznamen, den sich der Apostel angeblich in dem Augenblick gab, in dem er die messianische Berufung in vollem Umfang auf sich nahm.[300] Der solcherweise von Agamben postulierte Namenswechsel von „Saulus", dem Namen des „großen" (1Sam 9,2) ersten Königs Israels, auf den Klein- und Geringheit (lat. *paulus* = gering, klein) anzeigenden Namen „Paulus", bekunde, dass – gemäß der messianisch-göttlichen Erwählung des Schwachen und nicht Seienden nach 1Kor 1,27f. – „in den Tagen des Messias die schwachen und wertlosen Dinge – die gewissermaßen nicht existieren – über diejenigen Dinge Überhand gewinnen, die die Welt als stark und wichtig einschätzt"[301]. Die messianische Qualität des Namenswechsels erweise sich zudem darin, dass die Übernahme des „uneigentlichen" Spitznamens eine Loslösung vom ursprünglichen Eigennamen und der darin eingeschlossenen Identität impliziere. Diese These eines bewussten Namenswechsels bleibt freilich spekulativ. Auch wenn die einschlägige Notiz in Apg 13,9 (Σαῦλος δέ, ὁ καὶ Παῦλος), auf die sich Agamben beruft,[302] im Erzählverlauf der Apg einen Namenswechsel markiert, weist sie für sich zunächst nur auf einen jüdisch-römischen Doppelnamen.[303] Dass Paulus seinen Namen messianisch – oder besser gesagt kreuzestheologisch – verstand, ist aber nicht ausgeschlossen, zumal er seine Krankheiten (2Kor 12,7; Gal 4,13), Leiden und Notlagen (1Kor 4,11f.; 2Kor 4,8f.; 6,4–10; 11,23–29; 12,10; Phil 4,12) wie auch sein schwaches Auftreten (2Kor 10,10) entsprechend umwertete. Dazu fügt sich dann auch die Selbstbezeichnung als „Sklave" (δοῦλος), an der Agamben nochmals den Namenswechsel festmacht, und zwar insofern, als Sklaven ihren Eigennamen verloren, um einen

---

[299] Agamben beruft sich auf Paulus' Aussage in 1Kor 15,9, er sei nicht würdig, Apostel genannt zu werden. Dabei handelt es sich freilich um eine rhetorische Selbsterniedrigung. Im Übrigen führt Paulus gerade in 1Kor 15,8–10 – auch wenn er sich hier keiner Formulierung mit κλητός bedient – seine Berufung als Apostel vor Augen, freilich als „geringster der Apostel" (ὁ ἐλάχιστος τῶν ἀποστόλων).

[300] Agamben verortet diesen „Augenblick" nicht genauer in der Vita des Apostels.

[301] Agamben, Zeit, 21.

[302] Agamben weiß um die exegetischen Kontroversen über die historische Verwertbarkeit der Angaben der Apg und geht hier nur ausnahmsweise auf den, wie er sagt, „Klatsch" der späteren Quelle ein.

[303] Solche Doppelnamen begegnen auch sonst: Johannes Markus (Apg 12,12.25; 15,39), Simeon Niger (Apg 13,1), Jesus Justus (Kol 4,11); s. dazu generell Hans G. Kippenberg, Die vorderasiatischen Erlösungsreligionen in ihrem Zusammenhang mit der antiken Stadtherrschaft, Frankfurt a.M. 1991, 283f.

einfachen Spitznamen im Sinn eines bloßen *signum* zu erhalten. Grundsätzlich besitze das Wort „Sklave" bei Paulus eine technische Bedeutung, die zwischen der juristischen und der religiösen Bedeutung des Begriffs „Sklave" changiere, um „die Neutralisierung von gesetzlichen Einteilungen – und allgemeiner von allen juristischen und sozialen Bedingungen – durch das messianische Ereignis"[304] auszudrücken. Vor diesem Hintergrund wendet sich Agamben schließlich dem Syntagma „Jesus Christus" (Ἰησοῦς Χριστός) zu. Entgegen der weitverbreiteten Meinung handle es sich nicht um einen Eigennamen, vielmehr identifiziere das Syntagma Jesus ausdrücklich als Gesalbten, nämlich als Messias. Die Vokabel „Christus" (Χριστός) sei mithin bei Paulus konsequent als Übersetzung des hebräischen Wortes מָשִׁיחַ zu verstehen. Zur Begründung weist Agamben mit Recht auf den Befund, dass Paulus das absolute „Christus" niemals direkt mit dem Titel „Herr" (κύριος) zusammenbindet (κύριος Χριστός), was in der Tat zeigt, dass der Apostel die titulare (messianische) Bedeutung von Χριστός im Blick hatte und eine unsinnige Koppelung zweier Titel mied. Zudem habe Paulus gar nicht die Möglichkeit gehabt, einen derart zentralen Begriff von sich aus in einen Eigennamen zu verwandeln. Allerdings mag es sein, dass die Vokabel im nichtjüdischen Milieu der paulinischen Gemeinden nicht mehr durchweg in ihrer messianischen Bedeutung verstanden und daher doch als Name genommen wurde, was sich dann in den Briefen spiegelte. In jedem Fall erscheint Χριστός an einigen Stellen in den Protopaulinen relativ deutlich als Name. So wird die Vokabel in 1Kor 1,12 auf einer Ebene mit den Namen Paulus, Apollos und Kephas genannt. Zudem versieht Paulus das absolute „Christus" nirgendwo mit einem Genitiv (z.B. „Christus Gottes", „Christus des Herrn") oder einem Possessivpronomen wie dies beim Titel „Messias" zu erwarten wäre. Von daher liegt es nahe, dass Χριστός bei Paulus zwischen Titel und Name changiert. Martin Karrer schreibt: „Gerade das Verschwimmen etwaiger Grenzen zwischen Titel und Eigenname kennzeichnet ... den paulinischen Sprachgebrauch von Christos."[305] Diese These fügt sich vielleicht sogar besser zu Agambens messianischer Paulusdeutung als dessen eigene, allzu einseitig messianische Interpretation der Vokabel. Das besagte Verschwimmen würde jedenfalls dem messianischen Changieren zwischen religiöser und juristischer Bedeutung bei der Vokabel „Sklave" entsprechen und – analog zum Einbruch der messianischen Zeit in die historische Zeit – den Einbruch des Messianischen in die profanen Strukturen der Identitätsbildung qua Namen anzeigen.

---

[304] Agamben, Zeit, 22.
[305] Martin Karrer, Der Gesalbte. Die Grundlagen des Christustitels (FRLANT 151), Göttingen 1991, 54. Martin Hengel, Erwägungen zum Sprachgebrauch von Χριστός bei Paulus und in der „vorpaulinischen" Überlieferung, in: ders., Paulus und Jakobus. Kleine Schriften III (WUNT 141), Tübingen 2002, 240–261 betont ebd., 252: „Wenn Paulus von ‚Christus', ‚Jesus Christus' oder ‚Christus Jesus' spricht, gebraucht er weder einfach den traditionellen jüdischen ‚Messias-*Titel*', aber auch nicht einfach einen neuen *beliebigen*, zusätzlichen Namen für Jesus von Nazareth, sondern er statuiert eben damit, ... daß *allein* dieser Jesus – und d.h. zugleich kein anderer – der den Erzvätern verheißene und von den Propheten geweissagte Erlöser ist."

Zweiter Tag: Ausgehend von dem Adjektiv κλητός in Röm 1,1, widmet sich Agamben im zweiten Kapitel dem für das messianische Leben zentralen Aspekt der „Berufung". Unter Rekurs auf 1Kor 7,17–22 und in Auseinandersetzung mit Max Webers und Martin Luthers daran anknüpfenden Reflexionen über „Berufung" und „Beruf" entfaltet er darin zunächst die These, dass die messianische Berufung nichts anderes sei als „die Wiederaufnahme derselben faktischen oder juristischen Zustände, *in die* man gerufen wird oder *zu denen* man berufen ist"[306]. Agamben führt diese These auf die anaphorische Bewegung der Aussage in 1Kor 7,20 zurück, in welcher das Schlüsselwort κλῆσις sowohl für die Berufung wie auch für den Beruf stehe: ἕκαστος ἐν τῇ κλήσει ᾗ ἐκλήθη, ἐν ταύτῃ μενέτω („jeder bleibe in der Berufung/dem Beruf, in der/dem er berufen wurde"). Die messianische Berufung vollziehe sich folglich nicht als substanzielle Transformation juristischer und weltlicher Zustände, auch nicht als eschatologische Indifferenz diesen gegenüber, sie vollziehe sich vielmehr in Form jener oben unter Punkt 2.5 erläuterten kleinen Verrückung an deren Rändern, sie vollziehe sich mithin im Zwischenraum, der sich öffne, wenn ein faktischer Zustand durch die Verbindung mit dem messianischen Ereignis zu sich selbst in Bezug gesetzt und dergestalt widerrufen bzw. infrage gestellt werde, ohne dabei seine Form zu ändern.[307] Was damit gemeint ist, verdeutlicht Agamben an der Beschreibung des aus der messianischen κλῆσις hervorgehenden messianischen Lebens, wie es Paulus in 1Kor 7,29–32 beschreibt, ein Text, den Agamben als „vielleicht ... strengste Definition des messianischen Lebens" versteht.[308] Die darin mehrfach wiederholte Wendung ὡς μή („als ob nicht") bestimmt er als „Formel des messianischen Lebens", als „tiefste[n] Sinn der *klēsis*".[309] Aus ihr gehe hervor: „Die Berufung ruft zu nichts und zu keinem Ort: Deswegen kann sie mit dem faktischen Rechtszustand, zu dem jeder berufen wird, zusammenfallen, gerade deswegen aber wird dieser auch ganz und gar widerrufen. *Die messianische Berufung ist die Widerrufung jeder Berufung* ... Es geht selbstredend nicht darum, eine weniger authentische Berufung durch eine wahrhaftere zu ersetzen ... Die Berufung ruft die Berufung selbst, sie ist wie eine Notwendigkeit, die sie bearbeitet und von innen aushöhlt und sie in der Geste selbst, mit der sie in ihr verharrt, nichtig macht."[310] Die messianische Berufung und das daraus hervorgehende messianische Leben verwirklichen sich also ausdrücklich nicht in einer wie auch immer gearteten Umgestaltung dieser Welt, sondern, wie Agamben unter Verweis auf 1Kor 7,31 (παράγει γὰρ τὸ σχῆμα τοῦ κόσμου τούτου) ausführt, im konsequenten Zulassen des „Vorübergehens der Gestalt dieser Welt". Dieser im messianischen Leben in der Form des „Als-ob-nicht" verstetigte Vorübergang weltlicher Zustände untergrabe jedes Recht, jede Identität und jedes Eigentum zugunsten eines Lebens der reinen Potenz und des reinen Gebrauchs. In den Worten Agam-

---

[306] Agamben, Zeit, 33.
[307] Vgl. ebd., 35.
[308] Ebd., 34.
[309] Ebd.
[310] Ebd., 34f. (Hervorhebung im Original); s. auch Agamben, Herrlichkeit, 296.

bens: „Die messianische Berufung ist kein Recht und konstituiert auch keine Identität. Sie ist eine allgemeine Potenz, die man gebraucht, ohne je ihr Inhaber zu sein. Messianisch zu sein ... bedeutet die Enteignung jedes juristisch-faktischen Eigentums in der Form des *Als-ob-nicht* (beschnitten/unbeschnitten; Freier/Sklave; Mann/Frau). Aber diese Enteignung gründet keine neue Identität: Die ‚neue Schöpfung' ist nur der Gebrauch und die messianische Berufung der alten."[311] In diesem Sinn legt Agamben dann auch das viel diskutierte Syntagma μᾶλλον χρῆσαι in 1Kor 7,21 aus. Danach empfiehlt Paulus dem Sklaven hier keineswegs, im Fall einer sich bietenden Freiheitschance die Freiheit zu ergreifen, sondern die messianische Berufung als Sklave in diesem Fall nur um so mehr zu gebrauchen,[312] wobei dieser „Gebrauch" nach Agamben im Sinne des ὡς μή als ein den rechtlichen und weltlichen Sklavenstatus letztlich aushöhlender Gebrauch zu verstehen ist. Dem kann man auch von einem stärker exegetisch orientierten Standpunkt aus durchaus zustimmen. Die Sprengkraft der paulinischen Botschaft mag in punkto Sklaverei in der Tat gerade darin gelegen haben, eine unter Beibehaltung des formalrechtlichen Verhältnisses Sklave – Herr sich vollziehende liminale Unterminierung des Sklavenstatus angestoßen zu haben.[313] Überhaupt untergräbt Paulus mit der Herausstellung des in der Taufe wurzelnden Egalitätsprinzips (Gal 3,28; 1Kor 12,13) die zentralen Rechts- und Herrschaftsstrukturen der antiken Welt, ohne sie unmittelbar infrage zu stellen oder gar anzugreifen. Das in seinen Briefen vor diesem Hintergrund in vielen Ausprägungen begegnende und hier nicht näher entfaltbare paradoxe Neben- bzw. Ineinander subversiv-egalitärer Züge und strukturkonservativer Rahmenordnungen lässt sich freilich auch mit sozialwissenschaftlichen Erklärungsmodellen erhellen, etwa dem der normativen Communitas.[314] Vor dem Hintergrund der etymologisch zwar zweifelhaften, bei Dionysios von Halikarnassos aber bezeugten Rückführung des lat. Begriffs *classis* (Klasse) auf κλῆσις (Berufung) stellt Agamben die ἐκκλησία als Gemeinschaft der messianisch Berufenen (κλητοί)[315] dagegen in einen „paradigmatischen" Analogiebezug zur Klasse des Proletariats und der darin anhebenden „klas-

---

[311] Agamben, Zeit, 37.
[312] Diese Auslegung ist im Grundsatz auch in der historisch-kritischen Exegese breit etabliert. Vgl. zur jüngeren Debatte nur Norbert Jacoby, Karriere ja oder nein? 1 Kor 7,21, in: SNTU 37 (2012), 49–68.
[313] Vgl. dazu im Näheren Christian Strecker, Die liminale Theologie des Paulus. Zugänge zur paulinischen Theologie aus kulturanthropologischer Perspektive (FRLANT 185), Göttingen 1999, 369–378.413–418. Wenn Paulus etwa den Sklavenherrn Philemon auffordert, den christusgläubig gewordenen Sklaven Onesimus als geliebten „Bruder" und „Partner" anzunehmen (Phlm 16f.), klagt er eine unter Beibehaltung des formalen Verhältnisses Sklave – Herr zu realisierende Suspendierung der Statusunterschiede ein, die anders als eine Freilassung (*manumissio*), bei der das Hierarchiegefälle im Rahmen einer Patron-Klient-Beziehung intakt bliebe, die Grundfeste der herrschaftlichen Haushaltsstruktur von innen aushöhlt, ohne sie jedoch prinzipiell zu negieren, zumal Paulus selbst in die Rolle eines Patrons schlüpft, der Onesimus schützt und Philemon Gehorsam abverlangt (Phlm 18–22).
[314] Vgl. dazu Strecker, Liminale Theologie, 407ff.
[315] Agamben spricht angesichts der messianischen Suspendierung des Subjekts freilich nicht von der Gemeinschaft der Berufenen (κλητοί), sondern der Berufungen (κλήσεις).

senlosen" Gesellschaft nach Karl Marx. In der konkreten Verwirklichung der messianischen Ekklesia spiegle sich freilich, so Agamben, weniger das marxistische Konzept der proletarischen „Revolution", eher schon Max Stirners Konzept der „Empörung", welches das Herausarbeiten des Einzelnen aus dem Bestehenden profiliert, mehr aber noch Jacob Taubes' anarchisch-nihilistisches Modell, das zwischen Revolte und Revolution changiert.[316] Im Anschluss daran grenzt Agamben den paulinischen Messianismus dann in einer rein philosophischen Argumentation von Theodor W. Adornos Erlösungsvorstellung ab,[317] die bereits Taubes als ästhetische Auflösung des Messianischen im schönen Schein des „Als-ob" attackierte.[318] Agamben korreliert sie mit der Verbkategorie des Impotentialis der Hopisprache, die eine Art „teleologische Unwirksamkeit" markiert,[319] um sie von daher als letztlich nichtmessianisches Denken zu problematisieren, das letztlich Jean Amérys Verteidigung des Ressentiments nahe stünde.[320] Im Kontrast zum Impotentialis Adornos und dem Ressentiment Amérys stellt Agamben schließlich die „Erfordernis" als *die* messianische Modalität heraus, die als solche neben Möglichkeit, Unmöglichkeit, Kontingenz und Notwendigkeit trete. Seine oben unter Punkt 2.2 besprochene Potenzphilosophie fortführend, versteht er darunter „eine Beziehung zwischen dem, was ist oder gewesen ist, und seiner Möglichkeit, und diese geht der Wirklichkeit nicht voraus, sondern folgt ihr."[321] Die messianische Formel laute mithin, dass alles Wirkliche seine eigene Möglichkeit erfordere. Im messianischen Raum werde das Wirkliche gewissermaßen von der Erfordernis durchwebt, neu möglich zu werden. Agamben bezieht diese messianische Erfordernis vor dem Hintergrund seiner oben unter Punkt 2.3 detailliert erläuterten Geschichtsphilosophie dann auch auf die Vergangenheit, und zwar indem er die messianische Berufung mit der Erfordernis des „Unvergesslichen" assoziiert. Diese geht für ihn ausdrücklich *nicht* darin auf, Vergessenes in die Erinnerung zurückzurufen. Das Unvergessliche umfasst für Agamben vielmehr all das, was jenseits der Archive und Traditionen uneinholbar verloren ist, deswegen aber nicht weniger Kraft und Aktivität besitzt als das Erinnerte, und das in dieser Kraft als Vergessenes fordert, in uns und mit uns zu bleiben, um darin unvergesslich zu bleiben.[322] Das Moment der messianischen Erlösung zeichnet

---

[316] Vgl. dazu im Näheren ebd., 42–44.
[317] Vgl. Theodor W. Adorno, Minima Moralia. Reflexionen aus dem beschädigten Leben, Frankfurt a.M. 1951 (Nachdruck 2001), 480f.
[318] Vgl. Jabob Taubes, Die Politische Theologie des Paulus, München 1993, 103f.
[319] Die Verbform wird z.B. verwendet, wenn klar ist, dass ein Fliehender seinen Verfolgern am Ende nicht entkommen wird; vgl. Agamben, Zeit, 49.
[320] Vgl. Jean Améry, Jenseits von Schuld und Sühne. Bewältigungsversuche eines Überwältigten, Stuttgart [7]2012; s. dazu Guia Risari, Jean Améry. Il risentimento come morale, Milano 2002.
[321] Agamben, Zeit, 51.
[322] Eine Konkretion der kryptischen Ausführungen zum „Unvergesslichen" in dem Paulusbuch bietet Agamben in seiner Deutung des Berliner Denkmals für die ermordeten Juden Europas, die unter dem Titel „Die zwei Gedächtnisse" am 04.05.2005 in der Wochenzeitung „Die Zeit" erschien. Die „unlesbaren Stelen" des Objektes markieren für ihn das wahrhaft Unvergessliche, das unterirdische Informationszentrum stehe indes für die lesbare Erinnerung. Der

sich hier darin ab, dass das solcherweise unvergesslich Verlorene die Vergangenheit als vermeintlich abgeschlossenen, rundweg verwirklichten Geschehens- und archivierbaren Wissensraum im Sinne der Möglichkeit immer wieder neu aufbricht. Rücksichtlich dieser messianischen Erfordernis der Treue zum Unvergesslichen vermag dann auch die messianische Berufung kein in sich abgeschlossenes, auf Identität und Eigentum gründendes Subjekt herauszubilden. Und so kann Agamben schreiben: „Die messianische Berufung disloziert und annulliert zuallererst das Subjekt. Das ist der Sinn von Gal 2,20."[323] Diese Dislozierung und Annullierung des messianischen Subjekts, die neben Gal 2,20 zumal in der Wendung „in Christus" in den Protopaulinen in der Tat immer wieder anklingt, lässt sich freilich auch abseits von Agambens komplexen Reflexionen über das Unvergessliche mit dem sozial- bzw. ritualwissenschaftlichen Konzept der vertikalen Christuscommunitas erhellen, das jene im Ritual der Taufe gründende, pneumatisch geformte personale Teilhabe der Christusgläubigen an dem auferstandenen und erhöhten Christus beschreibt, die derart eng ist, dass durch sie die Grenzen der Person bzw. der personalen Identität aufweichen und die Demarkationen zwischen Immanenz und Transzendenz verschwimmen.[324] Das christusgläubige Leben im Modus des ὡς μή mag man entsprechend mit dem Theorem permanenter Liminalität erklären.[325] Die Bedeutung der Taufe übergeht Agamben in seinem Buch freilich weitgehend.

Der *dritte Tag* ist dem Partizip ἀφωρισμένος („ausgesondert") gewidmet. Agamben entdeckt darin eine versteckte Anspielung auf die in Phil 3,5 direkt erwähnte pharisäische Vergangenheit des Apostels: In ἀφωρισμένος klinge der auf die aramäische Vokabel פְּרִישׁ zurückgehende griechische Gruppenname „Pharisäer" (Φαρισαῖοι; hebr. פְּרוּשִׁים) an, der diese als „Ausgesonderte" markiere.[326] Die Frage, wie es denn sein könne, dass sich Paulus hier als „Ausgesonderter" ausweise, wo doch sein ganzes Streben darauf gerichtet

---

eigentliche Ort des Denkmals sei die Schwelle zwischen diesen beiden Gedächtnissen. Dazu heißt es dann: „Diskontinuierlich und unlesbar ... unterbricht das Unvergessliche immer wieder die Fiktion des kollektiven Gedächtnisses. Und nur das Leben, nur die Gesellschaft sind gesund, in denen die Spannung zwischen dem Denkwürdigen und dem Unvergesslichen lebendig bleibt."

[323] Agamben, Zeit, 53.
[324] Vgl. dazu im Näheren Strecker, Liminale Theologie, 193f–201.311f. u.ö.
[325] Vgl. ebd., 399f.
[326] Die Deutung des Namens „Pharisäer" im Sinne von „die Abgesonderten" ist etabliert, wenngleich strittig ist, gegenüber wem oder was sich die Pharisäer absonderten. Sind die Makkabäer bzw. Hasmonäer, die Sadduzäer, die Politik, das das Tora brechende Volk, unreine Dinge oder Nichtjuden im Blick? Alternativ wird der Name im Sinne von „die Erklärer" oder „die genau Unterscheidenden" gedeutet. Ungeachtet der zutreffenden philologischen Ableitungen Agambens sei angemerkt, dass nicht sicher ist, ob Paulus im Sinne einer Schulzugehörigkeit Pharisäer war. In Phil 3,5 mag er lediglich zum Ausdruck bringen, ein jüdisches Leben entsprechend der pharisäischen Toraauslegung geführt zu haben; so Ekkehard W. Stegemann / Wolfgang Stegemann, Urchristliche Sozialgeschichte. Die Anfänge im Judentum und die Christusgemeinden in der mediterranen Welt, Stuttgart u.a. ²1997, 146; s. auch J. Andrew Overman, Kata Nomon Pharisaios. A Short History of Paul's Pharisaism, in: J.C. Anderson u.a. (Hg.), Pauline Conversations in Context. FS C.J. Roetzel, Sheffield 2002, 180–193.

sei, Trennungen und Aussonderungen zwischen den Menschen, insbesondere zwischen Juden und Nichtjuden zu beenden, beantwortet Agamben mit der für ihn typischen Denkfigur des Widerrufs in der Anapher: Die frühere Aussonderung als Pharisäer werde durch die neuerliche, nun messianische Aussonderung als Apostel im Sinne einer „Aussonderung der zweiten Potenz", einer „Aussonderung der Aussonderung selbst"[327] widerrufen. Diese Denkfigur wendet Agamben dann auch auf die in der Tora verankerte „nomistische Teilung" der Menschheit in Juden und Nichtjuden an.[328] Paulus trenne diese mittels der „messianischen Teilung" zwischen „Fleisch" (σάρξ) und „Hauch" (πνεῦμα)[329] neuerlich durch,[330] sodass sich Juden nun in Juden nach dem Fleisch und Juden nach dem Hauch, Nichtjuden in Nichtjuden nach dem Fleisch und Nichtjuden nach dem Hauch unterteilten, was impliziere, dass Juden und Nichtjuden – im Kontrast zu Badious Deutung des Paulus als „Begründer des Universalismus"[331] – nicht mehr „alle" seien und nicht mehr mit sich selbst zusammenfallen könnten. Die messianische Teilung führe dergestalt eine Art liminalen „Rest" in die nomistische Teilung ein, der weder jüdisch noch nichtjüdisch sei. Agamben komprimiert ihn in der Figur des Nicht-Nichtjuden. Der „Rest" sei bei Paulus jedoch keine quantifizierbare Größe, auch kein Überbleibsel, sondern ein theologisch-messianischer Begriff, der jene Konsistenz markiere, die Israel in der Beziehung zum messianischen Ereignis annehme, und der im Sinne einer „soteriologischen Maschine" das Heil gerade jenes Ganzen ermögliche, dessen Teilung und Verlust er bezeichne – gemeint ist die Rettung „ganz Israels" nach Röm 11,26 vor dem Hintergrund der messianischen Teilung.[332] Agamben weist dem paulinischen Konzept des messianischen Restes vor diesem Hintergrund schließlich eine grundlegende politische Relevanz zu. Als Ausformung der generellen Nichtidentität jeden Volkes mit sich selbst[333] erblickt er in ihm „das einzige

---

[327] Agamben, Zeit, 58.
[328] Agamben begründet diese Teilung auch etymologisch, indem er den Begriff νόμος auf νέμειν (teilen, zuteilen) zurückführt. Vgl. dazu Felix Heinimann, Nomos und Physis. Herkunft und Bedeutung einer Antithese im Griechischen Denken des 5. Jahrhunderts, Darmstadt ⁵1987 (Erstausgabe 1945), 59ff.
[329] Agamben meidet die Übersetzung von πνεῦμα mit „Geist" ohne nähere Erklärung. Zur komplexen Bedeutung der Vokabel πνεῦμα im Neuen Testament und seiner Umwelt s. Christian Strecker, Zugänge zum Unzugänglichen. „Geist" als Thema neutestamentlicher Forschung, in: ZNT 25 (13. Jg. 2010), 3–20.
[330] Die messianische „Teilung der Teilung" verdeutlicht Agamben, Zeit, 62 mit der antiken Legende, gemäß der Apelles in die feine Linie des Malers Protogenes eine noch feinere eintrug (vgl. Plinius, NatHist 35,81–83). Auf diesen „apellnischen Schnitt" – und nicht auf den „apoll[i]nischen Schnitt" (so Benjamin, Passagen-Werk I, 588) – rekurrierte nach Agamben Benjamin im Passagenwerk unter N 7a,1.
[331] Vgl. Alain Badiou, Paulus. Die Begründung des Universalismus, München 2002; s. dazu den Beitrag von Alexander Heit in diesem Band.
[332] Vgl. dazu auch Agamben, Auschwitz, 142f. Die konkrete Bedeutung des Syntagmas „ganz Israel" ist wie die Deutung von Röm 9–11 insgesamt Gegenstand diverser Forschungskontroversen; s. dazu nur Winfrid Keller, Gottes Treue – Israels Heil. Röm 11,25–27. Die These „vom Sonderweg" Israels in der Diskussion (SBB 40), Stuttgart 1998, bes. 2–64; Michael Theobald, Der Römerbrief (EdF 294), Darmstadt 2000, 258–285.
[333] Vgl. dazu Agamben, Mittel ohne Zweck, 31–36.

reale politische Subjekt". Von daher korreliert er den „Rest" dann mit den politischen Konzepten des Proletariats bei Karl Marx, des minoritären Volkes bei Gilles Deleuze, der Plebs bei Michel Foucault und des Volkes als Anteil der Anteillosen bei Jacques Rancière. Einmal mehr bewegt sich Agamben hier – wie überhaupt in diesem Kapitel und im Buch insgesamt – weit weg von den paulinischen Texten, um – entsprechend seines an Paradigmen orientieren Geschichtsverständnisses – einen Problemkontext in seiner Gesamtheit zu erschließen. Dabei scheut er nicht davor zurück, Figuren in die Argumentation einzutragen, die sich in den Paulustexten zumindest in expliziter Form nicht finden. Dies gilt für die Rede von den Nichtjuden nach dem Fleisch bzw. nach dem Hauch und natürlich für die Figur des Nicht-Nichtjuden. Ungeachtet dessen gilt es zu würdigen, dass Agamben der Frage nach dem Verhältnis von Juden und Nichtjuden ein derart großes Gewicht in seiner Pauluslektüre beimisst. Er folgt darin im Kern – freilich auf eigene Weise – der Einsicht einer der wichtigsten Strömungen der jüngeren Paulusforschung, der sog. „new perspective on Paul", die darin das Grundanliegen der paulinischen Rechtfertigungstheologie ausmacht.[334]

Vierter Tag: Unter der Überschrift ἀπόστολος (Apostel) untersucht Agamben nun das messianische Zeitverständnis des Paulus. Dazu grenzt er zunächst die Figur des Apostels[335] von der des Propheten sowie der des Apokalyptikers ab. Während sich der Prophet ganz auf die Zukunft ausrichte, spreche der Apostel im Rückblick auf die bereits geschehene Ankunft des Messias in die Gegenwart hinein, und während die Apokalypse vom letzten Tag handle, interessiere den Apostel nicht das Ende der Zeit, sondern die Zeit des Endes, nämlich jene zusammengedrängte Zeit (1Kor 7,29: ὁ καιρὸς συνεσταλμένος), die zwischen der chronologischen Zeit und ihrem Ende gewissermaßen als Rest übrig bleibe. Diese in der Wendung ὁ νῦν καιρός bei Paulus als „Jetztzeit" im Benjaminschen Sinn zu verstehende messianische Zeit sei folglich weder mit dem Ende oder dem kommenden Äon identisch noch gehe sie in der profanen chronologischen Zeit auf, vielmehr sei sie in die profane Zeit eingelassen, um diese von innen heraus zu verwandeln und sie gewissermaßen dem Ende zuzuführen. Erneut bedient sich Agamben der Denkfigur der „Teilung der Teilung": Die messianische Zeit gehe nämlich,

---

[334] Näheres bei Christian Strecker, Paulus aus einer „neuen Perspektive". Der Paradigmenwechsel in der jüngeren Paulusforschung, in: Kirche und Israel 11 (1996), 3–18. Dass Agamben sich mehrfach auf den deuteropaulinischen Text Eph 2,14f. beruft, wiegt insofern nicht allzu schwer, als die Stelle ein zentrales paulinisches Grundanliegen auf eigene Weise ausformuliert.

[335] In Übereinstimmung mit der älteren Forschung leitet Agamben den Apostelbegriff aus dem jüdischen Schaliach-Institut (שָׁלִיחַ ist der beauftragte Bote) ab. Diese Herleitung steht heute in der Kritik, da das Institut erst in der Zeit nach 70 n.Chr. belegt ist und nicht das Moment der dauerhaften göttlichen Beauftragung umfasste. Als älterer Hintergrund werden semitische bzw. atl. Sendungskonventionen (1Sam 25,40; 2Sam 10,1ff.) und das prophetische Motiv der göttlichen Sendung diskutiert; vgl. Francis H. Agnew, The Origin of the NT Apostle-Concept. A Review of Research, in: JBL 105 (1986), 75–96; Jörg Frey, Apostelbegriff, Apostelamt und Apostolizität. Neutestamentliche Perspektiven zur Frage nach der „Apostolizität" der Kirche, in: Theodor Schneider / Gunter Wenz (Hg.), Das kirchliche Amt in apostolischer Nachfolge I, Freiburg/Göttingen 2004, 91–188, bes. 142–144.180f.

so Agamben, aus der Teilung der grundlegenden Teilung der Zeit in die chronologisch-aktuelle Zeit (gegenwärtiger Äon) und deren Ende (kommender Äon) hervor, und zwar als jener Rest, der diese Teilung überschreite. Um diese schwierige Vorstellung zu verdeutlichen, rekurriert Agamben „paradigmatisch" auf das Konzept der „operativen Zeit" des Linguisten Gustave Guillaume. Dieses suchte die Nichtkoinzidenz der Darstellung und der Erfahrung von Zeit zu erhellen.[336] Guillaume legte dar, dass die Darstellung der Zeit durchweg in räumlichen Kategorien als sog. „Bildzeit" (z.B. Zeitpfeil) erfolgt, dass diese Bildzeit aber nicht jene reale Erfahrung der Zeit einfangen kann, die für die Anfertigung der jeweiligen Darstellung nötig ist. Guillaume nannte diese Zeit, die man braucht, um die Zeit darzustellen, die sich folglich der Darstellung selbst entzieht bzw. ihr hinterher folgt, die dergestalt rundweg eine Verspätung in die reine Präsens einführt, sodass die Zeit insgesamt – wie das Subjekt[337] – nie mit sich selbst zusammenfallen kann, „operative Zeit" (*temps opératif*). Agamben überträgt diese Charakteristika der operativen Zeit konsequent auf die messianische Zeit. Er bestimmt diese dementsprechend als Zeit, „die als Rest bleibt" (*che resta*), um unsere Zeitdarstellung zu vollenden bzw. als Kairos[338], in welchem wir den Chronos „ergreifen", wobei dieses kairologische Ergreifen jene kleine Entstellung in die chronologische Zeit einführt, die dem Messianismus eigen ist (s. oben). Als unendlicher Aufschub oder als quantifizierbare Übergangszeit zwischen dem Ende des alten und dem Beginn des neuen Äons sei die messianische Zeit missverstanden. Ihrer Struktur nach sei die messianische Zeit vielmehr „Parusie", Anwesenheit im wörtlichen Sinne von „Neben-Sein" (παρ-ουσία). Agamben führt aus: „Die messianische Anwesenheit ist neben sich selbst, weil sie, ohne je mit einem chronologischen Zeitpunkt zusammenzufallen oder ihm hinzugefügt zu werden, ihn gleichwohl ergreift und ihn im Inneren zur Vollendung bringt"[339] – so wie der göttliche Sabbat kein die sechs Schöpfungstage ergänzender Tag ist, sondern die Tage unterbricht und innerlich vollendet. Das genauere Verhältnis der messianischen zur chronologischen Zeit sieht Agamben bei Paulus in zwei grundlegenden Ausdrücken zur Sprache gebracht: Typos (τύπος) und Rekapitulation (ἀνακεφαλαίωσις). In der typologischen Beziehung (1Kor 10,1–11; Röm 5,12–21) stelle Paulus Vergangenes in eine derartige Konstellation mit der Jetztzeit, dass im Sinne einer messianischen Inversion – entsprechend Scholems messianischer Deutung des inversiven *Waw* – Vergangenes Unabgeschlossenheit und Gegenwärtiges Abgeschlossenheit erfahre.[340] Der zumal in Eph 1,10 in dem Verb

---

[336] Vgl. Gustave Guillaume, Temps et verbe. Théorie des aspects, des modes et des temps, Paris 1993 (Erstausgabe 1929).
[337] Vgl. dazu neben den obigen Ausführungen zum messianischen Subjekt die Darlegungen zu Agambens Thesen über die „Kindheit" des Menschen und zum Zeugnis unter Punkt 2.2.
[338] Vgl. dazu die Ausführungen zum „Kairos" unter Punkt 2.3.
[339] Agamben, Zeit, 84.
[340] Vgl. ebd., 88f.; s. dazu auch Agamben, Nacktheiten, 34: Die messianische Jetztzeit hat „die einzigartige Fähigkeit, mit jedem Augenblick der Vergangenheit in Beziehung zu treten, aus jedem Moment, jeder Episode des biblischen Berichts eine Prophezeiung oder Präfiguration (Paulus zieht den Ausdruck *typos*, ‚Figur', vor) der Gegenwart zu machen."

ἀνακεφαλαιοῦσθαι artikulierte Rekapitulationsgedanke weise die messianische Zeit als summarische Zusammenfassung der Vergangenheit aus, in der Gewesenes seine wahre Bedeutung erhalte und zur Rettung befähigt werde. Aus beidem, der Typologie und der Rekapitulation, gehe hervor, dass der paulinische Messianismus keineswegs einzig auf die Zukunft ausgerichtet sei, sondern eine konstellative Zusammendrängung von Vergangenem und Gegenwärtigem mit einschließe. Der messianischen Zeit eigne mithin eine doppelte Ausrichtung: „Das Ausgestrecktsein zu dem, was vorne liegt, kann sich nur ausgehend von dem, was hinten liegt, einstellen."[341] Ein „Miniaturmodell" dieser komplexen Struktur der messianischen Zeit erblickt Agamben in der bereits erwähnten Gedichtform der Sestine, die die genannten Charakteristika der Vorwärts- und Rückwärtsorientierung, der konstellativen Bezugnahme, der Inversion, Progression und Rekapitulation in ihrer sich wiederholenden Regelordnung der homophonen Endsilben in sich vereint. Agamben verdeutlicht dies an der Sestine „Lo fermo voler qu'el cor m'intra" von Arnaut Daniel. Notiert man die dort begegnenden Endsilben als Zahlen, ergibt sich für die sechs Strophen (= sechs Schöpfungstage) und die Zusammenfassung in der *tornada* (= Sabbat) folgendes komplexe Muster, das das Gesagte verdeutlicht:

	1	(„intra")	6	3	5	4	2		
In-	2	(„ongla")	1	6	3	5	4		
ver-	3	(„arma")	5	4	2	1	6	2	5
sion	4	(„verja")	2	1	6	3	5	4	3
	5	(„oncle")	4	2	1	6	3	6	1
	6	(„cambra")	3	5	4	2	1		

Konstellation – Progression → ← Rekapitulation

Agamben schließt das Kapitel mit der ausdrücklich als „epistemologisches Paradigma" eingeführten These, der Reim sei in der christlichen Dichtung als „Transkodifizierung der messianischen Zeit" entstanden.[342] Wie immer man diese und all die anderen voranstehenden genannten Thesen im Einzelnen bewerten mag, Agamben ist grundsätzlich darin zuzustimmen, dass er dem Apostel kein quantitatives, sondern ein qualitatives Zeitverständnis zuschreibt. Was die konkrete Verwertung des Konzeptes der „operativen Zeit" und der Sestine anbelangt, mag man aber ungeachtet deren ebenso „paradigmatischer" Funktion fragen, ob nicht andere, weniger subtile Zeitkonzepte näher lägen. Das paulinische Denken geht im Kern von einer umfassenden, göttlich initiierten Transformationsdynamik aus, die ihren Grund in der Transformation Jesu Christi im heilsgeschichtlichen, äonenwendenden Fundamentalereignis seines Todes und seiner Auferstehung hat, in welches die

---

[341] Agamben, Zeit, 92 verdeutlicht dies an den Vorsilben ἐκ und ἐπί des Partizips ἐπεκτεινόμενος in Phil 3,13. Zum liminalen Kolorit von Phil 3,12–16 vgl. Strecker, Liminale Theologie, 130–132.

[342] Agamben, Zeit, 98.

Christusgläubigen zumal durch die Taufe persönlich einbezogen sind. Das in diese Dynamik eingelassene Zeitverständnis lässt sich vielleicht besser mit ritologischen, die chronologische Ordnung ebenfalls transzendierenden und die liminale Qualität der Gegenwart akzentuierenden Zeitkonzepten etwa von Mircea Eliade oder Victor Turner erhellen.[343] Diese diskreditieren die Dimension der herkömmlichen Verlaufszeit und die Erfahrung des Lebens in einer Übergangszeit nicht derart rigide, wie Agamben dies tut. Dass diese Aspekte in den Protopaulinen von Relevanz sind, geben u.a. die Sorgen der Thessalonicher über das Geschick der vor der Wiederkunft Christi verstorbenen Gemeindeglieder und der paulinische Umgang mit diesen in 1Thess 4,15–17 zu erkennen.[344] Der Gebrauch der Vokabel παρουσία (lat. *adventus*) in V. 15 (s. auch 2,19; 3,3; 5,23) konnotiert dabei wohl kaum auch nur den Aspekt des „Neben-Seins", viel eher klingt das Parusieritual an, der protokollarisch einer bestimmten Verlaufsordnung folgende Einzug von Statthaltern, Königen und Kaisern in Städten.[345]

Der *fünfte und der sechste Tag* stehen beide unter der Überschrift εἰς εὐαγγέλιον θεοῦ. Agamben erörtert darin die zentrale paulinische Kontrastierung von Gesetz (νόμος) und Glaube (πίστις). Dabei ist der fünfte Tage im Kern der messianischen Deaktivierung des Nomos durch die Vollendung desselben in der Schwachheit und der sechste Tag der Erfahrung des reinen Wortes im Glauben gewidmet. Agamben beginnt mit einer knappen Reflexion über den Begriff εὐαγγέλιον. Dieser umfasse nicht nur den Inhalt, sondern zumal auch den Akt der Verkündigung und beziehe sich in Übereinstimmung mit dem Wesen des Apostolats und im Kontrast zur Prophetie (s. vierter Tag) nicht auf die Zukunft, sondern auf die Gegenwart (Jetztzeit). Wichtig ist Agamben, dass die Evangeliumsverkündigung kein leerer Logos ist, der nachträglich geglaubt würde, sondern eine Dynamis bzw. Potenz, bei der sich der verkündete Inhalt in dem im Verkündigungsakt selbst gründenden Glauben unmittelbar erfülle bzw. verwirkliche. Agamben stützt sich dabei zumal auf die Aussage in Röm 1,16, wonach das Evangelium eine Dynamis Gottes zum Heil eines jeden ist, der glaubt (δύναμις ... θεοῦ ἐστιν εἰς σωτηρίαν παντὶ τῷ πιστεύοντι), sowie auf 1Thess 1,5, wonach das Evangelium den Thessalonichern nicht allein im Logos erging (οὐκ ἐγενήθη

---

[343] Vgl. dazu Stecker, Liminale Theologie, 212–247.
[344] 1Thess 4,15–17 enthält diverse apokalyptische Motive. Auch sonst greift Paulus auf solche zurück (vgl. Jörg Baumgarten, Paulus und die Apokalyptik. Die Auslegung apokalyptischer Überlieferungen in den echten Paulusbriefen [WMANT 44], Neukirchen-Vluyn 1975, 55–226). Freilich malt Paulus sie nicht aus, zudem fehlen in den Briefen wichtige apokalyptische Charakteristika (z.B. kosmische Katastrophen). So ist in der Forschung umstritten, ob und inwiefern Paulus als Apokalyptiker zu verstehen ist. Deutlich aber ist, dass er in apokalyptisch imprägnierten heilsgeschichtlichen Kategorien dachte: Er verortet sich und die Christusgläubigen in der Schwellenphase einer gestreckten Äonenwende (1Kor 10,11c; s. dazu Stecker, Liminale Theologie, 222–230). Agambens gänzliche Abweisung apokalyptischer Denkmuster bei Paulus wird mit Recht kritisiert; s. Taxacher, Messianische Geschichte, 223f.; Hansen, Messianic or Apocalyptic, bes. 210ff.; Zerbe, Exigency, 264–266.
[345] Näheres bei Ute E. Eisen, Die imperiumskritischen Implikationen der paulinischen Parusievorstellung, in: K.-M. Bull / E. Reinmuth (Hg.), Bekenntnis und Erinnerung. FS H.-F. Weiß, Münster 2004, 196–214.

εἰς ὑμᾶς ἐν λόγῳ μόνον), sondern in Dynamis, in heiligem Geist und in voller Fülle (ἐν δυνάμει καὶ ἐν πνεύματι ἁγίῳ καὶ [ἐν] πληροφορίᾳ), wobei das Nomen πληροφορία nach Agamben hier jenes Zur-Fülle-Bringen der Verkündigung in der Glaubensgewissheit markiere, von der auch in Röm 4,20f. die Rede ist. Dort wird Abrahams Glaube an die Verheißung mit der Aussage umschrieben, er sei gewiss gewesen, Gott könne tun, was er zugesagt hat (πληροφορηθεὶς ὅτι ὃ ἐπήγγελται δυνατός ἐστιν καὶ ποιῆσαι).[346] Agamben erhellt das Verhältnis von Evangelium und Glaube dergestalt konsequent von dem Begriffspaar δύναμις (Potenz, Vermögen) und ἐνέργεια (Akt, Wirklichkeit, Aktualität) her. Er geht davon aus, Paulus habe die „typisch griechische, sowohl der Sprache wie auch dem Denken angehörende Opposition zwischen Potenz (*dynamis*) und Akt (*energeia*)" gekannt. Für die paulinische Evangeliumsverkündigung gelte daher: „Was verkündigt wird, ist derselbe Glaube, der die Potenz der Verkündigung realisiert. Der Glaube ist das Im-Akt-Sein, die *enérgeia* der Verkündigung."[347] Agamben vertieft diese im Detail problematisierbare[348] Deutung des Glaubens als Inhalt und zugleich ἐνέργεια der Wortverkündigung am Ende des sechsten Tages mit Hilfe des Performanztheorems weiter.

Hier, am fünften Tag führt er indes zunächst an einigen Beispielen die bekannte Ambivalenz im paulinischen Verständnis des Gesetzes (νόμος) vor Augen. Bekanntlich finden sich diesbezüglich in den Protopaulinen einerseits äußerst kritische, z.T. geradezu antinomistisch klingende Äußerungen (Röm 3,19f.28), andererseits aber auch wertschätzende Aussagen (Röm 3,31; 7,12). Diese bei Paulus in vielen Ausformungen begegnende Ambivalenz, zu der in der neutestamentlichen Forschung eine Fülle äußerst komplexer Deutungen vorliegt,[349] begegnet Agamben mit seiner Philosophie des vermögenden Unvermögens (Deaktivierung) und des Ausnahmezustands. Dazu weist er auf eine Opposition im Inneren des Gesetzes selbst, nämlich die zwischen einem normativen und einem promissorischen (d.h. im Glauben an Gottes Verheißung gründenden) Element des Gesetzes, durch die dem Gesetz eine

---

[346] Zum Verhältnis Verheißung – Evangeliumsverkündigung führt Agamben, Zeit, 104 aus, letztere sei „die Form, die die Verheißung in der Verdichtung der messianischen Zeit erhält".

[347] Agamben, Zeit, 103.

[348] Paulus weist den Glauben nirgends wörtlich als ἐνέργεια der δύναμις des Evangeliums aus. Ferner gilt es zu sehen, dass dort, wo das Begriffspaar δύναμις – ἐνέργεια begegnet, nämlich in Phil 3,21 (s. ferner Eph 3,7), nicht vom Glauben die Rede ist. In Gal 5,6 ist die Liebe und nicht der Glaube das Wirkprinzip, und Gal 3,5 geht es nicht darum, wie Agamben, Zeit, 103 meint, dass die Verkündigung „Potenzen aktiviert". Die Wendung ὁ ἐνεργῶν δυνάμεις bezieht sich hier auf Gott (die Übersetzung des maskulinen Artikels ὁ mit „was" ist falsch), der infolge der Glaubenspredigt (ἐξ ἀκοῆς πίστεως; zur Komplexität der Wendung s. Richard Hays, The Faith of Jesus Christ, Grand Rapids / Cambridge ²2002, 124–132) Krafttaten (pneumatische Erfahrungen) unter den Galatern wirkte. Diese Anfragen ändern nichts an Agambens grundsätzlich sicherlich richtigen These, dass Paulus die Evangeliumspredigt und den Glauben, der nach Röm 10,17 ja aus der Verkündigung bzw. dem Hören kommt (ἡ πίστις ἐξ ἀκοῆς), durchaus in einer Art performativen Akt zusammengebunden sieht.

[349] Vgl. dazu nur Stephen Westerholm, Perspectives Old and New on Paul. The „Lutheran" Paul and His Critics, Grand Rapids / Cambridge 2004; Michael Bachmann (Hg.), Lutherische und Neue Paulusperspektive. Beiträge zu einem Schlüsselproblem der gegenwärtigen exegetischen Diskussion (WUNT 182), Tübingen 2005.

konstitutive Überschreitung seiner selbst immanent sei. Agamben bezieht sich diesbezüglich neben Eph 2,15 namentlich auf die in Röm 3,27 begegnende Unterscheidung zwischen dem Gesetz der Werke (νόμος τῶν ἔργων) und dem Gesetz des Glaubens (νόμος πίστεως). Hier begegne der normativen Vorstellung vom Gesetz eine nichtnormative messianische Bestimmung desselben, die das Gesetz der Werke in die Untätigkeit überführe. Diese Überführung macht Agamben – eine „Entdeckung", wie er betont – an dem spezifisch paulinischen Verb καταργεῖν fest, einem Kompositum aus κατά und ἀργεῖν, das er als „Schlüsselbegriff im messianischen Vokabular des Paulus"[350] identifiziert und das im Corpus Paulinum nicht etwa „vernichten", „zerstören" oder „zugrunde gehen lassen" bedeute, sondern „unwirksam machen", „deaktivieren", „die Wirksamkeit aufheben" (die positive Entsprechung sei nicht ποιεῖν, sondern ἐνεργεῖν). Das Verb transportiert so bei Agamben genau jene Vorstellung des Werklos-Seins des Menschen, die seine Philosophie entscheidend prägt (s. oben Punkt 2.2). Bezogen auf die paulinische Gesetzesproblematik stellt Agamben dementsprechend heraus, dass das messianische Gesetz des Glaubens die alten Gebote weder negiere noch durch neue ersetze. Vielmehr bewirke es zweierlei: (1) Im Sinne der messianischen Inversion überführe es die Potenz nicht ins Werk (Gesetz der Werke), sondern vollende sie stattdessen in der Schwäche (ἀσθενείᾳ), heiße es doch in 2Kor 12,9: „Die Potenz wird in der Schwäche vollendet" (ἡ ... δύναμις ἐν ἀσθενείᾳ τελεῖται). Die messianische Potenz bleibe insofern – wie Agamben in Übereinstimmung mit seiner eigenen Philosophie der Impotenz unterstreicht – gerade in der Schwäche potent. (2) Diese messianische Deaktivierung des Gesetzes gebe das Gesetz und die Werke dergestalt insgesamt der Potenz zurück, freilich jener besonderen Potenz des vermögenden Unvermögens. Das vieldiskutierte Syntagma τέλος νόμου in Röm 10,4 markiere daher gleichermaßen das Ende und die Vollendung des Nomos, nämlich dessen Vollendung in der Deaktivierung.[351] Die Aussage in Röm 3,31, dass Paulus das Gesetz durch den Glauben *nicht* aufhebe (deaktiviere), sondern aufrichte (νόμον ... καταργοῦμεν διὰ τῆς πίστεως; μὴ γένοιτο· ἀλλὰ νόμον ἱστάνομεν), die die voranstehende Auslegung eigentlich massiv infrage stellt, ist nach Agamben so zu verstehen, dass Paulus hier die Bedeutung des *terminus technicus* καταργεῖν präzisiere, indem er ihn angeblich „etymologisch" erkläre und verdeutliche, dass das, was deaktiviert werde, deswegen nicht vernichtet, sondern bewahrt würde. Nach einer Sichtung des vermeintlichen „Nachlebens" des messianischen Schlüsselbegriffs καταργεῖν, das Agamben namentlich in Hegels dialektischer „Aufhebung" aufspürt, darüber hinaus aber auch in den Konzepten des Nullpunkts bei Trubetzkoy, des Überschusses des Signifikanten bei Lévi-Strauss sowie der Spur und des Supplements bei Derrida, und vor einer Schlussbetrachtung über den bzw.

---

[350] Agamben, Zeit, 109.
[351] Der messianischen Deaktivierung des Nomos tritt im Übrigen die messianische Außerkraftsetzung der Engel und der profanen Mächte an die Seite; vgl. Agamben, Zeit, 111; s. ferner ders., Herrlichkeit, 199f.

das „Katechon" (ὁ κατέχων, τὸ κατέχον) in 2Thess 2,3–9[352] bestimmt Agamben den messianisch deaktivierten Zustand des Gesetzes ausdrücklich als „Ausnahmezustand". Er tut dies, indem er drei bei Carl Schmitt formulierte Eigenschaften des Gesetzes im Ausnahmezustand in den Paulusbriefen zu identifizieren sucht: (1) Die Ununterscheidbarkeit von Innen und Außen entdeckt er in der paulinischen Aufhebung der Differenz zwischen Juden und Nichtjuden und in der Deaktivierung sowie simultanen Aufrichtung des Gesetzes im Glauben, (2) die Unausführbarkeit des Gesetzes sieht Agamben in Röm 3,9–20 und 7,15–19 zum Ausdruck gebracht, (3) dessen Unformulierbarkeit erkennt er in der jedes präskriptive Gebot transzendierenden Inhibition des Begehrens in Röm 7,7. Alles in allem legt Agamben so am fünften Tag eine inspirierende Deutung der paulinischen Gesetzesaussagen vor. Es bleiben aber Fragen und Skepsis. Jenseits aller Details seien einige Punkte genannt: (1) Agamben koppelt die zumal in der Korintherkorrespondenz begegnende Inversion von Kraft und Stärke unmittelbar mit der im Römer- und Galaterbrief thematisierten Deaktivierung des Gesetzes. Er verknüpft dergestalt zwei Diskursstränge in einer Form, wie dies in den Protopaulinen nicht der Fall ist. Auch wenn dieses Vorgehen durchaus erhellend ist, bleibt festzuhalten, dass Paulus die besagte Inversion weniger am „Gesetz des Glaubens" denn am Kreuz bzw. am „Wort vom Kreuz" festmacht (s. nur 1Kor 1,18–2,5; 2Kor 13,4). Obwohl Agamben die Korintherbriefe immer wieder heranzieht, ignoriert er die dort entfaltete Kreuzestheologie weitgehend. Dies ist erstaunlich, weil sich Agambens Verständnis des Messianismus in wesentlichen Punkten – etwa hinsichtlich des Motivs der rettenden Gefahr (s. oben Punkt 2.5) – gerade an den kreuzestheologischen Ausführungen des Apostels aufzeigen ließe.[353] (2) Agambens These zur Bedeutung des Verbs καταργεῖν im Kontext der paulinischen Kritik am Gesetz und den Gesetzeswerken ist bemerkenswert. Fast möchte man darin eine kluge philosophische Fortführung der klassischen Paulusexegese Bultmannscher Prägung erblicken, die Paulus namentlich als Kritiker des menschlichen Tun-Prinzips auswies.[354] Nichtsdestotrotz ist Agambens Auslegung von Röm 3,31 als „etymologische" Erklärung des Verbs καταργεῖν doch allzu gezwungen, um das fragliche Verb wirklich stichhaltig als paulinischen *terminus technicus* der messianischen „Deaktivierung" bestimmen zu können. Hinzu kommt: Auch wenn Agambens Erläuterung der messianischen Deaktivierung unter Rekurs auf die Untätigkeit des göttlichen bzw. messianischen Sabbats theologisch äußerst anregend ist,[355] so bleibt am Ende doch festzuhalten, dass der

---

[352] Vgl. dazu im Näheren Paul Metzger, Katechon. II Thess 2,1–12 im Horizont apokalyptischen Denkens (BZNW 135), Berlin / New York 2005; Fritz W. Röcker, Katechon und Belial. Eine Untersuchung zu 2Thess 2,1–12 und 1Thess 4,13–5,11 (WUNT II/262) Tübingen 2009.
[353] Vgl. dazu die Darstellung der *theologia crucis* bei Strecker, Liminale Theologie, 248–299.
[354] Vgl. nur Rudolf Bultmann, Art. πιστεύω κτλ., in: ThWNT VI (1959), 221. Dort wird der Glaube im Kontrast zu den Werken des Gesetzes als „Negation alles die Existenz des Menschen begründenden Tuns" bestimmt.
[355] Vgl. Agamben, Zeit, 85.96.109; s. auch ders., Herrlichkeit, 286.296 und generell ders., Nacktheiten, 173–187.

messianische Sabbat in den Protopaulinen keine erkennbare Rolle spielt. (3) Anregend mag man es finden, dass Agamben die messianische Relevanz des Gesetzes mit Hilfe des Konzeptes des Ausnahmezustandes zu erhellen sucht. Um zu überzeugen, müsste dieser Versuch indes die paulinischen Aussagen über das Gesetz umfassender und detaillierter sichten.

Schließlich der *sechste Tag*. Wie erwähnt, behandelt Agamben hier das paulinische Glaubensverständnis. Im Zuge seiner kritischen Auseinandersetzung mit Bubers These von den zwei Glaubensweisen[356] stellt er heraus, dass der Glaube (πίστις, *fides*) in der griechisch-römischen Kultur von jeher dem Recht bzw. dem sog. Vor-Recht[357] nicht äußerlich, sondern mit ihm über den Eid (ὅρκος, *ius iurandum*), dessen Verbindlichkeit er garantiere, aufs Engste verbunden war, und zwar sowohl auf der Ebene persönlicher Beziehungen – auf der πίστις und *fides* das Vertrauen, das man gewährt, wie auch das Vertrauen, das man genießt, markierten – als auch auf der Ebene kollektiver Beziehungen von Städten und Völkern – auf der es, wie im römischen Institut der *deditio in fidem*, um die Hingabe an eine andere Macht ging, um im Gegenzug deren Schutz zu erlangen.[358] Auch der jüdische Glaubensbegriff sei vermittels seiner Verwurzelung im Bundesdenken juridisch konnotiert. Vor diesem Hintergrund betont Agamben, die paulinische Gegenüberstellung von Glaube und Gesetz, von Vertrag (Verheißung, Bund) und Gebot kontrastiere nicht zwei heterogene Elemente, sondern zwei Elemente, zwei Ebenen im Inneren des Rechts bzw. des Vor-Rechts selbst, und zwar jene, die im modernen Recht unter den Etikettierungen Verfassung bzw. konstituierendes Recht (Vertrag, Vertrauen) und positives konstituiertes Recht (Gebot, Verpflichtung) firmierten. Der Messianismus markiere nun jenen Kampf innerhalb des Rechts, bei dem „das Element der *pistis*, des Glaubens an den Vertrag, paradoxerweise dazu tendiert, sich von der Verpflichtung und vom positiven Recht (den nach dem Vertrag ausgeführten Werken) zu emanzipieren"[359]. Die Folge dieser Emanzipation sei eine Entkoppelung von Befehl und Ausführung, Leistung und Gegenleistung, infolge derer nun auf der einen Seite ein heiliges, gerechtes und gutes Gesetz stünde, das unerfüllbar und der Fähigkeit zu retten beraubt sei, und auf der anderen Seite ein Glaube, der ungeachtet seiner Abhängigkeit von einem Vertrag ohne Gesetz rette. In die sich hier öffnende Lücke zwischen Verpflichtung und Glaube trete bei Paulus die in ihrer Unentgeltlichkeit souveräne Gnade (χάρις). Im Raum dieser Gnade gründe schließlich der neue Bund. Dieser basiere auf keinem geschriebenen Text mit neuen Vorschriften, sondern bilde sich in einer Lebensform ab (2Kor 3,2: Ihr seid unser Brief), nämlich dem Leben der mes-

---

[356] Vgl. Martin Buber, Zwei Glaubensweisen, Gerlingen ²1994.
[357] Vgl. dazu Agamben, Sakrament, 25f. Gemeint ist die im Sinne des Konzepts der philosophischen Archäologie (s. oben unter Punkt 2.3) zu begreifende „ursprüngliche" Sphäre des Rechts, in welcher Religion, Politik, Recht und Magie ununterscheidbar sind.
[358] Vgl. dazu neben Agamben, Zeit, 127–131 auch ders., Sakrament, 33.35–38. Zur *deditio in fidem* und zur Bedeutung von πίστις und *fides* insgesamt s. auch Christian Strecker, Fides – Pistis – Glaube. Kontexte und Konturen einer Theologie der „Annahme" bei Paulus, in: Bachmann (Hg.), Paulusperspektive, 223–250, bes. 225–240.
[359] Agamben, Zeit, 133.

sianischen Gemeinschaft selbst. Die sich dergestalt im neuen Bund manifestierende Gnade sei – anders als die Gabe bei Marcel Mauss – frei von jeder obligaten Leistung und umfasse – anders als die sich auf privilegierte Handlungen beschränkende Souveränität bei Georges Batailles – ein „Vermögen zum *Gebrauch* der gesamten Sphäre der sozialen Bestimmungen und Leistungen"[360]. Vor diesem Hintergrund erörtert Agamben abschließend die besondere Beschaffenheit des Glaubens und der Glaubenspredigt. Der Glaube werde in den Paulusbriefen nicht etwa durch den Verbalsatz „Jesus ist der Messias" – im Sinn von: ich glaube, dass Jesus der Messias ist – ausgedrückt, sondern durch den Nominalsatz (nicht den Eigennamen; s. erster Tag) „Jesus Messias" – im Sinn von: ich glaube an Jesus Messias (Christus). Im paulinischen Glauben ginge es nicht um Jesu Messianität als Eigenschaft. Messias sei kein dem Subjekt Jesus zuschreibbares Prädikat, „sondern etwas, das untrennbar von ihm ist, ohne deshalb einen Eigennamen zu bilden". Der paulinische Glaube sei mithin „eine Erfahrung des Seins jenseits sowohl der Existenz als auch der Essenz, jenseits sowohl des Subjekts als auch des Prädikats"[361]. In diesem liminalen Profil gleiche der Glaube der ebenso jenseits jeglicher Prädikation, Qualität und Essenz in Erfüllung gehenden Liebe und darin jenem „beliebigen Sein" identitätsloser Singularität, das für Agamben Charakteristikum der kommenden Gemeinschaft ist (s. oben Punkt 2.4). Ganz auf dieser Linie bestimmt Agamben den Glauben schließlich unter Verweis auf Röm 10,6–10 als Erfahrung eines performativen Wortes jenseits einer konkreten denotativen Beziehung zwischen Wort und Ding. Die in der genannten Briefpassage thematisierte Nähe des Wortes in der Korrespondenz zwischen Herz und Mund – die, Agamben zufolge, auf den wörtlichen Sinn von ὁμολογεῖν (das Selbe sagen, In-Übereinstimmung-Bringen) in Röm 10,9 zu beziehen sei – weise auf einen Glauben, den messianischen Glauben, der sich im Herzen beim Aussprechen durch den Mund performativ verwirkliche und als solcher weder Wissen noch Dogma, sondern reines Sagen sei, so wie sich jede Offenbarung als Offenbarung der Sprache selbst vollziehe, als Ereignis eines Wortes, das jede Bedeutung übersteige.[362] Zugleich transzendiere das messianische Wort des Glaubens aber auch die performative Kraft der Sprache, wie sie sich etwa im juristischen Performativ (dem wirkmächtigen Wort in der Sphäre des Rechts),[363] im präjuristischen Schwur oder auch im bußfertigen Sündenbekenntnis manifestiere. Das *performativum fidei* sei reine, allgemeine Potenz des Sagens, genauer noch der Rest einer Potenz, der sich im Sinne des vermögenden Unvermögens im Akt gerade nicht erschöpfe und darin fähig sei, einen freien, unentgeltlichen Gebrauch der Zeit und der

---

[360] Ebd., 138; vgl. dazu Marcel Mauss, Die Gabe. Die Form und Funktion des Austauschs in archaischen Gesellschaften, in: ders., Soziologie und Anthropologie II, Frankfurt a.M. 1989, 9–144; George Bataille, Die Souveränität, in: ders., Die psychologische Struktur des Faschismus. Die Souveränität, hg. v. Elisabeth Lenk, München 1978, 45–86.

[361] Ebd., 143.

[362] Zur Performativität vgl. neben ebd., 147f. auch Agamben, Sakrament, 70–75; ders., Herrschaft, 217f.

[363] Vgl. dazu Agamben, Sakrament, 78–80.

Welt zu gewähren. Einmal mehr zeigt sich so am Ende des sechsten Tages, wie sehr Agamben seine grundlegenden sprach- und potenzphilosophischen Gedanken an den Paulustexten festzumachen sucht. Dies ruft selbstredend Skepsis wach. Wenigstens einige Punkte seien kurz genannt. (1) Als Nachweis für die These der Unentgeltlichkeit der Gnade zitiert Agamben 2Kor 9,7f. Dabei blendet er völlig aus, dass Paulus an dieser Stelle – wie insgesamt in 2Kor 8f. – über die Kollekte schreibt. Gerade den beiden zitierten Versen lässt sich vor diesem Hintergrund relativ deutlich das antike Prinzip des *do ut des* entnehmen.[364] Überdies mag man fragen, ob und inwieweit das paulinische Konzept der Gnade nicht grundsätzlich vom Gedanken der Reziprozität und damit durch das Moment der Verpflichtung mit geprägt ist.[365] (2) Agambens Ausführungen zum Glauben und dem *performativum fidei* gipfeln in der Spitzenaussage: „Es gibt keinen Inhalt des Glaubens."[366] Nun gilt es freilich zu sehen, dass Paulus immer wieder auf die Auferweckung Jesu Christi von den Toten und die Teilhabe der Christusgläubigen daran als Bezugspunkt der πίστις und des πιστεύειν abhebt (Röm 4,17.24; 6,8; 1Kor 15,11.14.17; 2Kor 4,13f.; 1Thess 4,14). Von einer gänzlichen Objektlosigkeit des Glaubens lässt sich zumindest in der Radikalität, in der Agamben dies tut, bei Paulus schwerlich sprechen. Hinzu kommt, dass der Apostel die Auferweckung in 2Kor 4,13f. nicht nur als Glaubens-, sondern sogar explizit als Wissensgegenstand ausweist. Angemerkt sei ferner, dass seit geraumer Zeit umstritten ist, ob der in Gal 2,16.20; 3,22 (3,26 in $\mathfrak{P}^{46}$); Röm 3,22.26 und Phil 3,9 begegnende Genitiv πίστις ('Ιησοῦ) Χριστοῦ tatsächlich als Genitivus objectivus im Sinne von „Glaube an (Jesus) Christus/Messias" zu übersetzen ist oder nicht doch eher im Sinn eines Genitivus subjectivus den „Glauben (Jesu) Christi" bzw. (besser) die „Treue (Jesu) Christi" meint.[367] Selbstverständlich spricht Paulus in Verbform auch explizit vom „Glauben an Christus" (Gal 2,16; Phil 1,29; s. auch Röm 10,14). Dies schließt aber nicht aus, dass der Genitiv πίστις 'Ιησοῦ Χριστοῦ die sich zumal im Kreuzestod manifestierende Treue Christi bzw. des Messias gegenüber Gott und seinen Verheißungen anvisiert, an der sich dann die πίστις der Getauften festmacht. (3) Nicht nur die letztgenannte Auslegung des Genitivs πίστις 'Ιησοῦ Χριστοῦ lässt Zweifel daran aufkommen, dass „Jesus Messias" als Nominalsatz zu verstehen ist, der den Messias jenseits aller Eigenschaften als eine Art identitätslose Singularität ausweist. Gerade zu Beginn des Römer-

---

[364] Vgl. Hans Dieter Betz, 2. Korinther 8 und 9. Ein Kommentar zu zwei Verwaltungsbriefen des Apostels Paulus, Gütersloh 1993, 196–198; s. auch Stephan Joubert, Paul as Benefactor. Reciprocity, Strategy and Theological Reflection in Paul's Collection (WUNT 124), Tübingen 2000. Die Studie beleuchtet die Kollekte vom antiken kulturellen Skript der auf Reziprozität beruhenden Wohltätigkeitspflege her.

[365] Vgl. ausführlich James R. Harrison, Paul's Language of Grace in Its Graeco-Roman Context (WUNT II/172), Tübingen 2003.

[366] Agamben, Zeit, 152.

[367] Vgl. dazu nur die Debatte zwischen Richard Hays und James D.G. Dunn bei Hays, Faith, 249–297; s. auch Thomas Schumacher, Zur Entstehung christlicher Sprache. Eine Untersuchung der paulinischen Idiomatik und der Verwendung des Begriffes πίστις (BBB 168), Bonn 2012, bes. 304ff.

briefes erläutert Paulus – vermutlich unter Rekurs auf geprägtes Material – den Inhalt seines Evangeliums und stellt dabei neben der Einsetzung Jesu zum Gottessohn durch die Auferstehung gerade auch dessen davidische Herkunft heraus (Röm 1,3f.). Der Glaube an Jesus Christus/Messias geht dergestalt durchaus mit einem konkreten theologischen Wissen über bestimmte Eigenschaften einher.

Alle Anfragen, die sich problemlos um weitere ergänzen ließen, ändern nichts daran, dass Agamben ein bemerkenswertes Buch über den Römerbrief und den Apostel Paulus vorgelegt hat. Seine bisweilen eigenwillige messianische Lektüre des Corpus Paulinum, die die Gedanken des Apostels zwar nicht im Kontext des antiken jüdischen Messianismus[368], wohl aber dem eines allgemeinen philosophischen Messianismus verortet, bewegt sich wie sein Denken überhaupt *zwischen* Philosophie, Theologie und Philologie und korreliert die paulinischen Begriffe und Vorstellungen immer wieder mit liminalen Denkfiguren und Phänomenen auf den Feldern der Sprache, der Potenzphilosophie, der Geschichte, des Rechts, der Politik und Ökonomie.[369] Der Apostel Paulus und sein Schreiben werden so zu einem wichtigen Schlüssel für die liminale Philosophie Agambens im Ganzen. Agambens Pauluslektüre bietet eine mutige und gleichermaßen provokante philosophisch-theologische Auslegung der Paulusbriefe und implizit der Gegenwart, wie man sie im Raum der akademischen Theologie kaum mehr wagt. Im Prinzip greift er auf originelle Weise jene inzwischen weithin verebbte Tradition philosophisch-theologischer Exegese wieder auf, wie sie zuletzt Rudolf Bultmann in seiner existenzialen Interpretation vorführte, zu der Agambens Pauluslektüre im Übrigen manche Parallelen aufweist. Was sein Verhältnis zur Theologie anbelangt, beruft sich Agamben freilich auf Walter Benjamins berühmtes Denkbild vom Löschblatt und der Tinte.[370] Mit dem Löschblatt steht darin einmal mehr ein Schwellenobjekt im Fokus.

---

[368] Vgl. dazu nur John J. Collins, The Scepter and the Star. The Messiahs of the Dead Sea Scrolls and Other Ancient Literature, New York ²2010; Stanley E. Porter (Hg.), Messiah in the Old and New Testaments, Grand Rapids 2007; Shirley Lucass, The Concept of the Messiah in the Scriptures of Judaism and Christianity, London 2011.

[369] Einen der wichtigsten Schwellentheoretiker, nämlich Victor Turner, zieht Agamben leider nur ganz am Rande heran (vgl. Agamben, Ausnahmezustand, 79f.). In dessen Theorien über Liminalität, das Liminoide, Communitas, Struktur und Anti-Struktur (vgl. Victor Turner, Das Ritual. Struktur und Anti-Struktur, Frankfurt a.M. 2005; ders., Vom Ritual zum Theater. Der Ernst des menschlichen Spiels, Frankfurt a.M. 2009; ders., The Forest of Symbols, Ithaca 1967, 93–111) finden sich viele Anschlüsse an Agambens Philosophie und zumal auch an die paulinische Theologie (vgl. Strecker, Liminale Theologie).

[370] Agamben, Papst, 58: „Das Papier saugt die Tinte auf, aber wenn es nach dem Tintenpapier ginge, gäbe es keinen einzigen Tropfen mehr. Genauso ist es mit der Theologie. Ich bin vollgesogen mit Theologie, aber dann gibt es keine Theologie mehr; die ganze Tinte ist fort." Vgl. dazu Benjamin, Passagen-Werk I, 588.

Autoren

Micha Brumlik, Dr. phil., ist Professor em. am Institut für Allgemeine Erziehungswissenschaft der Johann Wolfgang Goethe-Universität Frankfurt a.M.

Markus Buntfuß, Dr. theol., ist Professor für Systematische Theologie an der Augustana-Hochschule Neuendettelsau.

Michael Großheim, Prof. Dr. phil., hat die Hermann Schmitz-Stiftungsprofessur für phänomenologische Philosophie an der Universität Rostock inne.

Daniel Havemann, Dr. theol., ist Probst im Kirchenkreis Plön-Segeberg.

Alexander Heit, Dr. theol., ist Privatdozent für Systematische Theologie an der Universität Basel und Pfarrer in Herrliberg (Kanton Zürich).

Karl Kardinal Lehmann, Dr. phil., Dr. theol., Dr. h.c. mult., ist Bischof von Mainz.

Henning Nörenberg, M.A., lehrt Philosophie an der Universität Rostock.

Christoph Schulte, Dr. phil., ist apl. Prof. für jüdische Studien und Philosophie an der Universität Potsdam.

Ekkehard W. Stegemann, Dr. theol., ist Prof. für Neues Testament an der Theologischen Fakultät der Universität Basel.

Wolfgang Stegemann, Dr. theol., ist Professor em. für Neues Testament an der Augustana-Hochschule, Neuendettelsau.

Christian Strecker, Dr. theol., ist Professor für Neues Testament an der Augustana-Hochschule, Neuendettelsau.

Martin G. Weiß, Dr. phil., ist *Assistant Professor* am Institut für Philosophie der Universität Klagenfurt.

Holger Zaborowski, Dr. theol, Dr. phil., ist Professor für Geschichte der Philosophie und philosophische Ethik an der Philosophisch-Theologischen Hochschule Vallendar.

Lieferbare Titel der Reihe
ReligionsKulturen

Band 1

Andreas Nehring/Joachim Valentin (Hrsg.)
Religious Turns – Turning Religions
Veränderte kulturelle Diskurse –
Neue religiöse Wissensformen
2008. 320 Seiten mit 34 Abb. Kart.
€ 36,–
ISBN 978-3-17-019963-7

Band 2

Michel de Certeau
GlaubensSchwachheit
2009. 260 Seiten. Kart.
€ 34,–
ISBN 978-3-17-019713-8

Band 3

Marcus Döbert
Posthermeneutische Theologie
Plädoyer für ein neues Paradigma
2009. 286 Seiten. Kart.
€ 34,–
ISBN 978-3-17-019964-4

Band 4

Graham Ward
Auf der Suche nach der wahren Religion
Aus dem Englischen übersetzt
von Annerose Karkowski
2009. 166 Seiten. Kart.
€ 29,90
ISBN 978-3-17-020069-2

Band 5

Gregor Maria Hoff/Hans Waldenfels (Hrsg.)
Die ethnologische Konstruktion des Christentums
Fremdperspektiven auf eine bekannte Religion
2008. 222 Seiten mit 7 Abb. Kart.
€ 32,–
ISBN 978-3-17-020161-3

Band 6

Johann Evangelist Hafner
Joachim Valentin (Hrsg.)
Parallelwelten
Christliche Religion und die Vervielfachung
von Wirklichkeit
2009. 378 Seiten mit 11 Abb. und 2 Tab. Kart.
€ 32,–
ISBN 978-3-17-020565-9

Band 8

Benedikt Gilich
Die Verkörperung der Theologie
Gottesrede als Metaphorologie
2011. 446 Seiten mit 17 Abb. Kart.
€ 49,80
ISBN 978-3-17-021496-5

Band 9

Eckart Reinmuth (Hrsg.)
Neues Testament und Politische Theorie
Interdisziplinäre Beiträge zur Zukunft des
Politischen
2011. 232 Seiten. Kart.
€ 29,90
ISBN 978-3-17-021576-4

Band 11

Andreas Nehring/Simon Tielesch (Hrsg.)
Postkoloniale Theologien
Bibelhermeneutische
und kulturwissenschaftliche Beiträge
2013. 360 Seiten. Kart.
€ 39,90
ISBN 978-3-17-022552-7

Band 12

Judith Gruber
Theologie nach dem Cultural Turn
Interkulturalität als theologische Ressource
2013. 260 Seiten. Kart.
€ 36,90
ISBN 978-3-17-022963-1

W. Kohlhammer GmbH · 70549 Stuttgart
Tel. 0711/7863 - 7280 · Fax 0711/7863 - 8430